KB261772

대한민국
깡통경제학

이경식 지음

1판 1쇄 발행 | 2011. 1. 10

발행처 | **Human & Books**
발행인 | 하응백
출판등록 | 2002년 6월 5일 제2002-113호
서울특별시 종로구 경운동 88 수운회관 1009호
기획 홍보부 | 02-6327-3535, 편집부 | 02-6327-3537, 팩시밀리 | 02-6327-5353
이메일 | hbooks@empal.com

값은 뒤표지에 있습니다.
ISBN 978-89-6078-107-8 03320

대한민국 깡통경제학

키워드 22개로 보는 한국경제

사자가 초원에서 이동하는 소 떼를 바라보며 노리는 먹잇감은 살찐 소가 아니라 어리거나 허약한 소이다. 마찬가지로 붐비는 지하철에서 소매치기가 노리는 먹잇감도 돈이 많아 보이는 사람이 아니라 허술해 보이는 사람이다. 먹잇감이 되거나 약탈당하지 않으려면 단단해져야 한다. 적어도 그렇게 보여야 한다. 스스로를 단단하게 단련하는 데 이 책이 도움이 되길 바란다.

사람 나고 돈 났지, 돈 나고 사람이 났다더냐

내가 경제 책을 쓴다고 하자 지인 한 사람이 뜨악한 눈으로 바라보았다. 이 사람은 아무 말도 하지 않았지만 나는 그가 속으로 무슨 생각을 하는지 알았다.

'너처럼 돈 버는 재주가 없는 놈이 무슨 경제 책을 써?'

대놓고 이런 말을 하기가 미안했던지 지인은 굳이 그 말을 하지는 않는다. 대신 이렇게 묻는다.

"주식 책 쓰려고?"

"아뇨."

"그럼 뭐, 펀드? 채권?"

그리고는 내 대답을 기다리지도 않고 계속 말을 이었다.

"네가 그런 거 아니?"

"그런 거 뭐?"

"돈 버는 거지 뭐야."

지인의 머릿속에서 경제는 '돈 버는 것'이다.

"알죠, 좀……"

그는 픽 웃고 만다. 대기업 마케팅 부서를 마지막으로 직장 생활을 끝내고, 혼자 오피스텔에 사무실 하나 얻어놓고 개인적으로 증권투자를 하면서 (본인이 하는 말에 따르면) 상당한 수익을 올리는 사람이다 보니, 내 입에서 내가 돈 버는 것에 대해서 좀 안다는 말이 나오자 자기도 모르게 실소를 흘린 것이다. 나는 돈 버는 일과 관련해서 교수 간판을 달고 있는 것도 아니다. 게다가 그가 보기에 (사실, 그가 아니라 다른 누가 보더라도) 나에게 돈 버는 재주는 확실히 없다. 그 분야의 주제를 놓고 책으로 써서 누구에게 이렇다 저렇다 말을 할 정도의 수준은 더더욱 아니다.

"아, 웃어서 미안. 비웃는 거 아니야."

"괜찮아요. 그런데, 그런 책 아니에요."

"그럼 뭔데?"

"경제학 책."

"경제학? 경제학이라고?"

"그렇다니까요."

"그거는 왜?"

그가 묻는 것은 경제학 서적 집필의 사회적, 학문적 혹은 개인적 의미를 묻는 게 아니다. 그런 책을 써서 돈이 되겠느냐, 즉 누가 사보겠느냐는 것이다. 돈 버는 것이 바로 경제이고, 돈 버는 것과 관련된 내용을 써야 사람들이 사서 볼 거라는 말이었다.

"왜 경제학 책을 쓰냐고, 차라리 주식 책을 쓰지."

지인은 진심으로 안타까워했다.

"그렇게 슬픈 눈으로 나를 바라보지 않아도 됩니다."

나는 이 지인에게 왜 이 시점에 우리에게 경제학이 필요한지 설명하기 위해 우선 1970년대 초에 유행했던 대중가요 〈사람 나고 돈 났지〉 1절을 불렀다.

사람 나고 돈 났지 돈 나고 사람이 났다더냐

급하면 돌아가란 말이 있듯이 부귀영화 좋다지만 덤벼선 안 돼

돈이란 돌고 돌아 돌아가다가 누구나 한 번쯤은 잡는다지만

허겁지겁 덤비다는 코만 깨지고 잡았다고 까불다는 사그러진다

사람 나고 돈 났지 돈 나고 사람이 났다더냐

경제개발이 진행되면서 빈부격차가 본격적으로 벌어지기 시작하던 당시, 부자를 부러워하면서도 다른 한편으로는 돈이 다가 아니라며 스스로를 위로하는 가난한 사람의 심경을 대변하면서 히트를 쳤다. 그때만 하더라도 돈의 힘이 얼마나 센지 제대로 알지 못했다. 사람 나고 돈이 났으니, 사람이 돈보다 먼저란다. 휴머니즘이 자본주의를 우습게 아는, 그야말로 소박한 낭만주의가 살아 있던 시대였다.

그로부터 40년이 지난 뒤…….

스타가 되어 부와 명성을 거머쥐겠다는 야망을 품은 연예기획사 10대 연습생 소녀들은 기획사 사장이 주선하는 대로 상습적으로 성 접대를 하며 일명 '스폰'을 받는다. 공정한 법치로 불법을 다스려야 할 검사는 개인 혹은 기업 '스폰서'로부터 온갖 형태의 접대를 받고, 이권이 개입해 권력을 사적으로 사용함으로써 법 집행을 농단한 사실이 밝혀졌음에도 불구하고, 증거불충분이니 시효소멸이니 하는 따위의 가당치도 않은 방패

뒤에 숨어서 솜방망이 몇 대 맞는 걸로 모든 걸 용서받는다. 수십 수백억 원의 세금을 떼먹은 사람들이 사회 지도층이라고 거들먹거리고, 탈세와 위장편입, 석연찮은 병역 면제 등 온갖 탈·불법을 저지른 사람들이 국무총리를 하겠다고 혹은 장관을 하고 정당의 대표를 하겠다고 나서고 있다.

사실 이들의 뻔뻔함은 전두환, 노태우 두 전직 대통령의 뻔뻔함에 비하면 새 발의 피다. 노태우 전 대통령은 반란 중요 임무 종사 혐의와 비자금 조성 혐의로 선고받은 추징금 2629억 원 중 남아 있는 추징금이 280억 원이지만 돈이 없다며 버틴다. 그러면서도 부인 김옥숙 씨는 모교의 역사관 건립기금으로 5000만 원을 기탁하고 남편의 생가에 실물 크기의 남편 동상을 설치했다. 한편 2205억 원의 추징금을 선고받은 전두환 전 대통령은 약 533억 원만 냈다. 2008년 3월에 4만 7,000원을 낸 이후 한 푼의 추징금도 더 내지 않은 채, 자기 통장에는 29만 원밖에 없다고 배를 째라며 버틴다. 늘어나는 가족들의 재산은 법률적으로 자기와 아무 상관이 없다면서.

"경제학 책 쓴다면서 왜 이렇게 판을 크게 벌려?"

"가만 좀 들어봐요. 다 연결이 되니까."

고위공무원들이 자기 가족을 절차를 무시한 채 공무원으로 채용하는 일은 부끄러운 짓에 속하지도 않는다. 재벌 회장과 가족은 몇 십 번이라도 구속되어야 마땅한 죄를 짓고도 휠체어를 타고 쇼를 하며 구속조차 되지 않고 심지어 무죄 판결을 받으니, '유전무죄 무전유죄'는 사법부의 판례로 자리 잡았음이 분명하다. 교수 임용을 받으려면 몇 억 원을 뇌물로 바쳐야 하고, 뇌물만 주면 좋다고 소문난(뭐가 좋다는 말일까) 사립초등학교에도 정원 외로 입학할 수 있다. 윗물 아랫물 할 것 없이 똥탕이 따로 없다. 이런 공정하지 못한 세상에서, 지하철에서 10대 소녀와 70대 할머니가 서로 쌍욕을 내뱉으며 난투극을 벌인다거나 응급실에서 술에 취한 사람이 난동을 부려도 바로 곁에 있는 경찰은 자기 관할이 아니라며 구경만 하는 건 지극히 사소한 일상이 되어버린 지 오래다.

어느새 대한민국은 정의가 죽어버린 탁한 사회가 되어버렸다. 탁할 뿐만 아니라 살기 힘들고 불안하기까지 하다. 한국인의 자살사망률은 경제협력개발기구(OECD) 국가 중 가장 높다. 2008년 기준 10만 명당 자살자 수는 26.0명으로 하루 평균 35.1명꼴로 자살했다. 경제적인 문제가 자살의 가장 큰 이유임은 굳이 따로 말할 것도 없다. 특히 노인층 자살률은 압도적으로 세계 1위이다. 경제적으로 여유가 있으면서도 부모를 부양하지 않고 내팽개치는 일들이 일상적으로 일어나며, 부모와 자식이 생활비 때문에 멱살을 잡고 소송을 한다. 급기야 아무런 이유도 없이, 단지 가족이 오순도순 모여서 행복하게 웃는다는 이유만으로 그 일가족을 잔인하게 살해하는 일도 벌어진다. 자기가 누리지 못하는 행복을 누리는 사람들에게 참을 수 없는 질투를 느꼈기 때문이다.

그러니 '돈이 많아 행복한' 사람들은 자기들끼리 모여 점점 더 울타리를 높이 쳐서 '돈이 없어 불행한' 사람들이 공격하지 못하게 성을 쌓고, 이 성의 높이가 커질수록 '행복한 사람들'과 '불행한 사람들' 사이의 갈등은 자주 그리고 격렬하게 부닥친다. 재벌 2세가 1인 시위를 하던 사람을 데려다가 야구방망이로 때리고 한 대에 100만 원씩 계산해서 천만 원짜리 수표 두 장을 매값으로 던져주면서(그것도 개인 돈이 아니라 회사 돈이다) 아무런 죄의식을 느끼지 못하는 것도 당연한 일이다. 심지어 초등학생들까지도 자기들 세계에서는 부모 소유의 아파트 평수 순으로 계급과 권력의 위계질서를 세우고 각자 자기들만의 성을 쌓는다. 결국 '불행한 사람

들'의 좌절과 절망은 커져가고, 또 자살과 살인이라는 이런 극단적인 현
상은 그만큼 더 많이 일어난다.

"그건 나도 알아. 근데 그게 뭐 어쨌다고? 어제 오늘 일이야?"

"이런 현상은 특정 개인들의 우울증이나 사이코패스적인 성향 때문이
아니거든요."

"글쎄 그러니까, 네가 왜 하필이면 경제학 책을 쓰냐니까?"

"경제학의 관점에서 해결책을 찾을 수 있으니까요."

"경제학? 어려워지네……"

지인은 고개를 절레절레 흔들었다.

"아주 간단합니다. 경제학의 세 가지 과제만 알면 됩니다."

"세 개만 알면 된다고?"

"예."

"생산과 분배를 둘러싼 과제 세 개."

나는 이미 《대한민국 깡통경제학》 집필에 들어갔다.

① 무엇을 생산할 것인가?

주어진 자원으로 어떤 재화와 서비스를 생산할 것인지 선택하는 문제이다. 한국에
서 생산하는 상품은 전반적으로 일본의 고가품과 중국의 저가품 사이에서 샌드위치
신세이다. 중국이 무섭게 추격을 하고 있고, 이미 조선 부문의 수주 물량은 중국에게
세계 1위 자리를 내주었다. 이런 상황에서 A사는 미래 성장 동력을 의료 산업으로 정
하고 있다. 머지않아 닥칠 고령사회에서 실버산업, 그중에서도 특히 보험 산업과 연계
된 의료 부문이 유망하다. 한국의 우수한 의료 인력은 이미 정평이 나 있다. 하지만 이
사업은 현재의 의료보험 민영화를 전제로 한다. 따라서 그만큼 환자의 의료비 부담이
늘어나기 때문에 전체 사회의 저항이 예상된다는 게 A사가 안고 있는 과제이다. 힘든

문제다.

② 어떤 방법으로 생산할 것인가?

어떤 자치정부가 관내의 치안을 강화하기로 했다. 그런데, 이 목적을 달성하기 위해서는 방범대를 조직할 수도 있고 CCTV를 설치할 수도 있다. 전자는 후자에 비해서 일자리 창출 및 마을 공동체성 강화에 직접적인 효과를 발휘하고, 후자는 전자에 비해서 기업가에게 시장을 확대해주는 효과를 발휘한다. 전자를 선택하자는 측에서는, 방범대를 조직함으로써 고용 효과가 발생하면 당연히 유효수요가 늘고 따라서 그만큼 시장의 규모는 커진다고 주장한다. 이에 비해서 후자를 선택하자는 측에서는, 기업을 살림으로써 기업이 고용하는 직원의 일자리가 보장되고 따라서 국민의 생활은 그만큼 윤택해진다고 주장한다. 복잡한 문제다.

③ 생산된 재화와 서비스를 누구에게 배분할 것인가?

값이 싼 집을 원하는 사람에게 저렴하게 집을 제공하고 안전한 식품을 원하는 사람에게 안전한 식품을 제공하는 문제이다. 2010년 7월 농림부는, 정부의 재고 쌀은 2010년을 기준으로 적정재고량인 72만 톤을 두 배가량 넘어선 140만 톤에 이르고(한편 수입쌀은 2009년도분 30만 6천 톤, 2010년도분 32만 7천 톤 등 의무적으로 계속 들어와, 수입쌀 재고 물량만도 19만 톤이 넘는다), 여기에 대한 관리 비용이 연간 4200억 원이나 드는 상황이니만큼, 한 해에 36만 톤씩 돼지와 소의 사료용으로 처분할 계획이라고 밝혔다. 이에 대해서 야당과 농민단체는 재고 쌀을 사료용으로 쓰느니, 최근 장기 경색 국면에 빠져든 남북관계로 원조 지원이 고갈돼 주민들이 굶주리는 북한에 인도적인 차원에서 쌀 지원을 재개해야 한다고 주장한다. 민감한 문제다.

"이런 힘들고 복잡하고 민감한 문제를 우리 주변 생활의 다양한 모습들에 비추어서 설명하려고요."

"의도는 좋지만, 재미있어야 사람들이 읽을 텐데……."

그러면서 지인은 이렇게 말한다.

사회가 험악할수록, 너나 나를 비롯해서 평범한 사람들이 가지는 가장 일차적인 관심사는 돈을 버는 문제다. 어떻게 하면 소득을 늘릴 수 있을까, 어떻게 하면 나와 동일한 조건에 놓인 다른 사람들보다 많은 소득을 거둘 수 있을까, 어떻게 하면 현재의 재산을 늘릴 수 있을까, 어떻게 하면 다른 사람들의 재산이 줄어드는 특정한 상황에서도 나는 현재의 재산을 유지할 수 있을까, 어떤 조건들이 변화하면 현재의 금융 위기가 끝나고 다시 경제에 호황의 따뜻한 봄바람이 불까, 앞으로 어느 정도의 기간을 버티고 기다리면 그 봄바람이 불어올까, 그 봄바람의 온기가 누구에게 가장 먼저 그리고 가장 많이 닿을까, 나에게도 그 봄바람이 불어올까, 내가 그 봄바람의 온기를 누리는 순서와 정도는 전체 사회 속에서 어디쯤일까 등등.

전적으로 동의한다.

바로 그 이야기를 하려고 한다.

국내외 정치·경제·문화적으로 탁하고 험악한 이 시기를 무사히 살아남고 또 우리의 재산을 온전하게 보존하는 데(나아가 우리의 재산을 조금이라도 불리는 데) 필요한 최소한의 지식, 이 위험한 시기를 오히려 조장하고 즐기며 부지런히 돈을 긁어모으는 사람들은 모두 다 알지만 우리만 모를 수도 있는 이 최소한의 지식, 적어도 이것만은 알아야 이 위험한 시기를 살아남을 수 있다고 생각하는 지식을 나름대로 추려서 모은다고 모았다.

사자가 초원에서 이동하는 소 떼를 바라보며 노리는 먹잇감은 살찐 소가 아니라 어리거나 허약한 소이다. 마찬가지로 붐비는 지하철에서 소매치기가 노리는 먹잇감도 돈이 많아 보이는 사람이 아니라 허술해 보이는 사람이다. 먹잇감이 되거나 약탈당하지 않으려면 단단해져야 한다. 적어도 그렇게 보여야 한다. 스스로를 단단하게 단련하는 데 이 책이 도움이 되길 바란다. 이 책이 위험한 시기를 헤쳐 나가는 데 지혜가 되고 또 우리 사회에서 일어나는 경제 활동의 공정성을 높이는 데 조금이라도 보탬이 되면 좋겠다.

아울러, 이 책이 다음 세 가지 요건을 모두 만족시킬 수 있도록 노력했음을 밝히며, 이런 점에서 독자들이 이 책을 최대한 활용하길 바란다.

첫째, 경제교양서이다.

기본적으로 이 책은 한국 경제의 실상에 대한 풍성하고도 역동적인 이해를 전달하고자 한다. 이 책에서는 우리 사회 전반을 바라보는 틀을 의(衣), 식(食), 주(住), 활(活), 금(金), 통(通)이라는 여섯 개의 기본 범주로 분류한 다음, 다시 전체 스물세 개의 주제로 분류함으로써 우리 사회의 다양한 측면을 경제학이라는 거울로 가능한 입체적으로 비춰보는 시도를 했다. 저인망의 그물로 한국 경제의 총체적인 현실을 담으려는 이런 시도가 어쩌면 최초일지도 모른다는 공명심에 이끌려서, 경제학 비전문가만이 할 수 있는 무모함을 무릅썼다. 하지만 아마도 독자는 필자의 모자라는 부분을 여기저기 지적하면서도 느긋하게, 마치 남산타워 전망대에서 서울 시내를 조망하듯이 그렇게 한국 경제를 조망할 수 있을 것이다. 필자의 역량 때문에 비록 조잡한 조망이긴 하겠지만.

둘째, 경제학습서이다.

총 스물세 개의 장마다 그 장에서 다루는 주제와 관련된 핵심적인 경제학 개념들을 한두 개씩 들어서 주제를 설명했다. 때로는 도표나 그림을 동원하기도 했다. 학습서라는 점에서는 어쩌면 이 책이 에세이를 읽듯이 쉽게 술술 넘어가지 않을 수도 있다. 그렇다고 해서 짜증을 내거나 겁을 먹을 필요는 없다. 그야말로 상식적인 차원에서 한국의 현재 경제 상황을 이해하는 데 필요한 정도의 지식을 담았기 때문이다. 하지만 이 개념들만으로도, 아무리 경제에 대한 지식이 작은 독자라고 하더라도 한국 경제가 어떤 원리로 어떤 방식으로 돌아가는 어렵지 않게 깨우칠 수 있을 것이다.

셋째, 경제상식사전이다.

본문 사이사이에 주제와 관련된 핵심적인 경제 용어의 해설을 박스로 담았다. 누가 경제학이라는 말만 해도 주눅이 드는 경제학의 문외한을 위한 것이다. 경제 용어를 모르는 사람에게는 경제신문 혹은 종합지의 경제면에 실린 기사는 온통 외계인의 언어일 뿐이다. 아는 사람은 알 필요가 없지만 모르는 사람은 정말 답답한 게 이런 경제 용어들이다. 이런 핵심적인 경제 용어에 관한 해설을 쉽게 찾아볼 수 있도록 따로 ‘찾아보기’를 달았다. 여기에 실린 내용만으로도 경제 기사를 읽는 눈이 한층 밝아질 것이라 자신한다.

우리 모두의 행운을 빌자.

목차

序 누구를 위한, 무엇을 위한 경제학인가?
─ '합리적인 선택'이라는 사악한 가면

> 나는 똥구멍을 미술관에 처박고 있는 미술보다는
> 보다 정치적이고 에로틱하며 신비스런 예술을 지향한다.
>
> **─클레스 올덴버그**

재수생으로 한 해를 살았던 정태는 수능시험을 본 뒤에, 시급 4,100원을 받고 하루 다섯 시간씩 쌀국수 집에서 휴일을 제외하고 한 달 꼬박 아르바이트를 해서 번 47만 원으로 아르마니 시계 중고품을 사고 나머지 돈은 주식 투자에 보탰다.

한편 OO전자의 CEO 강현민은 구조조정 이후 처음 맞은 회계연도인 전년도의 수익 배분을 놓고 수익의 몇 퍼센트를 주주에게 배당금으로 지급할지 고민한 끝에, 수익의 80퍼센트를 배당금으로 지급하고 나머지 20퍼센트는 지점 영업망을 확대하는 데 투자하기로 했다.

기획재정부의 예산 편성 실무자인 김성환 국장은 예산 가운데 여유가 있는 4700억 원을 전액 도로 건설에 투입하기로 예산안을 짠다.

이 세 사람의 선택은 경제학적으로 어떤 의미가 있을까?

* * *

일반적으로 경제학에서는 경체 활동의 주체를 가계, 기업, 정부, 해외 부문으로 규정한다.

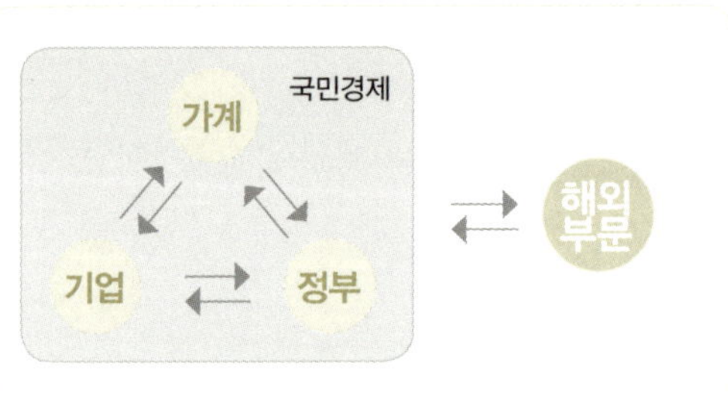

도표 서-1 경제 활동의 네 주체

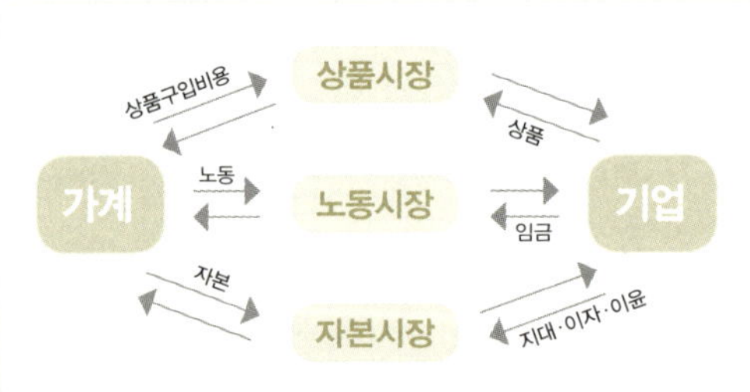

도표 서-2 가계와 기업의 관계

경제 활동의 주체

① **가계(개인)** 노동이나 자본 같은 생산요소를 기업에 공급함으로써 소득을 얻고 이 소득으로 상품을 소비한다.

② **기업** 상품을 생산한다. 노동시장과 자본시장의 소비자이며, 상품시장의 생산자이다.

③ **정부** 개인이나 기업의 힘이 미치지 못하는 영역에서 재화와 용역을 생산하고 소비한다.

④ **해외부문** 국내의 경제 부문을 상대로 해서 상품과 금융 및 인적 자원을 거래하는 국외의 모든 주체이다.

18

경제학의 연구 대상은 이들 경제 활동 주체가 생산과 소비와 분배를 매개로 해서 벌이는 행동이다. 경제학의 목적은? 시장에서 벌어지는 경제 활동의 법칙을 규명함으로써 미래를 예측하며 현재 취할 행동을 '합리적'으로 결정하도록 하는 것이다. 여기에서 '합리적'으로라는 조건이 붙는 이유는, 경제 활동의 대상이 되는 자원이 희소하기 때문이다. 이것이 바로 경제학의 기본적인 전제인 이른바 '희소성의 법칙'이다. 자원이 언제나 넘쳐난다면 구태여 따질 게 없다. 부족하지 않으니 경쟁할 일이 없다. 필요한 만큼 얼마든지 가져다 쓰면 된다. 하지만 현실은 그렇지 않기 때문에 자원 배분의 효율성을 따져야만 한다. 가능한 여러 조합 가운데서 효율성을 기준으로 해서 '합리적으로' 선택해야 한다는 말이다. 이 세상에 공짜는 없다. 우리가 무엇을 얻고자 하면, 여기에 대한 대가로 다른 무언가를 포기해야 한다. 거지가 구걸을 해서 500원 짜리 동전 하나를 얻을 때도 이것은 공짜가 아니다. 그만큼 자존심을 잃어야 한다. 각 경제 활동 주체들이 수행하는 이런 선택의 예를 들면 다음과 같다.

(1) 가계의 선택 정태는 아르바이트를 해서 번 47만 원으로 그동안 갖고 싶었던 아르마니 시계를 살 것인지, 아니면 그동안 하고 싶었던 주식 투자의 종자돈에 보탤 것인지 고민한다. 어떤 선택이 정태의 욕망을 최대한으로 만족시켜 줄까? 고민 끝에 정태가 내린 선택은, 아르마니 시계는 중고품으로 사고 나머지 돈은 주식 투자에 보태는 것이다. 아르마니 시계를 중고로 산다고 하더라도 신품을 살 때와 비교해서 자기가 누리게 될 편익의 변화는 그다지 크지 않기 때문이다.

(2) 기업의 선택 ○○전자의 CEO 강현민은 전년도의 수익 배분을 놓고 고민한다. 장기적인 프로젝트의 연구개발에도 투자를 해야 하고, 높은 노동 강

도 속에서 성과를 내준 직원들의 사기도 북돋워야 한다. 어떤 선택이 최상의 선택일까? 고민 끝에 강현민 사장이 내린 선택은, 수익의 80퍼센트를 배당금으로 지급하고 나머지 20퍼센트는 지점 영업망을 확대하는 데 투자하는 것이다. ○○전자는 외국의 사모펀드 ○○○캐피탈에 인수된 회사인데, 이 모(母)회사는 ○○전자를 장기적으로 보유할 생각은 없고, 단기적으로 가시적인 실적을 내게 한 다음 적당한 값에 되팔아서 차익을 챙길 생각을 하기 때문이다.

(3) 정부의 선택 정부는 예산 가운데 여유가 있는 4700억 원을 놓고 인프라 건설 부문과 빈곤층 지원 프로그램 가운데 어느 쪽에 추가로 투입할 것인지 고민한다. 고민 끝에 정부는 전액 도로 건설에 투입하기로 결정한다. 해당 부분의 최종 예산안 작성 책임자가, 분배보다는 성장을 우선해야 결국 소득양극화가 해소되고 경기가 부양된다는 이른바 '낙수 효과'를 신봉하는 인물이기 때문이다.

여기에서 합리성이라는 개념은 수단의 합리성을 뜻하는 것일 뿐, 목표 그 자체의 합리성 혹은 윤리성과는 관련이 없다. 아직 고등학생인 정태가 수십만 원이나 하는 비싼 시계를 사서 차고 다닐 수 있는가, 강현민 사장은 한국 사람이면서 국부를 해외로 유출하는 일을 앞장서서 할 수 있는가, 정부는 서민보다 기업을 더 사랑하는 게 아닌가, 따위의 질문은 성립하지 않는다. 다시 말해서 어떤 목표가 주어졌을 때 어떻게 하면 이를 가장 효율적으로 달성할 수 있을까가 궁극적인 관심사이다. 어떤 목표에 대해 '과연 그와 같은 목표를 추구하는 것이 도덕적으로 정당한가?'라고 의

• 본문 227쪽 참조

문을 제기하는 것은 경제학과 거리가 멀다. 이렇게 해서 주류 경제학에서 규정하는 경제학의 정의는 다음과 같이 된다.

"경제학이란 인간의 물질적 욕구를 충족시키기 위해 희소한 자원을, 어떻게 하면 효율성을 극대화할 수 있도록 합리적으로 활용할 것인가를 연구하는 학문이다."

'효율성'과 '형평성'

그런데 여기에서 '합리성'과 관련해서 의문이 하나 든다. 경제 활동의 네 주체는 이 활동에서 차지하는 위치가 다르기 때문에 이들 각각의 이해관계는 (최소한 부분적으로는) 다를 수밖에 없다. 계급 개념인 노동자와 자본가, 혹은 계층 개념인 임직원과 사장, 혹은 소비자와 생산자의 입장은 다를 수밖에 없는데, 그렇다면 합리성이라는 것은 누구의 관점에서 효율적이며 누구를 위한 합리성이라는 말일까? 공정성을 담보하는 중립적인 관점, 혹은 평균적인 관점이라는 뜻일까? 이런 관점이라는 게 있을 수 있을까? 아니면, 가계와 기업 그리고 해외 부문의 활동을 통제하는 정부의 관점이라는 뜻일까? 그런데 과연 정부가 온전하게 중립적인 관점에서만 정책을 펼칠 것인가? 이런 관점이라는 게 과연 가능하기나 한 것이며, 또 이런 관점에 기업과 가계는 각각 만족하기나 할까? 자기 기준으로 편익 100퍼센트에 도달하지 않는 한, 끝까지 자기 관점을 밀어붙이며 추가적인 편익을 추구하는 게 바로 인간을 포함한 모든 동물, 아니 모든 동식물의 생존 투쟁 양상임은 찰스 다윈의 위대한 발견 이후 누구나 아는 상식이 되지 않았던가?

그러므로 '효율성'을 기준으로 하는 '합리성' 개념이 경제 활동을 수행하는 어느 한쪽 당사자에게 (정보의 양과 질, 시장에서의 지위, 정치적인 영향력 등에 힘입어) 일방적으로 유리할 수 있다. 합리성이라는 개념은 공정하지 못한 어떤 편파성, 구체적으로 말하면, 현실 경제에서 권력을 쥐고 있는 기업 혹은 자본가로 기운 편파성 즉 '형평성'을 위장하는 가면일 수도 있다는 말이다. (또 실제로 그렇다!) 동일한 경제 정책 입안자의 입에서 '서민을 위한 정책'과 '기업 프렌들리 정책'이 동시에 나올 때 이 가면의 사악함은 선명하게 드러난다. 남의 일로 보면 웃기는 코미디이고, 내 일로 보면 동지의 등에 칼을 꽂는 살벌한 사극이다.

편파성의 이런 사례를 들어보자. 2010년 6월, 이명박 정부는 '하반기 경제 정책 방향'을 발표하면서 대기업과 중소기업 사이에 존재하는 불합리한 거래 관행을 개선할 것을 핵심 과제로 제시했다. 또 대기업과 1차 협력사 위주로 시행 중인 '상생협력 및 공정거래협약'을 공기업과 유통분야, 2차 협력사까지 확대하며 상생협약 우수기업에 대해 인센티브도 확대하기로 했다.

하지만 정부가 이론 교육을 줄이고 대신 실물 경제 교육을 강화하기 위해서 마련했다며 7월에 발표한 '경제 교육 활성화 종합 대책'은 정부가 말하는 상생협력과는 국정 철학 차원에서 보면 정반대편의 정책이다. 공정한 시장 질서를 마련하려 노력하는 게 아니라, 엄연히 존재하는 대기업—중소기업의 문제를 덮으려 하기 때문이다. 교육과학부의 요청으로 2010년 6월 30일에 개정되어 2011년 3월 1일부터 사용될 ○○출판사의 중학교 사회교과서에 실린 대기업—중소기업 관계에 관한 대목을 보자.

K씨는 **조그마한 기업을** 운영하면서 **대기업**에 납품을 하는 사람이다. 그런데 K씨는 납품을 하고 나면 항상 자금 사정이 어려워진다. 왜냐하면, K씨가 납품한 **대기업에서** 물품 대금을 제때에 주지 않기 때문이다.

중소기업청이 발표한 바에 따르면, 2003년 상반기에 매출액이 많은 **대기업** 213개 중 30.05%의 기업이 납품 대금을 법정 기준일인 60일 이내에 지급하지 않은 것으로 나타났다. 또, 납품 대금 지급 방법도 29.1%는 어음이었다.

☞ 위의 글을 토대로 일반적으로 **대기업**과 **대기업**으로부터 일감을 받은 **중소기업**과의 관계가 어떻게 불공정한지 이야기해 보자.

K씨는 **기업을** 운영하면서 **다른 기업에** 납품을 하는 사람이다. 그런데 K씨는 납품을 하고 나면 항상 자금 사정이 어려워진다. 왜냐하면, K씨가 납품한 **기업에서** 물품 대금을 제때에 주지 않기 때문이다.

K씨는 자신과 같이 **다른 기업에** 납품하는 사람으로부터 물건 대금을 제때에 받지 못할 경우 법에 의해 보호받을 수 있다는 사실을 알게 되었다. 우리나라에는 현재 K씨와 같이 어려움을 겪는 납품업자가 납품 대금을 제때 받도록 하는 하도급거래 공정화 제도가 마련되어 있다.

☞ 물건을 **납품하는 기업과 발주하는 기업** 사이에 어떤 불공정한 거래가 있을 수 있는지 알아보고, 불공정 거래를 막을 수 있는 방법에 대해 조사해보자.

납품 단가와 대금 지급을 둘러싼 대기업과 중소기업 간의 불공정 거래 문제는 우리 경제의 오랜 병폐임에도 불구하고, 여기에 대한 지적을 의도적으로 빼버린 것이다. 경제 교육을 강화해서 '긍정적인 기업관'을 배양한다는 '경제 교육 활성화 종합 대책'의 미사여구 속에 노골적인 대기업 편들기 정책이 숨어 있다.

합리성과 관련된 의문은 또 있다. 경제학자나 정책 입안자가 설정하는 변수 및 각 변수의 가중치 설정이 전적으로 타당하게 실제 현실을 반영할까? 현실의 여러 경제 변수, 즉 재화의 가격, 수요량, 공급량 등과 같은 미시적인 변수들과 물가, 고용, 국민소득 등과 같은 거시적인 변수들 사이에 존재하는 함수 관계를 발견하고 그 성질을 규명하는 작업이 얼마나 실제 현실을 충실하게 반영할까? 천만에. 이기적이고 불순한 의도는 여지없이 개입한다.

예를 들어보자. 선거용 공약이 건설업자들의 논리와 결합한 새만금 간척 사업이 있다. 정부는 1980년대 이 사업을 준비하고 1991년에 첫 삽을 뜰 때, 갯벌이 가지고 있는 (환경적·심미적 가치는 제외하고라도) 경제적인 가치라는 변수의 가중치를 무시했다. 정부는 1980년대부터 '쓸모없는 땅' 갯벌을 메워서 토지를 창출하겠다는 계획에 따라서 꾸준하게 간척 사업을 진행했고, 이렇게 해서 갯벌은 2008년 12월 말 기준으로 5년 전인 2003년 12월보다 여의도 면적의 21배인 60.8㎢가 감소했다. 하지만 국토해양부가 2008년 지방자치단체를 대상으로 갯벌 복원 대상지를 조사한 결과 15개 시군이 간척지 81곳을 복원할 것을 희망했다. 간척 사업이 본격적으로 시작되던 1980년대 초만 해도 알지 못했던 갯벌의 경제적 가치를 뒤늦게야 깨달은 것이다. 나폴레옹이 그랬다지 않는가, "이 산이 아닌 가보다"라고. 하지만 알프스산맥을 넘다 죽어간 수많은 군인들의 목숨과 그 가족들의 고통을 누가 보상할 것인가? 갯벌을 밭 삼아서 살아온 사람들의 잃어버린 삶의 터전, 무너진 공동체를 어떻게 보상할 것인가?

갯벌의 경제적 가치

2006년 한국해양연구원의 이흥동 박사팀이 발표한 "갯벌의 경제평가"에 따르면 갯벌이 창출하는 경제적인 가치는 1㎡당 3,919원으로 농지의 생산량보다 훨씬 높다. 구체적으로 보면 수산물 생산 가치 1,199원, 보존 가치 1,026원, 서식지 제공 가치 904원, 수질 정화 가치 444원, 여가 가치 174원, 재해 예방 가치 173원 등이다. 2010년 현재 우리나라 갯벌 총면적 2,489㎢을 적용해서 산정하면 9조 7557억 원이다.

게다가, 변수나 변수에 대한 가중치를 설정할 때 어떤 '불순한 의도'가 개입할 수도 있다. 이 경우에는 효율성을 기준으로 한 '합리성'이 경제 주체의 어떤 한쪽, 시장 참가자의 어느 한편으로 당연히 기운다. 예컨대 정부가 이른바 '4대강 살리기' 사업을 하면서, 환경영향평가를 의도적으로 부실하게 해서 습지가 가지고 있는 경제적인 효과를 축소할 수 있다. 어느 한편에게 돌아갈 편익을 극대화하겠다는 목표의 효율성을 달성하기 위해서 다른 한편이 치러야 하는 대가를 얼마든지 줄일 수 있다는 말이다.

이해가 대립하는 주체들 사이에서는 내가 선택한 효율성 극대화가 상대방이 보기에 비효율성 극대화가 된다. 예를 들어, 경매에 붙여서 수천만 원에 팔 수 있는 고서(古書)를 어떤 사람이 훔쳐낸 뒤에 단돈 100만 원에 팔아넘기고, 그 돈으로 삼성전자 드럼세탁기(하우젠 버블에코 WR-HF137UD) 한 대를 사고 나머지 219,000원을 뿌듯한 마음으로 예금통장에 넣었다고 치자. 이 도둑은 체포될 수도 있는 위험부담을 높이면 500만 원까지도 받을 수 있겠지만, 선택 가능한 여러 방안들 가운데서 안전성에 가장 높은 가중치를 설정했고, 절대로 체포되지 않는 방식을 선택해 100만 원만 받고 판 것이다. 주류 경제학의 입장에서 보자면, 이 도둑의 행동은 목표를 효율적으로 달성했으므로 '합리적'이라고 할 수 있다. 도둑질과 장물 판매라는 행위가 도덕적으로 정당한가 하는 의문은 제기하지 않기 때문이다.

이처럼 '합리성'이 내세우는 '효율성'은 특정 경제 주체에 편파적일 수밖에 없다. 그런데 문제는 이런 편파성이 합리성이니 효율성이니 하는 아름다운 단어들 속에 감추어져 있다는 점이다.

한 사회의 경제 활동에서는 효율성과 형평성이 언제나 충돌한다.

희소한 자원으로 최대의 효과를 얻고자 하는 효율성의 기준을 주장할 것인가, 아니면 경제 발전의 혜택을 사회 구

• **효율성(efficiency)**
사회구성원이 누리는 총잉여를 극대화시키는 자원 배분의 속성.

• **형평성(공평성, equity)**
경제적 후생을 사회구성원들 사이에 공정하게 배분하는 속성.

성원에게 균등하게 배분하는 형평성의 기준을 주장할 것인가?

이 두 질문이 전제하는 경제학의 목적과 태도는 확연히 다르다. 하나는 개별 경제 주체의 관점에서(특히, 시장에서 우세한 힘을 가지고 여론을 주도하는 집단의 관점에서) 효율성을 기준으로 삼아서 개별적인 선택의 문제로 경제 행위를 바라보고, 이 선택을 올바르게 하는 것을 경제학의 목적으로 설정한다. 다른 또 하나는 사회 전체적인 관점에서(특히, 시장에서 열등한 처지에 놓인 집단의 관점에서) 형평성을 기준으로 삼아서 총체적인 구조의 문제로 경제 행위를 바라보고 판단하며, 이 문제를 정치경제적으로 해결하는 것을 목적으로 설정한다.

우리는 경제학자가 아니지만 어떤 눈으로 경제를 바라봐야 할지는 각자 얼마든지 선택할 수 있다. 또, 마음에 들지 않으면 언제라도 다른 눈으로 바꿀 수 있다. 사실 경제학자가 아니기 때문에 훨씬 더 유연할 수 있다.

우리가 경제학을 공부하는 것은 경제 활동에서 나타나는 일반 법칙들을 알아내기 위해서이다. 그리고 이런 지식을 바탕으로 해서 '각자의 입장과 처지'에서(즉, 고양이는 고양이대로 쥐는 쥐대로) 주어진 상황 속에서 가능하면 나에게 손해가 되지 않고, 나아가 내가 속한 사회의 건강성이 훼손되지 않는 방향으로 어떤 경제적인 행동을 선택하기 위해서이다. 그렇다면 '효율성을 전제로 한 합리성'이라는 편파적인 울타리에 갇혀 있는 경제학을 해방시켜야 한다. 그래서 경제학의 목적이 모든 사람들이 조화로움 속에서 만족을 느낄 수 있는 사회, 그런 인간관계를 추구하는 것으로 만들어야 한다. 이 말에 어떤 경제학자는 다음과 같이 콧방귀를 뀔지도 모른다.

"그런 것까지? 우린 사회적이고 정치적인 문제는 싫어해. 우리는 학문적으로 연구를 하는 경제학자니까."

그럼, 그러시든가. 하지만 경제학은 경제학자만 공부하는 게 아니니까 뭐….

자, 어느새 이미 《대한민국 깡통-경제학》은 본격적으로 시작되었다.

1장 명품의 경제학
—이윤율의 경향적 저하법칙

> 오늘 아침 나는 청소부들이 쓰레기를 모아두는 장소를 찾아갔다.
> 아, 그곳은 얼마나 아름다웠던가!
>
> —반 고흐

이정태는 일병으로 진급한 지 일주일 만에 휴가를 나왔다. 정태는 집에 도착하자마자 사복으로 갈아입고 외출 준비를 한다. 오랜만에 친구들을 만날 생각을 하니 마음이 설렌다. 아무리 생각해도 군복은 자기에게 맞지 않는 것 같다. 제복이 주는 엄숙함과 권위가 가끔은 마음에 들 때도 있지만, 획일적인 게 싫다. 자기만의 개성을 드러낼 수 없기 때문이다. 바지는 디젤이고, 윗옷은 'POP CORN'이라는 글자가 박힌 폴스미스, 모자는 MLB 시카고 화이트삭스이다. 그리고 마지막으로 정태는 책상 서랍을 열고 아르마니 시계(모델명 : 엠포리오 아르마니 AR0547 블랙)를 꺼낸다. 백화점 매장에서 50만 원대 초반에 팔리는 모델인데, 인터넷 명품 중고매장을 통해서 어떤 회사원에게서 19만 원에 샀다. 명품의 품위를 더해주는 묵직한 무게감에 정태는 흐뭇한 미소를 짓는다.

"바로 이 느낌이야."

정태는 시계를 손목에 채우고 시곗줄의 잠금장치를 누른다. 그런데 이상하다. 딸깍, 하고 채워져야 하는데 채워지지 않는다. 손을 놓으니 시곗줄이 그냥 툭 풀러진다. 왜 이러지? 몇 차례 더 해봐도 마찬가지다. 갑자기 머리가 서늘해지는 느낌이 든다. 뭔가 잘못되었다! 자세히 보니, 잠금장치의 고리 부분이 떨어져나가고 없다.

"엄마! 시계 왜 이래요?"

동생 정수 짓이라고 한다. 한 달 전, 고3 수험생인 녀석이 모의고사 보던 날 그 시계를 차고 갔었다. 시험을 보는 동안 시간 체크를 해야 한다는 게 핑계였지만, 평소에 그 '명품' 시계를 한번 차보고 싶었던 모양이다. 그런데 그날 녀석이 집에 돌아와서는 시곗줄이 고장 났다고 했다. 녀석은 '칼손'의 소유자다. 무엇이든 녀석의 손에 들어가면 남아나지 않는다. 뭘 어떻게 하는지 멀쩡하던 칫솔목이 뚝 부러지고, MP3 버튼이 쑥 들어가선 영 나오지 않고, 샤프의 연필심 유도 부분이 찌그러져 심이 나오지 않고, 플라스틱 반찬통 뚜껑을 열면 뚜껑의 날개가 부러진다. 이런 칼손이 시곗줄 잠금장치를 망가뜨린 것이다.

정태의 어머니는 정태가 휴가 나오기 전에 아르마니 매장이 있는 OO동의 OO백화점에 찾아갔었다. 미리 고쳐둬야 할 것 같았다. 매장 점원은 망가진 부분의 부품을 교체하면 되는데, 수리비는 5만 원 정도라고 했다. 그런데 문제가 있었다. 그 물건을 정품 매장에서 구입했다는 영수증이 있어야 한다고 했다. 어머니가 아들에게 물었다.

"너, 그 영수증 있니?"

정태는 머리를 쥐어뜯었다. 아아, 이런 일이 생길 줄 누가 알았나. 하지만 후회해봐야 소용없었다. 그날 밤, 동생은 형을 피해 거실에서 베란다로, 베란다에서 안방으로, 마지막으로 안방에서 화장실로 도망을 쳤다.

동생은 화장실 문을 잠그고 버티고, 형은 문을 두드린다.

"빨랑 안 나와?"

"내가 고쳐주면 되잖아."

"니가 어떻게 고쳐?"

"아파트 상가에 시계방 있잖아."

"인마, 이걸 어떻게 동네 시계방에서 고치니? 이거, 알마니야, 알마니!"

"알마니면 뭐?"

"코엑스에 가야지!"

정태는 코엑스에 입점해 있는 시계방, 주로 명품 브랜드 시계들을 파는 매장에 가서 고칠 거라고 했다.

"미쳤어? 시곗줄에 나사 하나 박아 넣으러 코엑스까지 가?"

"명품은 명품이 있는 데서 돌려야지, 인마!"

"왜 그래야 되는데?"

"명품이니까!"

"형 같은 사람들 때문에 코엑스가 쓸데없이 붐비잖아!"

"붐벼야 장사가 되지!"

"형은 그 사람들 장사시켜 주려고 살아?"

"너, 빨랑 안 나와?"

"도와주세요, 엄마!"

이정태 일병의 집은 그날 밤 조금 시끄러웠다.

VVIP 마케팅

VVIP는 최고로 중요한 사람이라는 뜻의 'Very Very Important People'의 머리글자를 딴 것으로, VVIP 마케팅은 전체 고객 중 1~5퍼센트의 비율을 차지하는 최상류층 고객만을 상대로 하는 고급 마케팅 기법을 말한다. 이들은 높은 가처분 소득으로 경기 변동 및 상품의 가격 변화와 무관하게 대형 및 고급 제품과 서비스를 자주 구매하기 때문에 제조사 및 판매사로서는 안정적인 고객이다. VVIP 마케팅은 처음엔 명품 브랜드나 프라이빗뱅킹을 중심으로 유행하기 시작했지만, 지금은 백화점이나 금융권은 물론이고 건설업계와 화장품업계 그리고 패션업계 등의 분야에서 적용되고 있다.

※ 롯데, 140명만을 위한 럭셔리한 골프대회=롯데백화점은 10일 VVIP 고객 140명을 경기도 여주에 위치한 블랙스톤 골프장으로 초청, 'VVIP 골프대회'를 벌인다. 이번에 초청된 VVIP는 연간 해외 명품만 7000만 원 이상 구매하는 고매출 상위 1퍼센트 고객들이다. 롯데백화점은 이날 골프대회를 열면서 800만 원 상당의 홍콩 여행권과 700만 원짜리 아산병원 건강 검진권 등을 상품으로 내걸었다. 롯데백화점은 또 명품을 연간 2억 원 이상 쇼핑하는 '최정예 VVIP' 5명에겐 행사 당일 벤츠로 픽업하는 특별 서비스까지 동원하기로 했다.

※ 신세계, 10명을 위한 호텔 스위트룸 트렁크 패션쇼=신세계백화점 강남점은 최근 하루 600만 원 하는 JW 메리어트 호텔 스위트룸을 1주일 간 임대해 'VVIP 고객 초청 트렁크쇼'를 열었다. 구호, 안혜영, 신장경, 쟈딕&볼테르, 쥬씨 꾸띠르 등 각 브랜드 상위 구매 고객 5쌍(10명)을 초청, 10명을 위한 특별한 패션쇼를 개최한 것. 패션쇼에 초청된 VVIP 고객 10명은 패션모델의 피팅을 본 뒤 다과와 식사를 하면서 직접 옷을 입어보고 핸드마사지와 메이크업 서비스도 받은 것으로 알려졌다.

• 《헤럴드경제》, 2010년 5월 7일.

이러고도 이문이 남을까? 물론 남는다.

평균 구매액이 2억 원인 VVIP 고객에게 롯데백화점은 구매액의 5퍼센트 즉 1000만 원 정도를 상품권으로 되돌려준다. 여기에 골프대회와 송년 파티 및 각종 선물로 매년 VVIP 1인당 300~400만 원가량을 들인다. 그리고 그 밖의 혜택을 모두 더하면 2억 원 구매 고객에게 투입되는 마케팅 비용은 총 2000만 원 정도 된다. 그런데 백화점은 매장에서 판매한 매출의 평균 25퍼센트만큼을 수수료로 받기 때문에 총 2억×0.25=5000만 원의 수수료를 챙긴다. 즉, VVIP 고객 한 사람에게 2000만 원을 추가로 들여도 3000만 원이 남는다는 말이다.

VVIP는커녕 VIP 축에도 끼지 못하는 이요산 씨로서는 이런 이야기들이 딴 세상 이야기이다.

"비싼 물건 돈 많이 주고 많이 사 쓰라고 해. 나하곤 상관없으니까."

하지만 천만의 말씀이다. 모든 경제 현상에는 이유가 있고, 이 이유 속에는 돈벌이의 음모가 숨어 있다. 물론, 얼른 봐서는 보이지 않고 자세히 살펴봐야만 알 수 있다. 자세히 살펴본다는 것은, 그만큼 시간과 노력을 투자해야 한다는 뜻이다.

명품의 가격 결정

프랑스 남성 수제 피혁 브랜드 벨루티(Berluti)에서 최근 출시한 여행용 트렁크 트롤리(Trolley) 컬렉션은 가격이 2000만 원대로, 기존 맞춤 수제화인 '비스포크' 라인의 평균 가격대(650~1500만 원)를 훨씬 상회한다. 또 몽블랑(Montblanc)의 유니세프 리미티드 에디션(Unicef Edition Limited 100)은 100개만 한정 생산된 제품으로 가격은 2200만 원이다.

2000만 원이면 어느 정도나 되는 돈일까?

통계청의 연도별 농가경제통계 자료를 보면, 농업 소득과 농업 외 소득을 합친 농가 소득이 2008년 기준으로 2000만 원에 미치지 못하는 농가의 비율이 전체 농가 가운데 44.9퍼센트이다. 그리고 이명박 정부의 대표적인 '서민금융 프로그램(일명 미소금융)'인 복지부의 '2009년 희망키움뱅크 사업'이 기초생활 수급자 및 저소득층 가운데 일정한 소득과 재산 기준을 충족하는 창업희망자에게 자금을 대출해주는 1인당 최대한도가 2000만 원이다. 좀 더 쉽게 설명하면, 월급 167만 원을 받는 사람이 1년 월급을 한 푼도 쓰지 않고 모아야만 마련할 수 있는 돈이다.

그런데 어떻게 해서 이런 어마어마한 금액이 여행용 가방이나 만년필의 가격이 될 수 있을까? 이런 물건이 팔리기나 할까? 이런 질문에 몽블랑 공식 수입업체인 유로통상 관계자는 이렇게 말했다.

"몽블랑의 고가의 리미티드 에디션의 경우 국내에 10개 미만으로 소량만 들어오기 때문에 주로 컬렉터들 사이에서 예약 판매되고 있으며, 출시 후 두세 달이면 모두 소진되어 재구매가 어렵다."[**]

그렇다면 명품의 이런 높은 가격은 어떻게 결정될까?

상품의 가격은 소비자와 생산자가 만나는 시장에서 결정된다. 시장에서 수요와 공급이 일치하는 점, 즉 수요량과 공급량이 균형을 이루는 점에서 가격은 결정된다. 〈도표 1-1〉에서 P*가 수요와 공급을 일치시켜 주는 균형 가격이다.

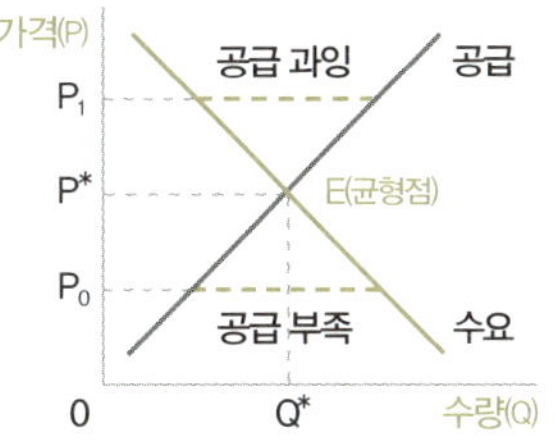

도표 1-1 수요-공급 곡선

• 이상은 2010년 3월 기준이다.

•• 《독서신문》, 2010년 3월 9일.

그런데 명품은 희소성을 특성으로 한다. 물의 사용가치가 다이아몬드의 사용가치보다 높지만, 교환가치를 따지자면 반대이다. 이는 다이아몬드의 존재량이 제한되어 있어 물보다 훨씬 희소하기 때문이다. 이 희소성의 원칙이 명품에 특히 강하게 적용된다. 전 세계에서 100개밖에 생산되지 않는 만년필, 세계 최고의 명장이 오로지 나 한 사람만을 위해서 만든 가방, 얼마나 희소한가! 이런 조건에서 베블렌이 말했던 '명성'을 얻고자 하는, 혹은 명품 세계의 가족이 되고자 하는 사회적인 유행 속에서 수요가 늘어나 가격이 올라가고, 공급을 줄이니 다시 또 가격이 올라간다. 이 과정은 순환 반복된다. 이것을 도표로 설명하면 다음과 같다.

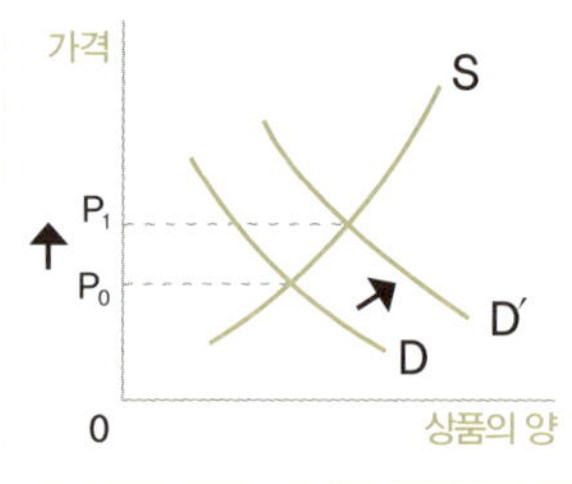

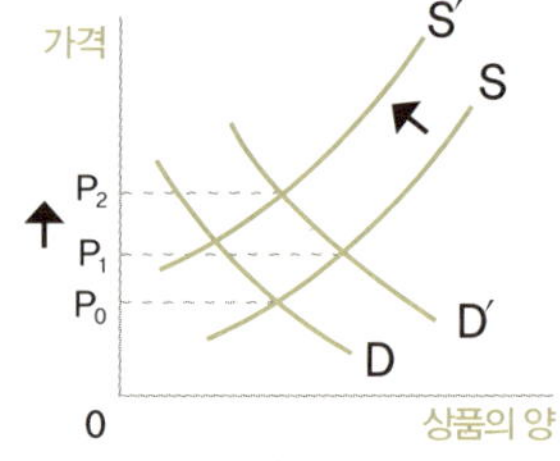

도표 1-2 명품의 가격 상승 과정

D에서 D′로 수요가 증가하자 가격은 P_0에서 P_1로 올라가고, 다시 S가 S′로 공급이 감소하자 P_1은 P_2로 올라간다.

그리고 명품의 또 한 가지 특성은 수요의 가격탄력성(e)이 비탄력적이라는 점이다. 수요의 가격탄력성은 가격의 변화에 따른 수요량의 변화 정도를 뜻한다.

〈도표 1-3〉에서 서 있는 사각형이 누워 있는 사각형보다 넓은 것은, 가격을 P_1에서 P_2로 올릴 때 판매량은 Q_1에서 Q_2로 줄어들지

• 수요의 가격탄력성
한 재화의 가격 변화에 따른 수요의 변화 정도를 나타내는 것이다. (e=수요량의 변화율/가격의 변화율) 가격탄력성이 1보다 작으면 수요가 비탄력적이라고 하고, 반대로 1보다 크면 수요가 탄력적이라고 말한다.

만, 총매출액은 원래보다 늘어난다는 것을 의미한다. 바로 여기에서 명품의 가격이 높아져만 가는 공식이 작동하다. 예를 들어서 어떤 상품의 수요의 가격탄력성(e)이 0.1이라고 치자. 이것은 가격을 1퍼센트 올려도 수요량은 0.1퍼센트밖에 줄지 않는다는 뜻이다. 부자에게 명품은 필수품이나 마찬가지이므로, 아무리 비싸도 명품에는 기꺼이 높은 가격을 지불할 준비가 되어 있다. 그러므로 이 상품의 판매자는 망설이지 않고 가격을 올릴 것이다.

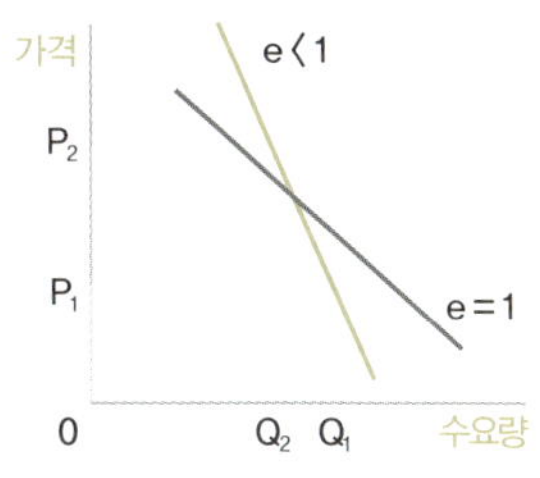

도표 1-3 수요의 가격탄력성

　이렇게 해서 명품의 가격은 사용가치가 아니라 '이미지'라고 통칭할 수 있는 측정할 수 없는 비물질적인 성질들에 점점 더 심하게 의존하며, 이런 상품들은 심지어 예술 작품의 반열에 올라서기도 한다. 기업가들이 이른바 '디자인 경영'이라는 말을 그토록 강조하는 이유도 바로 여기에 있다.

베블런 효과

가격이 오르는데도 일부 부유층의 과시욕이나 허영심 때문에 수요가 줄지 않는 현상을 베블런 효과(Veblen effect)라고 한다. 미국의 경제학자 소스타인 베블런은 《유한계급론》(1899년)에서 '유한계급'은 본성상 부와 권력을 단순히 소유하는 것만으로는 만족하지 못한다고 지적했다. 이들은 존경을 받으려고 부와 권력을 증거로 제시하며, 주변 환경을 고상하게 갖추고 비천한 노동을 면제받았다는 사실을 입증하려 애를 쓴다는 것이다. 이들은 이런 과시적 소비 및 과시적 여가 활동을 통해서 '명성'이라는 효용을 얻고자 한다고 베블런은 설명한다.

아웃도어 시장의 가파른 성장

띵똥!

이요산 씨의 휴대폰에 문자가 왔다.

─친구들 우째 지내는공? 산에나 함 가자. 토요일 10시 불광역 2번 출구. 회비 만 원. 도시락, 물 각자 준비. 북한산. 비봉에서 삼천사 계곡 코스. 계곡물에 발 담그고 탁주 한 사발 OK?

고등학교 동창회 총무가 보낸 문자이다. 최근 들어서 고등학교 동창회 모임도 부쩍 많아진 것 같다. 오십 대에 막 진입한 연배이면 아이들도 클 만큼 컸고 아내도 자기 나름대로 주변 사람들과 이런저런 관계를 맺고 돌아다닌다. 아버지나 남편을 예전처럼 그렇게 많이 찾지 않는다는 말이다. 그러다 보니 여유가 생겨서(아니, 어쩌면 '왕따'를 당하는 신세이다 보니 딱히 할 일이 없어서) 주말이면 마음 편한 친구들을 예전보다는 더 자주 찾는 것 같다.

이요산 씨는 물 한 통과 사과 세 개를 백팩에 넣었다. 아내에게 도시락을 싸달라고 부탁하기란 언감생심이고, 편의점에서 김밥이든 뭐든 하나 사갈 생각이다. 집을 나서기 전에, 새벽에 들어와서 곯아떨어진 큰아들 정수의 방문을 열고 녀석이 자는 모습을 한번 본다. 중학교 다닐 때만 하더라도 자는 얼굴을 손으로 쓰다듬어 주곤 했는데, 군인 신분인 청년의 얼굴을 쓰다듬기란 어쩐지 어색하다. 세월은 인간관계의 감정까지도 바꾸어놓나 보다, 하는 생각을 하고 문을 닫는다.

산에 온 지 1년 만인 것 같다. 하긴 그 1년 전에도 1년 만이었던 것 같다. 그런데 이요산 씨는 놀라운 사실을 확인한다. 친구들뿐만 아니라 등산객들 대부분이(거의 대부분이!) 고어텍스 표식이 있는 이른바 '아웃도어룩' 차림이다. 노스페이스, 코오롱스포츠, K2, 컬럼비아스포츠웨어, 블랙야크……. 자기처럼 청바지에 면 셔츠를 입고 온 사람은 그야말로 이따금씩 한두 명뿐이다. 언제 이렇게 바뀌었지?

홈쇼핑 업체에서 일을 하며 이 분야에 관해 책까지 낸 적이 있는 친구가 설명한다.

"2001년 5000억 원대였던 국내 아웃도어 시장은 올해(2010년) 2조 원을 넘을 전망이야. 무려 네 배나 성장했단 말이지. 아웃도어는 이제 등산복이 아닌 청소년과 사회인들의 평상복이 되어 가고 있거든. 전체 의류시장에서 아웃도어가 차지하는 비중도 해마다 상승해서 2001년 2.9퍼센트에서 2008년 8.3퍼센트, 2009년에는 9퍼센트대나 되면서 전체 23조 원의 패션 시장에서 가장 눈부시게 성장하고 있어."

국내 아웃도어 시장은 전통적으로 사오십 대 중장년층이 타깃이었지만, 라이프스타일 변화로 기능성과 패션성을 가미해서 일상복화하면서 나이와 상관없이 다양한 연령층의 호응을 얻고 있다는 것이다.

"70만 원짜리 재킷도 척척 사서 입으니, 다들 먹고살 만해졌다는 거지. 로하스족(族)이 그렇게 많아졌다는 거 아냐."

[로하스(Lohas)는 'lifestyle of health and sustainability'의 약자로서 '건강과 환경이 결합된 소비자들의 생활양식'을 의미한다.]

그러자 한 친구가 끼어든다. 면바지에 면 셔츠를 입은 친구다.

"로하스 좋아하네, 기껏 올라가봐야 두 시간인데 그런 고기능성의 비싼 옷이 뭐 필요하냐? 아무 바지나 입으면 되지."

아닌 게 아니라, 국내 등산 인구 1800만 명 가운데 고기능성 등산복이 꼭 필요한 사람은 0.5퍼센트뿐이라는 게 등산 전문가의 견해이다. 순전히 '이미지'라는 비물질적인 특성을 효용으로 누리려고 비싼 가격을 치르는 것이다. 좋게 말하면 '이미지를 구매하는 것'이고, 까놓고 말하면 '주머니를 털리는 것'이다.

왜 이렇게 사람들은 자기 주머니가 털리는 줄도 모르고 즐거운 마음으로 '명품 의류', '명품 식표품' 혹은 '명품 아파트'라는 딱지에 속을까? 아니,

누가(이런 현상의 본질을 분명히 파악하기 위해서는 행위의 주체를 주어로 내세워야 한다) 이 사람들의 주머니를 털어갈까? 이 사람들은 어떤 방법으로 주머니를 털어가기에, 당하는 사람들은 마지막 구렁텅이로 떨어지기 전까지는 기꺼이 즐거운 마음이 될까?

이윤율의 경향적 저하 법칙

'명품의 세계'라는 영화에 등장하는 인물은 백화점 고객 가운데 상위 1퍼센트에 속하는 VVIP 고객만이 아니다. 이들이 존재할 수 있으려면 이들을 우러러보며 부러워하는 사람이 존재해야 한다. 99퍼센트는 1퍼센트를 부러워하며 1퍼센트의 생활방식(주택, 옷, 신발, 안경, 여행, 자동차, 주방용품, 가구 등 생활의 모든 부분)을 모방하려고 애를 쓴다. 하지만 1퍼센트는 99퍼센트가 조금이라도 가까이 따라오면 다시 더 멀리 달아난다. 그래야 빛이 나기 때문이다. 1퍼센트가 반짝반짝 빛이 나는 건 '나머지' 99퍼센트가 있기 때문이다. 1퍼센트는 99퍼센트를 전제로 존재하며, 99퍼센트는 1퍼센트를 위해서 존재한다. 그리고 이런 위계는 1퍼센트 안에서는 물론이고 99퍼센트 안에서도 다시 치열한 경쟁 속에서 세분된다. 그리고 명품의 세계에서 위계를 놓고 벌이는 이 싸움이 치열할수록 상품의 효용에서 이미지가 차지하는 비중은 점점 더 커지며, 수요의 가격탄력성은 점점 더 낮아진다. 명품의 세계에 발을 디디고 사는 사람들은 늘 새롭게, 이미지의 아우라를 향해 쫓기듯 달려가야 한다. 그렇게 달리다 보니, 말표 고무신이든 왕자표 고무신이든 고무신이면 상관없던 시대는 이제 다시는 돌아오지 않는 과거가 되었다. 이처럼 명품 시장은 전체 시장에서 차지하는 비중은 크지 않지만 전체 시장을 주도하는 전위 역할을 한다.

그런데 누가 왜 이런 명품의 이미지를 조장할까? 시골 들판에 괴기한 모습으로 우뚝 서 있는 한 동짜리 아파트를 지어서 성공적으로 분양하는 건설업자일까? 99퍼센트의 부러움을 즐기는 1퍼센트 VVIP 고객일까?

누가 무슨 목적으로 이런 이미지를 조장하기에, 청바지 차림으로 오랜만에 북한산을 찾은 이요산 씨가 열패감을 느껴야만 할까?

* * *

데이비드 리카도가 주창했으며, 카를 마르크스가 다듬은 이윤율의 경향적 저하 법칙에 따르면, 이윤율은 장기적으로 점차 낮아진다. 이윤율(p)은 전체 자본(불변자본C+가변자본V) 투자액 중 잉여가치액(S)이 차지하는 비율이다. 이는 다음 식으로 표시된다.

$$\text{이윤율(P)} = \frac{\text{잉여가치}}{\text{투하자본}} = \frac{\text{잉여가치 M}}{\text{불변자본 C} + \text{가변자본 V}} = \frac{\dfrac{\text{잉여가치}}{\text{가변자본}}}{\dfrac{\text{불변자본 C}}{\text{가변자본 V}} + 1} = \frac{\text{잉여가치율}}{\text{유기적구성} + 1}$$

이 식에서 불변자본/가변자본 즉 C/V를 마르크스는 '유기적 구성'이라고 불렀는데, 잉여가치율이 일정하다고 가정하면* 사회가 발전함에 따라 불변자본 투하량이 증가하며, 즉 유기적 구성이 고도화하며 이윤율은 점차 하락한다.

이에 대해서 자본가는 이윤율 하락을 막으려고 필사적으로 노력한다. 절대적 잉여가치를 높이기 위해서 노동 강도를 높이며, 임금 삭감으로 상

---

* 하지만 실제로 잉여가치율은 기술 혁신 덕분에 계속해서 상승한다.

대적 잉여가치를 늘리고 대외 무역을 통해서 상대적으로 기술력이 뒤처지는 교역 상대국에 대해서 보다 많은 이윤을 책정해 특별잉여가치를 높인다. 또한 이윤의 절대량을 늘리며 생산 경쟁을 벌인다. 하지만 이런 노력에도 불구하고 이윤율 저하는 경향적인 법칙으로 작동하고, 그 결과 공황이 일어난다.

하지만 자본주의는 호락호락하지 않다. 기업이 금융기관을 통해서 자금을 조달하고, 자본 흐름을 가로막는 여러 가지 요인들을 제거함으로써 자본의 순환 속도를 한층 빠르게 해서(일모작에서 이모작으로, 다시 삼모작으로!) 절대적인 잉여가치를 높인다.

자본주의 시장 경제는 지금도 여전히 태생적인 약점인 이윤율의 경향적 저하 법칙을 상대로 생존 투쟁을 벌이고 있으며, 이 투쟁의 양상은 기업의 기술 개발, 해외 이전 그리고 이른바 '신수종 사업' 발굴 등으로 전개된다. (기업가는 이 투쟁의 성격을 '혁신'이라고 부른다.) 경기가 악화되면 소비자가 의식주 중 가장 먼저 줄이는 것이 의류 비용 지출이며 이에 따라 국내 의류업체들이 부진을 면치 못하는 가운데서도, 앞서 살펴보았듯이 아웃도어 시장은 눈부신 성장을 기록하고 있는데, 이것은 이런 신수종 사업 발굴의 결과이다. 그리고 명품 시장이 이런 투쟁의 선봉에 서서 전위 역할을 수행한다. (오해를 방지하기 위해 보다 정확하게 이야기하면, 개별 상품의 명품 시장이 이윤율의 경향적 저하 법칙을 돌파한다는 뜻이 아니라, 전체 시장이 이 법칙을 돌파하는 원리가 명품 시장의 작동 원리와 비유적으로 동일하다는 말이다.) 이요산 씨가 살고 있는 곳이 바로 이 투쟁이 벌어지는 전쟁터이다. 명품이 이요산 씨와 관계있을 수밖에 없다는 말이다.

한편, 명품 곁에는 늘 짝퉁이 있다. 명품의 이미지를 소비하려는 욕망을 대신 만족시켜 주면서도 가격은 싼 제품, 짝퉁. 명품을 소비하는 상류층을 한편으로는 부러워하고 또 한편으로는 상류층의 허영에 재를 뿌리고 싶은 사회심리적 경향이 짝퉁 소비로 나타난다. 이런 짝퉁 소비는 다시 명품의 이미지를 더욱 단단히 굳혀주는데, 따라서 짝퉁은 명품의 대체재이면서도 동시에 명품의 촉매제이다. 누군가 그랬다, 명품이 없는 사회는 불행하지만, 짝퉁이 없는 사회는 숨이 막힌다고.

〈도표 1-4〉를 보면, 한국 사회에서는 사람들이 얼마나 숨이 막혔던지 전체 무역 규모에서 짝퉁 상품이 차지하는 비율이 독일의 스무 배나 될 정도로 높다.

국가	비율(%)
중국	1.43
대만	0.99
한국	0.63
이탈리아	0.38
스페인	0.21
그리스	0.19
포르투갈	0.15
미국	0.13
영국	0.12
프랑스	0.08
캐나다	0.05
일본	0.04
독일	0.03

도표 1-4 주요 국가의 무역 규모 대비 짝퉁 상품 비율(2009년 11월). 자료: OECD.

한마디로, 도둑이 판을 치고 도둑질을 조장하는 세상이다. 너나 할 것 없이 모두 도둑놈으로 만들어서, 공범의식 때문에 서로가 서로를 욕할 수 없도록 만드는 사회다. 이런 사회에서는 도둑놈이 선량한 사람을 손가락질하며 비웃는다. 이게 과연 제대로 된 사회일까? 이 질문에 경제학은 대답해야 한다.

2장 식량 주권과 GMO
—가격탄력성과 농업보조금

> 죽은 토끼에게 어떻게 그림을 설명할 수 있을까?
>
> **—요셉 보이스**

배추 한 통 가격이 최고 15,000원 혹은 18,000원까지 올랐던 2010년 가을, 장을 보러 마트에 다녀온 김윤옥 여사가 배추 값이 너무 비싸져서 깜짝 놀랐다며 가격 폭등에 대한 우려를 이명박 대통령에게 전하자, 대통령은 청와대 주방장을 불러서 "배추가 비싸니 내 식탁에는 배추김치 대신 양배추김치를 올리라"고 지시했다며, '청와대 관계자'가 언론에 흘렸다. 하지만 양배추도 오를 대로 올라서 김치의 대체재가 될 수 없음을 모르고 한 말이었고, 결국 대통령의 이 발언은, 프랑스 혁명 전야에 백성들이 빵이 없어 굶주리고 있다는 말을 듣고 마리 앙투아네트 왕비가 "빵이 없으면 케이크를 먹지"라고 했던 상황과 겹쳐지면서 대통령이 시장 물정과 사태의 심각성을 전혀 알지 못한다는, 국민들의 거센 질타가 일었다. 아마도 대통령은 재래시장을 찾아서 오뎅을 먹고 뻥튀기를 사먹으면서 펼쳤던 서민 행보의 홍보 효과를 과신했던 모양이다.

심지어 이런 사실이 《월스트리트저널》에까지 보도되면서 대통령은 국제적으로 망신을 샀다. 한편 이 기사를 번역한 어떤 언론사는 대통령 관련 부분은 아예 삭제하는 놀라운 발상으로 충성을 다했다. 먹을 것과 관련된 문제가 한 나라의 경제와 정치에 얼마나 커다란 영향을 미칠지 짐작하고 나름대로 고뇌의 결단을 내렸을 것이다.

이 일이 있고 며칠 뒤인 10월 5일에 또 한 편의 코미디가 연출되었다. 서울시는 시 예산을 들여서 5톤 트럭 2대 분량의 배추 2천7백여 포기를 확보한 뒤에 시중 가격의 절반 가격으로 일반 시민들에게 팔기로 했다. 오전 열한 시로 예정된 판매에 줄서기는 아침 여섯 시부터 시작되었다. 그리고 준비된 배추는 한 시간 만에 모두 팔렸다. 무려 다섯 시간 동안이나, 새치기를 하느니 새치기가 아니라느니 악다구니를 써가며 줄을 섰던 사람들은 저마다 배추 세 포기를 사들고 환하게 웃었다. 배추를 높이 들고 만세를 부르는 사람도 있었다. 반값이라고 해봐야 평소보다 서너 배 비싼 가격이고, 게다가 그렇게 깎은 가격도 그나마 자기들이 낸 세금으로 보전한 것이 아닌가! G20 회의 개최국인 자칭 선진국이라는 대한민국에서 이 무슨 삼류국가 풍의 코미디인가.

먹을 게 모자라면, 염치고 뭐고 없다. 선진국은 개뿔임을 보여주는 씁쓸한 코미디이다. 오래 지속되지 말아야 할, 결코 반복되지 말아야 할 코미디이다.

종자산업

"우리 식탁에 오르는 채소와 과일 중 우리나라 종자를 심어 재배한 것은 얼마나 될까요?"

농촌진흥청의 농업유전자원센터의 김정곤 소장이 이요산 씨에게 묻는다. 질문의 의도를 놓고 보자면, 얼마 되지 않을 것이라고 짐작할 수 있다. 신토불이 하자는 얘기일 테니까.

"파프리카는 100퍼센트가 네덜란드와 스위스 품종이고, 양파는 80퍼센트, 브로콜리는 95퍼센트, 양배추는 98퍼센트가 일본산 품종입니다. 과일의 경우 키위는 70퍼센트가 칠레와 뉴질랜드산, 토마토는 80퍼센트가 일본산 품종이죠."

"신토불이 하자고요? 그래도 난 싼 게 좋습니다."

"우리가 먹는 채소와 과일 중 60퍼센트가 외국 종자라서, 그 종자를 사서 쓰는 만큼 사용료를 로열티로 지급하는 게 문제죠."

김정곤 소장은 그러면서 한마디 더 덧붙인다.

"종자산업, 이거 만만히 보다간 큰일 납니다. 까딱하다간 나라 거덜 납니다. 예를 들어서 뉴질랜드는 자국산 참다래 '제스프리골드' 품종 계약재배 농가(제주 100ha)에 2003년부터 20년 간 품종로열티 2.5퍼센트를 포함해서, 과실 판매액의 20퍼센트를 로열티로 지급하라고 요구하거든요."

그러니까 생각이 난다. 장미꽃 한 송이에도 로열티가 붙어서 그 돈이 외국으로 빠져나간다고 했던 것 같다.

"맞습니다. 현재 시중에 유통되는 장미 품종의 대부분이 외국산입니다. 그래서 재배농가들은 묘목당 1,000~2,000원 정도를 로열티로 지급하고 있습니다."

"국내에서 자란 묘목이라도요?"

"그렇습니다. 지적재산권 개념이죠."

장미 같은 경우 2005년에 1퍼센트이던 국산품종 점유율이 그래도 2008년에는 11퍼센트로 늘어나서 그나마 다행이라고 한다. 한편 딸기는 2005년에 9퍼센트였는데 2008년에는 42퍼센트로 늘어났다고 한다.

종자산업의 세계 시장 규모는 700억 달러 내외로 추정되며 앞으로도 분자마커(유전자들의 상대적 위치 즉 염기서열 정보를 파악하고 표시하는 기술), GM 기술(생명공학기술을 이용해 원래의 유전자를 인위적으로 조작하여 새로운 유전자를 만드는 기술) 등의 첨단 생명공학 기법을 접목해서 지속적으로 성장할 전망이다. 품목별로는 농산물이 365억 달러로 전체의 50퍼센트 이상 차지하고 있으며, 나머지를 축산물과 수산물이 비슷하게 차지한다.

이 시장에서 세계 각 기업들은 종자전쟁을 벌인다.

이 전쟁에서 한국에게 뼈아픈 패배의 역사로 기록된 품종이 바로 털개회나무(정향나무)이다. 이 나무는 해방 직후에 미국 농무부 소속 인사가 자국으로 가지고 가서 개량 과정을 거친 뒤에 '킴스라일락'이라는 이름을 붙여 시장에 내놨고, 이 나무는 미국 라일락 시장의 30퍼센트를 차지할 정도로 최고의 품종이 되어서 국내로 역수입되고 있다. 크리스마스트리로 인기 있는 구상나무도 한국에서 미국으로 건너가 종자 개량 후 특허 등록이 된 상태라, 재배용으로 수입하려면 로열티를 지불해야 한다.

한국은 2008년 한 해에만 160억 원이 넘는 종자 로열티를 해외에 지불했다. 농작물의 경우 2012년까지 국제식물신품종보호동맹(UPOV)의 협약에 따른 보호 대상이 전 작물로 확대돼 키위의 경우 한 해 40억 원, 일본산이 많은 딸기의 경우 한 해 30억 원이 넘는 로열티를 지불할 예정이다. 이 돈은 누구 주머니를 털어서 지불할까?

영원한 봉, 한국 소비자의 호주머니다. 그야말로 간접세가 따로 없다.

젖과 꿀이 흐르는 이 한국 시장을 노리고 세계의 다국적 종자 기업이 인수·합병을 통해서 시장 지배력을 강화하고 있다. 이렇게 해서 덩치를 키운 세계 10대 다국적기업의 시장 점유율은 1996년에 14퍼센트이던 것이 2004년에는 49퍼센트 그리고 2007년에는 67퍼센트로 빠른 속도로 늘어났다.

업체명	몬산토	듀폰	신젠타	리마	랜드 오레이크	KWS	바이엘	사카타	DLF-Tri folium	다끼이
매출규모	4,964	3,330	2,018	1,226	917	702	524	396	366	366
국가	미국	미국	스위스	프랑스	미국	독일	독일	일본	네덜란드	일본

도표 2-1 국제 종자시장에서의 주요기업(2007년). 단위: 100만 달러. 출처: 농림수산식품부, "2020 종자 산업 육성대책" (2009년 10월 26일).

국내 종자시장은 4억 달러 수준으로 세계 시장의 1.1퍼센트를 차지한다. 특히 채소 종자의 개발·생산·판매는 민간업체 주도로 이루어지는데, 외환위기 이후 국내종자회사 인수·합병을 통해 국내시장에 진출한 다국적기업이 시장을 장악하고 있으며, 이 가운데 5대 회사(농우바이오, 몬산토, 신젠타, 다끼이, 동부하이텍)가 전체 시장의 80퍼센트를 차지한다. 특히 한국 최대의 종자 기업인 농우바이오의 매출액은 2008년 기준으로 3천만 달러로 세계 20위권 수준이다.

이 치열한 종자전쟁에서 뒤처질 경우, 한국의 농가는 로열티 지급에 따른 비용 압박을 견디지 못하고 농산물의 재배를 포기할 것이며, 그렇게 될 경우 한국은 영원히 식량 예속국이 되고 만다.

식량 안보

2009년 기준으로 한국의 식량자급률은 51퍼센트이고 곡물자급률은

27퍼센트이다. 그나마 쌀을 제외하면 곡물자
급률은 5퍼센트도 되지 않는다. 2008년 기준
OECD 국가별 곡물자급률 자료를 보면 한국
의 곡물자급률은 사료용을 포함해 약 25퍼센
트로, (당시) OECD 가입 30개국 가운데 27위
이다.

하지만 이요산 씨는 걱정하지 않
는다. 리카도의 비교우위론에 대해
서 알고 있으므로, 상대적으로 열위
인 농업을 포기하는 대신 상대적으
로 우위인 제조업이나 서비스업에 집
중하면 훨씬 더 유리하다고 판단하
기 때문이다. (비교우위론 및 자유무
역에 대해서는 19장 '자유무역협정과 촛불'을 참조하기 바란다.)

"자급률이 낮으면 어때서 그래? 값이 싼 외국 농산물 사다 먹으면 되
지."

물론 그렇게 하면 된다. 하지만 상당한 위험을 감수해야 한다. 식량은
대체재가 따로 없는 생필품이기 때문이다.

1972년에 세계적인 흉작과 국제 유가의 급등으로 곡물 가격은 이삼 년
사이에 두세 배로 뛰었다. 1980년에 냉해로 쌀을 수입해야 할 때 미국 곡
물회사 카길은 평균 쌀 가격의 세 배를 요구했다. 이런 일은 1996년에도
있었다. 이때 세계 곡물 생산량은 단 3퍼센트 감소했지만 국제 곡물 가격
은 두 배나 폭등했다. 곡물은 수요의 가격탄력성°이 낮기 때문이다. 그리
고 2007년 중반부터 2008년까지는 전 세계적 기상이변에 따른 작황 부

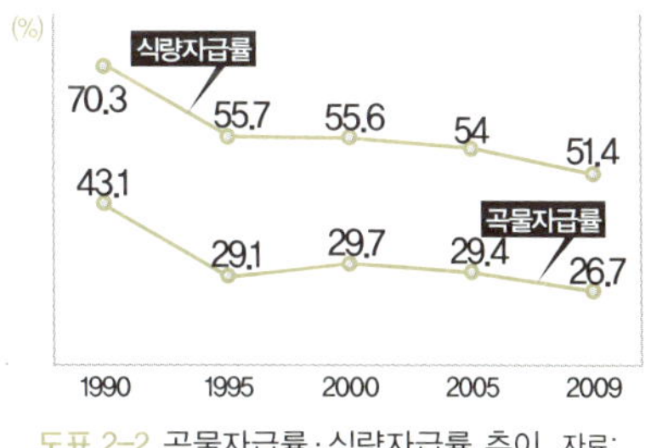

도표 2-2 곡물자급률·식량자급률 추이. 자료:
농수산식품부. ※2009년은 추정치.

진 및 달러화 약세로 달러화 표시 자산에 투자되었던 자금이 곡물시장으로 몰리는 바람에, 국제 곡물시장에서 옥수수 가격은 두 배 이상, 밀가루 가격은 세 배 이상 폭등했다. 농업의 인플레이션 즉 이른바 애그플레이션(agflation)이라는 용어도 이때 탄생했다.

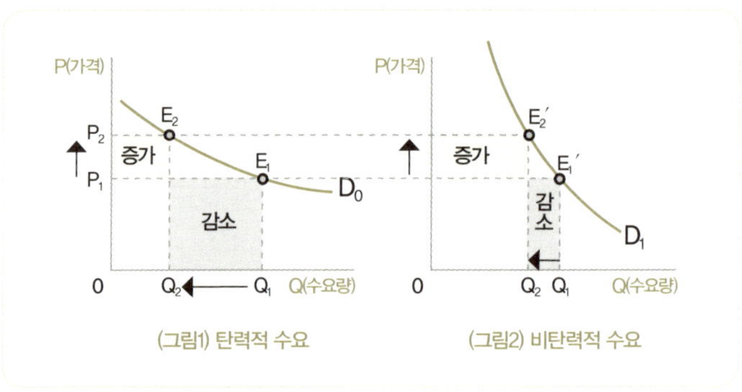

도표 2-3 수요의 가격탄력성 비교

〈도표 2-3〉의 (그림1)처럼 가격탄력성이 높은 상품일 경우에는 수요공급의 균형점이 E_1에서 E_2로 이동해서 가격이 P_1에서 P_2로 올라가면 수요량은 Q_1에서 Q_2로 대폭 줄어든다. 하지만 (그림2)에서처럼 가격탄력성이 낮은 상품일 경우에는 가격이 P_1에서 P_2로 올라가도 수요량은 Q_1에서 Q_2로 조금밖에 줄어들지 않는다. 아무리 비싸도 살 수밖에 없다는 뜻이다. 약물 중독자는 약물이 아무리 비싸도 도둑질을 하면서까지 약물을 구입한다. 식량 부족은 모든 사람을 이런 비참한 상황의 약물중독자로 만든다. 아무리 비싸도, 굶어죽지 않으려면 그 값을 치르고 사야 한다.

그러므로 자유무역을 주장하는 사람들은 농산물 생산에도 비교우위라는 경제적인 논리를 내세우지만, 인간의 가장 기본적인 욕구인 식욕 문

• 본문 34쪽 참조.

제를 충족시키는 것은 경제적인 논리 이전에 생존의 문제이다. 바로 이런 맥락에서 '식량 안보'라는 개념이 나왔다.

한국의 식량 안보는 심각한 위협을 받고 있다. 한국은 세계 5위의 곡물수입국인데, 이런 한국의 곡물 시장을 세계의 4대 곡물메이저 및 일본계 곡물회사가 좌지우지하고 있다. 4대 곡물메이저는 아처대니얼스미들랜드(ADM), 벙기, 카길, 루이드레퓌스(LDC)를 가리키는데, 이 업체들 이름의 머리글자를 따서 'ABCD'라고도 부른다. 이들은 국제 곡물 시장 유통량의 80퍼센트 이상을 차지하고 있으며, 몬산토, 노바티스 등의 생명공학 기업과 합작관계를 맺고 종자산업과 GMO에까지 사업 영역을 확장하고 있다.

수입 옥수수와 밀이 우리나라 전체 곡물 수요의 절반을 차지하는 가운데, 이것의 60~90퍼센트를 4대 해외 곡물메이저들에게 의존한다면, 우리나라 전체 곡물 수요의 최소 30~45퍼센트를 해외 곡물메이저들이 좌우한다는 말이다. 이들은 옥수수와 밀 외에도 대두, 보리 등 대부분의 곡물을 한국에 수출하는데, 이는 곧 4대 곡물 메이저가 우리 식탁을 지배하고 있다는 뜻이다. 왜 이렇게 한국 국민이 국제적인 호구가 되었는지, 이요산 씨는 답답하고 화가 치민다.

한편 일본도 곡물자급률이 30퍼센트 미만으로 우리와 비슷하다. 그러나 일본은 이미 40년 전에 직접 해외 농장을 통해 곡물을 생산한다는 전략을 추진했고, 그 결과 일본의 곡물 유통사들은 서양의 메이저들과 어깨를 나란히 할 정도로 성장했다. 덕분에 2008년 곡물 가격이 크게 오르던 시절에 한국의 밀과 옥수수 수입 가격은 1년 전보다 82퍼센트와 47퍼센트씩 뛰었지만, 일본은 61퍼센트와 29퍼센트씩만 뛰었다.

도표 2-4 밀(위)·옥수수(아래) 수입량에서 4대 메이저가 차지하는 비율. 자료: 한국 농촌경제연구원.

이처럼 시장이 곡물메이저들에게 독점적으로 지배당할 때 국내 소비자는 이들이 노리는 독점이윤의 먹잇감이 될 수밖에 없다. (독점이윤 창출 구조에 대해서는 본문 311쪽의 〈도표 18-1〉 '독점의 비효율적인 자원 배분'을 참고하기 바란다.)

곡물시장을 전적으로 4대 메이저회사에 의존하다 보니, 이들이 부르는 대로 값을 쳐줘야 한다. 그런데 문제는 이것뿐만이 아니다. 이들이 공급하는 대로 물건을 받을 수밖에 없다는 게 또 다른 심각한 문제이다. 아무리 안전성이 의심되는 곡물이라 하더라도 어쩔 수 없다. 이들은 유전자를 조작한(혹은 보다 순화된 표현을 쓰자면 '유전자를 재조립한' 혹은

'유전자를 변형한') 식품을 먹을 테면 먹고 말라면 말라는 식으로 막무가
내로 우리 식탁에 들이민다. 이른바 GMO다.

GMO를 바라보는 두 개의 시각

토마토는 추운 지방에서 재배하기 어렵다. 하지만 토마토에 넙치의 얼
지 않는 유전자를 넣으면 추운 지방에서도 재배할 수 있다. 벼에 염분에
잘 견디는 유전자를 이식하면 해안 습지에서도 벼를 경작할 수 있다. 미
생물에서 해충을 죽이는 단백질 유전자를 분리한 뒤 옥수수에 삽입해서
해충에 저항성을 갖는 옥수수 품종을 만든다. 콩의 유전자에 제초제 내
성을 지닌 유전자를 이식하면, 아무리 제초제를 많이 뿌려도 다른 풀만
죽지 이 작물은 죽지 않는다.

이처럼 어떤 생물의 유전자 배열에 추위 저항성, 가뭄 저항성, 병충해
저항성, 살충제 내성, 제초제 내성 등의 특성을 지닌 유용한 유전자를 삽
입해서 어떤 생물체를 바꾸어놓을 수 있다. 이렇게 바뀐 생물체(식품)가
바로 GMO(genetically modified organisms)이다.

최초의 시판 허용 GMO

미국 식품의약국(FDA)의 심사를 통과해 처음으로 시판이 허용된 GMO는 1994년 칼진이 개발한 '무르
지 않는 토마토'였다. 그러나 경쟁력이 없어 시장에서 사라졌고, 1996년 미국 몬산토가 개발한 GMO
콩과 노바티스의 GMO 옥수수가 본격적으로 상업화됐다.

GMO는 과연 ISAAA(농업생명공학응용을 위한 국제서비스)의 주장처
럼 전 세계의 빈곤을 퇴치하고 환경문제를 해결해줄까, 아니면 재앙의 시
작을 알릴까?

기존의 전통적인 교배육종 방법이 아닌 생명공학 기술을 이용하여 생

산하는 GMO에 대한 번역 용어도 제각각인데, 이것은 GMO를 바라보는 시각이 다르기 때문이다. 우선 식약청에서는 GMO를 다음과 같이 규정한다.

유전자재조합 기술이란 한 생물체의 유용한 유전자를 빼내어 그 유전자를 갖고 있지 않은 생물체에 삽입하여 유용한 성질이 나타나게끔 하는 기술이다. GMO는 우리말로 '유전자재조합생물체'라고 하며, 그 종류에 따라 유전자재조합농산물(GMO 농산물), 유전자재조합동물(GMO 동물), 유전자재조합미생물(GMO 미생물)로 분류된다. 이 중 GMO 농산물을 원료로 제조 가공한 식품 또는 식품첨가물을 GMO 식품, 혹은 유전자재조합식품이라고 부른다. 한편 LMO(Living modified organisms)는 살아 있는 유전자재조합생물체의 의미로 사용되고 있다.

이에 비해서 GMO를 반대하는 민간기구인 녹색연합은 GMO를 다음과 같이 규정한다.

GMO란 유전공학 기술을 이용하여 한 종의 특정 유전자를 다른 종에 인위적으로 삽입하여 만들어낸 모든 생물체를 말한다. 전통적인 품종개량법은 수정이 가능한 같은 종끼리 교배하여 원하는 형질을 얻고, 자연 속에서 장기간 검증되어 온 것이다. 이에 반해 유전자조작 기술은 다른 종의 유전자를 인위적으로 삽입하여 단시간에 새로운 종을 만들어내기 때문에, 현재로서는 장차 어떤 부작용이 일어날지 전혀 알 수 없다.

현재 상업적으로 재배되는 GMO는 대두, 옥수수, 카놀라(유채), 사탕무, 알파파, 감자, 토마토, 호박, 피망, 파파야, 면화가 있고, 개발이 진행 중인 것으로는 벼, 마, 밀, 사탕수수, 보리, 카사바, 해바라기, 클로버, 완두콩,

상추, 오이, 양배추, 당근, 가지, 양파, 컬리플라워, 브로콜리, 시금치, 들깨, 박, 멜론, 바나나, 파인애플, 사과, 포도, 자두, 딸기, 수박, 귤, 체리, 망고, 코코넛, 겨자, 땅콩, 치커리, 루피너스, 올리브, 팜오일, 담배, 배추, 고추 등이다. 2008년 12월 현재 한국에서 안전성 심사를 거쳐 승인된 것은 7개 농산물(콩, 옥수수, 면화, 카놀라, 알팔파, 사탕무, 감자)의 54개 품목이다.

한국은 GMO 수입 대국이다. 2006년 기준으로도 이미 수입 콩의 80퍼센트 그리고 수입 옥수수 75퍼센트가 GMO였다. GMO가 아닌 콩과 옥수수 수출이 줄어드는 추세라서 콩과 옥수수의 자급률이 2008년 기준으로 각각 10퍼센트와 1퍼센트밖에 되지 않기 때문에 GMO에 대한 노출은 피할 수 없게 되었다. 특히 이 가운데 사료용 옥수수는 GMO 비율이 99퍼센트 이상이다. 한편 한국 내에서는 GMO가 재배되지 않기 때문에 국산 농산물로 생산한 제품에서는 원칙적으로 GMO가 검출될 수 없지만, 2009년에 시중에 유통되던 국산 콩을 원료로 한 미숫가루에서 GMO 성분이 검출되었다. 제품 생산업자가 원산지 표기를 속였을 수도 있고, 아닐 수도 있다. 국산이라고 모두 유전자조작식품(GMO)이 아니라는 보장은 없기 때문이다.

한편 한국전분당협회 소속의 대상, 두산CPK, 삼양제넥스, 신동방CP(CJ 계열) 4개사는 전분 제조를 위해 2008년 5월부터 GMO 옥수수 10만 톤의 수입을 시작했다. 전분과 전분당(물엿, 과장, 포도당 등)은 과자와 빵, 음료, 빙과, 캔디류 등을 포함해서 조림양념, 고추장, 통조림, 국수 등 거의 모든 가공식품에 널리 쓰이고 있어서, 소비자는 자기도 모르게 GMO를 먹을 수밖에 없게 되어 있다.

한편 GMO를 재배하는 국가는 2008년 기준으로 25개국이며, 미국이 전체의 50%를 차지해 가장 넓고, 그 뒤를 아르헨티나(16.8%), 브라질

(12.6%), 인도와 캐나다(6.1%), 중국(3%)이 뒤를 잇는다. 이들 6개국이 전체 GMO 재배 면적의 95퍼센트를 차지한다. 특히 쌀 최대 소비국이자 생산국인 중국은 GMO 쌀의 본격 생산에 힘을 쏟고 있다.

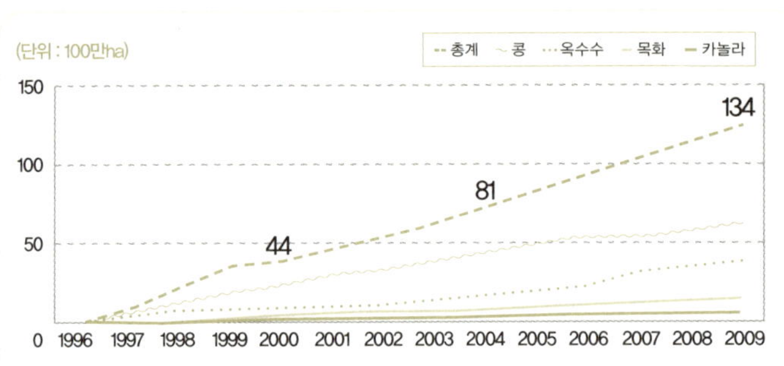

도표 2–5 세계 GMO 재배 면적 추이. 자료: ISAAA

- **GMO를 먹는 나라** 2008년을 기준으로 한국, 일본, 미국, 호주, 캐나다 등 세계 55개국에서 GMO를 식품으로 허용하고 있다. GMO를 재배하지 않고 수입만 하는 나라는 한국을 포함해서 30개국이다.
- **GMO 표시제의 허와 실** 콩, 옥수수, 콩나물, 감자와 이 농산물을 재료로 사용한 가공식품을 대상으로 표시제를 실시하고 있지만, 일반농산물에서 GMO 농산물이 3퍼센트 이하 비율로 혼입된 경우에는 표시를 면제하고 있으며, 간장과 식용유 그리고 축산 사료 제품에도 표시를 면제하고 있다.

GMO가 있으면 굶어죽는 사람이 없어질까?

식량의 증산이 획기적으로 이루어지면 굶어죽는 사람이 없을까?

한때 그렇다고 생각한 적이 있었다. 하지만 한편으로는 착각의 드라마였고, 다른 한편으로는 수지맞는 사기극이었다.

이른바 '녹색혁명'을 이끌었던 '녹색혁명의 아버지' 노먼 보를록은 1960년대에 가난한 나라의 곡물 수확량을 획기적으로 바꾸어놓고자 '기적의 밀'을 개발했다. 제초제와 화학 비료만 충분히 공급한다면 예전과는 비교도 되지 않을 만큼 풍작을 기대할 수 있었다. 기계화도 산출량 증가에 기여했다. 덕분에 인도에서는 곡물 산출량이 늘어나서 밀을 수출하기 시작했다.

하지만 녹색혁명이 한창 전개되던 시기이던 1970년과 1990년 사이에 전 세계에서 기아에 허덕이는 사람의 수는 5억 3600만에서 5억 9700만으로 오히려 늘어났다. 단지 식량이 많이 생산된다고 해서 굶어죽는 사람이 없어질 것이란 생각은 환상이었다. 양대 식량 수출국이던 인도와 미국에서도 굶어죽는 사람이 있었다.

기아의 원인은 농작물의 산출량 부족이 아니라 가난이었다. 소규모 농장을 가지고 있는 농민은 새 종자와 화학비료를 살 여유가 없었다. 그래서 농지에서 밀려났고, 대규모 농장들만 호황을 누렸다. 화학 비료와 제초제, 농약이 사람의 노동을 대신했고, 소규모 농민은 실업과 기아의 대열에 합류했다. 그나마 살아남은 농민도 토지의 비옥도가 떨어지고 표토도 유실되자 화학비료 사용량을 해마다 늘려야 했다. 수확량이 늘어나도 가격이 떨어지고 이윤을 내기가 어려웠다. 게다가 비싼 종자값과 비료값은 곡물의 생산 원가를 지속적으로 끌어올렸다. 산출량 증대를 목표로 내세웠던 녹색혁명은 실패였다.

냉해와 병충해, 살충제, 제초제에 내성을 가지고 있는 GMO가 산출량을 극대화시켜 줄 것이라는 주장도, 과거의 녹색혁명 사례를 보면 헛된 꿈일 수밖에 없다.

사실 지금 전 세계에서 생산되는 곡물만 하더라도 인류는 충분히 먹고살 수 있다. 유엔 세계식량계획(WFP)은 현재 지구상에는 전 세계 모든 사람에게 적절한 식사를 공급하는 데 필요한 식량의 1.5배가 생산된다고 발표했다. 하지만 세계 60억 인구 가운데 8억 3000만 명이 굶주림에 허덕이며, 이 가운데서 해마다 약 1300만 명이 굶어죽는다. 초국적 농업자본이 식량 생산과 판매를 통해 이윤의 극대화를 노리기 때문이다.

GMO는 인류의 식량 문제를 해결하기 위해 인간의 과학기술이 이루어낸 성과가 아니다. 이윤을 추구하는 기업이 만들어낸 돈벌이 수단일 뿐이다. 한 예로 이른바 '터미네이터'를 들 수 있다.

몬산토는 제초제 '라운드업'에 내성을 가지는 '라운드업 레디'라는 GMO를 탄생시킨 뒤에, 이를 통해서 지속적으로 수익을 창출할 생각으로 이른바 '터미네이터' 특허를 시도했다. 종자를 파종해서 열매를 맺더라도 이 열매가 나중에 싹을 틔울 수 없도록 유전자를 조작해서, 농부들이 해마다 자기 회사의 종자를 사도록 하겠다는 것이었다. 농민을 자기 회사 종자를 소비하는 노예로 만들겠다는 발상이 너무도 노골적이다. 탐욕의 극치다! 하지만 이 계획은 터미네이터 유전자가 다른 생명체에 유입되어 나타날 수 있는 대재앙을 우려하는 시민단체의 반대로 저지되었다.

그러나 몬산토는 특허권에 대한 지적재산권을 들어서, 자사가 판매하는 GMO 종자는 한 번 사용할 수 있는 권리를 파는 것이므로 GMO 열매를 남겨두었다가 다음 해에 심는 것은 저작권 위반이고 불법이라는 주장을 앞세워 기어코 지속적인 수익 창출 구조를 완성했다. 어떤 농부는 벌이 이웃 농장의 GMO 유채꽃에서 꽃가루를 옮겨다 수분을 시키는 바람에 GMO 유전자가 포함된 열매를 맺었는데, 몬산토가 고용한 사설탐정이 이것을 포착하는 바람에 소송을 당해 막대한 금액의 벌금을 물었다.

식량자급률이 낮다고 해서 GMO 수입량을 늘리면 다시 GMO에 의존할 확률이 점점 더 높아지기 때문에 식량자급률은 오히려 더 낮아진다. 식량위기는 더욱 가속화된다.

그럼 어떻게 해야 하나?

길은 두 가지이다. 하나는 농업을 대기업 중심으로 선택적으로 재편해서 대규모 곡물기업을 키워 해외 경쟁력을 높이고 유전자조작 기술을 주도적으로 개발해서 우리 나름대로 GMO의 영향력을 행사할 수 있도록

하는 것이고, 또 다른 하나는 농업 부문에 밀어닥치는 자유무역의 거센 파도를 막아주는 조치를 강화함으로써 한국의 식량 주권을 보장해 줄 농업을 보호하는 한편 유기농 중심으로 식량의 자급률을 높이는 것이다. 이 두 길은 FTA를 놓고 첨예하게 대립한다. 전자의 주장은 FTA 확대로 나아가자는 것이고, 후자의 주장은 현재 논의 중인 FTA 협상 내용 및 기존의 FTA 체결 내용을 반대한다는 것이다.

주장이 다르다는 것은 재화의 생산과 분배와 관련해서 각 집단의 이해 관계가 다르다는 뜻이다. 하지만 중요한 것은, 전체 사회 구성원이 보다 잘 사는 것, 다시 말해서 사회적 약자까지 포함해서 모두 다 함께 잘 사는 길이다.

그런데 문제는 식량위기 상황을 통해서(혹은 식량위기의 원인이 되는 어떤 상황, 예를 들면 FTA를 통해서) 더 많은 돈을 벌 생각을 하는 집단, 자기들 배를 불리는 게 우선이라고 생각하는 집단이 농업의 전략적 정책 결정을 독점하는 데 있다. 그렇기 때문에, 농업과 관련된 정책을 결정하면서 당사자인 농민은 철저하게 배제되고 만다.

농민은 '농민을 다 죽일 셈이냐!'고 울부짖지만, 돈은 사람의 목숨보다 힘이 훨씬 더 세다, 지금 대한민국에서는.

 # 농업보조금

　케냐의 농민이 옥수수 1킬로그램을 9센트의 비용을 들여서 생산할 수 있다. 그런데 이 가격은 미국의 '시장 가격' 7센트보다 훨씬 높아 시장에서 경쟁력이 없다. 그러나 실제로 미국 농민이 옥수수 1킬로그램을 생산하는 데 드는 비용은 12센트이다. 그런데 어떻게 케냐의 농민이 미국의 농민과 경쟁해서 질까? 해답은 미국 정부가 미국 농민(대규모 기업농)에게 주는 농업보조금에 있다. 미국 정부는 해마다 약 170억 달러 가까운 금액을 미국 농가에 제공한다. 이 보조금 덕분에 미국 농민은 옥수수 1킬로그램의 시장 가격을 7센트로 유지하며, 세계 시장에서 경쟁력을 확보한다. 그 바람에 케냐의 농민은 농지를 버리고 일자리를 찾아 도시로 떠나고, 버려진 케냐의 농지는 황무지가 되고, 케냐의 농업은 붕괴한다. 이렇게 미국의 농업보조금은 아프리카를 황폐하게 만든다.

　이렇게 생산된 미국의 옥수수는 친환경이라는 허울 좋은 가면을 쓰고 바이오에탄올 생산 원료로 쓰인다. (미국은 2013년까지 한 해 옥수수 생산량 1억 3천만 톤을 에탄올 생산에 사용할 계획인데, 참고로 미국 농무부의 자료에 따르면 미국의 옥수수 생산량은 2005년에 2억 8천만 톤이었고 2006년에는 2억 7천만 톤이었다. 대략 전체 생산량의 절반을 바이오에탄올 생산 원료로 쓰겠다는 말이다.) 그런데 바이오에탄올 1리터를 생산하는 데 들어가는 모든 화석 에너지를 석유로 환산하면 1리터라고 한다. 석유 1리터로 바이오에탄올 1리터를 만들고, 이 과정에서 미국의 대규모 기업농은 농업보조금을 타서 쓰고, 그 바람에 가난한 나라의 농민은 농지를 버리고 도시로 떠나고, 가난한 나라의 농지는 황폐화되고……. 이것이 미국이 유일하게 자랑하는 녹색산업의 실체이다.

한편, 2010년 경제협력개발기구(OECD)는 2009년 한 해에 회원국들 정부의 농업보조금이 전년도에 비교해 조금 증가했다고 집계하고 시장구조를 왜곡하는 보호무역 장치인 보조금을 삭감해야 한다고 촉구했다. 미국에서는 농가 전체 수입에서 정부 보조금이 차지하는 비중이 2008년의 8퍼센트에서 10퍼센트로 증가한 것으로 집계됐다. 유럽 국가들에서도 22퍼센트에서 24퍼센트로 늘어났다. 한편 한국농업경영인중앙연합회는 2006년 한국의 농업보조금은 24억 달러로 전체 농업생산액의 6.4퍼센트에 불과했다고 주장했다. (한국에서 정부의 농업보조금이 많다고 지적하는 OECD 등의 주장에는, 한우와 수입쇠고기 사이의 가격 차이까지 정부 농업보조금의 한 형태로 파악한다. 그렇기 때문에 OECD 등의 보고서에서는 한국의 농업보조금이 매우 높게 산정되고 있다.)

세계 각국 특히 선진국이 개방적 자유무역을 추구하면서도 농가에 대한 지원을 하는 것은, 농가소득이 줄면 농촌에서 사람들이 떠나고 농촌이 황폐화되어 식량 주권을 위협받고 국가의 균형적 발전이 저해되기 때문이다.

하지만 자유무역이라는 전반적인 흐름 속에서 결국 피해를 보는 것은 약소국의 약소 산업에 종사하는 사람들이고, 한국에서는 이 불행한 계층이 농민이다. 게다가 국내 시장을 통해 진출한 다국적 기업은 (보다 정확한 예측과 생산량 및 공급량 조절을 통해서) 종자의 생산에서부터 판매까지 전체 농산물 시장을 장악하고 흔들어댄다.

2009년 3월, 이명박 대통령은 뉴질랜드를 방문해서 한·뉴질랜드FTA 협상을 시작하기로 합의했는데, 이때 대통령은 정부 지원금의 철폐가 결국 뉴질랜드 농업의 경쟁력을 높였다고 높게 평가하며 한국도 마찬가지 길을 가야 할 것이라고 말했다. 농업에 대한 보호 장벽 철폐 의지를 다시 한 번 더 천명함으로써 협상 상대국인 뉴질랜드에 따뜻한 손을 내민 것이다. 이것은 곧, 한국 농민들에게 장차 당신들의 목을 조를 테니 그리 알고 목에 낀 때를 깨끗이 씻고 기다리라는 통고나 마찬가지였다. (FTA에 대해서는 19장 '자유무역협정과 촛불'을 참조하기 바란다.)

……슬프게도, 돈은 목숨보다 더 힘이 세다.

3장 고령화 사회, 뒤집어지는 피라미드
─유효수요 감소의 압박

"괜찮다, 아프기는 뭐……."

전화선을 통해서 들리는 어머니의 목소리가 많이 편찮게 들렸다. 그처럼 힘이 없고 맥이 풀린 어머니의 목소리는 여태 들어본 적이 없었다. 이요산 씨는 가슴이 덜컥 내려앉았다. 드디어 올 게 왔구나 싶었다. 언젠가는 이런 날이 올 줄 알고 있었다. 그러나 젊을 때 모습과는 비교할 수 없지만 그래도 일흔셋이라는 많은 나이에도 젊은 시절부터 줄곧 그랬듯이 언제나 건강하게 행상 리어카를 끄는 어머니였기에 늘 그렇게 정정할 것이라는 막연한 기대로 '그날'에 대한 예상을 애써 가리고 덮었다. 나이 많은 할머니가 장사를 한다며 리어카를 끌고 다니는 모습이 안돼 보이는지 동네 사람들이나 친척들은 이요산 씨에게 어머니가 장사를 그만두게 하고 편안하게 모셔야 하는 것 아니냐고 직·간접적으로 압박을 가했다.

하지만 이요산 씨의 생각은 달랐다. 만일 어머니더러 장사를 그만두게

62

하면 오히려 병이 날지 모른다고 생각했다. 과학적인 상식으로 따지더라도 충분히 일리가 있는 판단이라고 생각했다. 그래서 힘이 닿아서 일을 하실 수 있을 때까지는 어머니가 장사를 계속하길 바랐다. 사실 어머니가 이제 장사는 더 못하겠다고 할까봐 오히려 겁이 났다. 다행스럽게도 어머니는 늘 건강했다. 그랬기 때문에, 어쩌면 '그날'은 영원히 오지 않을지도 몰라, 라는 기대를 품기도 했다. 하지만 이 기대가 사실은 너무도 터무니없는 것임이 이제는 명백해졌다. 생로병사의 엄혹한 자연법칙을 어떻게 거역할 수 있겠는가.

그래도 어머니는 한사코 당신은 아프지 않다고 했다.

이요산 씨 부부는 양념 장어와 소금구이 장어를 싸들고 본가가 있는 대구에 갔다. 의사가 어머니를 보자마자 한 말이 "아이고 할무이, 더위 잡수셨네요"였다고 어머니와 함께 사는 동생이 말한다. 영양 주사도 맞았고 이제 회복하는 중이라고 했다. 어머니는 그 와중에도, 일사병으로 쓰러지기 하루 전에 받았던 정기검진 결과가 모든 신체 기능이 정상인 것으로 나왔다며 아들 내외를 안심시키려고 애를 썼다. 어머니의 바람대로 이요산 씨 내외는 마음이 놓였다.

이요산 씨는 갓 스무 살이던 대학생 시절에, 딱 예순까지만 아름답고 훌륭하고 멋지게 살자는 생각을 가지고 있었다(통계청 자료에 따르면, 1980년의 남자 기대 수명은 61.78세였다). 하지만 예순 살이면 지금의 이요산 씨에게는 앞으로 십 년밖에 남지 않았다. 현재 여성의 평균 수명은 여든 살을 훌쩍 넘었으니, 십 년이라 하더라도 어머니도 아직 살아계실 가능성이 평균적으로 높지 않은가(통계청 자료에 따르면, 2020년의 여자 기대 수명은 84.7세이다).

시원한 수박을 펼쳐놓은 자리에서 어머니의 이야기는 한국전쟁 때로 거슬러 올라간다.

"피난을 가는 사람들이 다들 강변에 식구들끼리 앉아서 솥단지 걸어놓고 밥을 해먹는데, 그때 내 나이 열셋이고 밭에서 일만 하며 살다가, 큰집 작은집 다 합쳐서 스무 명 가까이 되는 대식구가 피난이라고 그렇게 단체로 바깥나들이를 나갔으니, 그저 소풍 나온 것처럼 재미있기만 했제. 그때 미숫가루 물에 타먹던 게 그렇게 맛있을 수가 없었는데……."

그리고 9년 뒤에 어머니는 결혼을 했고, 이듬해에 아들 요산이를 낳았다. 1960년생인 이요산 씨는 말하자면 베이비붐 세대이다.

베이비부머

1955년부터 1963년 사이에 태어난 사람들을 '베이비부머'라고 부른다. 이들은 한국전쟁이 끝난 직후 출산율이 이전보다 급격하게 높아지던 시기에 태어나, 급격한 경제 성장과 IMF 외환 위기, 최근의 글로벌 금융 위기를 경험한 세대로서, 2009년 현재 전체 인구의 14.6퍼센트를 차지하며, 지금까지 사회의 중심에서 활동하여 왔으나 2010년부터 본격적으로 은퇴하기 시작한다. 〈도표 3-1〉을 보면 1955년부터 1963년 사이에 많은 아이가 태어났음을 확인할 수 있다.

> **58년 개띠**
>
> 실제로 베이비부머 가운데서 1960년생 쥐띠가 가장 많이 태어났지만, 1958년생은 우리 사회에서 일어난 중요한 변화를 처음으로 겪었기 때문에 '58년 개띠'라는 말이 '386세대'나 '88만원 세대'처럼 베이비부머의 대명사로 쓰였다. 중학교 무시험 제도의 첫 대상자는 1956년생이었지만, 1958년생은 고교 평준화 제도의 첫 대상자로 이른바 '뺑뺑이 세대'가 되었다. 58년 개띠들은 예비고사와 본고사를 역대 가장 높은 경쟁률 속에서 치르고 대학에 입학했다. 한 가지 더, 미국의 팝가수 마돈나도 '58년 개띠'다.

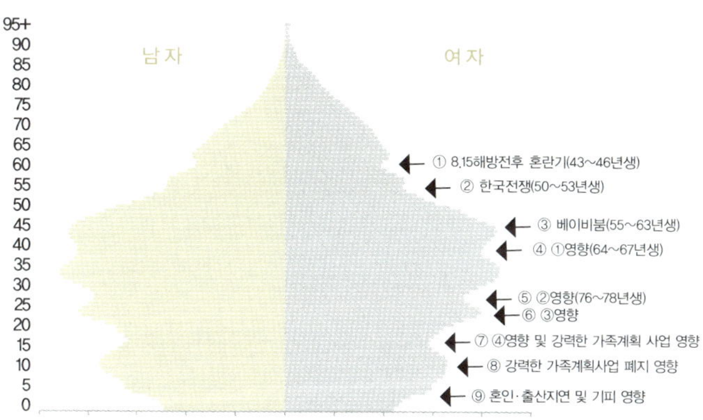

도표 3-1 2005년 인구피라미드. 자료: 통계청.

특히 고교 평준화 제도로 이른바 '뺑뺑이'로 고등학교에 진학한 '58년 개띠' 이후의 베이비부머들은 평등의식이 유난히 강하며, 또 상대적으로 높은 경쟁률을 뚫고 진학했던 까닭에, 똑똑한 사람들 가운데 많은 수가 전사하거나 납북·월북하고 남은 사람들끼리 느슨하게 경쟁했던 윗세대를 우습게 여기며 자부심과 자신감이 특히 강하다.

통계청이 베이비부머의 특징에 대해서 2010년에 실시한 조사에 따르면, 2010년 현재 47~55세인 베이비부머들은 다른 세대들보다 높은 경쟁 속에서 살아왔으며, 또 다른 세대들보다 높은 성장의 혜택을 누리고 살고, 생산과 소비의 경제 활동 주축이었지만, 이제 정년을 맞아 현장에서 물러나기 시작하면서 특히 경제적으로 불안함을 느끼고 있음을 알 수 있다. 자살 충동의 원인으로 경제적인 어려움을 꼽는 비율도 전체 평균의 36.2퍼센트보다 월등하게 높은 52.8퍼센트나 된다. 가족에 대한 경제적인 책임감이 어떤 세대보다 높기 때문이다.

이런 경제적인 압박은 필연적으로 베이비부머의 소비 활동에 영향을 준다. 소비를 결정하는 요인으로 가장 중요한 것은 소득, 특히 세금을 내고 난 이후의 사용 가능한 소득인 가처분소득이다. 하지만 이것 외에도 재산, 물가 수준, 이자율, 미래의 소득 등이 개인의 소비 활동에 영향을 미친다. 그런데 특히 정년퇴직을 하기 시작한 베이비부머에게는, 급격하게 감소하는 미래 소득이 소비에 가장 큰 영향을 미치는 요인으로 작동한다. 현재 소득이 가장 많으며 재산도 가장 많은 베이비부머가 소비 활동을 줄임에 따라서 국가 경제에서는 중대한 변화가 일어난다.

태어날 때부터 특징적이었으며, 성장할 때 그리고 장년이 되어서도 특징적이었던 베이비부머는 늙어서도 특징적인 모습으로 한국 경제의 미래에 깊은 주름을 드리운다.

고령화 사회

대한민국이 늙어가고 있다. 인구성장률은 점점 줄어들고 평균수명은 점점 늘어난다. 2018년을 정점으로 해서 인구도 줄어들 전망이다. 《CIA 월드 팩트북(CIA World Factbook)》에 따르면 2009년 7월 기준으로 한국은 합계출산율이 1.21명으로 세계 237개국 가운데 219위를 차지했다. 인구증가율도 0.2퍼센트에 그쳤다.

> • 합계출산율(total fertility rate) 출산 가능한 여성의 나이인 15세부터 49세까지를 기준으로, 한 여성이 평생 낳을 수 있는 평균 자녀 수. 지난해 n세 여성이 낳은 아이의 수를 n세 전체 여성의 수로 나누어 연령별 출산율을 산출한 다음, 이렇게 계산한 각 연령별 출산율을 모두 더해서 구한다. 일반적인 의미의 출산율이다.
> • 조출생률(crude birth rate) 전체 인구를 1,000명으로 했을 때 한 해에 태어나는 인구 수.

• 2010년 4월 9일에 배포한 통계청의 보도자료, "사회 조사를 통해서 본 베이비붐 세대의 특징"에서.

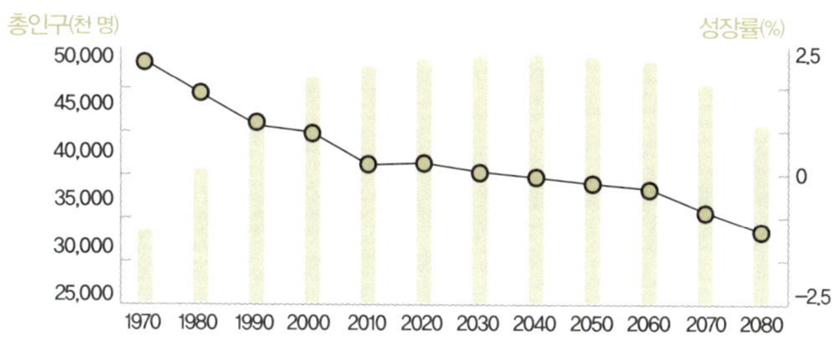

도표 3-2 총인구 및 인구성장률 변화. 자료: 통계청.

국가 인구의 노령화 정도를 나타내는 지수로 노령화지수가 있다. 14세 이하 인구 대비 65세 이상 노령 인구의 백분율이다. 〈도표 3-3〉은 노령화지수 변화 추이로 2000년 이후로 한국이 얼마나 빠르게 늙어 가는지 잘 보여준다.

연도	1980	1985	1990	1995	2000	2005	2010	2015	2020	2025	2030
노령화지수	11.2	14.2	20.0	25.2	34.3	47.3	67.7	94.8	125.9	169.1	213.8

도표 3-3 노령화지수 추이(1980~2020년). 자료: 통계청.

한편, 65세 이상 인구가 총인구에서 차지하는 비율이 7퍼센트가 넘는 사회를 **고령화 사회**라고 한다. 그리고 이 비율이 14퍼센트를 넘으면 **고령 사회** 그리고 20퍼센트를 넘으면 **초고령 사회**라고 한다. 한국은 이미 2000년에 65세 이상 노인 인구가 7퍼센트를 넘어서 고령화 사회에 진입했으며, 2018년에 고령 사회 그리고 2026년에는 초고령 사회로 진입할 예정이다. 2008년 7월 기준으로 한국의 65세 이상 인구는 전체 인구의 10.3퍼센트이다.

	고령화 사회 진입	초고령 사회 진입	소요 기간
한국	2000년	2026년	26년
일본	1970년	2006년	36년
프랑스	1864년	2020년	156년

도표 3-4 국가별 고령화 속도. 자료: 통계청.

전 세계에서 제일 먼저 초고령 사회로 진입한 일본은 1970년에 고령화 사회로 진입하여 2006년 초고령 사회까지 36년밖에 걸리지 않았다. 그런데 우리나라는 이 속도를 26년만으로 단축하고 있으며, 고령 사회 진입 예상 시점인 2018년부터 초고령 사회 진입 예상 시점인 2026년까지 불과 8년밖에 걸리지 않을 전망이다. 1864년 고령화 사회에 진입한 뒤 2020년 초고령 사회에 진입하기까지 무려 156년이 걸리는 프랑스에 비하면 우리나라가 얼마나 빠르게 고령화가 진행 중인가를 알 수 있다. 이런 빠른 속도의 고령화는 사회적으로, 문화적으로 그리고 경제적으로 우리 사회에 충격과 갈등을 필연적으로 안긴다. 그만큼 준비가 덜 된 상태에서 고령화를 맞이하기 때문이다.

이 충격과 갈등의 폭이 얼마나 클지 2000년의 인구피라미드와 2030년의 인구피라미드를 비교해보자. 2000년은 베이비부머가 사십 대에 접어들어 부모 세대와 자식 세대를 부양하던 시기이고, 2030년은 베이비부머의 자식 세대가 사십 대가 되어 부모 세대와 자식 세대를 부양할 시기이다. (베이비부머 이요산 씨로서는 늙어서 두 아들 정태와 정수에게 경제적으로 기대고 싶은 마음은 없다. 하지만 그래도 자식들이 그럴 능력과 의지가 있으면 좋겠다고 생각한다. 자식들이 잘되어 경제적으로 여유가 있다면, 혹시 맞게 될지도 모를 노년의 궁핍을 자식들이 큰 부담 없이 막아줄 수 있을 테니까 말이다. 여기에서 '혹시'의 구체적인 가능성에 대해서 이요산 씨는 보험설계사의 사고방식에 입각해서 세밀하게 따져보고 싶지 않다. 충격과 갈등을 외면하려는 도피인지도 모른다. 어쩌면 그만큼, 무서운 현실이 코앞에 다가왔음을 본능적으로 느끼기 때문일지도 모른다. 커다란 몸통은 다 드러낸 채 대가리만 수풀에 처박고 숨는 꿩처럼…….)

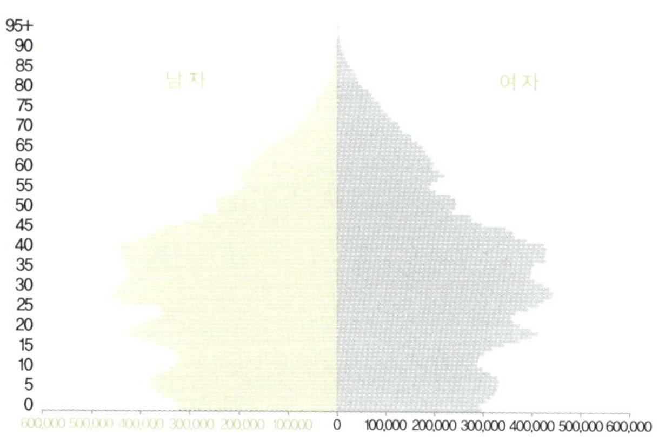

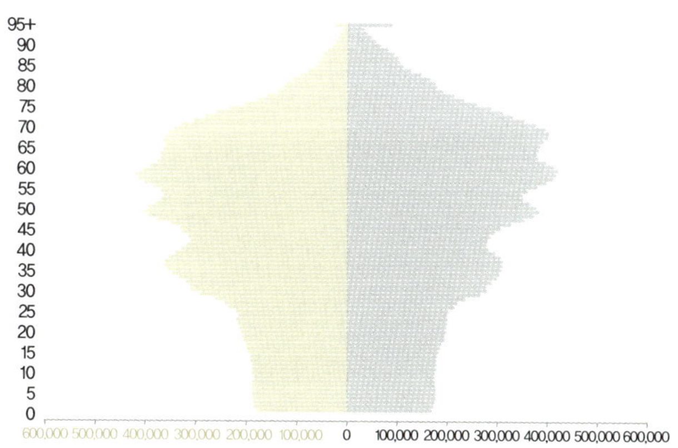

도표 3–5 2000년의 인구피라미드(위)와 2030년 인구피라미드(아래).

2030년의 피라미드는 이제 바닥이 넓고 위로 올라갈수록 뾰족해지는 피라미드가 아니다. 뒤집어진 피라미드이다. 이 피라미드에서 65세 이상 인구로 막 진입한 베이비부머 층이 특히나 뚱뚱하게 자리를 잡고 있다. 자식 세대가 직접적으로 부모 세대를 부양하지 않는다 하더라도, 국민연금과 같은 공적 연금의 연금 지급 구조는 이후 세대에게서 미리 연금을 걷어서 은퇴한 이전 세대에게 연금을 지급하는 구조이기 때문에 그 부담을 고스란히 안을 수밖에 없다. 이런 연금뿐만 아니라 사회 유지의 온갖 비용들을 이 홀쭉한 이후 세대들이 감당해야 한다. 저출산과 노령화는 '수요 감소 ⇒ 고용 감소·성장 둔화 ⇒ 수요 감소'의 악순환을 빠르게 돌려대는 강력한 엔진 역할을 하고, 베이비부머 이후 세대 사람들의 허리는 아마 휘다 못해서 부러지고 말 것이다. 그나마 성한 허리를 가지고 있는 사람들은 해외로 탈출할 것이다. 2006년 기준 평균 노령화지수가 202.58인 경상북도 13개 군에서처럼* 한국에서는 이제 어린아이의 울음소리를 쉽게 들어볼 수 없을 것이다. 계층 간의 갈등에 세대 간의 갈등이 중첩되어 서로에 대한 분노와 증오가 하늘을 뒤덮은 한국은 죽음을 기다리는 기나긴 행렬만이 늘어서 있는 황량한 무덤이 될 것이다. 이것이 바로 뒤집어진 피라미드의 저주이다.

인구학자 데이비드 콜먼 옥스퍼드대 교수는 2300년이 넘으면 단일 민족으로서의 한국인은 세계에 존재하지 않을 것이라고 예언한다. 물론 정부가 적극적으로 이 문제를 해결하려고 나서지 않을 때를 전제한 예언이다. 그런데 어쩌면 이 예언은 훨씬 빨리 실현될지도 모른다. 2010년의 정부 예산을 놓고 볼 때, 한국이 가족정책에 지출하는 재정 규모는 국내총

생산 대비 0.3퍼센트로 OECD 30개국 중 꼴찌다. OECD 평균(2.1퍼센트)의 7분의 1 수준이며, 꼴찌에서 두 번째인 미국(0.6퍼센트)과 비교해도 절반 수준이다. 세계 최하위 출산율이라는 '위업'은 아무 나라나 그저 달성하는 게 아님은 확실하다.

인구피라미드에서 홀쭉하게 쪼그라든 세대가 이 저주의 예언을 피할 방법을 찾아야 한다. 이 불행한 미래를 막아야 한다. 부지런히 영어를 배워 다 함께 한국을 버리고 튀자고 말할 게 아니라면, 감세 정책(특히 부자 감세 정책)을 버려야 한다. 세금을 더 거둬서 대비를 해야 한다. 국가 생존 차원에서 출산율을 높일 방도를 마련해야 한다. 청년들이 경제적인 불안을 느끼지 않고 마음 편하게 결혼을 하고 아이를 낳을 수 있도록, 이들의 소득을 보장해야 한다. (그런데 왜 여당은 2010년 12월에 예산안을 날치기로 통과시키면서 출산 장려와 관련된 예산들을 빼버렸냐고!)

저주는 지금 이미 서서히 그림자를 드리우고 있다.

유효수요의 감소

시장에는 수요와 공급이 존재하고, 수요와 공급이 균형을 이루는 지점에서 어떤 상품의 가격이 결정된다. 그런데, 수요에 따라서 공급이 결정될까, 아니면 공급에 따라서 수요가 결정될까?

1930년대에 세계는 대공황이라는 극심한 경기 침체 상태에 빠져 있었다. 하지만 경제학자들은 난국을 타개할 해결책을 제시하지 못했다. 도대체 왜 이런 일이 일어나는지 알지 못하는 상황에서 이들은 '공급은 스스로의 수요를 창조한다'는 세이의 법칙을 절대적으로 신봉하며 시장이 스스로의 치유력을 발휘해서 경기는 '곧' 되살아날 것이라고 했다. 하지만 현실은 달랐다. 수십 퍼센트의 실업률이 만성적으로 지속되었고, 물가와 임금은 스스로 균형점을 찾아가지 못했던 것이다.

이런 상황에서 조지 버나드 케인스는 수요가 부족하기 때문에 이런 문제가 발생한다고 바라보았고, 따라서 수요를 살리는 길이 공황을 극복하는 방법이라도 주장했다. 그래서 정부 지출을 늘리고 세금을 감면하는 등의 정책을 써서 인위적으로 수요를 늘려야 한다고 했다. 이것이 이른바 유효수요이론이다. 그리고 이 정책은 성공을 거두었고, 경제는 공황을 탈출했다.

베이비부머가 본격적으로 은퇴하기 시작하면서, 유효수요가 초과 공급을 따라가지 못하는 상황, 즉 시장이 스스로 균형점을 찾아가지 못하는 상황이 2010년 현재 주택 시장에서 벌어지고 있다. 20여 년 전, 베이비부머가 대학을 졸업하고 결혼할 무렵에 이들이 결혼을 해서 살림을 차릴 주거지에 대한 유효수요의 증가에 대응해서 분당, 일산, 평촌 등에 신도시가 공급되었다. 하지만 20년이 지나 이들이 은퇴할 시점에 이르러 이들의 소비 활동이 활력을 잃으면서 유효수요가 감소하고, 여기에 따라서 시장에서의 주택 초과공급 현상이 발생한다.

특히 〈도표 3-6〉에서 보듯이, 우리나라의 전형적인 가족 형태인 부모·자녀 동거 가구의 비율이 점차 감소하고 1인 가구 및 부부 가구의 비율이 늘어나면서 특히 대형아파트의 경우에 초과공급 현상은 두드러지게 나타나, 그렇지 않아도 다른 여러 요인들로 인해 한계에 부닥친 전체 아파트 시장의 불황과 가격 하락을 견인한다.

정부는 아파트 미분양 현상을 해소하고자, 다시 말하면 아파트에 대한 유효수요를 늘리고자 대출금 상환 연기와 세제 혜택 등의 정책을 내놓지만, 소비자는 인구 구성이 극적으로 바뀌는 환경 속에 놓여 있음을 깨닫고, 주

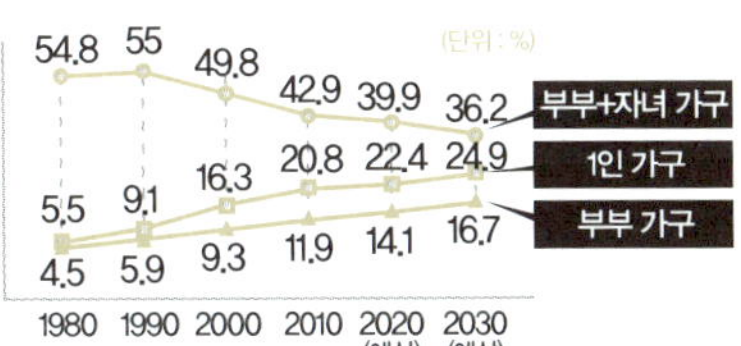

도표 3-6 서울 지역 세대 구성별 주요 가구형태. 자료: 통계청.

택 가격의 거품이 꺼질 순간을 예감한다. 차갑게 식어버린 아파트 시장은 2010년 10월 현재, 역대 최악의 극심한 거래 부진에 시달리고 있다. 그리고 '거래 부진 ⇒ 아파트 자산 가치 하락 ⇒ 재산 감소에 따른 개인의 소비 억제 ⇒ 성장 둔화 ⇒ 총소득 감소 ⇒ 고용의 감소 및 유효 수요 감소 ⇒ 거래 부진'의 악순환은 계속 이어진다. 뒤집어진 인구피라미드가 예고하는 무시무시한 저주의 전주곡이다.

고령화 사회로 진입하면서 유효수요 감소는 부동산 시장뿐만 아니라 산업 전반에 변화를 몰고 온다. 적극적인 출산율 증가 정책으로 그 시기

를 최대한 늦춘다 하더라도 앞으로는 과거 한국이 경험하였던 고도성장을 다시 경험할 수는 없을 것이다. 당신이 만약 아시아 국가 펀드에 장기적으로 투자하는 어떤 유럽 은행의 전문 투자자라면, 출산율이 2.76명(2008년 기준)인 인도에 투자할 것인가, 아니면 출산율 1.21명(2009년 7월 기준)으로 빠르게 초고령 사회로 달려가는 한국에 투자하겠는가? 당연히 인도에 투자할 것이다. 그럼 한국은 껍데기가 되고 만다. 고도성장 약속은 무지 아니면 사기다.

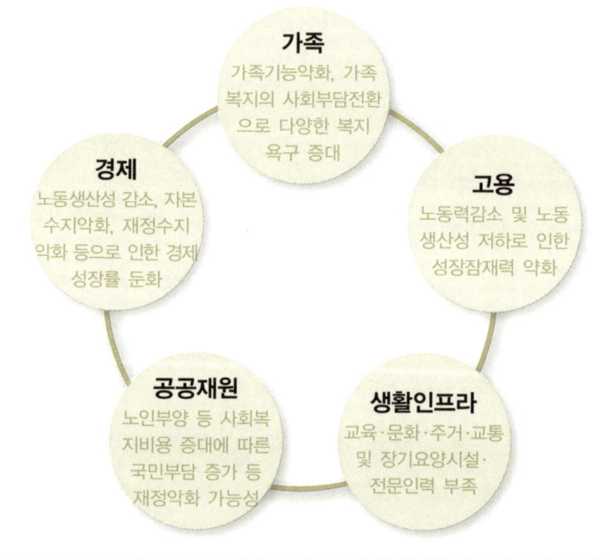

도표 3-7 저출산·고령화가 안고 있는 위협 요소. 출처: 장석인 외, "미래의 산업 발전과 국가 전략의 모색"(2005년 12월).

그런데 사실 이런 망조가 든 고령화 사회에도 매혹적인 투자 분야가 있다. 힌트는 실버산업과 금융산업의 접점이다. 바로, 의료보험 분야이다. 국민건강보험은 가입자들의 노령화 등으로 의료비 지출이 늘어나는

데 비해 재정 확대는 이뤄지지 않으면서 보장률이 갈수록 떨어지고 (2007년 64.6퍼센트였던 건강보험 보장률은 2008년 62.2퍼센트로 떨어졌으며, 2011년에는 50퍼센트대를 기록할

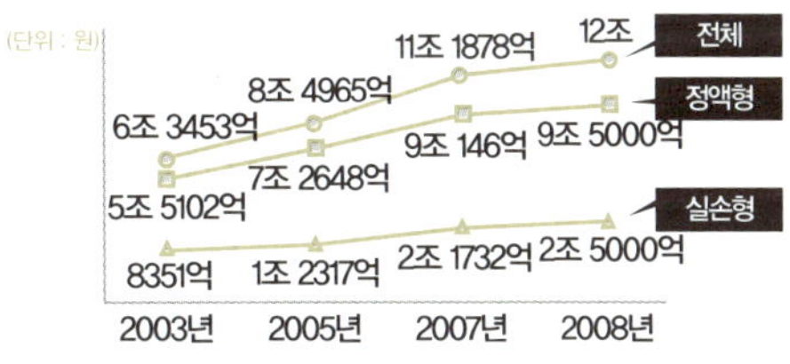

도표 3-8 연도별 민간 의료보험 시장 규모. ※수입보험료 기준.

것으로 보인다는 게 전문가들의 전망이다), 따라서 민간 의료보험에 대한 의존도는 〈도표 3-8〉에서 보는 것처럼 빠른 속도로 늘어날 것이기 때문이다. 민영화된 의료보험은 무덤으로 향하는 노인들이 가지고 있는 마지막 자산까지 빨아들일 빨대가 될 것이다. (의료보험 민영화에 대해서는 11장 '묻지도 않고 따지지도 않는 신성장 동력'에서 살펴보겠다.)

* * *

월드컵이 열리는 다음 해에는 '반짝 베이비붐'이 나타난다는 통계 결과가 나와 있다. 이 통계 결과를 놓고, 국가적으로 뭔가 신명이 나는 일이 있어 온 국민이 한마음으로 뭉칠 수 있기만 하면 뒤집어진 피라미드를 바로 세울 수 있다는 뜻으로 해석한다면, 어떤 오류를 범하는 것일까?

4장 비정규직과 워킹푸어
—노동시장 유연성

2009년의 어느 날이었다. 어쩐지 스산한 느낌이 드는 초저녁, 서울 어느 동네에 있는 ○○동물병원 앞, 일요일이라서 거리는 차량도 뜸하고 나다니는 사람도 별로 없다. 은행잎만 길 위를 어지럽게 날린다. 이때 검은색 오피러스가 와서 서고, 40대 초반의 여자가 개 한 마리를 안고 내린다. 시츄라는 애완종이다. 여자는 동물병원으로 향한다. 동물병원에는 불이 켜져 있어 실내가 훤히 다 보인다. 여자가 문을 밀고 들어가려고 하는데 문이 열리지 않는다. 문이 잠겨 있다. 그제야 여자는 실내에 사람이 보이지 않는다는 사실을 깨닫는다. 그리고 뒤늦게 유리문 한쪽에 붙어 있는 쪽지를 발견한다. '개인 사정으로 금일 야간진료는 하지 않습니다.' 여자는 난감한 표정으로 승용차 쪽을 돌아본다. 중학생으로 보이는 딸이 차 안에서 고개를 쏙 내밀고 묻는다. 잠겼어? 여자가 고개를 끄덕이자, 딸은 운전석의 아버지에게 뭐라고 말을 하고, 아버지가 딸에게 뭐라고, 다시 딸이 여자에게 외친다. 아빠가 그냥 두고 가재! 여자는 잠시 망설이다가 개의 목줄을 동물병원의 현관문에 묶는다. 그리고 따뜻한 목소리로 이렇게 말한다.

"우리 맘 이해하지? 우리도 너와 함께 살고 싶지만, 어쩔 수가 없어서 그래. 알지? 잘 살아, 건강하게, 응? 함께했던 추억은 영원히 간직할 거야. 널 잊지 않을 거야."

여자는 마지막으로 시츄의 머리를 두어 차례 쓰다듬고 돌아선다. 그러자 개는 짖기 시작한다. 개도 먼 이별을 예감한 모양이다. 여자가 승용차에 타고, 딸이 손을 흔들고, 초등학생으로 보이는 아들도 누나를 밀치고 창문 밖으로 고개를 내밀며 손을 흔든다. 여자가 창문을 내리고 손을 흔들 때 이미 승용차는 움직이기 시작했고, 개는 멀어지는 승용차를 향해 서 있는 힘껏 짖어대며 또 있는 힘껏 그쪽으로 가려고 힘을 준다. 그러나 현관문 손잡이에 묶인 목줄은 녀석의 몸을 팽팽하게 잡아당기며 붙잡는다. 승용차가 시야에서 사라지고 보이지 않아도 녀석은 계속 짖어댄다.

다음 날인 월요일 아침, ○○동물병원 원장은 출근을 한다. 그리고 병원 현관문에 개의 목줄이 묶여 있는 것을 발견한다. 하지만 목줄만 있을 뿐 개는 보이지 않는다. 참으로 괴이하다. 개가 목줄을 벗고 탈출을 한 것일까, 아니면 누가 문에다 개의 목줄만 묶어놓은 것일까?

그날 새벽, 52세의 미화원 오장수 씨는 ○○동물병원에서 두 구역 떨어진 곳에서 쓰레기 수거 작업을 한다. 저녁 7시부터 시작하는 일은, 빨라야 다음 날 오후 1시에 끝난다. 구청 소속 미화원의 한 달 평균 임금은 340만 원 선이지만, 오장수 씨처럼 대행업체 소속의 비정규직 미화원은 160만 원 정도밖에 받지 못한다. 이런 일도 없어서 못하는 사람이 수두룩한데 그나마 일자리라도 가지고 있는 게 어디냐고 스스로를 위로하며 오장수 씨는 길거리에 쌓여 있는 쓰레기봉투를 부지런히 차에 싣는다. 그런데 이때 오장수 씨의 눈에 죽은 개 한 마리가 눈에 띈다. 허리 아래 부분이 완전히 으스러진 채 모퉁이돌 옆에 널브러져 있다. 로드킬을 당한 모양이다. 역겨운 피비린내가 진동한다. 오장수 씨는 비닐장갑을 낀 손으로 개의 사체를 쓰레기봉투에 담아서 쓰레기차에 싣는다. 오장수 씨에게 이런 일쯤은 아무것도 아니다. 거리를 깨끗하게 해서 시민들이 즐거운 마음으로 오갈 수 있도록 하는 게 중요하기 때문이다. 오장수 씨에게는 직업적 사명감이 있다.

비정규직 노동자 현황

2010년 3월 현재 한국에는 비정규직 노동자가 전체 임금노동자의 49.8퍼센트인 828만 명이 있고, 이들이 받는 임금 수준은 정규직 노동자의 46.2퍼센트이다.

OECD가 발표한 자료인 〈도표 4-1〉을 보면 한국의 비정규직 노동자 비율이 외국과 비교해서 어느 정도인지 알 수 있다.

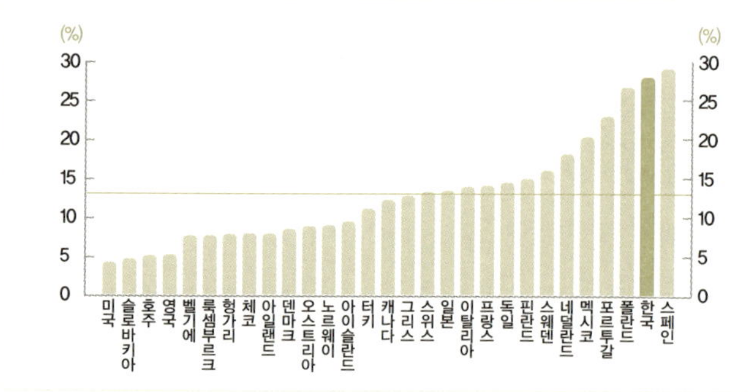

도표 4-1 총고용 가운데 비정규직이 차지하는 비율. 출처: "OECD 2010년 한국 보고서" ※그리스는 2001년, 멕시코는 2004년, 미국은 2005년, 오스트레일리아는 2006년, 한국은 2007년이다.

그런데 이 표에서는 비정규직이 총고용 가운데서 28퍼센트 정도 차지하는 것으로 표기되어 있다. 이는 한국의 분류 기준과 국제적인 분류 기준이 다르기 때문이다. 그래서 통계청은 국제적인 분류에 들어가지 않은 시간제근로자 그리고 비전형근로자 가운데 용역과 특수고용, 가정내근로자를 포함해서, 2009년 3월 기준으로 비정규직 노동자는 537만 명으로 전체에서 33.4퍼센트를 차지한다고 발표했다.[*] 이런 기준으로 작성한 비정규직 노동자 현황 추이는 〈도표 4-2〉와 같다.

도표 4-2 비정규직 추이 1. 출처: 통계청, "향후 10년간 사회변화 요인 분석 및 시사점"(2009년 1월)

하지만 이 기준은 통계청이 '경제활동인구조사 부가조사'에서 7개 설문 문항(한시근로, 시간제근로, 파견근로, 용역근로, 가내근로, 호출근로, 특수고용형태) 중 어느 하나에 응답한 사람만 비정규직으로 추계하는 기준으로 따랐기 때문에, 여기에 [노동현장에서 불안정고용(비정규직)을 지칭하는 대명사로 통용되어 온] 임시·일용직을 추가하면, 비정규직 노동자 추이는 다시 바뀌어 〈도표 4-3〉과 같으며, 2010년 3월 현재 비정규직 노

• 통계청, "경제활동인구조사"에서.

동자는 전체 임금노동자의 49.8퍼센트인 828만 명이다.

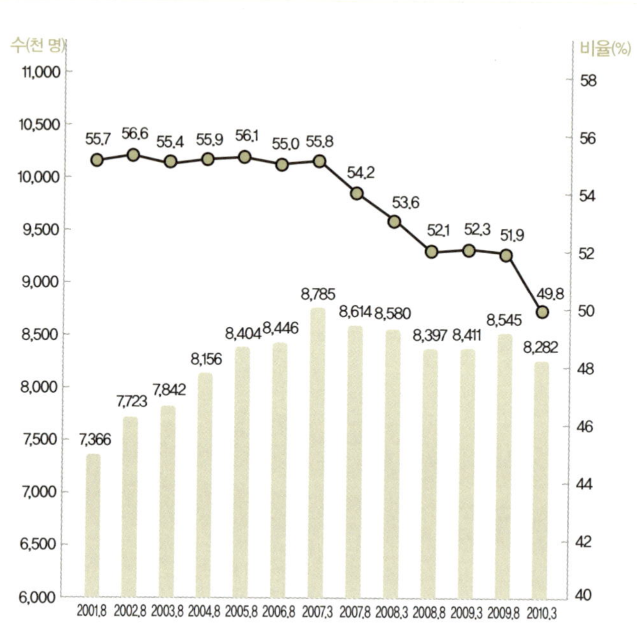

도표 4-3 비정규직 추이 2. 출처: 김유선(한국노동사회연구소), "비정규직 규모와 실태" (2010년 3월)

2007년을 기점으로 해서 비정규직이 감소한 것은, 2007년 7월부터 시행된 비정규직 보호법의 정규직 전환효과와 경기침체에 따른 비정규직 감소효과 이외에, 상용직 위주로 고용관행이 변하는 등 여러 요인이 맞물린 결과이다.

노동시장 유연성

1997년 12월 3일, 캉드쉬 아이엠에프 총재와 임창렬 부총리가 한국의 아이엠에프 관리 체제에 동의하며 공식 서명한 550억 달러의 구제금융

임시직 일정한 사업의 완료, 일시적 결원의 대체 등 합리적인 사유와 조건에 의해 정한 고용 계약 기간의 만료로 인해 자동적으로 고용 관계가 종료되는 관계. 계속 근로에 대한 명시적 합의가 없는 경우도 이에 해당한다.

파견근로 임금을 지급하고 고용 관계가 유지되는 고용주와 업무 지시를 하는 사용자가 일치하지 않는 경우. 파견사업주가 노동자를 고용한 후 그 고용 관계를 유지하면서 근로자 파견 계약의 내용에 따라 사용사업주의 사업장으로 노동자를 파견하고, 파견노동자는 사용사업주의 지휘와 명령을 받아 근무한다.

용역근로 용역업체에 고용되어 이 업체의 지휘를 받는 노동자가, 이 업체와 용역 계약을 맺은 다른 업체에서 근무한다. (예 : 청소용역, 경비용역.)

기간제 임시직 근로자 중 고용 계약 기간을 정한 경우. 기간 계약의 반복 갱신이 이루어지는 경우도 포함된다.

호출근로 일일근로자(일용직). 근로 계약을 정하지 않고, 일거리가 생겼을 경우 며칠 또는 몇 주씩 일하는 형태.

특수고용 독자적인 작업장을 보유하지 못하거나 비독립적 형태로 업무를 수행하면서 모집·판매·배달·운송 등의 업무를 제공하고 일한 만큼 소득을 얻는 경우.

양해각서 31조는 다음과 같이 명시되어 있었다.

31. 급변하는 경제 환경에 대응, 노동시장의 능력을 증진시키기 위해 (…) 기업 인수 합병이나 기업 구조조정에 따른 (정리)해고 제한 규정을 완화해 노동시장의 유연성을 개선한다.

사용자가 마음 내키는 대로 노동자를 쉽게 해고할 수 있게 제도를 개선하라는 것이다. 세계화를 국정지표로 내세우고 노동시장 유연화를 노동 정책 핵심 과제로 추진했던 김영삼 정부에 이어, 아이엠에프 체제와 함께 출범한 김대중 정부는 신자유주의 체제를 추구하는 아이엠에프와 한 약속을 이행하기 위해서 '평생직장에서 평생 고용으로'를 슬로건으로 내걸고 기업 구조조정(즉, 대량해고)과 노동시장 유연화(즉, 비정규직 비율 강화)를 강도 높게 추진했다. 그 뒤로도 이 정책은 노무현 정부와 이명박 정부를 관통하여 계속 이어졌다. 그 결과 현재 전체 임금노동자의 절반이 비정규직으로 바뀌었다. 하지만 아직도 정부와 세계의 경제기구는 한국 경제의 개선점이 노동시장의 비효율성에 있다고 지적한다.

기가 막히고 코가 막힐 일이다. 도대체 얼마나 더 유연해져야 한다는 말일까? 전체 임금노동자의 2분의 1이 모자란다면 3분의 2? 아니면 4분의 3? 아니면 5분의 4?

하지만 시장경제 원리를 전파하는 민간 연구기관인 (1997년 4월 전국경제인연합회가 설립한 자유기업센터를 모태로 하는) 자유기업원의 한 연구보고서는, 한술 더 떠서 정규직과 비정규직의 현재 고용 보호 수준을 한층 더 완화해야 한다며 다음과 같이 주장한다.

• 지나친 정규직 고용 보호가 완화되어야 한다. 첫째, 해고 제한 요건인 근로기준법 제24조 ①항의 '긴박한 경영상의 필요'는 '긴박한'을 삭제하고 '경영상의 필요'로 바꿔 사용자의 해고를 쉽게 해주어야 한다. 둘째, 해고 요건인 근로기준법 제24조 ④항인 노동부장관의 허가 취득 요건을 삭제하여 해고를 쉽게 해주어야 함. 이와 관련하여 근로기준법 시행령 제10조(경영상의 이유에 의한 해고 계획의 신고)도 삭제되어야 한다. 셋째, 해고 요건인 근로기준법 제24조 ③항인 해고 전 노조에 대한 통보 '50일 전까지'는 '30일 전까지'로 단축하여 노조와의 협의에 많은 시간을 쏟지

• 본문 186쪽과 〈도표 10-6〉 참조.

82

않고 해고를 쉽게 해주어야 한다.

- 지나친 비정규직 고용 보호가 완화되어야 한다. 첫째, "기간제 및 단시간근로자 보호 등에 관한 법"(비정규직법) 제4조(기간제근로자의 사용)는 삭제하여 기간제근로에 대한 기간 제한은 철폐하고, 당사자 간 합의에 따라 계약을 갱신할 수 있게 해야 한다. 둘째, 비정규직에 대한 차별 입증은 노동위원회에 맡길 것을 제안한다. 근로자파견제는 전 업종에 확대 실시되어야 한다. 첫째, 근로자파견 28개 업종에 제한적으로 실시되고 있는 대상 업무를 일본과 독일 등처럼 전 업종으로 확대해야 한다. 둘째, 파견 기간 한정은 '기간제근로' 경우처럼 '사용기간 2년 제한과 2년 초과 경우 정규직으로의 자동 전환'은 철폐되어야 한다.

오장수 씨와 같은 비정규직 노동자 혹은 언제 비정규직으로 떨어질지 몰라 두려움에 떠는 노동자 입장에서 보면 기가 차고 분통이 터질 노릇이다.

경제학적 의미에서 노동시장 유연성은 '경제 상황이 바뀔 때 이에 따라서 노동시장이 얼마나 유연하게(탄력적으로, 빠른 속도로) 대응하는가'를 의미하는데, 이것은 기능적 유연성과 수량적 유연성으로 나누어서 살필 수 있다.

수량적인 유연성에만 매달리지 말고 기능적 유연성을 살펴야 한다. 그

- **수량적 유연성** 고용 조정, 비정규직 확대, 아웃소싱에 초점을 맞춘다. 기업에게는 경제적 효율성을 의미하지만, 노동자에게는 고용 불안과 생활 불안을 의미한다.
- **기능적 유연성** 노동자의 교육 훈련, 작업 조직 재편 등을 통해 변화하는 상황에 대처하는 능력 향상에 초점을 맞춘다. 기업에게는 '지속 가능한 경쟁 우위'의 원천을 보장한다.

- 박동운, "경직일로(硬直一路)의 한국 노동시장과 고용보호 개선 방안"에서.

래야 파탄을 막을 수 있다. 파탄? 이렇게 과격한 표현을? 그렇다, 파탄 직전이다. 아니, 이미 파탄은 시작되었다. 다음은 미화원 오장수 씨의 증언이다.

"저녁 7시부터 새벽 2시까지 리어카로 골목골목의 쓰레기를 일일이 문전수거하면 새벽 2시 30분부터 예비차에 모아둔 쓰레기를 실어야 한다. 그리고 본차로 한 바퀴 더. 소각장이 문을 닫는 오전 11시까지 쓰레기를 처리하고, 11시 이후 또 한 차례 예비차로 돌며 못다 치운 쓰레기를 청소한다. 이때가 오후 1시, 그제야 하루 일이 끝난다. 작업복 한 번 지급받지 못했다. 160만 원의 월급으로 작업복과 장갑, 토시, 작업모까지 사야 한다. 회사에서 나오는 건 두 달에 한 번 지급되는 장갑 40벌이 고작이다. 공휴일일지라도 명절 및 연휴 등 생활 폐기물이 다량 발생되고 적치되어 특별 수거가 필요할 경우 '갑'[○○구청]의 요구가 있으면 응해야 한다."[*]

이것은 건강한 노동을 보장하는 계약 내용이 아니다. 열등한 지위 때문에 어쩔 수 없이 받아들일 수밖에 없는 노예 계약이나 마찬가지다.

정규직과 비정규직의 고용 형태별 저임금 노동자의 규모를 그림으로 나타낸 〈도표 4-4〉에서 보듯이 임금노동자의 저임금 문제는 비정규직에 집중되어 있다. (여기에서 저임금 기준은 유럽연합 저임금고용연구네트(EU LoWER)가 설정한 '임금노동자 중위임금의 2/3 미만'이다. 이것을 기준으로 하면 2010년 3월의 시간당 임금 중위는 8,289원이고, 이것의 2/3는 5,526원이다.) 또한 〈도표 4-5〉에서 보듯이 비정규직과 정규직의 임금 격차는 점점 악화되고 있다. 2010년 3월 기준으로 비정규직 노동자 임

• 네이버 카페 전국환경미화원연합 "환경미화원 인권실태"(2009.11.19)에서.

금은 정규직 노동자 임금의 46.2퍼센트밖에 되지 않으며, 이런 상황은 슬프게도 개선의 기미를 보이지 않는다.

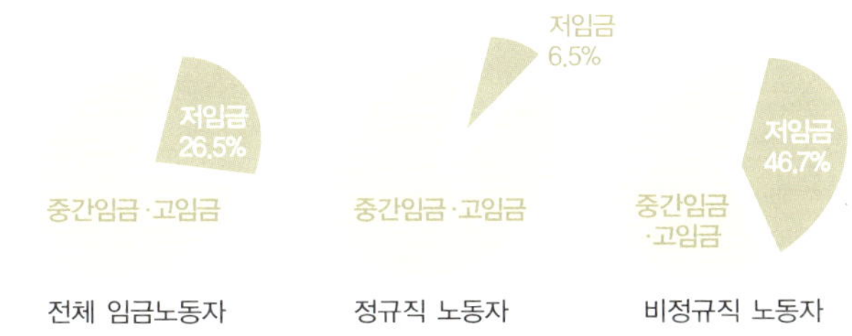

도표 4-4 고용 형태별 저임금 노동자 비율. 자료: 통계청. "경제활동인구조사부가조사"(2010년).

• 한국의 최저임금과 OECD 평균 OECD에 따르면 2008년 한국의 전일 근로자 평균임금 대비 최저임금 비율은 32퍼센트로 법정 최저임금제도가 있는 OECD 회원 21개국 가운데 17위에 해당한다. 중위임금 대비 최저임금의 비율도 32퍼센트 18위에 그쳤다. OECD국가의 평균 최저임금인 6.44달러와 비교해도 한국(3.12달러)은 매우 낮은 수준으로, 한국보다 낮은 나라는 멕시코, 터키, 체코, 헝가리, 폴란드, 슬로바키아뿐이다.

• 근속년수 국제노동기구(ILO)는 고용안정성의 지표로 근속년수를 사용한다. OECD 국가들의 근속년수 평균값을 살펴보면, 유럽대륙은 8.5~13.3년이고, 영미권은 6.7~8.3년인데, 한국은 2009년 9월 기준으로 정규직이 6년 7개월이고 비정규직 중 1년 이상 근속자 비중은 37.4퍼센트로 2008년 8월에 비해 4.6퍼센트포인트나 하락했다.

정규직도 불안하기는 마찬가지다. 비정규직으로 내몰리는 순간 빈곤층의 나락으로 떨어지니만큼, 실직에 대한 두려움 때문에 사생활과 건강을 포기하면서까지 회사 업무에 매달린다. 시키는 일은 물론이고 시키지 않은 일까지 본인이 찾아가며 죽어라고 일을 해야 한다는 말이다.

이런 사실은 OECD의 "2010년 팩트북"에서도 확인할 수 있다. 2008년 기준 한국 노동자의 연간 근로시간은 2,256시간으로 OECD 평균인 1,764시간에 비해 1.3배가량 길며 OECD의 30개 회원국 가운데서 압도적으로

1위이다. 한국의 뒤를 그리스, 칠레, 체코, 헝가리, 폴란드 등이 따른다. 한편 부지런하기로 소문이 난 일본도 1,772시간밖에 되지 않는다. 1위와 2위인 네덜란드와 노르웨이는 각각 1,389시간과 1,422시간이다.

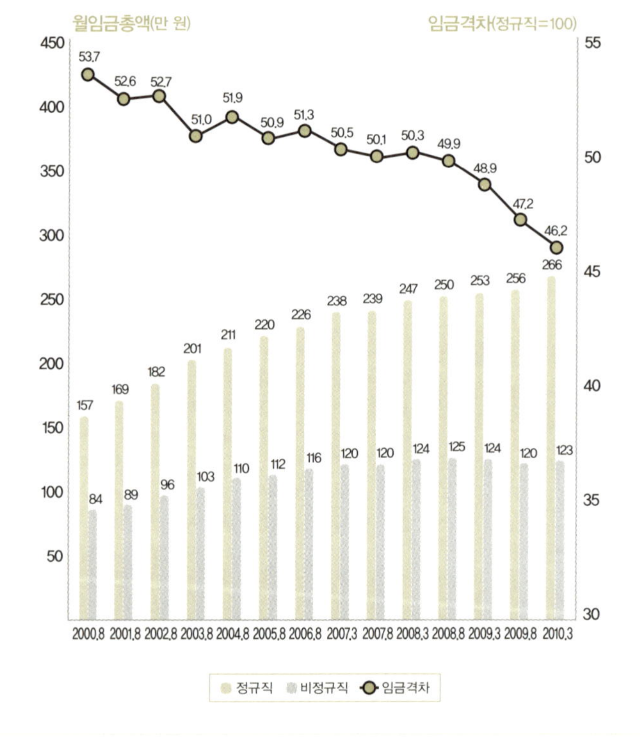

도표 4-5 정규직·비정규직 임금 추이. 출처: 김유선(한국노동사회연구소), "비정규직 규모와 실태"(2010년 3월)

상황이 이렇다 보니, 저임금의 비정규직 노동자에게 삶은 피하고 싶은 악몽이 되어버렸다. 임금노동자를 대상으로 1년 동안 자살 생각을 했는지 분석한 결과, 남성의 경우 비정규직에서 자살 생각을 한 집단의 비중이 12.0퍼센트로 정규직의 5.6퍼센트에 비해 2.1배 이상 높았고 여성의 경우 비정규직에서 1.4배가량 높은 것으로 나타났다.

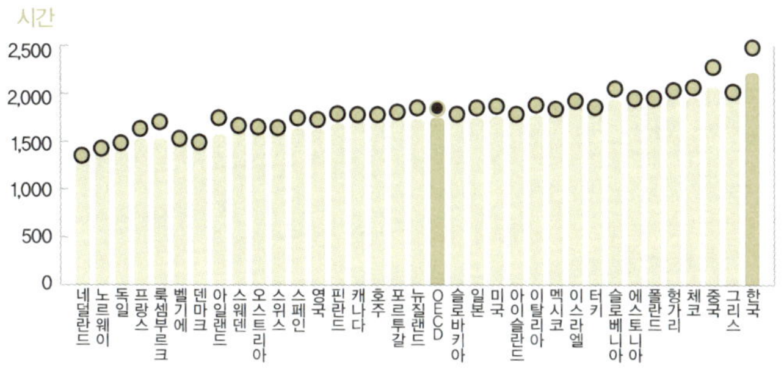

도표 4-6 OECD 국가 연간노동시간. 출처: OECD. ※막대는 2008년 혹은 가장 최근
자료이고 동그라미는 1998년 혹은 비슷한 시기의 자료.

대한민국의 헌법 제10조에는 '모든 국민은 인간으로서의 존엄과 가치를 가지며, 행복을 추구할 권리를 가진다. 국가는 개인이 가지는 불가침의 기본적 인권을 확인하고 이를 보장할 의무를 진다'고 되어 있다. 이 조항은 도대체 누구를 위한 것일까? 오장수 씨는 절규한다.

"저임금의 비정규직 노동자도 대한민국 국민이다!"

신자유주의와 워킹 푸어

신자유주의 질서는 기업의 자유를 극대화하며 기업들 사이에 무한 경쟁을 유발한다. 국제통화기금(IMF)은 우리 경제에 이 질서를 강요했고, 한국은 외환 부족 위기의 막다른 길에서 이 질서를 받아들였다. 한국뿐만 아니라 1980년대 이후 세계는 '세계화'라는 이름으로 빠르게 신자유주의 질서로 재편되었고, 세계의 각 나라에서는 외국 자본의 직·간접 투자

• "2007~2008년 국민건강영양조사"에서.

일할 능력과 의지는 있으나 잦은 실직과 낮은 소득 때문에 일을 하더라도 빈곤에서 벗어나지 못하는 계층을 일컫는 말. 2008년 기준으로 3인 기준 최저생계비인 102만 6,603원 이하를 받는 근로자를 워킹 푸어로 정할 때 이들의 숫자는 총 취업자 2357만 명 중 273만 명(11.6%)이다. (-현대경제사회연구원) 1990년대 미국에서 노동유연화가 본격적으로 진행되면서 처음 이 용어가 부각되었는데, 이후 신자유주의 경제 질서가 빠르게 확산되면서 워킹 푸어 문제는 세계적으로 공통의 문제가 되었다.

원청과 하청 기업 간의 하도급 거래 형식으로 원청 사업장 내에서 원청 사업 일부분의 완성을 목적으로 일하는 방식을 말한다. 그런데 사내하청은 통상적인 원-하청 거래에 비해 원청에 대한 종속성이 특히 강하다. 사내하청 근로자들은 정규직과 동일한 업무를 수행하면서 극히 낮은 임금을 지급받고, 업무 수행과정에서 하청업체가 아닌 원청업체로부터 직접 지시를 받으면서 불법적인 파견의 성격을 띠지만 파견법의 적용을 전혀 적용받지 못하며, 기본적인 노동권조차 보호받지 못하지만 감독기관의 지적은 강제성이 없다. 게다가 원청업체는 언제든 하청업체와의 계약을 해지할 수 있어, 노동관계법의 준수가 오히려 사내하청 노동자의 고용 불안을 야기한다.

를 유치하려고 임금 인하, 사회보장 축소, 규제완화 등을 향해서 경쟁적으로 내달렸다. 이런 현상을 이른바 '바닥을 향한 경주(race to the bottom)'라고 한다. (신자유주의와 '경제의 자유화'에 대해서는 10장 '지금 필요한 건 뭐? 스피드!'에서 자세히 살펴보겠다.)

이 과정에서 정부는 각종 규제를 완화했고, 기업은 이윤을 극대화하려고 '노동시장 유연성' 강화라는 명목을 내세워 노동비용을 줄였다. (한국에서 정규직 노동자의 비정규직화는 경기 변동이나 산업의 구조 변화에 따라 노동자를 쉽게 해고할 수 있도록 하자는 노동의 유연성 확보 명분으로 진행되었지만 그보다도 노동자에 대한 임금을 낮추기 위해 진행된 경우가 많다. 예를 들면 생산 라인을 직영에서 사내하청 형태로 바꾸면서 임금 수준을 떨어뜨리는 경우가 그렇다.)

그 결과 비정규직이 급증했으며, 노동시장에서 양극화가 이루어져 중간층이 하향평준화의 길을 걸어왔음은 〈도표 4-7〉의 임금 계층별 비율의 추이에서도 확인할 수 있는데, 고임금 계층이 지속적으로 증가하는 가운데 중간임금 계층이 빠르게 저임금 계층으로 떨어지고 있다. '바닥을 향한 경주'라는 이 지옥의 경주에 참가한 사람들은, 낚싯바늘에 걸린 물고기 신세가 되고 만다. 미늘 때문에 한번 걸리면 좀처럼 빠져나오기 어렵다. 걸리면 끝장이다. 아무리 몸부림을 쳐도 소용없다.

	07년 3월	07년 8월	08년 3월	08년 8월	09년 3월	09년 8월	10년 3월
저임금	25.1	25.7	22.7	21.2	21.5	22.8	27.0
중간임금	51.8	50.0	51.5	51.8	51.4	49.4	43.1
고임금	23.1	24.3	25.8	27.0	27.1	27.8	29.9

도표 4-7 임금 계층별 비율 추이. 단위: %. 출처: 김유선, "비정규직 규모와 실태" (2010년 3월) ※'임금노동자 중위임금의 2/3 미만'을 저임금 계층, '중위임금의 2/3 이상 3/2 미만'을 중간임금 계층, '중위임금의 3/2 이상'을 고임금 계층으로 규정.

이런 모습은 한국 사회가 부익부 빈익빈의 굴레로 빠져들고 있음을 보여주는 한 단면이다. 한국 사회에서는 지금 중산층이 급속하게 몰락하고 있다.

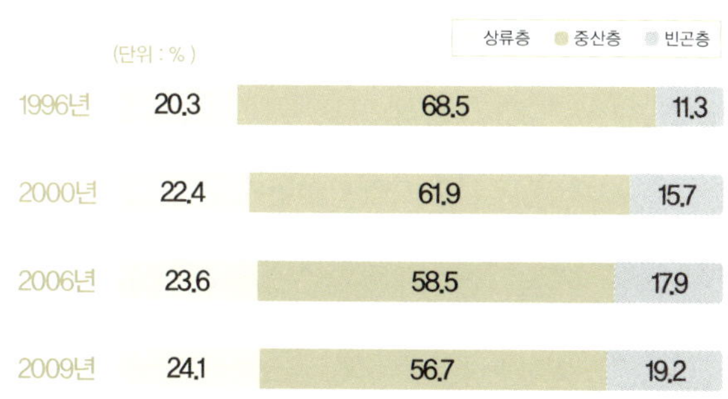

도표 4-8 중산층 비중 추이. 자료: KDI. ※소수점 둘째자리에서 반올림한 수치임.

〈도표 4-8〉을 보면 최근 15년 동안 한국 사회에서 중산층이 지속적으로 몰락해 왔음을 알 수 있다. (이 표에서는 OECD의 통상적인 기준에 따라서, 전체 가구를 소득 순으로 줄을 세웠을 때 맨 가운데에 해당하는 '중위소득'의 50~150퍼센트에 해당하는 소득을 버는 가구 집단을 중산층으

로 규정한다.) 아이엠에프 경제 위기 직전이던 1996년에는 전체 가구 가운데서 중산층 가구가 차지하는 비중이 68.5퍼센트였지만 2009년에는 56.7퍼센트까지 떨어진다. 줄어든 11.8퍼센트 가운데 3.8퍼센트포인트는 상류층으로 올라갔지만 7.9퍼센트포인트는 빈곤층으로 주저앉았다. 같은 기간 동안에 소득불평등지수인 지니계수도 0.298, 0.340, 0.350으로 지속적으로 상승했다.˙ 이런 추세는 〈도표 4-7〉의 임금 계층별 비율 추이와도 일치하고 있다. 분배보다 성장을 우선하는 정책을 포기하지 않는 한 이 양극화는 더욱 가속화될 것이다. (부익부 빈익빈의 양극화 현상에 대해서는 13장 '부익부 빈익빈의 디스토피아'에서 좀 더 자세하게 살펴보겠다.)

이처럼 해가 갈수록 심각해지는 계층 간의 소득 불평등 문제를 해결하려고 정부는 그동안 가계 대출을 늘리며 거품을 부풀렸지만, 이것도 한계에 다다르고 만다. 가계의 대출 여력은 바닥을 드러냈고, 2008년 미국에서 그랬던 것처럼 금융권이 안고 있는 부실 대출이 폭탄이 되어 언제 터질지 모르는 위험한 상황을 맞고 있기 때문이다. (이 과정에 대해서는 8장 '대출의 덫, 마이너스 인생'에서 자세히 살펴보겠다.)

하지만 그 어느 계층보다도 일자리의 비정규직화 추세에 큰 피해를 입는 층이 바로 청년층이다. 이들 가운데 수십만 명은 신자유주의 질서가 정착되는 와중에 변변한 직장을 잡아보지도 못한 채 실업 혹은 반실업 상태로 떠밀려서 워킹 푸어가 되고 말았다. 경제적인 어려움 때문에 쪽방이나 고시원을 전전하는 이들에게는 결혼도 사치가 되어버렸다. 청년층의 이런 문제는 다시 부메랑으로 돌아와서, 국민 경제의 기초가 되어야 할 내수 경제에 찬물을 끼얹는다. 하지만 이들은 장차 고령 사회, 더 나

• 지니계수에 대해서는 13장 본문 222~223쪽 참조

아가 초고령 사회에서 비경제활동인구를 부양해야 하는 책임까지 떠안고 있다. 참으로 불행한 세대이다. ('청년 백수' 혹은 '88만원 세대'로 일컬어지는 이들이 살아가는 모습과 이들이 안고 있는 문제에 대해서는 12장 '고용 없는 성장과 청년 세대의 아우성'에서 따로 살펴보겠다.)

역선택과 개살구시장

세상이 바뀌고 있다.

이미 많이 바뀌었으며 앞으로도 더 많이 바뀔 것임을 미화원 오장수 씨나 그의 고등학교 후배인 이요산 씨는 알아야 한다. 열심히 일을 해도 왜 살림살이가 더 나아지지 않는지, 무역흑자가 늘고 경기가 좋아지고 있다는데 왜 피부로 느끼는 소득과 물가와 고용은 나아지지 않는지, 좋은 일자리가 왜 자꾸 줄어드는지, 제조업 일자리가 왜 자꾸 줄어드는지, 대학생을 포함해서 청년층이 청춘을 노래하기에도 짧고 아까운 시간을 왜 그렇게 취업과 성공과 돈에다만 쏟는지, 백수로 사는 청년은 그렇다고 쳐도 왜 번듯한 직장에 다니는 청년들까지 결혼을 하지 않으려고 하는지, 텔레비전만 틀면 왜 통신 관련 산업 광고들과 보험 광고가 판을 치는지, 왜들 그렇게 돈을 빌려 쓰라고 길거리에서 나눠주는 전단으로 그리고 또 휴대폰 메시지로 악착같이 아우성인지, '좋은 땅'에 투자하라고 권유하는 기획부동산의 전화가 예전에는 그토록 자주 오다가 왜 갑자기 뚝 끊기고 오지 않는지, 이런 온갖 것들이 어떻게 서로 손을 잡고 있는지 혹은 간통을 하고 있는지 통째로 알아야 한다. 그리고 여유가 있다면, ○○동물병원 현관문에 사랑했던 강아지를 묶어두고 간 검은색 오피러스 가족이 도대체 어떤 사연을 가지고 있는지도(혹은 아무 사연도 없는지도) 알아야 한다. 그래야 개살구시장에서 '피박'과 '독박'을 한꺼번에 쓰는 꼴을 피할 수 있다.

A씨와 B씨는 도자기를 만들어서 시장에서 판다. (이 도자기 시장에는 도자기를 파는 사람이 A씨와 B씨밖에 없다고 가정하자.) 그런데 A씨는 좋은 제품을 만들려고 재료도 좋은 재료를 쓰고 오랜 시간에 걸쳐서 정성을 많이 들인다. 그리고 자기가 세운 높은 기준에 맞지 않는 도자기는 최종 단계에서 깨버린다. 그렇기 때문에 A씨가 시장에 내놓는 도자기는 품질과 디자인에서 명품이다. 당연히 비용은 그만큼 더 많이 든다. 하지만 B씨의 도자기는 겉만 A씨의 제품처럼 번지르르할 뿐 품질은 엉망이다. A씨는 자기가 만든 도자기를 시장에서 한 점당 30,000원에 받으려 하고 B씨는 12,000원 받아도 좋다고 생각한다.

그런데 소비자들은 시장에서 A씨의 도자기와 B씨의 도자기를 겉으로 봐서는 분간할 수 없다. 정보가 부족하기 때문이다. 다만 이것들이 1 대 2의 비율로 섞여 있다는 사실밖에 모른다고 치자. (물론 1 대 3의 비율일 수도 잇고, 2 대 7의 비율일 수도 있다.) 소비자는 A씨의 도자기에 대해서는 35,000원까지 낼 용의가 있지만 B씨의 도자기에 대해서는 15,000원만 내고 싶다. 이때 소비자가 생각하는 도자기의 기대값은 {(1×30,000)+(2×15,000)}÷3=20,000원이다.

그런데 과연 소비자가 20,000원으로 도자기를 사려고 할 때 A씨는 도자기를 시장에 내놓을까? 아닐 것이다. 이 시장에 A씨와 같은 생산자가 100명이 있고 B씨와 같은 생산자가 200명이 있다고 친다면, 시간이 흐르면서 이 시장에서 A씨와 같은 생산자는 점차 모습을 감출 것이다. 결국 시장에 남는 것은 싸구려 도자기뿐이다. 이처럼 정보가 부족한 상황에서 품질이 나쁜 상품이 품질이 좋은 상품을 시장에서 완전히 몰아내고, 사람들은 열등한 상품만을 선택하게 되는 것을 **역선택**(adverse selection)

이라고 한다. 그리고 이런 시장을, 겉만 번지르르하고 내용은 형편없는 물건을 가리키는 영어 표현 'lemon'을 써서 **개살구시장**(lemon market)이라고 부른다.

우리가 사는 세상, 우리가 경제 활동을 하는 시장을 개살구시장으로 만들지 말자. 정직하지 못한 B씨가 돈을 벌 수 있는 것은 소비자가 충분한 정보를 가지고 있지 못하기 때문이다. 책임은 물론 시장에 관한 정보에 게을렀던 소비자가 져야 한다. ('피박'에 '독박'까지!) 또 소비자에게 정확한 정보를 제공하길 게을리 한 A씨에게도 책임이 있어 파산이라는 쓰라린 대가를 치른다. 그렇다면 시장에서 자릿세를 받는 C씨는? C씨에게 고용되어서 시장 관리를 하는 D씨는? D씨에게 국밥을 파는 욕쟁이 할머니는? 그리고 당신은? 당신의 자식들은?

5장 귀농과 슬로시티
—물과 다이아몬드, '가치의 역설'

그 어떤 구속도 없이 새처럼 노래하리라.

—마르크 샤갈

"야, 이 썩을 놈아, 인생 뭐 별 거 있어? 그렇게 살다 가는 거지."

쉰 살의 김동찬 씨는 교사인 아내가 정년퇴직을 하는 것과 동시에 시골로 가서 살겠다고 한다. 서울서 구차하게 사는 살림 정리해서 가면, 거기서 땅 사고 집 짓고 다 할 수 있단다. 터도 봐뒀다고 한다. 경치가 죽여준다며 이요산 씨에게 주말에 시간을 내서 같이 한번 가보잔다.

김동찬 씨는 이요산 씨와는 대학교에서 연극 동아리 활동을 함께하던 친구 사이이다. 졸업 후 교사로 일하다가, 학교 교육 현장에 염증을 느끼고는 때려치운 뒤에 학원계에 뛰어들어 십여 년 동안 성공과 실패의 부침을 겪으며 살았다. 이런 인물이 시골에 가서 농사를 짓겠다니, 언론에 심심찮게 등장하는 실패한 귀농 사례들이 이요산 씨의 머리로 줄줄이 지나갔다. 하지만 김동찬 씨는 이런 우려를 일축했다.

"고등학교 때까지 나도 농사지었는데 못할 거 뭐 있어. 마누라도 그렇고. 그리고 그냥 두 식구 먹고살 만큼만 하면 돼. 촌에서 사는 데 돈 얼마나 든다고……."

"애들 등록금 벌어줘야지."

"인간아, 넌 어떻게 인생을 그렇게 사냐? 애들 등록금을 네가 왜 벌어줘? 똑똑하게 낳아서 똑똑하게 성인으로 키워줬으면, 이제 지가 알아서 벌어먹고 살아야지."

김동찬 씨는 그러면서 자기 아버지 이야기를 한다.

"우리 아버지는 내가 대학교 들어가고 나서 돈 한 푼도 안 줬어. 지독한 양반이었어. 돈이 없던 것도 아닌데, 그 돈으로 자기는 놀러 다니면서 노년을 널널하게 사셨어. 그러니 어떻게 해, 등록금이고 생활비고 다 내가 벌었잖아. 내가 아르바이트 몇 탕이나 뛰었는지 니가 알면 놀랄 거야. 그런데 지금 와서 생각해보니까, 우리 아버지 진짜 멋진 사람이야. 그렇게 살아야 되는 거야. 그게 인생이고, 그게 진짜 교육이야."

삼십 년 전에나 가능한 일이었다. 그때 공사장 잡역부 일당도 지금 시급 기준하고는 달랐다. 2011년 기준으로 시급 4,320원인 최저임금으로는 등록금은커녕 생활비 벌기도 빠듯한 게 현실이니, 그야말로 특별한 재능을 발휘할 수 있는 지하경제의 고급 아르바이트가 아니면 불가능한 일이라는 말은 굳이 하지 않고, 이요산 씨는 입맛만 쩝쩝 다셨다.

이요산 씨에게 시골 생활의 이미지는 1960년대 말에서 1970년대 초, 초등학교 시절 외가에 놀라가서 경험했던 풍경들로 남아 있다. 외가는 경북 월성군(지금은 경주시)에 있었다. 여름방학 무렵이면 초등학생부터 군대에 입대하기 직전의 청년들까지 저마다 자기 집에서 기르는 소를 끌고 뒷산에 풀 먹이러 갔다. 소를 풀어놓고, 온갖 놀이를 했다. 축구도 하고, 레슬링도 하고, 입담 좋은 이야기꾼 형들이 늘어놓는 온갖 장르의 화려

한 이야기에 넋을 놓기도 하고, 마른 나뭇잎을 말아서 담배 피우는 흉내도 내고, 그것도 시들해지면 막 개통된 경부고속도로의 저쪽 끝에 고속버스가 작은 점으로 나타나면 그 고속버스의 회사명을 먼저 알아맞히는 게임을 하기도 했다. 한진, 동양, 천일, 한일, 광주, 그레이하운드……. 어린 요산은 그레이하운드가 무슨 뜻인지 몰랐다. 하지만 직사각형이 옆으로 찌그러진 모양의 평행사변형 차창의 이국적인 모습만으로도 그레이하운드가 제일 멋있었다. 그리고 노을이 지기 시작하면 풀어놨던 소들도 귀가할 시간이 된 줄 알고 하나둘 주인을 찾아서 모여들었다. 그러면 소를 몰고 집으로 돌아왔다. 그런데 한번은 송아지 한 마리가 고속도로 위로 올라가는 바람에 아이들이 고속도로 위에서 한바탕 난리를 친 적도 있었다. 그때만 해도 교통량이 적었기에 송아지와 아이들은 아무도 다치지 않고 무사히 돌아올 수 있었다.

그날 저녁, 이요산 씨는 집안이 5대가 넘도록 서울에서 살아온 서울 토박이인 아내 사서은 씨에게 김동찬과 나누었던 대화를 소개했고, 사서은 씨는 이렇게 말한다.

"내가 시골 생활에 맞지 않는다는 건 대학교 1학년 때 이미 농촌활동 가서 알았어. 밭에서 김을 매는 일이 그렇게 힘든 줄 몰랐거든. 허리가 끊어진다는 말이 어떤 뜻인지 진짜 알겠더라. 덥기는 또 얼마나 더운지……."

시골에서 태어나 여섯 살까지 시골에서 살다가 그 뒤 줄곧 도시에서만 살았던 이요산 씨에게 시골 생활은 유년의 낭만적인 추억이고, 김동찬 씨에게는 현실적인 삶의 방식이고, 이요산 씨의 아내 사서은 씨에게는 피할 수 있으면 피하는 게 좋은, 하지 않아도 될 힘거운 노동이다.

농촌의 해체와 농산물 시장 개방 효과

1960~70년대 박정희 정부는 쌀값을 인위적으로 낮게 유지하는 이른바 '저곡가정책'을 폈다. 쌀값을 낮게 유지했으니 농민은 손해를 보고, 쌀의 수요자인 도시 거주민들의 생활비는 그만큼 적게 들었다. 이것은 기업이 임금을 낮게 유지할 수 있도록 하기 위한 기반이었다. 결국 기업은 빠르게 성장했고, 거기에 따른 대가는 농민이 져야 했다. 그리고 정부의 산업화 정책으로 농촌은 구조적으로 해체되기 시작했다. 다음은 1971년의 농촌 현실을 엿볼 수 있는 신문 기사의 한 부분이다.

……농업을 유일한 생업으로 삼아온 옛날 사회에서는 '농자천하지대본'이라 하여 농사꾼을 으뜸으로 내세웠었다. 그러나 오늘날 농촌의 젊은이들은 이러한 전통의식을 잃은 지 이미 오래다. '무엇 때문에 자신을 희생하면서까지 농촌을 지켜야 한단 말인가. 지금 농촌에 있는 젊은 세대는 어쩔 수 없어 남아 있는 것뿐'이라고 강원도 춘성군 신동면 삼천리의 ○○○씨(30)는 가시 돋친 말을 한다. (…) 영세농민들이 농촌을 떠나는 것 외에도 도시에서 고등교육을 받은 젊은 세대는 농촌으로 다시 돌아오려 하지 않고, 남아 있는 농촌의 젊은 세대마저 기회 있는 대로 도시의 직업을 찾아 떠나려 한다.[•]

다음 〈도표 5–1〉에서 보는 것처럼 농촌의 인구는 1965년 이후 꾸준하게 감소했다. 2000년에는 전체 취업자 가운데 농림어업에 종사하는 인구가 10.6퍼센트까지 줄어들었으며, 2009년에는 다시 9퍼센트로 줄어들었다.

• 《경향신문》, "한국의 젊은이 ⑵ 농촌 청년", 1971년 1월 9일.

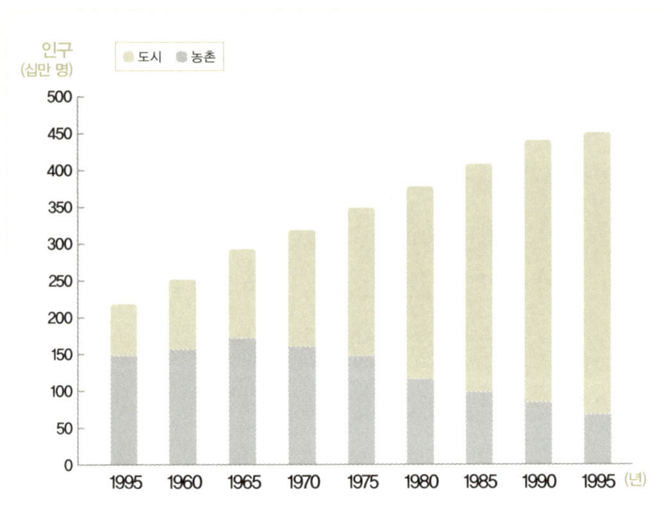

도표 5-1 농촌 인구의 변화. 자료: 통계청.

뿐만 아니라 인구의 노령화도 급속하게 진행되어, 〈도표 5-2〉에서 보는 것처럼 2006년 기준 경상북도의 13개 군의 노령화지수 평균은 200에 육박했다. 14세 이하 인구가 100명이라면 65세 이상 노인 인구가 200명이라는 뜻이다. (여기에서 칠곡군의 지수가 낮은 것은 칠곡군이 대구광역시와 동일한 생활권으로 묶이기 때문이다. 참고로 이때 포항시와 구미시의 노령화지수는 각각 46.4와 23.9이다.) 그리고 더 큰 문제는 이 지수의 상승 속도가 점점 빨라진다는 점이다. 그야말로 이제 시골에서는 아이들의 웃음소리를 들어보기 어렵게 되었다. 노령화에 따른 사회의 경쟁력 상실은 이렇듯 취약 부분에서부터 진행된다.

이런 상황에서 세계 각국과의 FTA 협정 체결 및 기

군위군	291.3
의성군	292.7
청송군	217.0
영양군	248.5
영덕군	189.7
청도군	254.8
고령군	159.1
성주군	177.6
칠곡군	51.1
예천군	243.6
봉화군	238.4
울진군	135.7
울릉군	134.1

도표 5-2 경북 각 군의 노령화지수(2006년). 자료: 통계청.

체결된 내용의 강화를 통해서 한국의 농산물 시장은 점점 더 활짝 열리며 농촌 해체에 마지막 결정타를 날린다. 특히 쌀 시장 개방과 관련해 우루과이라운드(UR) 관세화 유예 시한인 2004년에 한국은 미국, 중국, 태국, 호주, 아르헨티나, 이집트, 캐나다, 인도, 파키스탄 등 9개국과 쌀 개방 재협상을 하였고, 그 결과 정부는 쌀 관세화 유예를 10년간 더 연장하고, 대신 외국 쌀 의무수입물량을 2014년까지 7.96퍼센트로 늘리기로 합의했다. 또 그동안 가공용으로만 사용하던 수입쌀의 밥쌀용 일반 시판을 허용키로 하였다. 수입쌀의 시판물량은 2010년까지 30퍼센트로 단계적으로 확대한 뒤, 2014년까지 이 수준을 유지하기로 했다. 이러한 내용의 협상안에 대해 농민들은 적극 반대했지만, 결국 2005년 11월 국회에서 비준 동의안이 통과되었다.

*　*　*

국가의 발전 정책 차원에서 자유무역을 활성화함으로써 협정 당사국과 함께 윈―윈하자는 건데, 어째서 여기에 반대하는 '비애국자'가 있을 수 있을까? 이들의 반대 논리는 무엇일까?

〈도표 5-3〉의 두 그림은 쌀 시장 개방 전후의 상황을 보여준다. 개방되기 전의 상황인 그림 (1)에서는 P_d 가격에서 Q_d만큼 쌀이 거래되고 있는데, 이때 소비자는 황색 부분의 삼각형의 면적(①)에 해당하는 소비자잉여를 얻고 농민은 그 아래 회색 부분 삼각형의 면적(②)에 해당하는 생산자잉여를 얻는다.

• 식량 주권 종속에 대해서는 2장 참조.

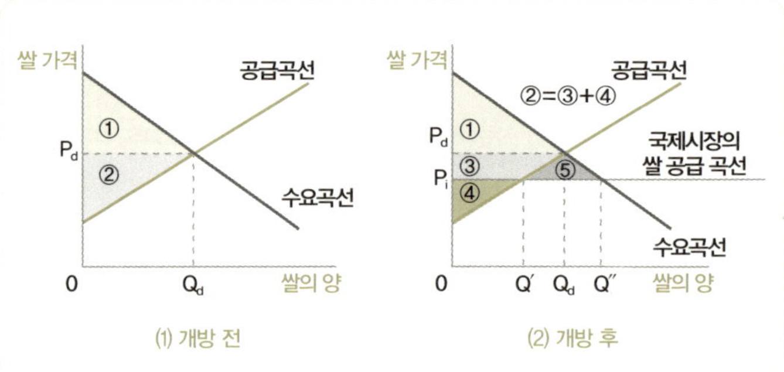

도표 5–3 쌀 시장 개방의 효과

- **소비자잉여** 소비자가 어떤 상품을 구입할 때 지불할 용의가 있는 금액에서 실제로 지불한 금액을 뺀 나머지 금액으로, 소비자가 그 교환에서 얻는 이득
- **생산자잉여** 생산자가 어떤 상품을 공급하면서 실제로 받은 금액에서 최소한 받아야 하겠다고 생각했던 금액을 뺀 나머지 금액으로, 생산자가 그 교환에서 얻는 이득

그런데 쌀의 국제가격 P_i는 국내가격 p_d보다 낮고 이 가격에 얼마든지 많은 양의 쌀을 수입할 수 있다고 할 때의 상황이 그림 (2)이다. P_i에서 시작하는 수평선은 국제시장에서의 쌀 공급곡선이다. (이 곡선이 수평선인 이유는, 이 가격에 얼마든지 많은 쌀이 공급된다는 뜻이다.) 이때 전체 쌀 소비량은 Q''로 늘어나는 한편, 국내 농민이 생산해서 공급하는 쌀의 양은 Q'로 줄어든다. 이때 수입쌀의 양은 선분 $Q'Q''(=OQ''-OQ')$의 크기로 표시된다.

이 상황에서 소비자잉여는 종전의 ①에서 ①+③+⑤로 늘어나고, 반면에 생산자잉여는 종전의 ② 즉 ③+④에서 ④로 줄어든다. 다시 말해서 소비자는 ③+⑤만큼 이득을 보지만 생산자인 농민은 ③만큼 손해를 본다는 뜻이다.

이로써 전체적으로는 ⑤만큼 잉여가 늘어나지만, 문제는 농민이 ③만큼 손해를 본다는 점이다. ⑤를 가지고서 농민이 입는 손해의 ③을 온전하게 보장을 할 수 있다면, (이 변화에 따른 농촌 사회의 구조 변화를 변수로 생각하지 않는다는 전제가 성립할 경우) 갈등은 생기지 않을 것이다. 하지만 ⑤만큼 늘어난 소비자잉여 덕분에 총유효수요가 그만큼 커지고, 이에 따라서 이 수요의 혜택을 볼 공산품 생산자는 이 잉여가 농민이 아니라 자기를 포함해서 자기 제품을 사줄 일반 소비자에게 골고루 돌아가길 원할 것이다. 그래야 자기 제품이 그만큼 많이 팔리기 때문이다. 이렇게 되면 농민만 손해를 보게 된다. 그래서 기를 쓰고 반대하는 것이며, FTA 협정 체결로 해외에서 이득을 보게 될 자동차나 반도체 따위의 공산품 생산 기업은 흐뭇한 미소를 짓는 것이다.

이런 상황에서 이명박 대통령은, 농민도 위기를 기회로 삼아서 선진농법을 개발해 생산성을 높이고 인터넷 직거래를 활성화해서 유통마진을 줄이기만 하면 얼마든지 성공할 수 있다고 위로와 격려의 말을 아끼지 않는다. 하지만 이 말은, 멀쩡하게 있는 사람을 큰물이 진 물길 속으로 등을 떠밀어 빠뜨려놓고는, 기왕 이렇게 된 거 위기를 기회로 삼아서 이참에 수영이나 배우면 좋지 않겠느냐고 하는 말과 다르지 않다. 그러니 농민의 입에서는 저절로 쌍욕이 나온다. 욕을 안 하는 사람이 이상하다.

"개소리하고 자빠졌네! 차라리 염장을 지르지나 말 것이지……."

2008년 농가 소득(즉, 농업 소득과 농업 외 소득을 합친 금액)이 2000만 원에 못 미치는 비율은 44.9퍼센트로, 2004년의 37.6퍼센트에 견주어 7.3퍼센트 늘었다. 또 같은 기간에 소득 3500만 원 이상 농가 비율은 33.6퍼센트에서 26.2퍼센트로, 5000만 원 이상 고소득 계층 비율은 16.3퍼센트에서 13.2퍼센트로 각각 하락했다. 또 농가의 전체 소득 가운데 농업 소득 비율은 2008년 31.6퍼센트로, 지난 2004년의 41.6퍼센트에 비해 4년 사이에 10퍼센트나 줄었다. 농가 수입 가운데 농업 소득 의존율이 30퍼센트 이하인 농가도 2004년 43퍼센트에서 지난해에는 56퍼센트로 높아졌다.

한국 경제에서 농업 및 농민은 잇따른 FTA협상 타결로 고사 상황으로 절벽 끝까지 밀리고 있지만, 농업이 국가 경제에서 수행하는 공익적 기능은 절대로 무시할 수 없다.

'가치의 역설'과 한계효용 체감의 법칙

어떤 재화가 희소성을 가지고 있을 때, 그 재화에는 알맞은 가격이 매겨진다. 그런데, 어떤 재화의 가격은 시장을 통해 정해졌을 뿐, 효용을 반영하고 있다고 할 수는 없다. 그는 다이아몬드는 희소하며 가격이 비싸지만 효용은 오히려 물이 높다. 역설적이다. 이것이 바로 아담 스미스가 도입한 개념인 '가치의 역설' 혹은 '스미스의 역설(Smith's paradox)'이다.

그런데 가격은 총효용(그간 누적된 효용의 합)이 아니라 한계효용(소비량을 한 단위 늘렸을 때 발생하는 추가 효용)에 의해 결정된다. 따라서 총효용이 크다고 반드시 재화의 가격이 높은 것은 아니다.

• 지에스앤제이(GS&J)연구소, 2009년 10월 보고서 "덫에 걸린 농가경제, 무엇이 쟁점인가?"에서.

물은 많고 다이아몬드는 적다. 물의 한계효용이 줄어드는 구간에서의 물 한 단위 소비에서 얻는 만족은 지극히 작다. 여기에 비해서 다이아몬드는 희소하기 때문에 다이아몬드 한 단위 소비에서 얻는 만족은 지극히 크다. 어떤 재화든, 이 재화의 한계효용이 감소하면서도 총효용이 계속해서 최대가 되는 구간, 즉 한계효용이 감소해서 0이 되는 구간까지에서만 이 재화의 소비는 이루어진다. 재화를 소비했는데 한계효용이 마이너스인 경우, 즉 추가 소비를 할 경우 총효용이 감소하는 경우에는 결코 소비가 이루어지지 않기 때문이다. 〈도표 5-4〉는 물과 다이아몬드의 한계효용 및 총효용을 비교한 것이다.

물과 다이아몬드 모두 소비가 늘어남에 따라서 한계효용은 점점 줄어들어 사용량 Q지점에서 0이 된다. 그런데 도표에서 보듯이, 총효용의 상수항을 비교하면 물의 상수항은 다이아몬드의 상수항에 비해 크다. 다시 말해서, 물의 소비량이 한 단위 늘어날 때 추가로 발생하는 효용이 이전의 효용에 비해 작을 뿐이지 실제 효용은 다이아몬드의 효용보다 훨씬 크다는 것을 알 수 있다. 아래에 있는 그림에서 다이아몬드와 물의 총효용이 최대가

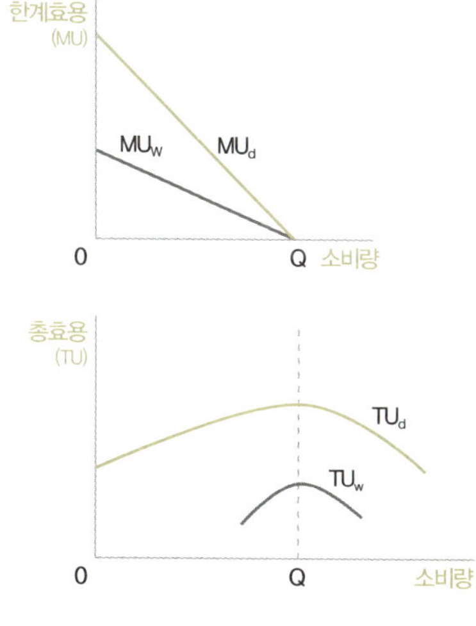

도표 5-4 물과 다이아몬드의 한계효용·총효용 비교

되는 소비량 Q는, 이 둘의 한계효용이 제로(0)가 되는 지점의 소비량 Q와 동일하다. 이렇게 보자면 '스미스의 역설'은 전혀 역설적이지 않다.

여기에서 다이아몬드와 물 대신 각각 도시 생활과 농촌 생활을 대입해

도 동일한 설명이 가능하지 않을까? 도시 생활은 효용은 지극히 낮은데 가치는 높고, 농촌 생활은 효용은 지극히 높은데 가치는 낮게 보이는 게 아닐까? 사실은 총효용을 놓고 비교하자면, 농촌 생활의 총효용이 도시 생활의 총효용보다 훨씬 높은 데 말이다.

물과 다이아몬드의 역전

반세기 가까운 세월 동안 버림받아 온 땅 농촌으로 돌아가는 사람들의 행렬이 늘어난다는 것은 어떤 의미일까?

귀농의 의미를 두 가지로 해석할 수 있다. 한 가지는 순수하게 농민이 되어 농업에 종사하고자 하는 것이다. 특정 농산품의 절대우위 혹은 비교우위를 확신하거나 아니면 도시에서는 일자리를 찾지 못해 어쩔 수 없이 떠밀려서 생계유지 차원에서 농업을 선택하는 경우이다. 또 한 가지는 경쟁에 찌든 생활을 등지고자 농촌으로 주거지를 옮기는 것이다. 김동찬 씨처럼 인생을 유유자적하며 사는 데 초점을 맞추는 경우이다.

하지만 어떤 경우에든 삶의 방식을 바꾸겠다는 게 핵심이다. 돈을 많이 버는 것을 사는 데 가장 중요한 가치로 설정하고 무한 경쟁 속에 자기를 내던져 소모하기보다는, 경쟁 체제에서 한 발자국 물러나서 (비록 경쟁 체제 속의 사람들이 보기에는 '패배자'로 보일지라도) 도시 생활에서는 누릴 수 없는 삶의 여유를 누리고 공동체 일원으로서 이웃의 정을 느끼며 사는 걸 더 중요하게 여긴다. 이들에게는 물의 한계효용이 다이아몬드의 한계효용보다 더 커졌다는 말이다. 사막에서 갈증으로 목이 타들어가는 사람에게는 다이아몬드보다 물이 총효용은 물론이고 한계효용도 더 큰 법이다.

IMF 사태 이후로 한국 사회는 그 어느 때보다도 빠르고 강력하게 세계 자본주의 시장 경제로 편입되고 있다. 노령화를 포함한 인구 구성의 문제, 비정규직 문제, 청년 실업 문제 등에서 드러나듯이, 일찍이 볼 수 없었던 강도 높은 경쟁이 한국의 시장 경제에서 진행되고 있다. 이런 거센 흐름 속에서 자기가 사는 혹은 앞으로 살아야 할 삶이 과연 이대로 좋을지 진지하게 고민한 내용이 귀농으로 드러난다고 볼 수 있다. 이들은 '물'의 절대적인 양이 부족하다고 느끼며, 다이아몬드 대신 물을 선택한 것이다.

이런 사실은 특히 2000년대 후반부터 귀농의 양상이 뚜렷하게 바뀌고 있다는 사실에서도 확인할 수 있다. 우선 고학력자나 전문직 종사자, 대기업 출신의 삼사십 대 귀농자들이 많아졌다. 농림수산식품부의 자료에 의하면 30대 귀농자 수는 2000년 이후 평균 300가구 수준을 유지해 왔으나 2009년 603가구로 2008년의 328가구에 비해 두 배 가까이 증가했다. 귀농학교도 30대들로 문전성시다. 서울시농업기술센터가 2010년 3월에 한 달간 운영한 귀농교육 기초과정엔 50명 모집에 140여 명이 몰렸는데, 연령대별로 보면 총지원자 중 30퍼센트가 30대로, 50대와 60대 지원자 비율인 30퍼센트와 같은 수준이다.

속도전에 눈이 핑핑 돌아가는 비인간적이고 사막처럼 메마른 공간인 도시라는 다이아몬드를 내던지고 '어머니의 땅' 농촌으로 향하는 사람들은 전체에 비하면 아주 적은 수지만, 이런 현상이 의미하는 경제적 및 사회문화적 의미는 결코 작지 않다.

슬로시티 운동

1999년부터 이탈리아의 그레베 시에서 처음 시작된 슬로시티 운동은 경제의 세계화와 패스트푸드 문화에

대한 반발에서 출발했다. 이에 자극을 받은 세계의 40여개 도시가 1999
년, 고유한 자연환경과 전통문화를 지키는 슬로시티가 되기로 하고 '치따
슬로(cittaslow)'라는 국제슬로시티연맹을 구성했다. 이 연맹의 로고는 마
을의 집들을 등에 지고 천천히 기어가는 달팽이이다. 어머니가 어린아이
를 업어서 키우듯, 달팽이로 상징되는 자연이 인간을 키운다는 뜻이다.
여기에서 알 수 있듯이, 슬로시티 운동의 기본 정신은 '자연과 함께 느리
게 살기'이다.

우리나라에서도 완도 청산도, 장흥 유치, 하동 악양, 신안 증도, 담양
창평, 예산 등 여섯 곳이 국제협회로부터 슬로시티 인증을 받았다. 하지
만 이 외에도 경기도 남양주 조안면과 전주 한옥마을 등 여러 곳에서 슬
로시티로 지정을 받으려고 노력하고 있다.

느리게 사는 것은 자본주의적인 생활방식이 아니다. 이모작, 삼모작의
빠른 자본 회전이야말로 자본주의의 미덕인데, 달팽이처럼 느리게 살자
니! 다이아몬드보다 물이 더 가치가 있다니! 이보다 더 불온하고 무정부
적일 수 없다.

하지만 자본주의 시장 경제는 늘 그랬듯이 자기에게 반기를 드는 이런
불온한 운동조차도 자기 발전의 엔진, 이윤 창출의 시장으로 삼으려 든
다.

코레일 광주본부는 KTX를 이용해 신안 증도를 다녀올 수 있는 여행상품을 내놓았
다고 29일 밝혔다. 코레일 광주본부와 ○○관광㈜이 공동운영하는 이번 여행상품은
KTX를 타고 내려온 수도권이나 충청권 관광객들이 광주역. 광주송정역에서 버스를 타
고 신안 증도까지 다녀올 수 있도록 도와주는 상품이다. (…) 요금은 수도권 도보여행
객을 위한 당일 실속형 7만 2천 원(KTX왕복+여행자보험) 상품과 품격형 10만 7천 원

(KTX왕복+여행자보험+중식+소금박물관+힐링센터) 등이 있다.

관광자원화된 슬로시티는 장차 시원한 우물물로 계속 남을까, 아니면 이것 역시 다이아몬드가 될까?

어디에서나 다 그렇듯이 순수한 초심을 지켜나가기란 언제나 어렵다. 특히 자본의 탐욕스런 눈길 아래에서 시장 경제의 단맛을 보고 나면 더욱 그렇다. 사회의 급격한 변화 속에서 내팽개쳐졌다 새롭게 가치를 인정받은 소중한 자산을 놓고 천박한 흥정과 쌈박질이 벌어지지 않을까 두렵다.

느림의 철학자 피에르 쌍소는 저서 《느리게 산다는 것의 의미》에서, 인간의 모든 불행은 고요한 방에 들어앉아 휴식할 줄 모른다는 데서 비롯한다고 했다.

• 《연합뉴스》, 2010년 6월 29일.

6장 녹색성장이 녹색으로 살리는 것은?
—경제 성장과 '공유지의 비극'

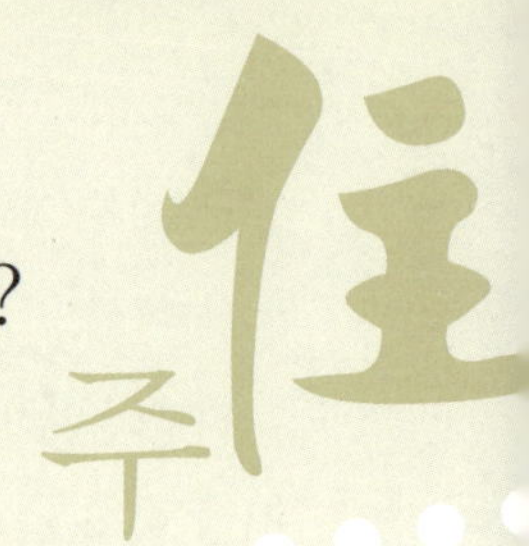

> 오늘날 고층 건물은 건축의 외양을 한 매춘부일 뿐이다.
>
> **—프랭크 로이드 라이트**

서울시 강남구 대치동 891-10번지, 강남역에서 삼성역까지 이어지는 테헤란로의 핵심 구역에 지하 7층 지상 35층으로 우뚝 솟은 동부금융센터 건물. 동부금융그룹의 사옥으로 2002년 5월에 준공된 인텔리전트 빌딩이다. 건물의 외관은 동부금융그룹의 자신만만함을 보여준다. 흔히 보는 성냥갑 같은 직육면체 형태가 아니고, 그렇다고 해서 위로 올라갈수록 좁아지는 형태도 아니다. 건물은 비정형적인 형태로 육중한 느낌을 준다. 기둥은 경사지고, 건물의 전체 표면은 겹겹이 엇갈리고 접힌 것 같다. 어딘지 풍성하면서도, 날렵하게 위로 치솟은 모양을 강조하는 외면은 보는 사람으로 하여금 긴장감을 넘어 전율을 느끼게까지 한다. 건물은 보는 각도에 따라서 전혀 다르게 보인다. 급변하는 국내외 금융 및 투자 환경에 대한 적응과 변신의 기업 의지를 담은 것일까? 한국 경제의 푸르른 하늘로 날렵하게 상승하는 것을 그룹의 이미지로 설정하고 사람들에게 선전하고자 의도했다면 결과는 성공적인 것 같다, 라고 이 건물과 인접한 곳에 작업 공간이 있는 이요산 씨는 늘 생각한다.

2010년 4월 28일. 그런데 이날은 하늘이 푸르지 않았다. 벚꽃이 만개했지만 비까지 뿌렸고 기온은 낮 최고기온이 7.8도를 기록했다. 103년 만에 처음 있는 일이었다. 서울뿐만 아니라 한반도 대부분 지역의 낮 최고기온이 기상 관측 사상 최저치를 기록했다. 여기에다 전국에는 천둥과 번개에 돌풍을 동반한 비와 눈, 진눈깨비 그리고 우박까지 내렸다. 경북 안동에선 지진도 발생했다. 입하를 한 주 앞두고 있었지만 사람들은 털모자가 달린 두툼한 외투까지 입어야 했다. 그리고 오후 두 시, 기온은 4.2도로 더 낮아졌다. 바로 이 시각, 동부금융센터 건물에서 한국건설산업연구원과 건설산업비전포럼이 공동으로 "환경 변화에 따른 건설 산업의 전환"이라는 제목하에 주최한 세미나가 열렸다. 분위기는 침체된 건설 경기만큼이나 그리고 만만치 않은 향후 전망만큼이나 무거웠다. 이 자리에서 제2주제 발표자로 나선 △△건설 경제연구소 소장 ○○○은 다음과 같이 말했다.

"출구전략이 본격 가동되는 시기부터 향후 5~10년간은 경제의 구조적 변화로 인해 3~4퍼센트의 저성장과 고실업, 금융 규제 강화, 수요 위축 및 공급 과잉, 정부 역할 강화 등이 정착될 것입니다. 2003년부터 2007년까지 연평균 4.7퍼센트의 성장과 초과 수요 및 공급 부족, 민간 주도 성장 등의 패턴과 확실하게 대비되는 현상입니다."

좋은 시절은 가고 이제 험난한 미래가 기다리고 있다는 말이었다. 〈도표 6-1〉에서 보듯이, 아이엠에프 충격이 가신 뒤로 줄곧 증가하던 건설 수주액은 2007년에 정점을 찍고, 그 뒤로 완만하게 줄어들고 있다. 그것도 공공 부문의 수주액이 가파르게 증가하지 않았다면, 민간 부문의 감소폭을 반영해서 감소의 기울기는 한층 가팔랐을 것이다.

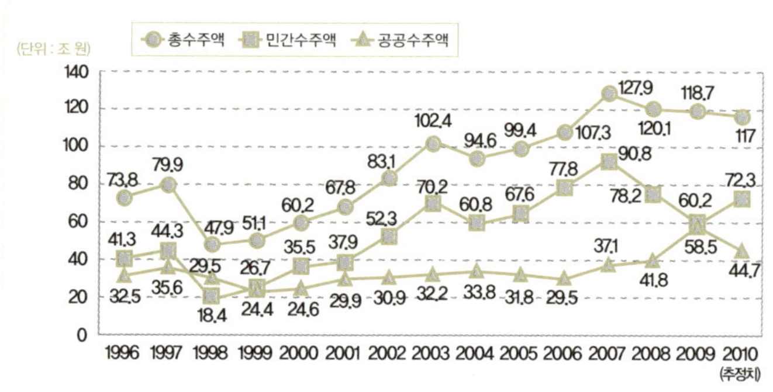

도표 6-1 건설 수주액 변화 추이. 자료: 대한건설협회.

계속해서 발표자의 말이 이어졌다.

"이로써 건설 산업에서는 건축 시장의 재고 조정(미분양 아파트 처리) 속에 인프라를 위주로 한 성장이 뚜렷해질 전망입니다. 특히 공공 부문 주도의 건설 투자가 증가할 것입니다. 주택시장에서도 공공 부문은 2000년 14만 가구를 공급하며 전체 공급가구수 대비 32.4퍼센트를 보였으나 2010년에는 18만 5,000가구로 전체의 46.1퍼센트나 차지할 전망입니다."

그리고 마지막으로 발표자는 건설업계의 나아갈 방향을 다음과 같이 제시했다.

"건설 산업을 지속적으로 성장시키고 고도화하기 위해서는 해외 건설 수주를 확대해서 연간 수주 2000억 달러 시대를 열고, 국내적으로는 공공 부문 선도를 통한 녹색 건설 시장을 활성화해야 할 것입니다. 키워드는 '해외 진출'과 '녹색'입니다."

성장을 하려면 '녹색'을 붙잡아야 한다는 말이다. 그것도 공공 부문의 선도를 통해서, 즉 정부를 등에 업고서…… 이 말은 경제 활동의 세 주체인 가계(개인)와 기업과 정부 가운데서, 가계 혹은 다른 기업이 희생을 치르는 한이 있더라도 건설기업과 정부가 짝짜꿍을 해야 한다는 뜻이다.

친구 셋이 있는데 이 가운데 둘이 짝짜꿍을 해서 나머지 한 명에게 희생을 강요할 때, 똥물을 뒤집어쓰게 된 이 희생자는 이런 상황에서 보통 이렇게 말한다.

"이런 개새끼들!"

그리고 이 세 친구 사이의 우정은 깨지고 만다.

저탄소 녹색성장

"대한민국 건국 60년을 맞는 오늘, 저는 '저탄소 녹색성장'을 새로운 비전의 축으로 제시하고자 합니다. 녹색성장은 온실가스와 환경오염을 줄이는 지속 가능한 성장입니다. 녹색 기술과 청정에너지로 신성장 동력과 일자리를 창출하는 신(新) 국가 발전 패러다임입니다."

2008년 8·15 경축사에서 이명박 대통령이 한 말이다. 그 뒤 녹색성장위원회가 대통령 직속으로 만들어졌고, 이른바 '녹색성장 국가 전략'(3대 전략과 10대 정책 방향)이 나왔다. 소개하면 다음과 같다.

전략 1. 기후변화 적응 및 에너지 자립 : ① 효율적 온실가스 감축 ② 탈석유·에너지 자립 강화 ③ 기후 변화 적응 역량 강화

전략 2. 신성장 동력 창출 : ④ 녹색 기술 개발 및 성장 동력화 ⑤ 산업의 녹색화 및 녹색 산업 육성 ⑥ 산업 구조의 고도화 ⑦ 녹색 경제 기반 조성

전략 3. 삶의 질 개선과 국가 위상 강화 : ⑧ 녹색 국토·교통의 조성 ⑨ 생활의 녹색 혁명 ⑩ 세계적인 녹색 성장 모범 국가 구현

• 녹색성장위원회 홈페이지 www.greengrowth.go.kr에서.

그런데 전략 1의 두 번째 정책 방향에서 원자력발전에 대한 신뢰성을 높이고 원자력발전 설비 비중을 2009년의 26퍼센트에서 2020년에 32퍼센트 그리고 2050년까지 41퍼센트 이상으로 높이는 게 포함되어 있다. 이렇게 하려면 추가로 9~13기의 핵발전소가 필요하다. 녹색성장위원회는 원자력이 청정한 에너지라는 이유를 들어 원자력 사업을 추진한다. 발전 과정에서 이산화탄소를 전혀 배출하지 않는다는 게 근거이다.

하지만 이런 주장은 불편한 진실을 숨기고 있다. 원자력발전소의 원료인 우라늄도 역시 화석연료라는 사실이다. (우라늄이 화석연료라고? 그렇다.) 게다가 우라늄의 매장량은 한계 수준에 거의 다다랐다. 독일의 민간 에너지 분석 기관인 에너지감시그룹(Energy Watch Group)은 2006년에 발표한 보고서 "우라늄 자원과 원자력"을 통해서 우라늄 정점이 평균적인 수준으로 치면 2025년, 그리고 최상의 시나리오로 치면 2030년이 될 것으로 추정한다.[•] [여기에서 '정점(peak)'이라는 개념은 '경제성이 있는 한계 채굴점'을 뜻한다. 즉, 그 뒤로는 경제성이 떨어져서 원자력발전의 경쟁력이 뒤처진다는 말이다.]

게다가, 비록 원전이 이산화탄소를 배출하지 않지만, 노후된 원전 시설을 폐기하고 핵폐기물을 처리하는 데는 사회경제적인 비용이 어마어마하게 들어간다. 불과 몇 년 전까지 핵폐기장 문제로 무려 20년 동안 온 나라가 들썩거리지 않았던가. (한편 2010년 7월 현재, 2014년까지 경주로 본사를 이전하게 돼 있는 한국수력원자력이 한국전력과 통합 움직임을 보이자, 한국수력원자력의 경주 이전을 조건으로 방사성 폐기물 처리장 부지를 제공하기로 했던 경주 시민들은 껍데기만 떠안게 되는 게 아닌가 하

• 《재생 가능 에너지에 투자하라》, 제프 시겔 외, 47쪽.

고 불안해하고 있다.)

　하지만 이명박 정부는 이런 불편한 진실을 숨긴 채, '녹색'이라는 그럴듯한 포장을 내세운다. 그러면서 국내뿐만 아니라 2030년까지 원전 80기 수출 목표를 달성해서 세계 시장의 20퍼센트를 차지하며 원전 3대 선진국으로 도약하겠다는 목표를 내건 것이다.

　그리고 전략 1의 세 번째 정책 방향에 '4대강 살리기'가 들어 있다. '안전하고 깨끗한 물 환경 조성 및 생태계 보호'와 '효율적 물 사용을 위한 수요 관리 강화 및 안정적 물 공급을 위한 기반 강화'가 명분이다. 녹색 뉴딜의 핵심 사업 중 하나인 이 사업은 한강, 낙동강, 금강, 영산강을 대상으로 2012년까지 노후 제방을 보강하고, 중소 규모의 댐 및 홍수 조절지를 건설하고, 하천 주변에 자전거도로를 조성하고, 보(洑)를 설치하자는 것이다.

　그런데 강을 깊이 파거나 보를 세우는 것은 과거의 방식이다. 여기에서 벗어나 자연과 융화하는 방식의 하천 정비가 이미 국제적인 추세이다. 게다가 수질 및 수량 관리를 본류가 아니라 지천을 중심으로 벌이는 게 효과적이며 친환경적임이 이미 입증되었다. 세계적으로도 환경 보호 차원에서 하천에 보를 건설하는 것을 금지하는 상황에서, 굳이 총 30조 원이 넘는 막대한 비용을 들여서 자연 하천에 대규모 토목 공사를 감행함으로써 또 한 차례의 '공유지의 비극'을 부르는 이유가 무엇일까?

두 명의 친구가 나머지 한 친구를 따돌리고 이 친구에게 덤터기를 씌우려는 짓이다. 당연히 이런 소리가 나올 수밖에 없다.

"이런 개새끼들이 있나!"

공유지의 비극은 다음과 같은 방식으로 전개된다. 모두에게 개방된 초원을 그려보자. 양치기들은 가능하면 많은 양떼를 공유지에 방목할 것이라고 예상할 수 있다. 이런 상태는 아마도 몇 세기 동안은 충분히 지속될 수 있다. 왜냐하면 부족 간의 전쟁과 침입, 질병에 의해 양치기와 양의 수가 공유지가 지속적으로 감당할 수 있는 범위 아래로 유지될 것이기 때문이다. 그러다 마침내 언젠가는 그토록 기다려왔던 날, 사회적 안정이 현실화되는 날이 올 것이다. 이 시점에서, 공유지의 내적 논리는 무자비하게 비극을 빚어내기 시작한다.

각각의 양치기는 합리적인 존재로서 자신의 이익을 극대화하려 들며, 명시적으로건 혹은 암시적으로건 자기 자신에게 이렇게 물을 것이다.

'양을 한 마리 더 추가하는 것이 나에게 어떤 효용이 있을까?'

이 효용에는 부정적인 요소와 긍정적인 요소가 하나씩 있다. 긍정적인 요소는, 늘어난 한 마리에 대한 함수다. 추가된 한 마리에 대한 판매 수익을 거의 저 혼자 차지하므로, 이때 양치기가 예상할 수 있는 효용은 거의 플러스 1이다. 한편 부정적인 요소는 추가된 한 마리에 의해 발생하는 추가적인 과대 방목의 함수다. 하지만 과대 방목의 효과는 모든 양치기가 부담하므로, 그런 결정을 내리는 특정한 양치기에게 돌아오는 부정적인 효용은 전체 마이너스 1의 작은 부분[즉 $-1/n$]밖에 되지 않는다.

이 두 효용을 놓고 합리적인 양치기가 내리는 결론은 양을 한 마리 더 추가하는 것이다. 그리고 한 마리 더, 또 한 마리 더……. 하지만 공유지를 공유하는 모든 양치기들 역시 동일한 합리적인 결론을 내린다. 이렇게 해서 비극은 시작된다.

양치기는 각자 이 유한한 자원의 세상에 양 떼를 무제한으로 늘려야만 하는 체제에 갇혀버린다. 공유지의 자유를 믿는 사회 안에서는, 모든 사람이 자기만의 최대 이익을 추구하고, 결국 이들이 향하는 곳은 파멸이다. 공유지에서의 자유는 모든 사람에게 파멸을 가지고 온다.

공유지의 비극

개릿 하딘은 1968년에 《사이언스》에 게재한 논문 "공유지의 비극"에서 지하자원이나 공기, 공원, 해양자원처럼 공동체가 함께 사용해야 할 자원을 사적(私的) 이익에 골몰하는 시장에만 맡겨두면 안 된다고 주장했다.

누구나 공짜로 이용할 수 있는 공유지가 있다면 사람들이 자기 이익만 추구해 공유지는 금세 황폐화하고 자원은 고갈된다는 얘기다.

한 사람이 양을 보다 많이 키울 때 단기적으로는 효용이 증가하지만, 장기적으로 보면 목초지의 파괴로 결국 양을 키울 수 없게 됨으로써 효용이 상실되는 결과가 나타난다. 이런 공공재의 특성 때문에 공유재의 관리 및 이용은 공익성을 띨 수밖에 없다.

공공재의 특성

① 공공재는 소비에 있어서 **비경합성**을 특징으로 한다. 빵과 같은 사적재의 경우에는 하나뿐인 빵을 내가 먹으면 다른 사람은 그 빵을 먹을 수 없다. 이를 소비에 있어서의 경합성이라 한다. 그러나 공공재의 경우에는 추가적으로 한 사람이 더 소비 행위에 참여한다고 해서 다른 사람들의 소비 가능성은 전혀 줄어들지 않는다.

② 공공재는 **배제불가능성**을 특징으로 한다. 빵과 같은 사적재는 대가를 지불하지 않으면 소비할 수 없다. 이를 배제가능성이라 한다. 그러나 공공재는 대가를 지불하지 않은 사람이라도 소비 행위에서 배제할 수 없다. 설령 배제할 수 있다 하더라도, 비용을 들여야 하기 때문에 구태여 배제할 이유가 없다.

새로운 건설 상품을 찾아라

2010년 7월 15일, 이날은 스무 번째로 맞는 건설의 날이다. 서울시 강남구 논현동에 있는 건설회관 2층 대강당에서는 "자랑스러운 건설인! 넘버원"을 주제로 '2010년 건설의 날' 기념식이 열렸다. 이 자리에는 정운찬 국무총리와 정종환 국토해양부 장관 및 건설업계 관계자 천여 명이 참석했다. 단상에 오른 대한건설단체총연합회 회장 권홍사는 기념사를 읽어나갔다.

"……이번 2010년 건설의 날 행사는 특별한 의미가 있다고 하겠습니다. (…) 대한민국 발전의 상징인 경부고속도로가 개통된 지 40년이 되는 해이기 때문입니다. 그동안 우리 건설인들은 일제 수탈과 한국전쟁으로 철저히 파괴된 나라를 그야말로 기적처럼 일으켜 세워 세계 15위의 경제대국으로 만드는 데 선도적 역할을 하였다는 것은 주지의 사실입니다. 다리를 놓고 산을 뚫어 길을 잇고 바다를 메워 산업 단지를 만들었으며, 새로운 도시를 건설하여 살기 좋은 국토로 바꾸어 놓았습니다.”

그랬다. 그래서 전국의 지가 총액은 눈이 핑핑 돌아갈 만큼 증가했다. 이런 사실은 한국전쟁 이후 2006년까지 전국 지가(地價) 총액 및 관련 지표의 변동 사항을 나타낸 〈도표 6-2〉를 보면 확연히 알 수 있다(2007년에 발표된 것이라 노무현정부의 마지막 해인 2007년도 부분은 들어가 있지 않다).

정권	기간	정권 초, 지가 총액 (조 원)	정권 말, 지가 총액 (조 원)	지가 상승 불로소득 (조 원)	연평균 지가상승률 (%)	지가 총액 /GDP(배)	불로소득/ 생산소득(%)	경제성장률 (%)
이승만	1953~1960	0.176	0.690	0.514	21.6	3.1	43.2	4.7
박정희	1963~1979	3	329	326	33.1	12.0	248.8	9.1
전두환	1980~1987	367	735	368	14.9	7.2	67.9	8.7
노태우	1992~1997	735	1661	926	17.7	7.3	96.3	8.3
김영삼	1992~1997	1661	1558	−103	−1.2	4.1	−5.2	7.1
김대중	1997~2002	1558	1540	−18	−0.6	2.5	−0.6	4.2
노무현	2002~2006	1540	1834	294	4.5	2.2	9.3	4.2

도표 6-2 역대 정권의 부동산 관련 성적표. 출처: 이정우, 강연 “한국경제, 제3의 길은 가능한가”(2007년 10월 2일)

박정희정부 16년 동안만 전국의 지가총액이 3.4조에서 329조로 무려 100배나 증가했고, 그 뒤 27년 동안 다시 여섯 배가 증가했다. 한국 국토의 지가를 이처럼 높이 올려놓는 데 건설부문이 가장 큰 기여를 했다는 사실은 아무도 부인할 수 없다. 회장 기념사는 계속 이어진다.

“하지만 지금의 우리 건설 산업은 어떠합니까? (…) 각종 규제로 인하여 주택·부동산 경기가 침체일로에 있어 그야말로 어유부중(魚遊釜中)의

처지라 해도 과언이 아닐 것입니다."

건설업체들이 가마솥에 들어가 있는 물고기 신세처럼 위태롭다는 진단은 과장이 아니다.

건설 산업은 사실 지난 60여 년 동안 국가 경제 발전의 견인차 역할을 수행해 왔다. 그러나 건설업의 경제성장 기여도는 점차 하락하고 있다. 전체 경제 규모가 확대되고 각 부문별 생산이 늘어났기 때문이다. 건설 수주액이 아이엠에프 위기 발생 직후 바닥을 찍고 서서히 증가해서 2007년에 꼭짓점을 찍었다. 그 뒤에 정부의 선제적 경기부양책에 힘입어 그나마 완만하게 감소하고 있으며(〈도표 6-1〉), 국내총생산(GDP) 대비 건설투자 비중은 1990년대 20퍼센트대였지만, 아이엠에프 사태 이후로 뚝 떨어져서 하락세를 지속하고 있으며(〈도표 6-3〉), 건설업의 성장률은 GDP 성장률이나 다른 산업의 성장률에 비해 두드러지게 떨어진다(〈도표 6-4〉). 그리고 2010년 7월 말 기준 전국 미분양아파트는 106,464호이다.•

건설 산업의 경제 성장 기여도가 하락하고 있음에도, 건설 산업은 단일 산업으로는 여전히 거대한 산업이다. 2007년 현재 설비와 전기, 통신 등을 포함한 전체 건설업체는 67,000여 개나 되며, 2009년 현재 건설업 취업자는 170만 명으로 국내 전체 취업 인구의 7.3퍼센트를 차지한다. 아울러 2008년 실질 GDP 대비 건설 투자 지출의 비중이 13.5퍼센트로 일본(6.2퍼센트)과 미국(6퍼센트)에 비해서 건설 산업에 대한 의존도가 매우 높다.•• 이런 거대한 덩치의 건설 산업은 초유의 위기를 맞아서 활로를 모색한다. 그리고 이 모색은 다음 세 가지 방향의 돌파구를 마련한다.

• 송현승(한국기업평가), "미분양아파트 유동화 사례 및 고려요소" (2010년 9월 30일).
•• 한국의 산업구조 변화에 대해서는 12장의 본문 216~217쪽 참조

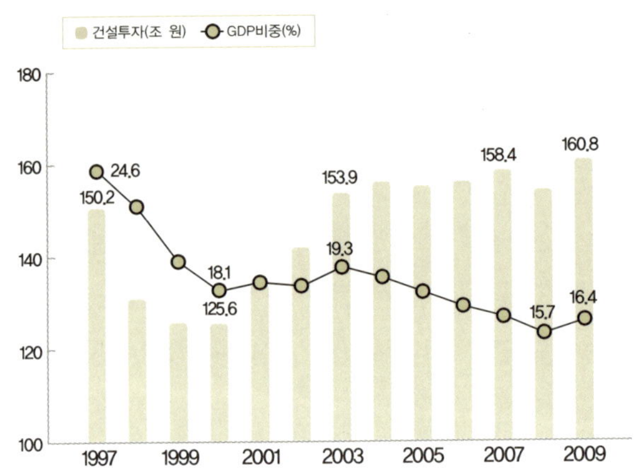

도표 6-3 GDP 대비 건설투자 비중 추이. 출처: 이상호, "글로벌 경제위기 이후 건설 산업 선진화 과제(안)" (2010년 4월 28일). 자료: 한국은행. ※2005년 불변가격.

년 도	'05	'06	'07	'08	'09	'10 1분기
GDP 성장률	4.0	5.2	5.1	2.3	0.2	8.1
건설업	−0.3	2.2	2.6	−2.5	1.9	1.5
제조업	6.2	8.1	7.2	2.9	−1.6	20.7
전기가스 및 수도 사업	7.4	4.1	3.8	6.2	4.9	5.0
서비스업	3.5	4.4	5.1	2.8	1.0	4.4

도표 6-4 산업별 경제성장률(2005년 연쇄가격). 단위: 전년 동기대비, %. 자료: 한국은행 "국민계정"

(1) 녹색건설·초고층빌딩·초장대교량 등 새로운 건설 상품 시장을 개발하고

(2) 해외 건설 시장의 다각화 및 고부가가치화를 추진하며

(3) 북한이 경제 발전을 하려면 우선적으로 추진해야 할 30조원 규모의 인프라 시설 건설을 블루오션으로 설정하고 전략적 제휴 등을 통해 신시장을 공동 개척해 나 갈 것.

여기에서 특히 (1)의 신상품 개발로는 4대강 살리기 및 주변 정리사업,

녹색 교통망 구축, 녹색국가 정보 인프라 구축, 대체 수자원 확보 및 친환경 중소댐 건설, 그린카·청정에너지 보급, 에너지 절약형 그린홈·그린스쿨 확산 등 정부의 녹색 성장 사업에 맞춰 녹색 건설 분야를 대폭 강화키로 하고 (2)는 중동 및 아시아와 아프리카 중심의 플랜트, 특히 원전 건설 사업에 초점을 맞춘다. 이는 녹색성장위원회가 설정한 10대 정책 방향과 정확하게 일치한다. 활로를 모색하고자 하는 건설업계와 경제성장의 동력을 건설 산업에서 찾고자 하는 정부 당국이 눈을 맞추었기 때문이다. 두 달 반쯤 전인 4월 28일에 동부금융센터에서 열렸던 세미나에서 한 발표자가 건설 산업의 선진화 과제로 제안했던 '공공 부문 선도를 통한 녹색 건설 시장 활성화'의 내용과 다르지 않다. 정부의 힘을 빌어서 시장을 활성화시킨다는 것이다. 그 시장은 녹색 시장이다. 이렇게 해서 환경단체 및 시민의 반대에도 불구하고 4대강 사업은 돌이킬 수 없는 지점을 향하여 진행되고 있다, 속도전으로.

녹색은 환경운동을 상징한다. 환경 개념은 기본적으로 성장 개념과 대립한다. 하지만 위기의 벼랑에 선 건설업계의 성장 논리 속에서 '녹색'은 구원의 개념이 되고, 건설업계는 환경운동을 위기의 탈출구로 삼는다. 건설업계가 환경운동을 펼칠 리는 없다. 환경운동을 시장으로 포섭해서 그린벨트를 과감하게 해제함으로써 새로운 신천지를 개발하자는 것이다. 녹색 건물, 녹색 도로, 녹색 발전소, 녹색 관광지……. 의류 산업에서 불경기의 여파로 정장 시장이 위축되자 아웃도어 시장을 새롭게 활짝 열었듯이, 그리고 관광산업이 슬로시티를 새로운 자원으로 삼듯이 그렇게 '혁신'을 통해서 성장을 계속하려는 것이다.

이런 가면놀이에서 빚어진 에피소드 하나.

국토해양부 소속의 수자원공사는 4대강 사업과 연계된 수력 발전 방식이 친환경적이라며 '청정개발체제(CDM)로 인정해달라는 질의서를 2010년 3월에 유엔기후변화협약에 보냈다. 그런데, 16개 수력발전 시설 가운데 단 한 군데도 친환경적이라고 인정할 수 없다는 회신을 한 달 뒤에 받았다. 발전 용량에 비해서 발전 설비 마련에 희생된 침수 공간이 너무 넓다는 게 이유였다.

* * *

헛소문일 수도 있고, 아니면 정말로 있었던 일일 수도 있다.

'전혀 믿을 만하지 않은' 어떤 관계자가 전하는 내용에 따르면, 4대강 사업에 반대하는 환경운동가 한 사람이 청와대로 찾아가서 이 문제를 놓고 이명박 대통령과 토론을 하자고 제안했고, 이 토론은 즉석에서 성사되었다. 다음은 비공개로 진행된 두 사람의 토론을 지켜본 그 '믿을 만하지 않은' 관계자가 전하는 토론 내용의 일부이다.

"환경운동가시라고요?"

"예, 그렇습니다."

"좋은 일 하십니다. 나도 젊을 때 환경운동 해봐서 잘 압니다."

"아, 그러신가요?"

"그래서 이번에는 녹색으로 한번 해보자, 이렇게 나가는 겁니다. 세계적인 추세이기도 하고요."

"설마 환경운동을 하시겠다는 건 아니지요?"

"환경운동 해야죠, 환경운동을 하면서, 우리 경제를 옛날처럼 불같이 한번 일으켜보자, 뭐 이런 생각을 하고 있습니다."

"까놓고 얘기해서, 환경을 핑계 삼아서 개발을 하겠다는 말씀이잖아요.”

“개발을 하지 않고 보존이 됩니까? 다 망가져 버리는데요? 개발을 하면서 보존을 하고, 이 둘이 함께, 나란히 손을 잡고 가야 합니다. 뭐, 이런 생각을 오래전부터 하고 있습니다.”

“그러니까 녹색을 얼굴 마담으로 내세워서 성장을 하자는 말씀 아닙니까?”

“물론 생각은 다를 수 있습니다. 하지만 뭐, 다 나라를 사랑하는 마음이니까…….”

“녹색은 핑계고, 목적은 개발과 성장이다, 맞잖아요!”

“그럼 선생님은 성장을 하지 말자는 겁니까? 성장하지 않으면 뒤처지고, 뒤처지면 다른 나라한테 먹히는데?”

“환경을 보존하자는 겁니다. 녹색운동을 기업의 이윤 추구 방식으로 갖다 붙이면 안 된다는 겁니다.”

“기업이 당연히 이윤을 추구해야죠. 지금 세계에서 경쟁이 얼마나 치열하게 벌어지는지 모르시나 본데, 기업 세계에서 승패는 이윤으로 결정됩니다.”

“그래도 공공재인 강과 강 주변의 땅과 마을은 환경적으로 보존해야 합니다.”

“그건 찬성입니다. 환경운동, 좋은 이야깁니다. 그러니까 공공재인 4대강을 정부가 책임을 지고 관리를 하겠다는 거 아닙니까? 나는 이렇게 생각합니다.”

“환경운동은 개발과 성장을 목적으로 하는 게 아니라 보존을 목적으로 하는 운동입니다. 지금까지 해왔던 것처럼 성장 위주로 하는 무차별 개발을 반대한다는 뜻입니다.”

"내 말이 그 말입니다. 한국은 중화학, 전자 등을 주력 산업으로 육성해서 고도의 경제 성장을 달성하였으나, 최근에 전 세계적인 상황이 바뀌면서 저성장 국면에 진입했기 때문에, 기존의 성장 패러다임으로는 이제는 불가능하다, 나는 이렇게 봅니다. 이제는 패러다임 자체를 바꾸어야 합니다. 녹색으로요."

"녹색 정신은 환경을 보존하는 거라니까요?"

"허, 참 답답하네. 나도 우리나라의 아름다운 환경을 보존하는 데 찬성합니다. 다만 좀 더 보기 좋게 보존하자 이겁니다. 그러면 실업자들에게 일자리가 생겨서 좋고, 기업도 일거리가 생겨서 좋고, 또 이런 기술을 나중에 해외에다 팔아먹을 수도 있어서 좋고. 일석사조를 넘어서 일석칠조 또 일석팔조로 나가야 하지 않겠습니까?"

두 사람의 토론은 하루 밤과 낮 동안 꼬박 이어졌다는 소식을, 그 '전혀 믿을 만하지 않은' 관계자가 전한 지 두 주쯤 뒤인 2010년 7월 22일 새벽, 환경운동연합 소속 활동가들이 '4대강 사업 중단'을 요구하며 남한강 이포 보 건설 현장의 교각 상판과 낙동강의 함안 보 건설 현장의 타워크레인에 올라갔다. 이들은 대통령이 자기들의 요구 사항에 화답할 때까지 무기한 점거농성을 벌일 것이라고 밝혔다. 예의 그 '전혀 믿을 만하지 않은' 관계자는, 점거 농성을 벌이는 환경운동 활동가들 가운데 대통령과 토론을 벌인 사람이 포함되어 있는지는 확인해 줄 수 없다고 했다고, 허황한 뜬소문은 전한다.

7장 아파트 공화국
—불패의 신화와 성장 동력

대량 생산된 주택에서 살려면 먼저
거기에 맞는 마음 상태를 가지는 일이 중요하다.

—르 꼬르뷔제

1985년 가을이다. 서울시 서대문구 북아현동의 굴레방다리, 고가도로 아래에 4층짜리 건물이 있고, 그 건물 지하에 다방이 있고(25년이 지난 지금 이요산 씨는 이 다방의 상호를 정확하게 기억하지 못하지만 '약속'이나 '별', 뭐 그런 이름이었다), 다방 안의 한 테이블에서 스물다섯 살의 청년 이요산은 성냥개비로 탑을 쌓고 있고, 이런 모습을 소파 옆 대형 어항 속 금붕어들과 이요산의 맞은편에 앉은 그의 여자 친구 사서은이 바라보고 있다. 사서은은 졸업을 앞둔 4학년인데, 선을 보라는 압박을 집에서 강하게 받고 있다. 사서은의 집에서는 이요산을 사윗감으로 탐탁지 않게 여기기 때문이다. 생각이 건전하지도 않고 경제관념이 실용적이지도 않아서 괜찮은 남편감이 못 된다고 본 것이다.

"진짜 선보러 나간다?"

"나가지 마!"

"그럼 어떡해? 나하고 결혼이라도 할 거야?"

"하지 그럼!"

"결혼해서 어떻게 할 건데?"

"나만 믿어라. 너 정말 귀부인으로 살게 해줄게. 내가 나중에 너 3억짜리 집에서 떵떵거리며 살게 해준다. 약속한다."

"3억짜리 집?"

사서은이 픽 웃는다. 장밋빛 미래에 희망이 부풀어서가 아니라 가소로워서이다. 그때 30평대 아파트의 가격은 3~4천만 원대로, 3억이면 그런 아파트 일고여덟 채는 살 수 있는 엄청나게 큰돈이었으니까. 하지만 이요산 씨는 결국 그 약속을 지켰다. 지금 이요산 씨와 사서은 씨가 사는 집의 집값은 3억 원의 두 배가 훨씬 넘는다. 비록 전세로 살긴 하지만……

다음은 두 사람이 굴레방다리 고가도로 옆에 있던 지하다방에서 만나던 1985년 당시의 한 일간지 기사의 일부이다.

……특히 지난해 말 가격이 크게 떨어졌던 은마아파트는 평수에 따라 300~500만 원씩 올라 강남 지역의 중형 아파트 중 가장 많이 올랐다. 은마 34평의 경우 지난해 말까지만 해도 3400~4200만 원 선이었으나 현재 3700~4500만 원 선에 거래되고 있다. 이는 그동안 은마가 이 일대의 아파트 중 가장 시세가 많이 떨어진 데 대한 반등작용으로 풀이된다. (…) 31평은 3500~4300만 원 선이다."[•]

아파트, 장밋빛 꿈을 꾸다

한국의 주택보급률은 1961년에 82.5퍼센트로 상당히 높은 수준이었다.

• 《매일경제》, 1985년 2월 21일.

그러나 〈도표 7-1〉에서 보듯이 1970년 기준으로 주택보급률은 줄곧 하향추세이다. 이런 경향에 대해서 1976년의 한 일간지는 다음과 같이 분석한다.

……주택보급률이 해마다 떨어지고 있어 주택 보급을 위한 과감한 대책이 요청되고 있다. (1976년 11월) 17일 관계 당국의 분석에 의하면 우리나라의 주택보급률은 15년 전인 61년에 82.5퍼센트로 상당히 높은 수준을 유지했으나, 1975년 말 현재 75.2퍼센트로 무려 7.3퍼센트포인트나 오히려 낮아졌으며 더욱이 해마다 떨어지는 추세에 있어 (…) 더욱이 주택부족률은 대도시가 특히 심해 1975년의 경우 부족률은 서울 46.5퍼센트, 부산 49.9퍼센트로 반 정도가 자기 집을 갖고 있지 못한 것으로 알려졌다.[•]

•주택보급률
주택의 수를 주택 수요자인 가구 수로 나누어서 산출한다. 주택보급률이 100퍼센트를 넘으면 가구 수에 비해 주택의 수가 많다는 뜻이다.

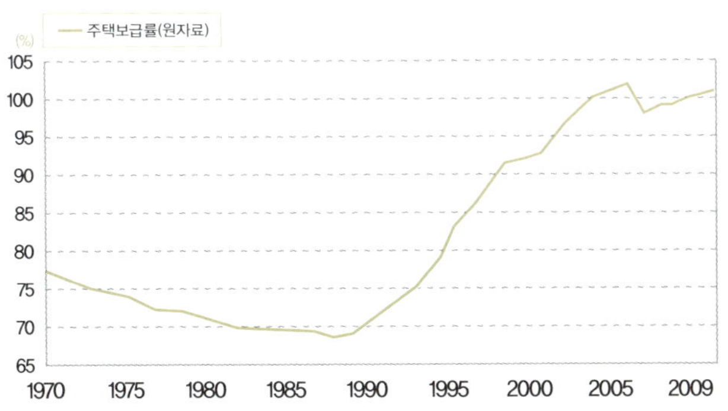

도표 7-1 한국의 주택보급률 추이. 자료: 한국은행.

산업화로 인구가 대도시로 유입되면서 대도시에서 특히 주택 부족 현

• 《매일경제》, 1976년 11월 17일.

상이 심각했다. ('저 푸른 초원 위에 그림 같은 집을 짓고 사랑하는 우리 님과 한 백 년 살고 싶어'라고 외치는 남진의 노래 "님과 함께"가 1972년에 발표되어 1970년대를 관통하며 대중의 사랑을 받은 것도 이런 열악한 주택 상황과 연관이 있지 않을까?)

그런데 주택보급률은 1986년에 69.7퍼센트로 바닥을 찍은 뒤 그 뒤로 점차 올라간다. 이런 변화는 베이비부머가 결혼을 해서 집을 장만하는 과정이 완료되는 시점과 대략 일치한다고 유추할 수 있다. 주택보급률은 1986년 바닥을 찍고 점차 올라가 2002년 100퍼센트를 돌파하고 그 뒤로 2005년에 일시적인 현상으로 98.3퍼센트를 기록한 뒤에 다시 꾸준하게 올라서, 2009년 현재 101.2퍼센트를 기록하고 있다. (참고로, 통계청 자료로는 2005년부터 2008년까지의 보급률은 105.9퍼센트, 107.1퍼센트, 108.1퍼센트, 109.9퍼센트이다.) 그런데 20만 개가 넘는 오피스텔이 주택보급률 산정에서 제외되고, 단독주택 가운데 상당한 비중을 차지하는 다가구주택이 소유권 기준으로 1가구로 계산되었음을 고려하면, 실제 주택보급률은 적어도 110퍼센트는 훌쩍 넘어선 것으로 추정할 수 있다.

주택보급률 상승의 일등 공신은 아파트이다.

아파트는 1958년에 처음 선을 보인 뒤 70년대에 대량으로 공급되기 시작했다. 특히 1차 석유 파동이 있은 다음 해인 1974년부터 아파트 건설은 붐을 맞아 급신장을 거듭했다. 이런 변화에는 핵가족화의 추세와 입식 생활로의 변화라는 사회적인 흐름이 작용했다. 하지만 주택에 대한 의식 구조 변화가 가장 큰 영향을 끼쳤다. 예전에 주택에는 단순히 거주한다는 개념밖에 없었으나 만성적인 인플레 등으로 주택이 중요한 재산 증식

• 3장 '고령화 사회, 뒤집어지는 피라미드' 참조.

수단으로 바뀌었다. 주택이 투자의 대상으로 변한 이상 아파트만큼 안전하고 적당한 것은 없었다. 1970년대의 주택 관련 지수들을 보여주는 〈도표 7-2〉는 장차 1980년대와 1990년대를 거치며 2000년대 말까지 폭발적으로 커져간 아파트 붐을 예시하고 있다.

구분	주택 가격 지수	택지 가격 지수	건축비 지수		도매물가 지수	GNP
			단독	아파트		
70년(기준)	100	100	100	100	100	100
71	133	151	109	108	107	111.5
72	170	157	120	115	119	127.7
73	195	170	136	134	130	129.9
74	255	213	171	177	190	177
75	268	306	220	216	241	219.9
76	309	413	250	242	267	260.5
77	349	529	288	280	291	300.8
78	500	750	350	360	317	357.3

도표 7-2 1970년대 주택 관련 지수들의 변화 추이. 출처: 《매일경제》, 1979년 12월 21일.

게다가 아파트는 부의 상징이었다.

우리나라 최초의 대단위 아파트는 1962년 대한주택공사가 마포형무소의 농장 부지에 지은 마포아파트이다. 원래 계획으로는 10층 높이에 엘리베이터와 중앙난방설비, 수세식 화장실을 설치하는 것이었지만, 지나치게 호화롭다는 반대 여론에 밀려 결국 엘리베이터가 필요 없는 6층 높이에 가구별 연탄보일러를 갖춘 총 10개동 642가구의 아파트로 건설되었다. 하지만 준공 후 입주율이 저조했다. 아파트는 불편하다는 심리적 저항 때문이었다. 왜 안 그랬겠는가. 수천 년 동안 이어져온 좌식 생활의 습관으로서는 마당도 없는 아파트는 몸에 맞지 않는 옷이었다.

최초의 고층 아파트는 주택공사가 1967년 3월부터 1968년 10월까지 건설한 서울 한남동의 힐탑아파트이다. 주한 외국인용으로 건설된 이 아파트는 11층이라는 고층으로 서울의 명물이 됐다. 그리고 1970년에 중산층을 대상으로 하는 최초의 중앙식 온수 공급 보일러를 설치한 한강맨션아파트가 건설되면서 아파트는 '부자의 주택'이라는 아이콘이 되었고, 본격적으로 아파트 붐이 일어났다. 이 아파트 붐의 기폭제 역할을 한 것이 이른바 '압구정동 현대아파트 분양특혜 사건'이다.

1977년에 현대그룹 계열사이던 한국도시개발은 경부고속도로 공사 대금 가운데 일부로 받은 압구정동의 한강 공유수면(公有水面·국가 소유의 수면)을 매립해 중대형 위주의 민영아파트 단지를 지어 한 평에 44만 원으로 분양했다. 그런데 건설사는 공개 분양을 해야 함에도 불구하고 전체 900여 가구 중 600여 가구를 고위공직자, 언론인과 국회의원 등에게 주변 집값의 절반 수준으로 특혜 분양했다. 이 사실이 드러나, 행정부 장차관, 국장급, 장성 등 고급공무원과 고위층 259명의 명단이 공개되었으며, 모두 900명이 넘는 혐의자가 조사를 받았다. 900명이나 되니 내로라하는 사람은 거의 망라하다시피 했다. (이때 이명박 당시 현대건설 이사가 무주택 사원용으로 할당된 아파트를 분양받아, 나중에 대통령 후보 시절에 특혜 분양을 받은 게 아니냐는 의심을 받기도 했다. 또 여당은 물론이고 야당 소속 국회의원까지 이 특혜 분양 대열에 참가했음이 드러나는 바람에, 당시 야당의 한 관계자는 '자식이 많다 보면 후레자식도 있기 마련'이라고 군색한 논평을 내기도 했다.)

조사 결과 이 아파트에 4000~5000만 원의 프리미엄이 붙었다는 사실이 세상에 드러났다. 이 정도 돈이면, 당시 국립대학 1년 등록금 최고액이 11만 3,500원이었으니, 대학생 100명에게 4년 전액장학금을 줄 수 있을 만큼 어마어마한 금액, 그야말로 천문학적인 액수였다.

그런데 '현대아파트 분양특혜 사건'으로 사회 특권층의 비리가 국민들에게 알려지면서, 여유가 있는 사람들은 아파트의 가치와 강남의 가치, 정확하게 말하면 투기에 열광했다. 열광할 수 없는 사람들은 부러워하며 언젠가는 아파트, 특히 강남 아파트를 가질 것이라는 꿈을 꾸기 시작했다. 이 꿈이 얼마나 고통스러운 상처를 남길지 그때는 아직 알지 못했다.

아파트는 늘 공급이 모자랐다. 초과수요가 발생하면서 가격은 계속해서 올라갔다. 하자가 발생해도 리콜 따위는 없었다. 상품을 제공하는 사람은 원가가 얼마인지 가르쳐주지도 않고 그냥 소비자가격만 제시했고, 사람들은 줄을 서서 그 가격대로 혹은 프리미엄을 얹어서 샀다. 주거 목적보다는 투자 목적이 더 컸기 때문에, 다시 말해서 어차피 다른 사람에게 값을 더 얹어서 팔 것이기에 원가가 얼마인지는 중요하지 않았다. 그냥 부르는 대로 가격을 쳐서 샀다. 그것도 선금을 주고……. 1983년에 발표된 윤수일의 노래 "아파트"의 가사처럼, '별빛이 흐르는 다리를 건너, 바람 부는 갈대숲을 지나 언제나 나를, 언제나 나를 기다리는' 아파트, 내가 없음으로 해서 쓸쓸한, 그래서 내가 채워줘야 하는 아파트, 낭만과 꿈의 아파트를 향해서 사람들은 질주했다. 아파트에 산다는 것은 이제 중산층으로 분류되기 위한 일종의 자격증이 되어버렸다.

이렇게 해서 아파트의 수는 빠르게 늘어나기 시작했고, 〈도표 7-3〉에서 보는 것처럼 1975년에 1.4퍼센트에 불과하던 아파트 거주 가구는 빠른 속도로 늘어났다. 이요산 씨가 여자친구에게 '3억짜리 아파트'에 살게 해주겠다고 큰소리를 치던 1985년만 해도 아파트는 전국 주택의 9퍼센트밖에 되지 않았지만, 2005년에는 42.3퍼센트가 되어 단독주택 거주 가구의 45.1퍼센트에 육박했다. 5년 주기로 발표되는 통계청의 〈인구주택총조사 보고서〉의 2010년도 결과가 나오면 단독주택과 아파트의 역전 현상을 볼 수 있을 것이라고 어렵지 않게 예상할 수 있다.

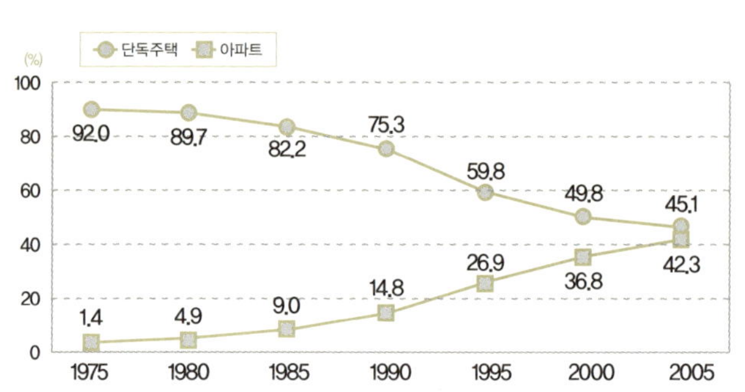

도표 7-3 주택 유형별 가구 분포. 출처: 통계청, 〈2009 한국의 사회지표〉

　국토해양부와 국토연구원이 실시한 주거 실태 조사에 따르면, 2008년을 기준으로 할 때 자기 집을 마련할 때까지 이사를 한 평균 횟수는 4.51번이다. 또 같은 조사에서 한 가구가 최초로 자기 집을 마련하는 데 걸리는 기간은 2006년을 기준으로는 8.07년 그리고 2008년을 기준으로 할 때는 8.31년이다. 평균적으로 대략 2년에 한 번씩 네 번을 이사한 뒤에 자기 집을 마련했다는 뜻이다.

　그런데 이것은 누구나 8년 동안 네 번만 이사를 하면 아파트를 산다는 뜻이 아니다. 자기 집을 마련한 사람들의 평균이 그렇다는 말이다. 그런데 이 사람들 가운데는 부모로부터 지원을 받아서 집을 마련한 사람과 자기 혼자 돈을 벌어서 집을 마련한 사람이 있을 수 있다. 전자는 짧은 기간 안에 집을 마련했을 것이므로 실질적으로 자기가 돈을 벌어서 집을 마련한 사람은 그만큼 더 긴 기간 동안 무주택자로 살면서 자기 집을 가지려는 꿈을 위해 다른 소비 지출을 줄였으리라 유추할 수 있다. 그래서 8년이 아니라 10년이 걸렸을 수도 있고, 15년이 걸렸을 수도 있다. 통계청의 2005년 기준 주택의 점유 형태별 가구 분포 통계를 보면 자기 집을 가지고 있는 사람 비율이 55.6퍼센트, 전세와 월세가 각각 22.4퍼센트와 19.0퍼센트, 무상 거주자가 3퍼센트인데, 55.6퍼센트에 들기는 무척이나 어려운 일이다. 그것도 아파트 소유자로…….

하지만 아파트를 사기만 하면 모든 게 끝이다. 그 길로 곧장 중산층의 대열에 낀다. 이미지로뿐만 아니라 실질적으로 아파트 가격은 GDP 성장률은 물론이고 다른 모든 가격 지수보다 빠르게 올라가니까. 1970년대의 사정은 〈도표 7-2〉를 보면 알 수 있고, 1980년대와 2000년대의 사정은 〈도표 7-4〉를 보면 알 수 있다.

아파트 가격은 꾸준하게 올랐다. 그러다가 1991년에 토지공개념 관련 법률 제정 등 분양가 안정화 조치가 발표되고 경기 분당과 일산 등 신도시에 214만 호가 건설되면서 잠시 떨어지긴 했지만, 다시 상승 기조를 이어갔다. 그러다가 아이엠에프 사태 이후 하락했다. 하지만 잠깐뿐이었다. 김대중 정부는 외환위기 상황에서 경기를 떠받치려고 부동산 규제를 대대적으로 완화하면서, 아파트 가격은 다시 큰 폭으로 뛰어 부동산 불패, 아파트 불패의 신화를 이어갔다. 2008년 기준으로 우리나라의 소득 대비 주택가격 비율(PIR)은 6.26으로 미국(3.55), 일본(3.72)보다

	아파트	단독주택
1986. 12	20.2	52.6
1987. 12	21.2	53.2
1988. 12	25.2	55.7
1989. 12	29.9	63.9
1990. 12	41.2	74.1
1991. 12	39.3	73.4
1992. 12	37.6	69.1
1993. 12	36.5	66.6
1994. 12	37.0	66.4
1995. 12	37.0	66.0
1996. 12	38.6	65.6
1997. 12	40.6	65.3
1998. 12	34.6	57.8
1999. 12	39.0	58.1
2000. 12	40.6	59.0
2001. 12	48.5	62.9
2002. 12	63.4	72.3
2003. 12	69.8	76.1
2004. 12	69.1	76.0
2005. 12	75.3	79.0
2006. 12	93.6	88.0
2007. 12	96.9	94.2
2008. 12	100.0	100.0
2009. 12	102.6	103.0
2010. 6	101.8	103.6

도표 7-4 주택 유형별 매매 가격 지수. 자료: 국민은행 연구소. ※2008년 12월을 기준 100으로 했으며, 서울 지역만을 대상으로 했음. 소숫점 둘째자리에서 반올림한 수치임.

68~73퍼센트나 높은 수준이다. 특히 서울지역 아파트의 경우 이 비율은 12.64에 달해 미국의 주요 도시인 뉴욕(7.22)이나 샌프란시스코(9.09)보다 높았다.

대출 없이 소득만을 이용한 주택 구입 능력을 표시하는 수치로, 주택 가격의 적정성을 나타내는 지수이다. 즉 PIR이 10이라면 10년치 소득을 모아야 주택 한 채를 살 수 있다는 뜻이다. 이 수치는 보통 '중위 주택가격/중위 소득'으로 계산한다. 정부는 2006년 5월 강남 지역의 PIR이 18.9에 달했다고 밝힌 바 있다.

그런데 2010년 들어서 아파트 가격은 떨어진다. 정확하게는 2010년 3월부터 떨어진다. 4월에 경제성장률 전망치가 5.2퍼센트로 발표될 정도로(7월에는 정부 당국이 이 수치를 5.9퍼센트로 올려서 잡았다) 경기 회복세가 뚜렷하고, 기본 금리도 여전히 2.0퍼센트가 유지되는 상황인데, 이런 상황이라면 부동산 시장이 가파르게 상승세를 타야 함에도 오히려 가격이 떨어지고 있으며, 거래건수도 확연하게 줄어든다.

이 현상이 일시적일까, 아니면 어떤 중요한 의미를 가지고 있는 것일까? 정체를 알 수 없는 어떤 거대한 검은 구름이 서서히 다가오는 게 아닌가 하고, 집을 가진 사람은 가진 사람대로 그렇지 않은 사람은 그렇지 않은 사람대로 다들 불안해한다. 여기에 대한 해답은 잠시 뒤로 미루기로 하고……

아파트 가격이 오르면 누가 이익일까?

질문 하나가 있다. 근본적이고 심오한 문제이다.

(문제) 아파트가 계속 건설되고, 그런 동안에 아파트 가격이 계속 오르면 누가 이익

일까?

① 아파트 실소유자(1가구 소유자)

② 아파트 투기꾼(다가구 소유자)

③ 아파트 건설업자

④ 은행(주택담보대출 및 프로젝트파이낸싱 상품 판매자)

⑤ 자본가(은행에 자금을 대준다.)

⑥ 아파트 무소유자

⑦ 국민 전체

⑧ ②에서 ⑤까지

일단 ⑥은 이익을 보지 않을 테니 미안하지만 젖혀두자. 그렇다면 ⑦도 정답이 아니다. 그렇다면 ① 아파트 실수요자는 어떨까? 10여 년 전에 A씨가 아파트를 살 때의 가격이 2억 원이었는데 지금은 아파트 가격이 5억 원이라고 치자(모든 아파트는 동일한 조건이다). 인플레이션을 무시할 때, A씨는 3억 원을 번 셈이다. 하지만 이 아파트를 팔아서 동일한 조건의 다른 아파트를 2억 원에 살 수 있을 때, A씨는 3억 원의 수익을 실현했다고 볼 수 있다. 그러나 A씨에게 아파트는 주거의 목적일 뿐이므로, 이 3억 원의 수익은 전혀 의미가 없다. 반면에 A씨의 아들은 장성해서 결혼을 하고 자기 집을 마련하려고 하지만, 주택을 마련하려면 10년 전보다 3억 원을 더 가지고 있어야 한다. (이 경우 A씨는 자기 아파트의 가격이 올랐다고 좋아하는 한편, 자기 아들이 아파트 구입에 필요한 3억 원의 추가 비용에 대한 이자 지출로 고생하는 걸 고통스럽게 바라봐야 한다. 자식이 두 명이면 이 고통은 두 배로 늘어난다.) 아파트 가격이 오름으로 해서, A씨에게 아파트로 인한 수익의 변동은 없지만 A씨의 후손은 3억 원의 수해를 본다. 이에 비해서 아파트를 세 채 가지고 있는 B씨는 이 가운데 두 채를 팔아서 6억 원의 이익을 실현하고, 이 가운데 3억 원을 아들에게 증여함으로써 아들이 손해를 보지 않도록 보전해 줄 수 있다. (B씨에게는 고통이 없다. 그의 집에서는 즐거운 웃음소리만 들린다.)

아파트 가격이 오르면 오를수록 A씨는 본전이지만 B씨는 이익을 본다. 한편 건설업자와 은행은 아파트에 대한 수요가 끊임없이 이어지도록 함으로써 수익 실현을 지속적으로 유지하려 한다. 그런데 아파트 수요가 계속 이어지도록 하려면 A씨 그리고 B씨와 같은 사람들, 그리고 두 사람의 후손에게서 계속해서 아파트에 대한 유효수요를 창출해야 한다. 그런데 아파트 가격 상승률은 가계 소득 증가율보다 높으므로, 이 사람들이 아파트를 살 수 있으려면 은행에서 대출을 해야 한다. 대출한 돈으로 아파트를 사려면(즉, 투자를 하려면) 금리가 낮아야 한다. 이렇게 가계 대출이 이루어질 경우, 자본가와 은행이 각각 이자와 예대마진을 남길 수 있다. 이 시장은 피라미드형 다단계 사업과 같아서, 먼저 발을 들여놓은 사람은 반드시 자기가 산 아파트를 자기보다 더 비싼 가격에 살 사람을 찾아내야 한다. 꼬리에 꼬리를 물고 아파트 시장에 새로 진입하는 사람이 있어야만 한다. 이렇게 계속 성장을 해야만 시장이 유지된다.

결국 아파트의 가격은 계속 올라가고, ②에서 ⑤까지는 모두 이익을 얻는다. 그런데 이들이 얻는 이익은 어디에서 나오는 것일까? 아파트 자체가 생산 도구여서 새로운 가치를 창출하는 게 아닌 이상, 이들이 얻는 이익은 누군가의 호주머니에서 나온다. 그렇다면 이들에게 호주머니를 털리는 사람은 누구일까? 한계 시점에서 아파트를 사는 사람들이다. '폭탄 돌리기' 게임에서 맨 마지막에 걸린 사람이다. 앞으로도 더 오를 것이라고 예상하고 산 아파트 가격이 더 오르지 않을 때, 적어도 주택을 사기 위해

134

서 대출한 자금의 이자 비용이 아파트 가격 상승에 따른 수익보다 더 커질 때, 이 사람이 들고 있는 '폭탄'을 받아줄 사람이 더는 나서지 않는 상황이 벌어진다. 이 사람들은 집을 가지고 있긴 하지만 빌린 돈에 대한 이자를 갚느라 허리가 휜다. 그러다가 원금 상환 청구라도 들어오면, 소유한 아파트를 떨이로 경매 처분당할 수밖에 없다. 이처럼 무리하게 대출을 받아서 집을 샀다가 대출 이자와 빚에 짓눌려 힘겹게 사는 불쌍한 사람을 '하우스 푸어(House Poor)' 혹은 '집을 가진 거지'라고 부른다.

아파트라는 상품의 가격은 투자 매력이 보태져서 형성된 것이기 때문에 투자 가치를 잃는 순간 자동차나 골프채와 같은 단순 소비재가 되고, 시장에서 형성되는 아파트의 가격은 떨어진다. 이제 아파트는 부의 상징이라는 지위도 잃는다.

그렇다면 2010년에 들어서서 아파트의 전반적인 가격이 떨어지고 있는 것은 단순한 유동성 부족에 따른 문제일까, 아니면 '폭탄'을 받아줄 유효수요가 말라버려서일까? 유동성 부족의 문제라면 유동성을 풀어서 해결할 수 있다. 그런데 그게 아니라 유효수요가 말라버렸다면? 빚을 내서 아파트를 살 수 있는 여력이 인구 구성적으로나 가처분소득적으로 사회에 더는 존재하지 않는다면? 그 순간부터 아파트 가격은 하락한다.

여기에서, 3장에서 살펴보았던 인구 변화 추이를 아파트 가격 추이와 겹쳐서 살펴보자. 〈도표 7-5〉는 국가별 35~54세 인구와 주택 가격의 연관성을 나타낸 표이다.

한국에서 주택 수요 연령 중 가장 강력한 연령층인 35~54세의 인구가 2011년에 정점을 찍는다. 그리고 주택 가격은 2010년에 내림세로 돌아섰다. 그런데 흥미롭게도 미국과 일본 역시 동일한 양상을 보인다. 이것은 우연한 현상일까? 한국에서의 주택 가격 하락이 단순히 유동성 부족에

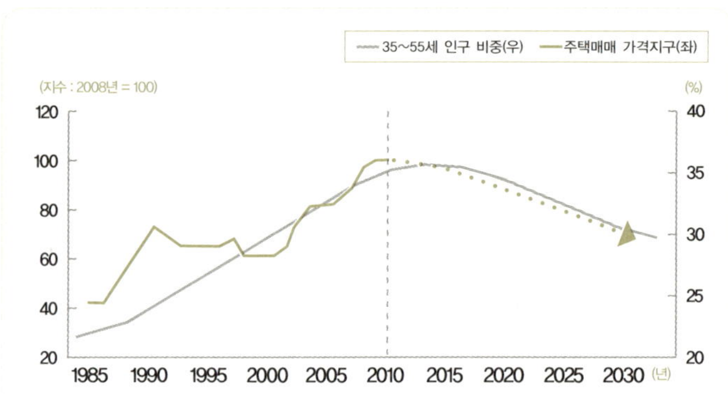

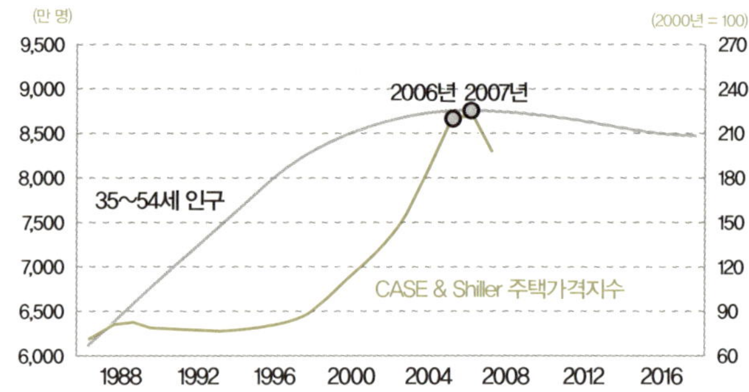

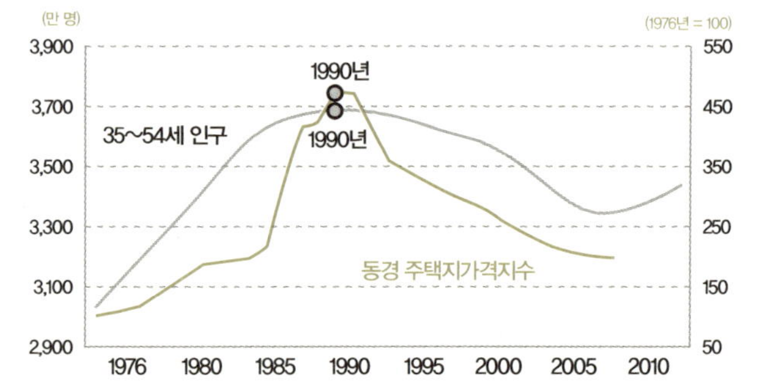

도표 7-5 35~54세 인구와 주택 매매 가격 지수의 연관성(한국, 미국, 일본). 자료: (한국) 통계청, KB은행, 하나금융경영연구소 (미국, 일본) 통계청, "향후 10년간 사회변화 요인 분석 및 시사점"(2009년 1월 20일)

따른 일시적인 현상일 뿐일까? 이런 우연이 일어날 가능성은 극히 적다. 우연이 아니라는 뜻이다.

이요산 씨의 절규

사서은 씨에게 연락이 왔다. 행복부동산중개소의 박창달 사장이다. 매수자가 나타났으니 계약을 하잔다.

사실 이요산-사서은 부부는 벌써 3년 전부터, 전세로 세를 주고 있는 가계 최대 재산인 31평형 아파트를 팔려고 했었다. 잠시 주춤하던 집값이 슬금슬금 오르고, 주변에서 아파트를 사서 집값이 오른다고 좋아하는 사람들이 하나둘 생기자 이 두 사람도 투기 욕심으로 후끈 달아올랐다. 그런데 당장 현금을 손에 쥐고 있지 않으니, 마땅한 게 나와도 어떻게 할 수가 없었다. 그래서 일단 전세를 준 아파트를 팔아서 현금을 확보하기로 했다. 이 자금으로 지르되, 모자라는 부분은 다른 사람들이 다 그렇게 하듯이 은행에서 대출을 받기로 했다. 그런데 전세가 도무지 나가지 않았다. 부동산업자 말로는 세입자가 집을 보러 가도 보여주지도 않고, 또 설령 매수 의사가 있는 사람이 집을 봐도 집이 너무 엉망이라 그런 상태로는 안 된다고 했다. 그래서 하늘의 뜻인가 보다 하며 포기했다.

2년이 지나 재계약 시점이 다가오자, 부부는 다시 아파트를 팔겠다고 내놓았다. 그런데 이번에는 이유가 달랐다. 투자 목적이 아니라 위험 회피 목적이었다. 불경기로 아파트가 폭락할 것이라는 소문이 무성하게 돌았기 때문이다. 그래서 이요산 씨는 아내를 설득했고 아파트를 꼭 팔기로 했다.

하지만 역시 같은 이유로 집은 나가지 않았다. 그래서 매매 가격을 애초의 5억 2천에서 5억 1천으로 내렸다. 그래도 사람이 나서지 않았다. 복덕방 사람들 말로는 집이 너무 험하니, 전세 계약이 만료되면 세입자를 내보낸 뒤에 집을 말끔하게 청소한 다음 팔라고 했다. 그렇지 않으면 영영 못 팔 것이라고 했다. 하지만 세입자에게 돌려줄 전세보증금 2억 3천만 원이 없었다. 부부는 고민 끝에 사채를 쓰기로 했다. 이율은 연리 7퍼센트로 계산하기로 했다. 이것도 우호적인 전주였기에 가능한 일이었다. 이렇게 해서 부부는 세입자가 나간 뒤에, 147만 원을 들여서 장판과 벽지를 A급으로 새로 갈고 싱크대도 나쁘지 않은 것으로 새로 갈았다. ('거북이 인테리어' 사장 말로는 자기 가게보다 싸게 해주는 집은 없다고 했다.)

그리고 여러 차례의 입질 끝에 마침내 그날이 온 것이다. 행복부동산의 박창길 사장 말로는, 매수자는 우리 집 말고도 매물로 나온 여러 집들을 쑤시고 다녔지만 그래도 우리 집이 제일 싸고 위치도 좋아서 우리 집을 선택했다고 한다. 그 사이 우리가 내놓은 아파트는 5억 원으로 내려갔고, 이 남자의 요청과 박창길 사장의 중재로 4억 9천까지 내려갔다. (이요산 씨는 박창길 사장과 매수자 사이에 어떤 '거래'가 있어서 2천만 원이 깎인 게 아닐까 하는 의심을 지울 수 없다.)

매수자는 미혼의 젊은 사람이고 은행에 다닌다고 한다. 함께 온 청년의 아버지는(이 남자는 베토벤 헤어스타일에 알록달록한 셔츠를 입고 흰색 구두를 신고 있었다) 계속 매물로 나온 집들이 넘쳐나는 시점에 왜 굳이 집을 사느냐고 투덜댄다. 이런 상황에서 박창길 사장은 혹시라도 모처럼 성사되는 계약이 틀어질까봐 불안해하며, 이요산―사서은 부부와 청년에게 매매 계약서에 기입할 내용을 빠른 속도로 하나씩 설명한다. 설명이 모두 끝나고 이제 계약서에 도장만 찍으면 된다.

"자, 그럼 잔금 지급일은 언제로 할까요? 통상적으로 보자면 계약일로부터 두 달……."

그런데 이때 청년이 박창길 사장의 말을 끊는다.

"2월 말로 했으면 하는데요."

계약일로부터 세 달이나 뒤다. 대출을 한 데다 전세를 끼고 사야 하기 때문에 혹시라도 세입자가 나타나지 않으면 낭패니까 조금이라도 기한을 늘리겠다는 의도다. 물론 그 이전에 세입자가 나타나면 곧바로 잔금을 치르겠다고 말한다. 낭패는 이요산 씨도 마찬가지다. 잔금 4억 원을 연리 7퍼센트로 한 달 이자를 계산하면 400,000,000×0.07÷12=233만 원이다. 사채로 빌린 2억 3천만 원에 대해서 자기가 갚아야 하는 넉 달 이자만 계산해도 230,000,000×0.07÷12×4=537만 원이고, 이 가운데서 추가로 지급해야 할 한 달 이자가 134만 원이었다. 가격을 2천만 원이나 깎아놓고서 거기에다 추가 금융비용까지 물리겠다니, 벽지와 장판 그리고 싱크대를 새로 마련하는 데도 147만 원을 들였는데…… 이런 날강도가 있나! 이요산 씨의 머릿속에는 233, 537, 134, 147, 230,000,000 등의 숫자가 어지럽게 빙글빙글 돌았다. 이요산 씨는 무엇보다도, 밀고 당기기의 흥정에서 일방적으로 밀리기만 한다는 사실에 기분이 나쁘다. 우리가 둘을 양보하면 저쪽에서 하나를 양보해야 하는 것 아닌가? 결국 이요산 씨는 이 말을 뱉고 만다.

"그럼 한 달에 대한 금융비용을 부담하실 겁니까?"

청년과 박창길과 사서은이 일제히 이요산 씨를 바라본다. 분위기가 갑자기 싸늘하게 식는다. 순간, 이요산 씨는 자기가 실수를 했음을 깨닫는다. 다 된 밥에 코 빠트리기? 이요산 씨는 아내의 얼굴에서 무언의 메시지를 토씨 하나 틀리지 않고 읽는다. 부부로 이십 년 이상 함께 살면 누구나 가능한 기술이다.

'너, 만일 이 계약 틀어지면 죽을 줄 알아!'

후회하지만 이미 늦었다. 청년은 그렇잖아도 자기 역시 금융비용이 부담스러운데 그렇게까지는 못하겠다면서 주섬주섬 자기 물건을 챙겨 일어난다. 사서은 씨가 남편의 발언을 없던 걸로 하자고 하고 박창길 사장이 나서서 청년을 말린다. 하지만 이미 청년은 마음을 돌린 뒤다. 이요산 씨가 금융비용 운운한 발언은, 살까 말까 고민하던 청년에게 낙타의 무릎을 꿇리는 마지막 지푸라기 하나로 작용했다.

아아, 아파트 가격은 더 떨어질 게 분명한데······.

이요산 씨의 머릿속에서 화가 에드바르트 뭉크의 무거운 목소리가 웅웅거린다.

"나는 지치고 몸이 불편하였다. 나는 가만히 서서 협만 쪽을 물끄러미 바라보았다. 해는 지고 구름은 붉게 물들어 있었다, 마치 피처럼······. 그 순간, 한 가닥의 외마디 비명 소리가 자연 속으로 세차게 울려 퍼졌다. 착각이었을까? 아니다, 나는 분명 그 절규를 들었다."

······으, 으아아아악!

 # 리모델링·재건축

　모든 건축물이 다 그렇듯이 아파트 역시 수명이 있다. 수명이 다하면 쓸모가 없다. 재개발이든 재건축을 해야 한다. 리모델링과 재건축이 한때 황금알을 낳는 거위 대접을 받았다. 하지만 아파트 가격이 떨어지기 시작하면서, 재개발과 재건축은 수지 타산이 맞지 않아서 어려움을 겪는다.

•리모델링·재건축·재개발 기존 건물의 본 내력벽을 유지한 상태에서 구조 변경을 하는 것을 리모델링이라고 하고, 기존 건물을 완전히 철거한 뒤에 다시 건물을 짓는 것을 재건축이라고 하며, 정비 기반 시설이 열악하며 불량 건축물이 밀집한 지역에서 주거 환경을 개선하기 위해 시행하는 사업을 재개발 사업이라고 한다. 이른바 '뉴타운' 사업이 재개발 사업이다.

•33평 아파트를 45평 아파트로 리모델링하려면

과연 리모델링이나 재건축을 할 때 비용이 얼마나 들까? 전용면적 109㎡(33평) 아파트를 149㎡(45평)로 리모델링하는 경우를 예로 들어서 살펴보자.

공사비	(전용면적+증축면적+공유면적)×단위공사비
	= (109+40+33)×330만 원 = 1억 6500만 원
이주비(인근아파트 전세값)	2억 원
조합비(조합 결성에서 공사 완료 시점까지 조합 운영에 필요한 경상비) 및 취득세·등록세	3~4000만 원
공사 추가비용	3000만 원
	약 4억 3000만 원

이 막대한 돈은 본인 스스로 조달해야 한다. 물론 주택담보대출을 받을 수도 있고, 시공사가 저금리로 일반 금융권을 소개시켜 줄 수도 있다. 하지만 연리 5퍼센트 이자만 잡아도 4억 3000만 원에 대한 이자는 월 215만 원이다. 입주한 뒤 남는 금액인 2억 5000만 원으로 계산해도 월 125만 원이다. 원리금 상환이 시작될 때는 월 250만 원씩 갚아야 한다. 그런데 가장 큰 문제는 4억 3000만 원을 모두 금융권에서 대출받을 수는 없다는 점이다. 일단 주택담보대출인정비율(LTV)의 제약을 받는다. LTV를 40%로 잡으면 109㎡ 아파트가 시가 5억 원일 경우 2억 원 정도만 대출로 감당할 수 있고 리모델링에 필요한 나머지 2억 3천만 원은 자기 현금을 사용하거나 아니면 사채로 써야 한다. 또, 기존에 이 아파트에 대해서 예를 들어 7000만 원의 대출을 안고 있다면, 이것까지 안고 가야 한다. 그래서 리모델링에 필요한 비용도 (이주용 전세금 2억 원을 포함해서) 4억 3000만 원이 아니라 5억 원이 된다. 이런 엄청난 금융비용 부담을 안고, 방 하나 더 늘리려고 과연 리모델링을 하는 게 의미가 있을까? 더구나 금융비용 외에도 여러 어려움이 있고, 또 아파트 가격은 자꾸만 떨어지고 있어 오륙 년 뒤에는 어떻게 될지도 알 수 없는데……. —천만명부동산의 꿈 부동산재테크동호회, "아파트 리모델링의 비밀"에서 발췌.

은마아파트 상가에 있는 갑부부동산 사장 말로는 은마아파트의 재건축 이야기가 나온 지 15년도 훨씬 더 넘었다고 한다. 그동안 이 아파트에서는 재건축을 하느니 리모델링을 하느니, 해봐야 손해니 하지 말자느니, 50층짜리 초고층 아파트를 짓느니 하고 주민들끼리 티격태격해 왔다. 앞으로도 당분간은 그럴 것 같다.

그렇다면, 재건축도 못하고 리모델링도 못하는 아파트들이 낡을 대로 낡으면 어떻게 될까? 아파트 중심의 신도시들은 나중에 어떻게 될까? 설마, 도시 전체가 슬럼화가 되는 디스토피아적인 미래가 기다리는 건 아닐까?

그동안 아파트 공화국에는 아무 문제가 없는 줄 알았다. 그런데 왜 이런 일이 벌어졌을까? 한국이 왜 이렇게 아파트의 구렁텅이에 빠지고 말았을까? 그 수수께끼를 좀 더 파헤쳐보자. 문제는 레버리지, 대출이다. 앞에서도 잠깐 언급했지만 대출의 덫에 걸리고 만 것이다. 8장 '대출의 덫, 마이너스 인생'에서 자세히 살펴보자.

8장 대출의 덫, 마이너스 인생
—레버리지의 마법과 거품

우리들은 발작 상태에 영원히 계속 머물 수는 없다.

—조르주 브라크

"충분히 긴 지렛대와 설 자리를 달라. 그러면 지구라도 들어 올리겠다."

고대 그리스의 수학자이자 물리학자이며 천문학자이던 아르키메데스가 한 말이다. 지레가 발휘하는 힘이 얼마나 큰지 설명하는 데 이보다 더 강력한 웅변은 없을 듯하다. 투자에도 아르키메데스의 이 원리가 적용된다. 아르키메데스가 했던 말을 금융·투자용으로 바꾸면 이렇게 된다.

"충분히 많은 대출을 달라. 그러면 지구를 통째로 사버리겠다."

얼마나 매력적인가! 지구는 아니더라도 적어도 아파트 몇 채는, 아니 나와 우리 가족이 살 아파트 한 채는 충분히 살 수 있다!

그러나 투자를 위한 대출 즉 레버리지에는 함정이 도사리고 있다. ('레버리지(지레)'라는 용어는 투자를 위한 대출에 적용되는 것이지, 단순한 소비 지출을 위한 대출에 적용하는 표현이 아니다.) 잘되면 대박이지만 잘못되면 쪽박이다. 이것은 투자수익률(ROI)이라는 개념으로 설명할 수 있다. 투자수익률은 투자한 자본에 대한 수익의 비율이다. 예를 들어 100이라는 자본을 들여서 15라는 수익을 냈을 때 투자수익률은 15퍼센트이다.

레버리지 효과와 투자수익률의 관계를 예를 들어서 살펴보자.

시가 4억 원의 아파트가 있다. A씨는 이 아파트를 자기 돈으로 샀고, B씨는 은행에서 연 7퍼센트의 이자로 3억 원을 빌리고 자기 돈 1억 원을 합쳐서 이 아파트를 샀다. 그런데 1년 뒤에 이 아파트 가격에 따라서 두 사람의 수익률이 어떻게 달라지는지 보자.

이 아파트가 1년 뒤에 5억 원이 되었다면 A씨의 투자수익률은 '1억/4억=25퍼센트'이다. 한편 B씨는 1억을 투자해서 이자 2100만 원을 빼고 7900만 원의 수익을 거두므로 수익률은 (1억−2100만)/1억=79퍼센트이다. 만일 B씨가 A씨와 동일하게 4억 원을 가지고 있었는데 이 돈을 레버리지를 동원해서 동일하게 투자했다면, 즉 대출 12억 원을 끼고 아파트 네 채를 샀다면 수익은 7900만×4=3억 1600만 원이 된다. A씨가 얻은 수익 1억 원과 비교하면 엄청나게 많은 수익이다. 대박이다.

그런데 아파트 가격이 1년 뒤에도 여전히 4억 원이라면 어떨까? (기회비용을 고려하지 않을 때) A씨는 원금을 고스란히 건질 수 있지만, B씨는 1년 동안의 이자 2100만 원을 손해 본다. 즉, 수익률은 마이너스 21퍼센트가 된다. 그런데 만약 1년 뒤에 아파트 가격이 1억 원 떨어져서 3억 원이 된다면

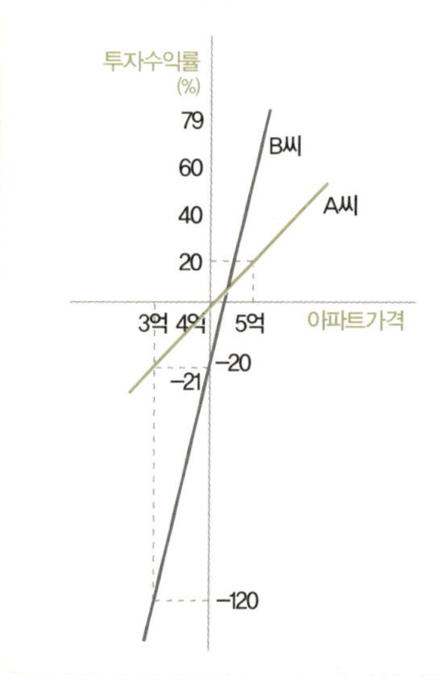

도표 8–1 투자수익율 비교

144

어떨까? A씨의 수익률은 '마이너스1억/4억=마이너스20퍼센트'이고, B씨는 1억 2100만 원의 손해를 보며 수익률은 '(마이너스1억−2100만)/1억=마이너스121퍼센트'이다. 만일 B씨가 A씨와 동일하게 4억 원을 가지고 있었고 이 돈을 모두 동일한 방식으로 레버리지를 동원해서 아파트 네 채를 샀다면 손실은 1억 2100만×4=4억 8400만 원이 된다. 원금 다 까먹고 8400만 원의 빚만 남는다. 쪽박이다.

이처럼 레버리지는 대박과 쪽박이라는 양날을 가진 칼이다.

신용카드, 시간의 주름을 넘어서는 놀라운 마법

'역대 대통령과 밥솥'이라는 이야기가 있다. 이승만 대통령이 미국의 도움을 받아 튼튼한 밥솥을 구했다. 박정희 대통령은 이 밥솥으로 맛있는 밥을 지었다. 그러나 정작 본인은 그 밥을 먹지 못하고 죽고, 최규하 대통령은 밥을 먹으려고 솥뚜껑을 열다가 손을 데었다. 이때 전두환 대통령이 밥솥 뚜껑을 군홧발로 걷어차서 열고 밥을 맛있게 먹어 치웠다. 그리고 노태우 대통령은 이 밥솥에 물을 부어 숭늉을 만들어 먹었다. 김영삼 대통령은 누룽지를 긁어 먹다가 너무 세게 긁는 바람에 바닥에 구멍을 내고 말았다. 밥솥은 못 쓰게 되었다. 김대중 대통령은 신용카드로 빚을 내 전기밥솥을 샀다. 그리고, 아니, 여기까지만. 신용카드 이야기를 할 참이기 때문이다.

김대중 정부는 이른바 '아이엠에프 체제'로 시작했다. 거덜이 난 경제를 살리려면 유효수요를 창출해야 했다. 그러려면 가처분소득이 넉넉해야 했다. 하지만 아이엠에프 위기로 해고다 임금동결이다 하는 절박한 상황으로 내몰린 국민에게 소득이 넉넉할 리 없었다. 하지만 방법은 있었다. 미래의 소득을 미리 끌어 쓰는 것, 다시 말해서 빚을 내는 것이었다. 전 국민적으로 빚을 내는 데 가장 유효한 수단은 바로 신용카드였다. 정부는 신용카드 정책을 경기 부양에 동원했다. 1999년 5월에는 70만 원의 현금 서비스 한도 제도도 전격 폐지되었다. 카드 복권제도 도입과 소득공제 확대 등 대대적인 카드 활성화 정책들이 뒤따랐다. 2001년 4월에는 카드사의 영업 자유를 보장한다는 이유로 길거리 회원 모집도 허용되었다.

네모난 플라스틱 카드……:

자본주의 시장경제의 풍족함을 우선 플라스틱의 질감으로도 느낄 수 있는 이 카드는 텔레비전 화면을 화려하게 수놓는 광고 방송 속에서 더욱 매혹적이었다. 사람들의 주머니에는 저마다 한 달 치 소득 혹은 석 달 할부로 결제할 경우 석 달 치의 소득으로 두둑해졌다. 사람들은 1억 원으로 4억 원짜리 집을 가진 B씨처럼 부자가 된 느낌이었고, 경제는 잘 돌아갔다.

이렇게 경기를 부풀린 노력 끝에 마침내 2001년 8월, 한국은행 총재는 차입금 잔액 1억 4천만 달러를 최종 상환하는 서류에 결재하고 서명한 필기구를 화폐금융박물관에 남김으로써 이른바 '아이엠에프 체제'는 공식적으로 종결되었다. 감개무량한 순간이었다. 그러나 각종 경제지표는 곤두박질치고 있었다. 아이엠에프 사태가 터진 1997년 말 20조 원이던 가계 부채는 2002년 말 535조 원으로 늘어나 있었다. 2003년 말 기준으로 신용불량자가 372만 명이었고, '잠재 신용불량자'는 400만 명에 이르렀다. 신용불량자 가운데는 십대 청소년이 40만 명이었고, 잠재 신용불량자 가운데서 매달 5~13만 명이 새로 신용불량자로 등록되어 2004년 초에는 신용불량자가 400만 명을 훌쩍 넘어섰다. 카드로 당겨쓴 빚이 빚어낸, 조삼모사(朝三暮四)의 우스꽝스럽고도 비극적인 결과였다.

국가 경제, 정확하게는 기업 경제는 살아나지만 가계(개인)의 민생 경제는 파탄이 나는 이 괴이한 현상은 가계신용이라는 장치가 있었기 때문에 가능했다. 그리고 그 가계신용의 한가운데는 신용카드가 있었다.

투자의 귀재라는 워런 버핏은 지나치게 많은 빚을 질 때의 위험을 강연을 듣는 학생들에게 자주 했다. 특히 개인적인 차원의 정크본드라고 할 수 있는 신용카드로 인한 빚을 경계하라는 말을 많이 했다.

"나는 아주 일찍부터 눈덩이를 단단히 뭉친 뒤 굴렸습니다. 만일 십 년 늦게 시작했더라면 지금 내가 서 있는 자리는 전혀 다를 겁니다. 그래서 나는 학생들에게 조금이라도 일찍 시작하라고 말합니다. 그리고 신용카드는 앞서나가려는 사람의 발목을 잡아채는 물건이라는 말도 잊지 않고 합니다."

가계의 경제 그리고 결국 국가의 경제도 신용카드에 발목이 잡히고 말았다. 하지만 아직은 사람들이 이런 사실을 알지 못했다. 투자수익률 마이너스 121퍼센트를 기록하며 파산을 맞은 B씨와 같은 운명을 맞이할 것임을 미리 알았다면 그렇게 넋을 놓고 있지는 않았을 것이다. 이런 와중에도 〈도표 8-2〉에서 보는 것처럼 가계의 빚은 점점 늘어났다.

도표 8-2 가계신용의 증가 추이. 출처: 한국은행.

가계신용

일반 가정이 은행 등 금융 기관에서 빌린 돈이나 외상으로 물품을 구입하고 진 빚을 모두 합해 일컫는 말이다. 개인 간의 거래인 사채(私債)는 제외된다. 가계신용은 **가계대출**과 **판매신용**으로 나눈다. '가계대출'은 다시 **가계일반자금대출**과 **가계주택자금대출**로 나뉘는데, 가계일반자금대출이란 은행 보험사 등에서 빌린 일반대출금으로 신용카드회사의 현금서비스 및 카드론이 포함된다. 가계주택자금대출은 주택은행 등에서 집을 사기 위해 빌린 돈이다. 한편 '판매신용'은 신용카드로 물품을 구입하거나 자동차 가전제품 기타상품을 할부로 구입한 금액을 일컫는다. **가계부채**는 가계신용에 금융권에 부담해야 하는 이자를 합한 금액이다.

늘어나는 가계의 빚

한국은행에 따르면 2010년 3월 말 현재 가계와 기업의 이자부부채(이자를 지급해야 하는 금융사에 대한 부채)의 원금은 각각 863조 6천억 원과 819조 8천억 원이다. 그런데 부채 증가 속도가 너무도 빠르다. 국내 가계신용의 증가 속도는 가계부채가 선진국 중에서 가장 심각한 것으로 알려진 영국보다 빨라서 2000년 이후부터 2009년 4분기까지 기간을 기준으로 할 때, 영국의 2.16배를 훌쩍 넘어선 3.42배였다.

또 하나의 문제는 가계 능력에 비해 부채가 과도하게 늘어나고 있다는 점이다. 〈도표 8-3〉의 국민 1인당 개인 부채금액 추이와 〈도표 8-4〉의 국가별 가계의 가처분소득 대비 부채의 비율(가계 레버리지 비율)을 보면 이런 사정을 확연히 알 수 있다. 가계 레버리지 비율은 선진국 가운데 문제 국가인 영국보다는 낮지만, 지속적인 증가세를 뚜렷하게 보여준다. 임

• 앨리스 슈뢰더, 《스노볼》에서.

박한 파탄을 위해서 꾸준하게 달려가고 있다.

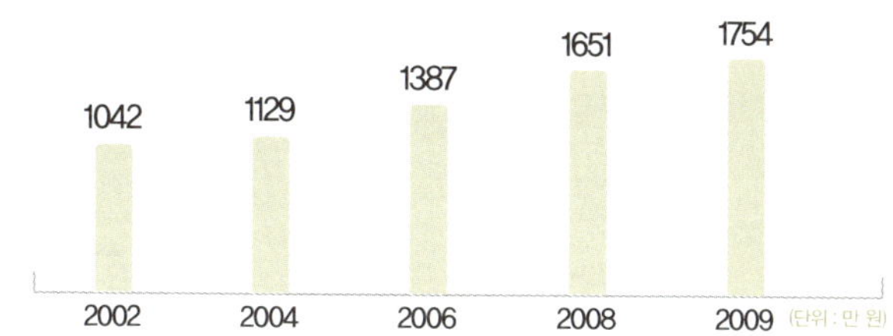

도표 8-3 국민 1인당 개인 부채금액 추이

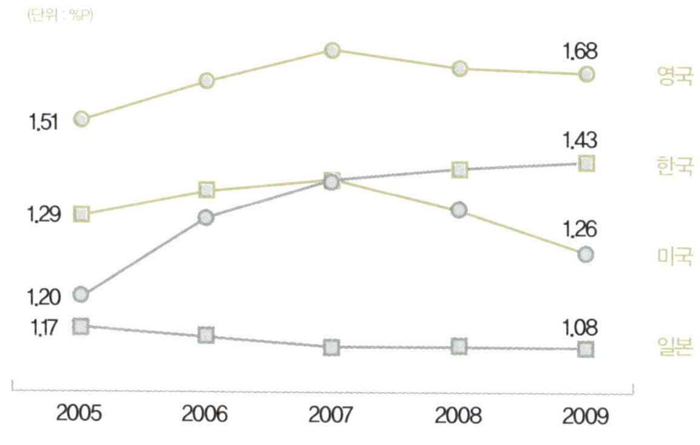

도표 8-4 국가별 가계 레버리지 비율

〈도표 8-5〉는 한국과 미국의 가계 레버리지 비율 변화의 추이를 1990
년부터 나타낸 것이다.

비율이 급증하여 100퍼센트를 넘어선 시점이 2001년인데, 2001~2002년
부동산 광풍이 몰아치던 때이고, 2004~2006년 서울 아파트 가격이 폭등
하던 시점에 이 비율도 동반 상승하였다. 특히 주목할 것은 이 도표에서
점선의 동그라미로 표시한 부분이다. 2008년 금융위기 이후 미국은 가계

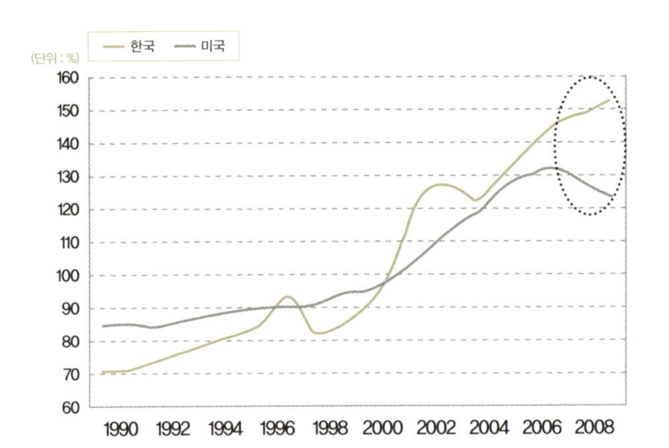

도표 8-5 한국과 미국의 가계 레버리지 추이 비교. 자료: 한국은행, 미 경제분석국, FRB.

의 부채 조정으로 2009년 말 123.8퍼센트로 고점 대비 8.3퍼센트포인트 하락했다. 이에 비해 우리나라는 아무런 부채조정 없이 지속적으로 상승하여, 2009년 말 152.7퍼센트까지 상승하였다.

가계 레버리지 비율이 높아진다는 것은 빚을 갚을 능력이 그만큼 떨어진다는 것이다. 그리고 또 하나의 문제는 가계 부채 가운데 많은 부분이 주택 구입 목적으로 이루어졌는데, 2010년 4월 말 현재 가계의 금융권 주택담보대출은 336조 원으로 전체 가계대출 558조 원의 60퍼센트가 넘는다는 사실이다. 〈도표 8-6〉에서

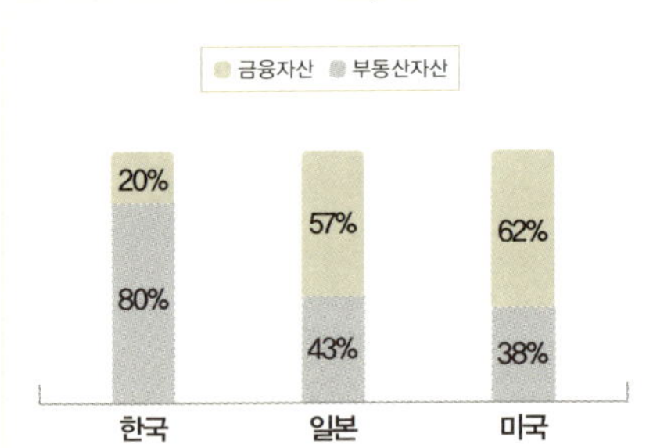

도표 8-6 한국·미국·일본의 가계자산 비교. 자료: 미 FRB, 일본 내각부, 한국 통계청. ※한국과 미국은 2006년 일본은2003년 기준.

• 〈도표 8-5〉와 함께 다음에서 인용. 여경훈, "DTI 한도는 규제가 아니라 '상식'이다", 《오마이뉴스》, 2010년 7월 21일.

보듯이 가계 자산의 대부분이 부동산이라서 경제 여건, 특히 부동산 시장이 얼어붙을 경우에는 자산을 현금화하기 어렵다. 부동산 가격이 급락하거나 실물자산이 유동화 되지 못할 경우(다시 말해, 집이 팔리지 않을 경우) 가계는 부도 사태를 맞을 수 있다. 미국발 서브프라임모기지 사태도 이렇게 해서 시작되었는데, 한국 역시 이 과정을 그대로 밟을 것이라는 전망이 사람들을 공포로 사로잡는다.

 미국의 주택담보대출에는 세 가지 신용 등급이 있다. 신용도가 가장 높은 등급이 '프라임'이고 그다음이 '알트 A'이며 가장 낮은 등급이 '서브프라임'이다. 금융권에서는 주택 가격이 지속적으로 오를 것으로 예상하고 예대마진을 챙길 목적으로, 소득이 불안정한 사람들을 대상으로 이 서브프라임 대출을 대량으로 실시했다. 하지만 주택 가격이 내리막으로 치닫자 돈을 빌린 사람들은 돈을 갚을 수 없었다. 이 여파로 2008년 리먼브라더스가 파산했고, 이 충격으로 인한 연쇄 부도는 전 세계로 확대되었다.

 한국신용정보는 "2010년 6월 말 현재 개인 신용등급 분류에서 '주의 등급'인 7~8등급자는 586만 5,159명, 최하위 '위험 등급'인 9~10등급자는 166만 8,796명으로 집계됐다"고 밝혔다. 주의 및 위험 등급군의 이 규모는 통계청이 발표한 6월 경제활동인구의 30퍼센트이다.

늘어나는 국가 총부채

〈도표 8-7〉은 2002년과 2010년의 각 1사분기 금융자산 부채잔액을 보여주는데, 2010년에 한국의 총부채는 조 단위를 넘어서 경 단위에 육박한다.

	2002년 1사분기	2010년 1사분기
금융법인	24,303,931	45,582,382
일반정부	1,381,762	3,861,988
비금융법인	14,620,152	31,821,847
개인	5,358,338	9,225,312
국외	2,481,648	6,991,752
합계	48,145,831	97,483,281

도표 8-7 금융자산 부채잔액표(2002년과 2010년). 단위: 억 원. 자료: 한국은행.

이 도표에서 '일반정부'라 함은 중앙정부와 지방정부를 함께 지칭하는 용어이며, 비금융법인은 공기업과 민간 기업을 함께 지칭하는 용어이다. 가계의 부채는 450조 늘어 두 배 가까이 증가했고, 일반정부의 부채는 세 배 가까이 늘어났다. 2010년의 추정 GDP 대비 비율은 30퍼센트 중반대이다.

지자체재정자립도가 67.4퍼센트로 전국 246개 지자체 가운데 8위를 기록한 부자 도시 경기도 성남이 민선 5기 시장 체제가 출범한 직후인 2010년 7월에 한국토지주택공사(LH)에 부채를 갚지 못하겠다며 채무지불유예(모라토리엄) 선언을 했다. '당장 갚을 빚 5200억 원이 2년 치 가용예산에 해당한다'는 게 이유였다.

이 사건은 지방 정부의 재정 상태가 얼마나 급속도로 악화되고 있는지 상징적으로 보여준다. 재정자립도가 90퍼센트가 넘는 전국 유일의 지자체인 서울시의 부채도 2009년 결산 기준으로 23조 6천억 원이며, 이 가운데 서울시 산하 SH공사의 부채가 16조 원으로 대부분을 차지한다. 인천시도 사정은 다르지 않다. 부채가 9조 4천억 원이며, 이 가운데 6조 6천억 원이 인천시도시개발공사가 안고 있다.

일반 정부와 공기업 부채뿐 아니라 국가가 관리해야 하는 모든 부채를 국가 채무에 포함할 경우, 2009년 기준으로 실질적인 국가채무는 1800조 원이나 된다. 2009년 한국의 국내총생산(GNP)이 1063조 원이었으니, 국내총생산의 1.8배이다. 2010년 6월 말 기준으로 공기업인 LH의 총부채는 118조 원이고 하루 이자만 100억 원씩 문다(문제가 터질 때는 늘 그렇듯이, 이 부채 규모도 어쩌면 축소된 것일지도 모른다). 한편 이런 와중에도 2008년과 2009년의 정부 재정은 연속적으로 15조 6천억 원과 43조 2천억 원 적자였다.

재정 적자와 국가 부채의 악화 요인은 무엇일까? 이른바 '부자 감세'로 인해 세수가 급격히 줄어들었고, '4대강 사업' 등 대형 국책 사업으로 정부 지출이 크게 늘었기 때문이다. 정부 지출을 늘려서 일자리를 만들고 가계소득을 높이겠다고 하지만, 가계의 부채는 점점 늘어나기만 한다.

부채도 자산이다, 라는 말은 레버리지의 긍정적인 효과를 전제하고서 하는 말이다. B씨가 3억 원의 레버리지를 동원해서 산 4억 원짜리 아파트가 5억 원이 될 때 B씨의 수익률은 79퍼센트였다. 하지만 아파트 가격이 3억 원으로 떨어지자 B씨는 마이너스 121퍼센트 수익률을 기록하며 원금까지 다 까먹었다. 앨리스는 토끼의 초대를 받고 이상한 나라로 가서 신기하고 재미있는 경험을 하지만, 레버리지의 초대를 잘못 받은 B씨는 지옥에 떨어지고 말았다. 그에게 붙은 딱지는 '하우스 푸어'이다. 마이너스 인생의 슬픈 현실이다.

2010년, 레버리지와 부동산

레버리지에는 단순하지만 무서운 사실이 숨겨져 있다. 레버리지 효과가 플러스가 되려면 투자로 남는 돈이 이자로 지급하는 돈보다 많아야 한다. 그러므로 금리가 올라가면 그만큼 더 높은 장벽을 넘어야 하고 따라서 시장에서는 레버리지를 동원한 투자가 줄어들고, 시장 참가자들이 투자 목적으로 참가하는 부동산 시장의 경기가 식는다. 그러므로 부동산 시장이 불경기일 때 은행에 빚을 내서 투자할 경우, 거품이 부풀려지는 속도가 그만큼 느려지기 때문에 투자자가 손실을 볼 가능성은 그만큼 더 커진다.

그런데 만일 주택매매가격지수가 고점을 찍고 역사적으로 하향을 하고 있으며 매매건수도 확연하게 줄어들며 또 기준금리가 오를 것이 예상되는 상황이라고 하자. 이런 상황에서 DTI 규제를 완화한다는 것은 무엇을 의미할까? 레버리지의 긍정적인 효과만을 앞세워서 '폭탄'을 받아줄 새로운 사람들을 만들어내자는 말이다. B씨가 계속해서 은행에 이자를 낼 수 있도록 해서 은행과 은행에 돈을 맡긴 사람들에게 손해를 입히지 말자는 말이다. 건설업자가 계속 주택을 지어서 수익을 낼 수 있도록 하자는 이야기이다. 거품을 계속 유지한 채, 아니 거품은 속성상 커지지 않으면 꺼지므로 거품을 계속 키워가자는 말이다. 아니면 적어도 큰 표시 나지 않게 바람을 빼는 연착륙을 해야 한다고 주장한다.

이런 연착륙 주장에 대해서 '아파트는 0원에 수렴한다'는 주장으로 다음의 아고라 토론방에서 늘 압도적인 지지를 받는 윤상원이라는 사람은 다음과 같이 냉정한 어조로 독설을 퍼붓는다.

"연착륙이란 10억짜리 아파트를 8억에, 다시 6억에, 그리고 다시 4억에 돌리고 또 돌리자는 뜻 아닌가. 나는 인본주의 입장에서 이런 제안을 단호히 거절하겠다. 연착륙이란 독박으로 여러 명이 같이 망하자는 것 아닌가? 그러니 망해도 아름답게, 조용히, 그냥 혼자만 망해 달라는 부탁을 하겠다. 살 사람은 살아야 할 게 아닌가?"

그리고 얼마 뒤인 2010년 7월 27일에 다음과 같은 뉴스가 보도되었다.

LH가 (…) 전국 138개 신규 사업 중 철수하거나 포기할 '퇴출 지구'를 정해 내달 초 해당 지자체 등에 통보하기로 해 큰 파문이 일 것으로 보인다. LH는 총부채가 118조에 이르고 하루 이자 부담액이 100억 원 안팎에 달하는 상황에서 '불가피한 구조조정'이라고 밝혔다. 하지만 부동산 경기가 괜찮을 때 민간기업도 아닌 공기업이 마구잡이로 재개발 사업 등에 뛰어들어 현지 부동산 가격을 올려놓고 나서 일방적으로 손을 떼는 것에 대해 무책임한 행태라는 지적도 나오고 있다. 해당 지자체나 사업장 등의 소송도 잇따를 것으로 전망된다.[•]

그런데 이보다 하루 전인 7월 26일에 한국은행은 2010년 상반기의 경제성장률이 전년 동기 대비 7.6퍼센트로 10년 만에 가장 높은 수준을 기록했다고 발표했다. 그러면서 "우리 경제가 예상보다 강한 성장세를 지속해 금융위기 이전의 정상 수준 회복에서 나아가 확장 국면에 진입했을 가능성도 있다"고 말했다. 무역수지도 2010년 들어서 2월부터 연속적으로 흑자를 기록하는 중이다.

• 《연합뉴스》, 2010년 7월 27일.

양도세 중과 유예조치 2009년 4월 소득세법 개정을 통해 다주택 보유자에 대해서 양도세 중과세율(50~60퍼센트) 대신 기본세율(6~35퍼센트)을 부과하기로 했다. 그런데 2010년 8월 29일에 정부는 이 유예 조치의 시한을 2년 연장하기로 했다. 개정되기 이전의 기존 법에 따르면 2주택 보유자는 양도 차익의 50퍼센트, 3주택 이상 보유자는 양도차익 60퍼센트를 내도록 되어 있었다.

미분양 아파트 정부 매입 2010년 4월, 대한주택보증이 환매조건부 매입 자금 3조 원을 추가로 지원해 준공 전 미분양 아파트 2만 호를 매입하기로, 또 캠코 등이 새롭게 투자하는 미분양 리츠·펀드 1조를 조성해 준공 후 미분양 5,000호를, 주택금융공사가 1조원의 신용보강을 거친 건설사 회사채 발행을 통해 5,000호를 각각 매입하기로 결정.

주택 자금 융자 2010년 4월, 기존 주택이 팔리지 않아 신규 주택에 입주를 못하는 사람의 기존 주택을 구입하는 사람들에게 국민주택기금 1조 원을 풀어서 가구당 2억 원의 구입 자금을 융자하기로 결정.

DTI 완화 2010년 8월 29일, 정부는 주택 거래를 활성화할 목적으로, 무주택자 또는 1가구 1주택자, 비투기지역의 9억 원 이하 주택을 대상으로 해서 기존의 DTI 비율 제한을 6개월 동안 한시적으로 폐지해서 대출 상한을 금융기관이 자율적으로 결정할 수 있게 했다. 하지만 주택 경기를 활성화하려는 정부의 이런 노력은 성과를 거두지 못하고 이른바 '8·29 대책'은 휴지조각이 되고 말았다.

이상하지 않은가? 그런데 어떻게 가계의 빚은 계속 늘어나고, 수십 년 동안 한국 경제를 이끌었던 부동산 경기가 더욱 위축되며, 지자체의 모라토리엄 선언이 나오고, 공기업이 부채에 짓눌리다 못해서 이미 추진 중이던 사업을 포기하는 일까지 일어날까? 이런 이상한 현상이 일어나는 이유는 다음 장에서 다룰 아이엠에프(IMF) 사태의 아픈 경험에서 찾아야 할 것 같다.

거품을 제조하는 금융공학, 프로젝트 파이낸싱

1971년 9월, 정주영은 한국에 조선소를 짓고 싶었지만 돈이 없었다. 그래서 영국 바클레이스은행을 찾아가서 돈을 빌려달라고 했다. 그러자 은행에서는 그 조선소에서 배를 사겠다고 계약하는 사람이 있으면 돈을 빌려주겠다고 했다. 그러자 정주영은 전 세계를 돌아다니면서, '나에게 배를 주문한다는 계약서를 써주면, 그 계약서를 가지고 돈을 빌려서 조선소를 짓고, 이 조선소에서 배를 만들어서 인도하겠다.'고 말하며 배를 주문할 사람을 찾았다. 마침내 그리스 리바노스 사(社)가 원유 운반선 두 척을 주문했다. 정주영은 이 계약서를 가지고 바클레이스은행에서 가서 돈을 빌려 울산에 조선소를 지었다. 정주영이 지레로 활용한 것이 바로, 무에서 유를 창조하는 금융공학 프로젝트 파이낸싱이었던 셈이었다.

> **● 프로젝트 파이낸싱(Project Financing)**
> 은행 등 금융기관이 별다른 보증 없이 어떤 프로젝트의 사업성을 담보로 자금을 지원하는 것. 금융기관은 사업 종료 후 해당 프로젝트에서 나오는 수익으로 대출금을 상환 받는다. 대출의 위험성이 크지만, 그만큼 금리가 높기 때문에 금융기관으로서는 매력적인 사업이다.

하지만 프로젝트 파이낸싱이 언제나 성공하는 것은 아니다.

이요산 씨의 장모가 서울시 응봉동의 응봉산 약수터에서 만나 인사를 하고 지낸 할머니 한 분이 있었다. 젊어서 남편과 사별하고 하나 있던 자식까지 먼저 저세상으로 보낸 이 할머니는 40년 동안 시장에서 젓갈을 팔아 많은 돈을 모았고, 이 돈으로 오랜 꿈이던 대지 150평의 널찍한 집을 사서 살았다. 비록 오래되고 낡은 집이라 불편하긴 했지만, 할머니는 이 넓은 집에 텃밭을 만들어 철마다 온갖 채소들을 심었고, 꽃밭도 예쁘게 가꾸었다. 그렇게 살다가 나중에 세상을 떠날 때가 되면 그 땅을 사회에 기부할 생각이었다. 그런데 어느 날 부동산 개발업자라는 사람이 찾아와서 이렇게 좋은 땅을 왜 바보처럼 놀리느냐면서 빌딩을 지으라고 했다. 그게 비극의 시작이었다.

처음에 할머니는 빌딩씩이나 지을 돈이 어디 있느냐며 거절했다. 그런데 개발업자는 돈은 자기가 대겠다고 했다. 그러면서 자세한 계획을 설명했다. 빌딩을 지어서 사무실을 분양하면 건축비가 충분히 빠지며, 또 남는 사무실을 임대하면 하면 다달이 수백만 원이 저절로 들어오는데 왜 구차하게 그렇게 사느냐고 했다. 나중에 재산을 사회에 기부할 때도 훨씬 더 많은 돈을 기부할 수 있다고 했다. 그 말이 맞는 것 같았다. 그 방면에는 도가 텄던 이 개발업자는 지분을 자기에게 조금만 떼어주면 이 개발 사업을 자기가 알아서 진행하겠다고 했다. 결코 나쁜 조건이 아니었다. 그래서 할머니는 텃밭과 꽃밭을 뭉개고 빌딩을 짓기로 했다.

그런데 문제가 생겼다. 5층짜리 건물의 뼈대가 거의 드러날 즈음에 아이엠에프 사태가 터졌다. 이 사업뿐만 아니라 다른 사업도 여러 개 동시에 진행하던 그 개발업자는, 할머니의 건물을 짓는 데 들여야 할 돈을 다른 데로 급하게 돌리다가 결국은 부도를 내고 사라져 버렸고, 공사는 중단되었으며, 공사를 하던 사람들은 할머니에게 돈을 내놓으라고 들들볶았고, 은행에서는 건물을 지어봤자 제대로 분양이 될 것 같지도 않자 담보로 잡았던 할머니의 토지를 경매에 붙였다. 하지만 경매는 계속 유찰이 되었고……. 올라가다가 만 이 흉물스런 건물은 그 뒤 몇 년 동안 방치되다가 나중에 어떤 교회가 사들여서 교회 건물로 새로 지었다. 할머니는 어떻게 되었을까? 정신병원에 입원했다는 소문도 있고 자살했다는 소문도 있다고 한다.

158

　프로젝트 파이낸싱으로 진행되는 사업은 단일 건물이든 아파트든 혹은 대단위 복합단지든 간에 부동산 가격 상승이라는 조건을 전제로 한다. 토지 매입 등 초기자본은 금융기관이 대고, 분양권을 미리 팔아 사업자금을 확보할 수 있기 때문에 건설사는 자기 돈을 들이지 않고 아파트를 지을 수 있다. 하지만 부동산 가격 상승이라는 전제 조건이 어그러지면 모든 게 엉망이 된다. 분양이 제대로 되지 않을 뿐더러 분양권을 받은 개인들은 중도금과 잔금을 치를 수가 없으니, 건설사는 사업비를 확보할 수 없다. 망할 게 뻔하므로 은행은 추가 대출을 해주기는커녕 기존 대출을 회수하려 들고, 결국 사업은 중단되고, 모두가 손해를 본다.

발주처	주간사	사업명	총사업비(원)	진행상황
안산시	GS건설	안산 사동 개발사업	3조 5000억	중지
경기도	프라임, 동아건설	한류우드 2구역	1조 6687억	중지
LH공사	태영건설	광명역세권 상업용지	1조 2449억	중지
	포스코 건설	화성 동탄 복합단지 1단계	1조 5356억	토지대금 납부 중
		화성 동탄 복합단지 2단계		착공도 못함
	SK건설	아산배방 상업용지	1조 3300억	토지대금 완화 요청
	롯데건설	성남 판교 복합단지(알파돔)	4조 7000억	중도금 납부 일정 연기
	SK건설	파주 운정 복합단지 개발	2조 6431억	토지대금 완화
	경남기업	남양주 별내 복합단지	1조 1240억	중도금 납부 불확실
코레일	삼성물산	용산국제업무단지	31조	토지대금 미납
SH공사	대우건설	상암DMC랜드마크타워	3조 3000억	3차중도금 400억 원 연체
경기도시공사	대우건설	광교신도시	2조 4304억	사업성 개선 협의 중

도표 8-8 좌초 위기를 맞은 주요 프로젝트 파이낸싱(PF) 사업장 현황(2010년 8월 기준). 출처: 《프레시안》

　2010년 8월 현재 전국에서 진행되는 공모형 프로젝트 파이낸싱 사업은 44곳에 120조 원에 이른다. 하지만 대부분의 사업은 자금 조달의 어려움을 겪고 있어, 정상적으로 추진되는 사업이 거의 없다. 이 같은 프로젝트 파이낸싱 사업에 발목이 잡힌 금융기관 대출만도 2009년 말 현재 82조 4000억 원에 이른다. 〈도표 8-8〉은 2010년 8월 현재, 좌초 위기를 맞은 대규모 프로젝트 파이낸싱 사업장 현황이다. 얼마나 많은 사람들이 젓갈 할머니의 뒤를 이을지…….

두바이 정부는 2009년 11월, 두바이월드 채권단에 내년 5월 30일까지 6개월간 채무상환을 유예해 줄 것을 요청했다. 두바이월드는 두바이 최대의 국영개발업체로, 이 회사가 안고 있는 부채는 2009년 말 기준으로 593억 달러였다. (참고로 두바이의 GDP는 374억 달러이다.) 넘치는 오일달러와 부동산 호황으로 흥청거렸지만 그건 짧은 순간 황홀한 신기루일 뿐이었다. 사막에서 스키와 썰매를 즐길 수 있는 '스키 두바이', 세계 최대의 인공섬 '팜 주메이라', 세계에서 가장 높은 '버즈 두바이'는 모두 욕심과 대출이 빚어낸 거품이었다.

9장

아이엠에프(IMF)
—신자유주의와 '보이지 않는 손'

> 텅 빈 지평선, 텅 빈 들판 등 모든 것이 제거된 공간은
> 항상 나에게 감명을 준다.
> —호안 미로

1997년 10월 27일, 모건스탠리증권은 투자자들에게 긴급 전문을 날렸다.

"아시아 지역에 투자된 자금을 회수하라."

11월 5일에는 홍콩의 페레그린증권이 보고서를 냈다. 보고서 제목은 "한국을 떠나라, 지금 당장"이었다. 이 보고서는 연초의 한보 부도에 이어 3월부터 7월까지 삼미, 진로, 기아 그리고 10월에 쌍방울이 무너지고 10월 한 달에만 1조 원 이상의 외국 자본이 빠져나간 한국 경제에 내리는 사형선고나 다름없었다. 하지만 이런 사정을 아는 사람은 많지 않았다.

그로부터 닷새 뒤인 1997년 11월 10일 밤 9시 30분, 이경식 한국은행 총재의 집으로 전화가 걸려왔다. 김영삼 대통령이었다. 대통령은 단도직입적으로 물었다.

"이 총재, '갱제'가 이래 가지고 되는 거야?"

"각하, 이래 가지고는 큰일 납니다."

"응? 정말이야?"

"큰일 납니다. 국가부도 납니다. 외환이 바닥나고 있습니다."

"그라먼 어짜노? 얼마나 버틸 수 있는데?"

"잘해야 한 달 정도 버틸 수 있습니다."

"그래? 그라먼 어짜면 되는데?"

"아이엠에프에 가야지요."

"응?"

"아이엠에프에 돈 꾸는 것 사실 그리 대단한 일은 아니지 않습니까. 제일은행이 다른 은행에서 돈이 잠시 부족해 돈 꾸는 것이나 다를 바 없습니다."

"그라먼 가면 되지 와 안 가노?"

"내가 가는 것을 결정하는 결정권자(부총리를 의미)는 아니지 않습니까. 그러니 내일 김인호 수석 불러서 '외환 사정이 나쁘다는데 어떻게 할래?' 하고 강하게 말씀하십시오."

"알았다."●

그리고 1997년 11월 21일 금요일, 이틀 전에 경제부총리로 임명된 임창렬이 IMF에 구제 금융을 공식적으로 신청한다고 발표한다. 이어서 12월 3일에 캉드쉬 IMF 총재와 임창렬 부총리가 550억 달러의 구제금융 양해각서에 공식 서명한다. 이로써 빌린 돈을 모두 갚는 2001년 8월 23일까지 장차 3년 8개월 동안 이어질 길고 긴 IMF 체제가 시작된다.

10월 28일에는 주가 500선이 무너지고, 1997년 1월에 861원이었고 9월

● 대화 내용은 다음에서 인용. 조갑제, "換亂 사건 실록-대통령은 없었다! - IMF 사태의 내막", 《월간조선》 1998년 3월호.

한 국가가 보유한 외환이 부족한 경우에 취할 수 있는 조치는 세 가지다. 디폴트(국가부도) 선언, 모라토리엄(지불유예) 선언 그리고 국제통화기금(IMF)에 구제금융을 신청하는 것. 디폴트는 빚을 못 갚겠으니 배를 째든 맘대로 하라는 것이고, 모라토리엄은 지금은 돈이 없어서 못 주겠고, 나중에 돈 생기면 갚겠다는 것이다. 1980년대 초에 멕시코와 아르헨티나, 브라질, 베네수엘라 등 중남미 국가들이 차례로 모라토리엄을 선언했다. 그리고 러시아와 아르헨티나는 1998년과 2001년에 각각 모라토리엄과 디폴트를 선언했다. 그런데 왜 한국은 디폴트나 모라토리엄을 선언하지 않고 구제금융 신청을 했을까? 이렇게 할 수 있으려면 무역에 의존하지 않고도 내수 중심으로 경제를 살릴 수 있어야 한다. 하지만 한국은 그럴 처지가 아니었다. 러시아나 아르헨티나는 땅이 넓고 자원이 많아서 디폴트를 선언할 수 있어도, 한국은 무역의존도가 매우 높은 경제 구조라 다른 나라와 거래가 끊어지면 곧바로 경제 체제가 완전히 무너지기 때문에 아이엠에프 구제금융 신청은 필연적인 길이었다.

에도 902원이던 원달러 환율은 1997년 12월 23일에 2,000원대를 돌파한다. 이 공포 속에서 12월 18일에 국민은 국민회의의 김대중 후보를 대통령으로 선택하며, 헌정사상 최초의 여야 정권교체를 이룬다. 그리고 12월 25일에는 국내의 주식시장과 채권시장이 완전히 개방된다.

1998년 3월 23일, 과천 정부청사 재정경제부(현 기획재정부) 4층 419호실에 'IMF 한국사무소' 간판이 내걸렸다. 아이엠에프 사무소는 여기 말고도 한 군데 더 있었다. 한국은행 본점이었다. 이렇게 해서 아이엠에프는 한국 경제 정책 사령부와 통화 정책 사령부를 점령하고 이후 한국의 경제와 관련된 모든 일을 감독하고 지시했다. 물론 이건 한국 정부가 아이엠에프의 지원을 받기로 결정하면서 수락한 조건이었다.

국가	지분(%)	투표권(%)
한국	1.80	1.73
중국	6.39	6.07
일본	6.46	6.14
태국	0.67	0.67
인도	2.75	2.63
필리핀	0.43	0.43
터키	0.98	0.95
미국	17.41	16.48
멕시코	1.87	1.43
영국	4.23	4.02
프랑스	4.23	4.02
독일	5.59	5.31
이탈리아	3.16	3.02

도표 9-1 국가별 IMF의 지분과 투표권(2010년 11월말). 자료: IMF.

국제통화기금(International Monetary Fund). 1944년 체결된 브레턴우즈협정에 따라 1945년에 설립. 2010년 7월 현재 가맹국은 187개국이며, 본부는 미국 워싱턴에 있다. 지분을 15퍼센트 이상 가진 국가는 거부권을 가지고 있는데, 현재 이 조건을 만족하는 국가는 미국밖에 없다. 어떤 사안이든 미국이 원하지 않으면 할 수 없다는 뜻이다. 한국은 1955년에 가입. 각국의 IMF 대표는 중앙은행장이 맡지만, 한국은 기획재정부 장관이 대표이고 한국은행 총재는 부대표이다.

"이 모든 점에서 (IMF) 스태프들은 한국의 구조조정 프로그램을 지지하며…"

캉드쉬 아이엠에프 총재는 자기와 임창렬 부총리가 서명한 양해각서 내용을, 12월 18일로 예정된 제15대 대통령 선거에 출마한 후보들이 충실하게 이행할 것을 보증하라고 촉구했고, 이회창과 김대중 그리고 이인제 후보는 그렇게 할 것을 약속했다. 그렇다면 그 양해각서 안에는 도대체 어떤 내용이 들어 있기에, 대통령에 당선된 사람이 혹시라도 나중에 딴소리를 할까봐 아이엠에프는 그토록 무례한 요구를 했을까?

19. 정부는 금융시스템을 건전하고 투명하며 좀 더 효율적으로 만들기 위해 포괄적인 구조조정을 하고 체질을 강화할 것을 약속한다. 전략은 명확하고 확실한(clear and firm) 퇴출 정책, 강력한 시장과 감독 정책, 경쟁 증진 등 크게 세 가지 요소로 구성된다.

20. …BIS 자기자본비율을 맞추지 못하는 모든 은행들의 구조조정과 재무구조 재조정을 수행한다.°

21. 시장 원칙을 고양하고 도덕적 해이 문제를 최소화하기 위해서 정부는 2000년 12월 31일까지 현재의 예금보장제도를 없앤 후, 소액 예금자만을 보호하며 금융 기관들의 분담금만으로 이뤄지는 통상적인 예금보험시스템으로 바꿔야 한다.

25. …금융 부문의 효율성과 경쟁을 제고하기 위해 당국은 1998년 중순부터 외국인에게 은행 자회사와 증권회사 현지법인(Brokerage House)을 설립할 것을 허용할 것이다.

• 이 비율은 이후 8퍼센트로 규정. 나중에 10퍼센트로 높아진다.

27. …정부는 연내에 외국인의 종목당 주식 취득 한도를 현행 26퍼센트에서 연내에 50퍼센트로 확대하고, 1998년에는 55퍼센트로 추가 확대한다.

28. …시장 규율을 (한국에) 정립시키기 위해 민간기업의 해외 차입 제한을 철폐하는 계획을 98년 2월말까지 세워야 한다.

30. 정부는 특정 개별기업들을 구제하기 위해 각종 지원과 세제 혜택을 주던 기존의 정책을 폐지하고, 건전한 기업과 불건전한 기업을 강제로 합병시키는 일을 하지 말아야 한다.

31. 급변하는 경제 환경에 대응, 노동시장의 능력을 증진시키기 위해 (…) 기업 인수합병(M&A)이나 기업 구조조정에 따른 (정리)해고 제한 규정을 완화해 노동시장의 유연성을 개선한다.

47. 이 중대한 시점에 있어 긴축적인 통화 정책을 실시하는 것은 원화를 안정시키고, 혼란 없이 대외 부문의 조정을 이룩하기 위해서 특히 중요하다. 그러므로 당국이 단기 금리를 대폭 상승시키는 선행조치를 취하는 것은 아주 적절하다.

48. …금융 산업 구조조정 비용이 지금의 예상치보다 더 늘어날 경우 이에 맞추기 위한 추가적인 재정 조치들을 취할 준비를 해야 한다. [이는 나중에 부가가치세 감면 대상 축소, 조세 감면 축소, 간접세와 특소세 그리고 교통세의 세율 인상 등으로 구체화된다.]

56. …이 모든 점에서 (IMF) 스태프들은 한국의 구조조정 프로그램을 지지하며, (이사회가) 대기성 차관 제공 신청을 승인해 주도록 추천한다.

이처럼 그 양해각서는 국가의 경제 정책 전체를 아이엠에프에 위임하고 일종의 신탁통치를 받기로 하는 내용을 담았다. 과연 아이엠에프가 대통령 당선자가 나중에 딴 말을 할지 모른다며 각서를 요구할 만도 했다.

1998년 5월에는 공공법인에 대한 투자를 제외하고는 외국인 투자 한도 규제를 완전히 폐지하면서 자본시장의 문이 활짝 열려서 외국인의 국내 기업 인수합병(M&A)은 사실상 완전 허용되었으며, 주식 시장도 사실상 전면적으로 개방되었다. 한국은 본격적으로 세계 경제에 편입되었다. 이런 조치로 외환 시장은 급속히 안정세를 찾았고, 1998년 초에 300선 밑에 머물던 주식 시장 시세도 1998년 말 600선 부근까지 올랐다.

하지만 치러야 하는 대가는 만만치 않았다. 당시 아이엠에프가 제시한 은행의 국제결제은행(BIS) 자기자본비율은 (BIS가 1992년에 정한) 8퍼센트였지만, 1979년 말 기준으로 시중 은행의 평균 BIS 자기자본비율이 6.7퍼센트였다. 8퍼센트 미만인 은행은 일곱 개나 되었고 이 은행들은 퇴출

되지 않으려고 안간힘을 쓰면서 위험 대출을 줄여나갔다. 이 여파로 자금이 마른 기업들이 줄을 지어 쓰러져 갔다. 이런 상황에서 외국 자본은, 유동성 부족으로 부도 위기에 몰린 알짜 기업들의 지분을 손쉽게 손에 넣었다. 해고자는 넘쳐났고, 해고되지 않은 사람들도 비정규직으로 내몰렸다. 세수 증대의 부담은 기업보다 개인이 더 짊어져야 했다.

- **국제결제은행(BIS)** 각국 중앙은행 사이에 협조를 증진하고 국제금융 안정을 위한 자금 제공을 목적으로 1930년에 설립. 본부는 스위스 바젤에 있다.

- **BIS 자기자본비율** 위험도를 감안한 해당 금융기관의 자산을 자기자본이 얼마나 커버할 수 있는가를 나타내는 지표. 위험도가 높은 대출을 할수록 위험가중치가 높아지므로 자기자본 비율은 낮아진다. 이를 올리기 위해서는 위험도가 높은 대출을 줄이든지, 주식을 발행하여 기본자본을 추가로 확충하든지, 후순위채를 발행하여 보완자본을 확충해야 한다.

- **한국 금융시장 개방의 역사** ▷1981년 1월에 발표한 증권 시장 국제화 장기계획에 따라 금융시장 개방을 점진적으로 추진. 그러나 외국인전용수익증권, 컨트리펀드와 같은 간접적인 형태의 투자만 허용했다. ▷1988년 12월에는 증권 시장 국제화를 단계적으로 확대해서 추진하겠다는 계획이 나왔고, ▷1992년 1월, 외국인에 대하여 일정 한도의 범위(외국인 전체로는 개별종목 발행주식 총수의 10퍼센트, 외국인 1인당으로는 3퍼센트) 안에서 국내 상장 주식에 직접 투자할 수 있게 했다. ▷1992년 1월 및 3월 두 차례에 걸쳐, 외국 국적의 개인, 외국 법인 등으로 제한하던 외국인 투자자의 범위를 외국 정부 및 연기금 등으로 확대하였다. ▷1992년 7월부터는 국내 진출 외국 금융기관에 대해 내국인 자격의 주식 투자를 허용하였다. ▷1993년 이후에는 제3단계 금융 자율화 및 시장 개방 계획과 OECD 가입 당시(1996년) 제시한 자본 자유화 계획에 따라 외국인의 주식 투자 한도를 더욱 확대한다.

신자유주의와 '보이지 않는 손'

보이지 않는 손이라, 어째 관능적인 느낌이 들지 않는가? 모든 사물과 모든 관념을 성적으로만 해석하고 유추하는 경향이 있는 사춘기 남자 아이들이라면 분명 동의할 것이다. 고등학교 1학년이던 이요산도 확실히 그랬다. 물론 그 손은 애덤 스미스라는 스코틀랜드 남자의 손이 아니라 주로 여자의 희고 매끈한 손이었다.

경제를 가르치시던 김희진 선생님은 '보이지 않는 손'을 가르치던 그 시간에, 언뜻 지나가는 말처럼 성교육 차원에서 남자 성기는 3센티미터만 되어도 얼마든지 아들딸 많이 낳고 행복하게 잘 사니까 성기 크기로 고민하지 말라고 했다. 그리고 며칠 지나지 않았을 무렵 교련 시간에 운동장 나무 그늘 아래에서 이요산과 아이들은 그런 시간이면 늘 그랬듯이 음담패설에 귀를 기울였다. 설을 푸는 주인공은 음담패설계의 왕자(王者)로 군림하던 넙데데한 얼굴의 상주 출신 유학생 변창호였다. 그날 주제는 '성기 크기 겨루기 경상북도 대회'였다.

"1번으로 봉화 촌놈이 딱 등장했어, '안동 대표, 이이이주우우우이이익, 5센티미터어어!'"

아이들은 변창호가 시키는 대로 야유를 했다. 우우우!

"2번 선수 포항 대표, 최에에도오오오희이이이, 7센티미터어어!"

우우우!

"3번 선수, 군위 대표, 대건고등학교에서 교편을 잡고 계신 김, 희, 지인, 20센티미터어어!"

이번엔 환성이다. 우와아아!

"4번 선수, 예촌 대표, 배애애액주우우웅드으윽, 30센티미터어어어!"

아까보다 더 큰 환성, 우와아아아!

"4번 선수, 상주 대표, 벼어어어언차아아앙호오오오, 15센티미터어어어!"

뭐야, 에이…….

"까진 것마아아아아안!"

함성, 우와아아아아아아! 나무 그늘 아래에서 아이들은 낄낄거리며 좋아했다.

그 김희진 선생님은 다음 해 새로 부임한 교장의 영향력으로 학생들의 반대에도 불구하고 재단 내의 다른 학교로 전근명령을 받았고, 김희진 선생님의 고등학교 때 제자이자 이요산 씨의 고등학교 선배이던 지리 선생님 '잡초'의 노골적인 충동으로 학생들은 김희진 선생님을 지키려고 시위를 했고, 시위대는 교문 밖으로 나가 학교와 붙어 있던 수녀원 공간에서 농성을 했다. 그런데 마침 그날이 박정희 대통령이 대구에 왔던 날이라 중앙정보부 대구 지부에 비상이 걸렸었다는 말은 나중에야 들었다. 결국 김희진 선생님은 다시 학교로 돌아오지 못하고, 주동을 한 몇몇 학생이 정학 처분을 받고, 은사님을 다시 모시려 했던 지리 선생님이 학교를 떠나는 것으로 사건은 끝이 났다. 이 일로 이요산 씨에게 '보이지 않는 손'은 성적인 이미지에다 군사독재의 이미지까지 한데 뒤섞인 기묘한 이미지로 각인되어 있다.

물론, 18세기에 살았던 스코틀랜드의 계몽주의자 애덤 스미스에게 '보이지 않는 손'은 이런 의미가 아니었다. (애덤 스미스는 스스로를 계몽주의자라고 생각했을 뿐, 경제학자라는 호칭은 후대의 사람들이 붙여준 것이었다.) 스미스는 인간은 본능적으로 자기 이익을 좇아서 행동한다고 주장했다. 인간의 이런 본능적인 행위가 다른 사람의 인정을 받는 범위 안에서 이루어진다면 간섭하거나 규제하지 말고 그냥 내버려두라고 했다. 당시 국왕과 정부가 소수 거대상인과 대자본가에게만 특혜를 주는 정책을 폐지하고 누구나 자유롭게 경제 활동을 할 수 있도록 보장해주는 것이야말로 경제 발전의 기본이라고 생각했기 때문이다. 이렇게 개인들이 각자 자기 이익을 추구할 때, 이 개인들은 '보이지 않는 손'에 이끌려 사회 전체의 이익을 늘리게 된다고 보았던 것이다.

하지만 비록 당시로서는 중상주의 정책 아래에서 잉글랜드의 소수 거

대상인과 대자본가가 누리던 특혜를 타파하고자 하는 성격을 지니고 있긴 했지만, 이 논리에는 기본적인 오류가 있다. 로빈슨 크루소처럼 남에게 의존하지도 않고 영향도 받지 않는 그런 개인들이 모여서 사회를 형성한다고 전제하기 때문이다. 이런 비현실적인 개인은 존재할 수 없다. 하지만 신자유주의의 경제관에서는 존재한다. 사회는 개인의 삶에 책임이 없고, 책임은 전적으로 개인이 져야 한다는 게 신자유주의의 기본적인 생각이다.

신자유주의 경제 논리는 국가가 시장 경제에 지나치게 간섭해서 복지를 남용함에 따라 자유로운 시장이 훼손되어 이윤율이 침해당한다고 파악한다. 이 경제 논리를 1980년대 영국(대처 수상)과 미국(레이건 대통령)이 수용했다. 그리고 독점기업을 위한 감세와 사회복지예산의 감축, 자본 시장 개방, 탈규제화, 공공 부문의 민영화, 노동 시장의 유연화 등을 경제 정책의 핵심으로 내세웠다.

제조업에서의 이윤율 하락에 대한 탈출구를 금융 시장에서 찾은 신자유주의는 초국적 금융자본을 형성해서 전 세계를 무대로 온갖 종류의 증권 그리고 옥수수와 원유 등의 선물(先物) 상품을 투기 대상으로 삼고, 이윤을 좇아서 전 세계를 주름잡는다. 그리고 이윤이 나지 않으면 해당 국가의 경제가 어떻게 되든 상관하지 않고 언제든 가차 없이 떠난다. 컴퓨터와 인터넷의 발달로 금융자본의 이런 약탈적 유목 행위는 빠르고 쉽게 이루어진다. 신자유주의는 IMF를 앞장세워 공기업 민영화, 금융 등의 규제완화, 기업의 대량해고를 강요한다. 노동의 유연화로 비정규직 노동자가 늘어나고, 임금 수준은 점차 떨어진다. 긴축재정에 따른 사회복지 예산의 축소로 가난한 사람은 더욱 가난해지고, 사회의 갈등은 점점 커진다. 하지만 이 아담 스미스가 말했던 개인 이익의 총합은 커진다. 그랬기 때문에, 국가 부도 상태로 내몰린 한국 역시 신자유주의 해법을 외면하지 않았다.

아이엠에프 위기를 떠안고 출발했던 김대중 정부는 나름대로 '성장'과 '분배'라는 두 마리의 토끼를 잡으려고 했지만, 아이엠에프 경제신탁통치의 신자유주의 정책의 성장 논리에 분배 논리는 맥을 추지 못했다.

아이엠에프 사태 직후에 원달러 환율은 800원 수준에서 2,000원대로 폭등했고, 은행의 예금 금리는 25퍼센트까지 치솟았다. 내수 기업들은 높은 대출 이자와 극심한 불경기로 살을 깎는 고통 끝에 문을 닫아야 했지만, 수출 기업들은 유례가 없는 호황을 누렸다. 위기 이전인 97년 1분기에 도시노동자 가구 상위 20퍼센트의 평균 소득이 하위 20퍼센트의 평균소득보다 4.81배 많았는데, 2002년 1분기에는 이 수치가 5.40배로 증가했다. 2004년 기업의 가처분소득 증가율은 41퍼센트였지만 가계의 가처분소득 증가율은 0.9퍼센트에 그쳤다. 〈도표 9-2〉는 위기 발생 직후인 1997년

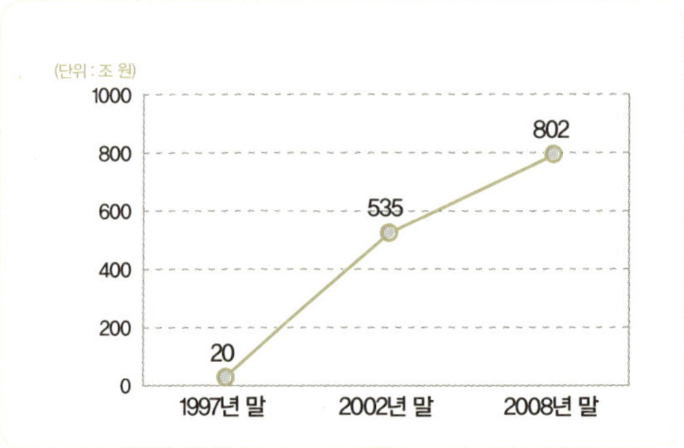

연도	노동소득분배율(%)
1993	58.2
1994	58.4
1995	60.4
1996	62.6
1997	61.4
1998	60.6
1999	59.0
2000	58.1
2001	58.8
2002	58.0
2003	59.2
2004	58.7
2005	60.7
2006	61.3
2007	61.1
2008	61.0
2009	60.6

도표 9-2 가계부채 추이. 자료: 한국은행.

도표 9-3 연도별 노동소득분배율 추이. 자료: 통계청.

말부터 2008년 말까지의 가계부채 추이를 보여준다.

한편, 아이엠에프 위기 발생 이후 2006년까지 투입된 공적 자금 168조 3천억 원에 대한 회수율은 2010년 5월말 현재 58.2퍼센트이다. 이 공적 자금의 재원은 국민의 혈세이다. 이 혈세의 열매는 누가 가져가서 맛있게 먹었을까?

이 질문에 대한 답을 추정할 수 있는 자료가 노동소득분배율 추이이다. 〈도표 9-3〉을 보면 아이엠에프 위기 이전까지 지속적으로 성장하던 노동소득분배율이 위기 이후에 점차 떨어진다. 즉, 노동자들이 그만큼 함께 만든 파이에서 적은 몫을 배분받았다는 뜻이다. (2000년대 초반에는 등락을 거듭한 뒤에 2006년까지 오르다가 그 뒤 다시 아이엠에프 위기 때의 수준으로 떨어진다. 이런 변화는 금융위기 속에서 이른바 '일자리 나누기' 등을 통해서 다시 임금이 낮아졌음을 반영한다.)

• **노동소득분배율** 한 나라 국민의 생산 활동으로 발생한 소득은 노동, 자본, 경영 등의 생산요소를 제공한 경제 주체에게 분배된다. 이 중에서 노동을 제공한 대가로 가계에 분배되는 것을 급여, 즉 피용자보수라고 하고 생산 활동을 주관한 생산 주체의 몫을 영업잉여라고 한다. 여기에서 피용자보수를 좁은 의미의 국민소득(NI), 즉 피용자보수와 영업잉여의 합계로 나누어 얻는 값을 백분율로 나타낸 것이 노동소득분배율이다.

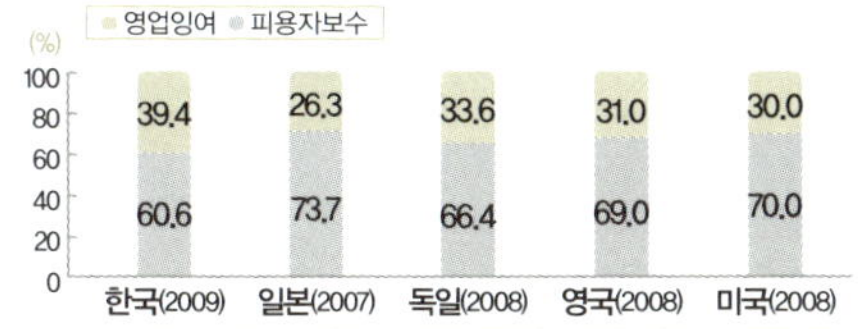

도표 9-4 세계 각국의 노동소득분배율. 출처: 한국은행, 〈알기 쉬운 경제지표 해설 2010년〉

• 가계부채에 대해서는 8장 참조.

4년이 채 되지 않았던 아이엠에프 관리 체제는 36년 동안 지속되었던 일본제국주의의 식민 통치만큼이나 한국 사회를 근본적으로 바꾸어 놓았다. 아이엠에프 사태 이후의 한국 그리고 한국 경제는 아이엠에프 사태 이전의 한국과 근본적으로 달라졌다. 초국적 금융자본의 굵고 튼튼한 빨대가 박힌 가운데, 바야흐로 대기업과 중소기업, 고소득층과 저소득층, 수출과 내수, 정규직과 비정규직의 격차는 심각하게 벌어지고 있었다. 그리고 이 양극화 경향은 가속화되고 구조적으로 고착된다.

* * *

다시 2010년 서울, 행복부동산.

이요산 씨가 뱉은 말을 사서은 씨가 주워 담으려 애쓰지만 소용없다. 박창달 사장이 나서서 아무리 되돌리려고 해도 소용없다. 박창달 사장으로서는 거의 손안에 들어왔던 392만 원(=매매대금490,000,0000×중개수수료0.004×2)이 허공으로 날아가는 순간이다. 사서은 씨도 나서서 금융비용 운운한 남편의 말을 주워 담으려 했지만 이미 늦었다. 젊은 매수인은 없던 일로 하자며 아버지와 함께 문을 열고 나간다. 문은 닫혔어도, 베토벤 머리를 한 아버지의 목소리는 사무실 안까지 들린다.

"잘 안 샀다. 집값 내릴끼다. 저 사람들 봐라, 팔지 못해서 난리잖아."

사서은 씨는 말을 잊어버린 듯 입을 굳게 다물고 있다. 박창달 사장은 부동산 중개 일을 십삼 년째 하고 있지만 이런 경우는 처음이라고 중얼거리며 이요산 씨를 원망스럽게 바라본다. 이요산 씨는 공포 속에서 아직도 입을 다물지 못하고 있다. '보이지 않는 손'이 이요산 씨의 목을 조르고 있다.

10장 지금 필요한 건 뭐? 스피드!
—자유화와 경제자유지수 그리고 국가경쟁력

> 야수주의가 모든 것은 아니다.
> 그러나 야수주의는 모든 것의 시작이다.
>
> —앙리 마티스

서울에서 살던 쥐가 시골로 여행을 가서 시골 쥐들을 앞에 두고 서울이 얼마나 좋은지 자랑을 한다.

"우리 동네 고양이들은 우선 가지고 있는 장비부터 달라. 망원경을 목에 걸고 다니면서, 1킬로미터 떨어져 있는 쥐도 발견할 수 있어. 밤에는 열 감지 기능이 장착된 특수 안경을 쓰고 다니기 때문에 여기 대구에 있는 시골 쥐들처럼 눈조리개를 넓히느라 애쓸 필요도 없어. 쥐들이 쥐구멍에 숨어 있다고 못 찾아낼 줄 알아? 천만의 말씀! 내시경이라고 들어봤어? 기다란 줄 끝에 카메라가 달린 장비인데, 이걸 쥐구멍으로 살살 밀어 넣어서 온 가족 호구조사까지 다 해. 늙은 쥐와 젊은 쥐가 몇 마리 있고, 암컷 쥐와 수컷 쥐가 몇 마리가 있는지 손바닥 들여다보듯이 훤하게 들여다본단 말이야. 아마 지금쯤 우리 동네 고양이들은 내가 없어진 걸 알고 자기들끼리 서로 누가 잡아먹었는지 따지고 의심하고 있을걸? 이것뿐인 줄 알아? 천만의 말씀! CCTV를 곳곳에 장치해두고 있기 때문에 우리 쥐들이 움직이는 걸 훤하게 꿰뚫고 있어. 그렇기 때문에 CCTV가 있는 곳에서는 한자리에 10초 이상 머물면 죽음이야. 귀신같이 알고 그 사이에 벌써 거기까지 달려오거든. 대단하지 않아?

　이렇게 사냥과 관련된 기술이 발전하다 보니 우리 동네 고양이들은 잘 먹어서 다들 살이 뒤룩뒤룩하게 쪘어. 그래서 건강관리 하느라고 하루에 두 시간씩 꼬박꼬박 헬스도 한다니까? 이 동네에서 건강관리 하느라 일부러 하루에 두 시간씩 시간 내서 운동하는 고양이 있으면 나와 보라 그래! 없을걸? 게다가 우리 동네 고양이들은 마음이 좋아서 자기들이 쓰는 헬스장을 쥐들한테도 쓰게 해줘, 한 달에 한 번씩. 너희들은 헬스장에서 운동해봤어? 촌놈들이 해봤을 리가 있겠어? 아마 우리 동네 고양이들은 세계에서도 몇 번째로 잘나가는 부자일 거야. 이 동네에는 네일아트 하는 고양이 없지? 서울에는 그것만 해서 먹고사는 고양이들도 수두룩해. 참고로 말하면, 네일아트 30회 사용권에 중자 쥐 열 마리가 공정 가격이야. 이 정도면 알만 하지 않아? 서울이 이렇게 일자리도 많고 살기 좋은 데야. 게다가 서울 쥐들 사이에서는 스마트폰 보급률도 무려 99퍼센트나 돼. 통신의 천국이지. 멋있지 않아? 우리도 가끔은 버린 휴대폰 주워다 쓰긴 하지. 감청이 되는 게 문제지만 말이야. 아무튼, 이렇게 멋진 데가 바로 서울이야. 바로 이런 곳에서 사는 내가 바로, 서울 쥐라는 말씀!"

　그러면서 서울 쥐는 시골 쥐들 앞에서 으스댔다. 그런데 이 서울 쥐는 일가족 열다섯 마리가 한 마리씩 차례대로 모두 고양이에게 잡아먹히고 달랑 혼자 살아남아서 가까스로 도망쳐 나온 비극적 운명의 희생자이다. 하지만 이 쥐는 자기 운명이 비극적인지 알지 못한 채, 혹은 비극적임을 인정하고 싶지 않아서 일부러 모른 척하거나, 또 아니면 실제로 선택적

망각증에 걸려서 실제로 그것과 관련된 일체의 기억을 잃어버린 채, 서울 고양이들의 능력과 생활수준이 대단하다는 이유를 들어서 자기가 살던 서울 자랑에 입에 침이 마르지 않는다.

이 서울 쥐와 같은 사람이 있다면, 이런 사람을 우리는 보통 바보라고 부른다. 주변을 둘러보라. 이런 사람이 꼭 있다. 아니, 널려 있을 정도이다.

* * *

질문 하나 해보겠다.

> **질문** OECD에서 2009년 5월에 발표한 어떤 조사 결과를 보면, 조사 대상 국가들은 A와 B 두 그룹으로 나뉜다.
>
> **(A 그룹)** 멕시코, 캐나다, 미국, 핀란드, 노르웨이, 영국, 오스트레일리아, 폴란드, 스웨덴
>
> **(B 그룹)** 독일, 스페인, 벨기에, 이탈리아, 일본, 뉴질랜드, 프랑스

각 그룹 내에서 국가들은 어떤 순서에 따라서 늘어서 있다. 이 순서는 어떤 순서이며 또 두 그룹의 분류 기준은 무엇일까?

답은 이렇다. 각 국가가 늘어선 순서는 사람들이 빨리 먹고 마시는 순서이며, 두 그룹의 분류 기준은 하루 동안 먹고 마시는 데 들이는 시간이 100분 미만인 국가들과 100분 이상인 국가들이다.

A 그룹이 100분 미만 그룹이고, B 그룹이 100분 이상 그룹이다. OECD에서 한국을 포함한 17개국을 대상으로 조사를 한 결과이고, 위에 적은 순서대로 먹고 마시는 데 멕시코가 가장 적은 시간을 들였고, 프랑스는

176

가장 많은 시간을 들였다. 북미의 멕시코와 캐나다 그리고 미국은 하루에 75분 미만을 들인 반면에 프랑스는 무려 135분을 들였다.

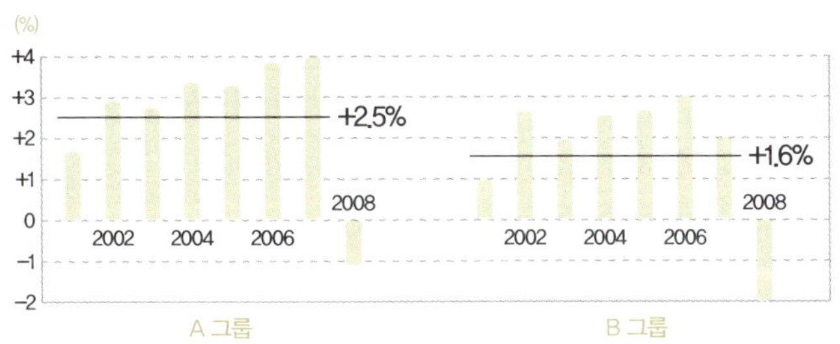

도표 10-1 그룹별 실질 GDP 평균(2001~2008년). 자료: OECD.

그렇다면 한국은 A 그룹과 B 그룹 가운데 어디에 속할까?

한국이 '빨리빨리 문화'의 대표임을 자랑스럽게 생각하는 이요산 씨는 주저하지 않고 A 그룹이라고 대답한다. 맞다. 그렇다면 A 그룹에 속한 계열에서 한국의 위치는 어디쯤일까? 이요산 씨는 다음과 같이 추론한다.

"일단 유럽의 복지국가 스웨덴보다는 앞설 것 같고, 점잖은 신사와 훌리건의 나라 영국보다도 앞설 것 같고, 그리고 추운 기후에 사는 북유럽 국가들보다 앞설 것 같고…… 그렇다면 미국과 3위를 놓고 경쟁을 하나? 그런데 캐나다가 미국보다 앞섰다는 게 특이한데? 가만, 그렇다면 한국은 멕시코와 1위를 놓고 경쟁을 하나?"

하지만 이요산 씨의 추론은 완전히 빗나갔다. 한국은 A 그룹 꼴찌다. (이상하다, 그럴 리가 없는데?)

그런데 각국이 먹고 마시는 데 들인 시간과 각국의 실질 GDP 성장률 사이에 상관성이 있음이 드러났다. 2001년부터 2008년까지 8년 동안의 실질 GDP 성장률이 A 그룹은 2.5퍼센트임에 비해서 B 그룹은 1.6퍼센트

였다. 먹고 마시는 데 들이는 시간이 적을수록, 다시 말해서 '빨리빨리'
끼니를 때우는 나라들일수록 성장률이 높았다는 말이다.

확실히, 속도는 성장을 위한 경쟁력이다.

그런데, 이요산 씨는 아무래도 한국이 A 그룹의 꼴찌라는 결과를 믿을
수 없다. '빨리빨리'라면 한국이 최고 아닌가? 스웨덴보다 처진다는 게 말
이 되나? 곰곰이 생각한 결과, 이 조사가 각국의 문화적 차이를 고려하지
않았음을 깨달았다. 한국 사람은 다른 나라 사람에 비해서 일과 시간이
끝난 뒤에 술을 많이 마시는 편인데, 이 시간이 통계에 포착되었기 때문
에 A 그룹 가운데서도 순위가 뒤로 밀렸다는 게 이요산 씨의 추정이다.
'빨리빨리'에 관한 한 자부심을 가지고 있는 대한국인(大韓國人) 이요산
씨에게 축하의 박수를 보낸다.

자유화

자본은 경향적으로 저하하는 이윤율을 만회하기 위해서 이윤율의 절
대량을 높이려고 노력한다.* 식당 영업으로 비유하자면, 한 테이블에서 남
는 이문이 8,000원에서 7,000원으로 떨어질 때 이 테이블의 하루 회전수
를 열 번에서 열세 번으로 늘리면, 한 테이블에서 이문은 11,000원(=7,000
×13-8,000×10) 늘어난다. 이렇게 하려면 손님이 빨리 식사를 하고 나가
도록 유도해서(예를 들어서, 손님이 식사를 마치면 손님이 자리에서 일어
나기 전에 그릇을 치운다든가 하는 방법으로) 기다리다 돌아가는 손님
을 한 명이라도 놓치지 않도록 해야 한다. 그리고 술을 팔아야 할 저녁
시간에 둘이서 테이블 하나 차지한 채 5,000원짜리 식사 하나만 달랑 시

• 1장의 본문 39~40쪽 참조.

켜놓고 두 시간씩 죽치고 앉아서 수다를 떠는 사람은 눈치를 줘서(정 안 되면 싫은 소리를 해서라도) 빨리 나가게 해야 한다. 혹은 식당 출입구를 개방형으로 만들어서 손님이 거부감을 느끼지 않고 쉽게 들어오도록 할 수도 있다. 예를 들어서 길거리에 테이블을 마련해두고 커피나 맥주를 파는 가게의 영업 방침도 바로 이런 맥락에서 파악할 수 있다. 식당에 손님이 쉽게 들어왔다가 빠르게 빠져나갈 수 있도록 하는 것, 이것을 시장 경제에서는 '자유화'라고 말한다.

자유화와 관련해서 경제자유지수라는 개념이 있다. 이것은 해당 국가가 개인과 기업들이 각종 재화의 생산과 유통, 소비에 얼마나 자유롭고 편리한 환경을 갖추었는가를 나타내는 지표이다. 이것은 해당 국가가 경제적 자유 이념에 얼마나 충실한가를 수치로 표시한 것으로 정부의 강제적인 규제나 제한이 적을수록 경제자유지수가 높음을 의미한다. 미국의 헤리티지재단과 《월스트리트저널》은 해마다 세계 각국에 대해 금융시장, 자본 이동과 외국인 투자, 정부의 재정 상태, 정부의 시장 개입, 무역 정책, 임금 및 물가, 통화 정책, 지적 소유권 보호 정도, 각종 규제, 암시장 등 10개 분야의 50개 항목을 평가해서 100점 만점으로 지수를 산출한다. 〈도표 10-2〉는 2010년 2월에 발표된 총 179개국의 경제자유지수 순위 가운데 일부이다.

그런데 이 지수가 높으면 좋은 건가? 상위권에 이른바 잘나간다는 선진국들이 포진한 걸 보면 칭찬이라고 볼 수 있다. 그런데 세계 시장의 최강

순위	국가	순위	국가
1	홍콩	10	칠레 (11)
2	싱가포르	11	영국 (10)
3	오스트레일리아	19	일본
4	뉴질랜드 (5)	23	독일 (25)
5	아일랜드 (4)	27	타이완 (35)
6	스위스 (9)	31	한국 (40)
7	캐나다	64	프랑스
8	미국 (6)	140	중국 (132)
9	덴마크 (8)	※( )는 09년 순위.	

도표 10-2 2010년 경제자유지수 순위. 자료: WSJ 등.

자이자 국제통화기금(IMF)에서 유일하게 거부권을 행사하는 미국이 어째서 8위일까? 어째서 홍콩이나 싱가포르 그리고 오스트레일리아와 같은 (상대적으로 허접한!) 나라들이 금은동을 차지했을까? 게다가 금융 위기로 2009년에 경제가 거덜이 나다시피 한 아일랜드가 5위를 차지했을까? 이런 걸 놓고 보면 한국이 2009년에 비해서 아홉 계단 뛰어서 31위가 되었다는 것이 결코 좋다고만 할 수 없다. 정확하게 말하면, 좋아할 사람도 있고 싫어할 사람도 있다는 뜻이다.

경제자유지수는 경제의 '자유화'가 얼마나 진행되었는지, 다시 말해서 빠른 흐름이 생명인 경제 시스템에 얼마나 고속도로가 잘 닦여 있는지 나타내는 지수일 뿐, 그 나라의 총체적인 경제력과는 아무 상관이 없다. (예를 들어서 미국은 2009년에 100점 만점에 80.8점을 받아 6위를 기록했다가 2010년에 78점으로 8위로 떨어졌는데, 자세한 내용을 들여다보면 금융 위기에 대한 대응책 때문에 금융 자유와 재산권 등에서 낮은 점수를 받았기 때문이다.)

고속도로가 잘 닦여 있으면 해외의 자본이 쉽게 들어와서 쉽게 나갈 수 있다. 해외 자본이 돈을 벌어서 나가려고 할 때 발목을 잡는 일이 있어서는 안 된다는 말이다. (상대적인 약소국 입장에서 보자면 국부의 유출이 그만큼 쉬워진다는 뜻이다.) 예를 들어서 론스타라는 해외 기업이 한국에서 외환은행을 헐값에 사서 구조조정을 한 뒤에 비싸게 되팔아 차액을 챙겨서 나가려고 할 때, 혹은 키코라는 파생상품 거래에 따른 10조 원 규모의 수익이 해외로 빠져나가려 할 때, 한국의 정부나 민간이 너무 많이 벌어가는 것 아니냐 혹은 사기가 아니냐며 '시비'를 거는 일이 없어야 한다는 말이다. 예를 들어서, 현금자동인출기에서 돈을 인출하려고 하는데 이 녀석이 돈은 내어놓지 않고 문제가 생겼으니 창구에 가서 문

의하라고 한다면 얼마나 화가 나겠는가! 이런 시비가 붙으면 자본 회전의
속도는 느려진다. 한 테이블에 세 번 받을 손님을 두 번이나 한 번밖에
못 받는 이런 일이 일어나지 않도록 하는 것, 불확실성을 제거하는 것이
바로 '자유화'이다.

경제의 자유화는 효율성을 목표로 하는 개념이다. (그러므로, 지금 필
요한 것은 뭐? 스피드!) 이 개념은 민간 경제 주체들이 자발적으로 경제적
인 선택을 하고 자발적인 합의를
바탕으로 거래가 이뤄질 때 자원
배분의 효율성이 극대화된다는 점
을 전제로 한다. 이런 자발성에 기
초할 때 시장실패가 발생하지 않
으므로, 이런 상황에서 정부의 시
장 개입은 시장을 왜곡시킨다는
주장으로 이어진다.

공기업의 민영화 역시 이런 효율성과 자유화의 맥락에서 진행된다.

공기업의 임금 수준은 다른 선진국에 비해서 터무니없이 높으며 공기
업의 방만한 경영과 도덕적 해이는 심각했고 또 지금도 마찬가지다. 그렇
기 때문에 공기업에 대한 민영화 요구가 힘을 얻는다.

하지만 공기업이 비효율적인 것은 공익 추구 즉 국민 전체의 복리를 추
구하므로 '성장' 중심이 아니라 '분배' 위주의 하드웨어 및 소프트웨어 인
프라 구축을 과제로 수행하기 때문이다. 그런데 이때의 분배가 국민 전체
가 아니라 일부 특권층에 집중해서 이루어진 경우가 많았다. 그래서 국

• 본문 272쪽의 '론스타와 먹튀 자본'과 본문 274쪽의 '키코' 참조.

•• 본문 115쪽 참조.

민은 '그 꼴을 계속 보고 있느니, 차라리 확 민영화해 버리는 게 낫겠다.' 라고 생각한다. 예를 들어 공기업의 무사안일 철밥통 체계를 바라보면서 (118조 원이나 되는 빚더미를 안고 하루에 이자로만 100억 원을 지출하는 상황에서 2011년의 1조 2438억 원을 포함해서 2015년까지 3조 3000억 원의 국민혈세를 지원받을 예정인 LH공사는 2010년에 1062억 원의 성과급을 직원들에게 지급했다), 국민은 과연 민간 기업에서라면 저런 비효율성이 가능할까, 내가 낸 피 같은 세금을 축내는 일이 어떻게 버젓이 일어날 수 있겠느냐며 핏대를 세운다. 그러나 빈대가 밉다고 초가삼간 태울 수는 없는 노릇이다. 개인의 부도덕은 철저한 감사를 통해서 예방하되, 공익을 추구하는 사업 자체를 포기할 수는 없다.

그러나 '효율성'을 내세운 '자유화'의 논리는 공기업의 민영화 주장을 제기하고, 국가 차원의 인프라인 우편 사업, 상수도 사업, 배전 및 통신 사업, 보건위생 사업 등은 규모와 시장이 크기 때문에 국내외 민간 자본이 군침을 흘리며 달려든다.

2002년 한국담배인삼공사에서 민영화한 KT&G는 '상상하면 이루어지는 세상'을 기업 모토로 내세우고 '상상 예찬'이라는 제목을 단 일련의 시리즈물을 동원해서 회사 이미지 광고를 했고, 청소년층 사이에서 담배에 대한 혐오감을 지우며 공익성을 파괴하는 데 성공했다. KT&G의 풀네임이 기존의 'Korea Tobacco and Ginseng'이 아니라 'Korea Tomorrow and Global'임을 알고 있는가? 모른다면 기업의 이윤 추구 열망이 얼마나 강하고 집요한지 상상하는 능력이 부족한 편이니, KT&G에서 그 상상력을 배우기 바란다.

IMF 위기 때부터 IMF의 압박 속에서 민영화가 진행되었는데, 대표적으로는 2000년에 포항제철이 포스코로 바뀌었다. 그리고 2002년에만 한국통신공사가 KT로, 한국담배인삼공사가 KT&G로 각각 민영화되었으며, 고속도로관리공단이 이름은 그대로 유지한 채 계룡건설에 매각되었다. 한국전력공사는 부분적으로 민영화된 상태이며, 상수도 민영화 사업도 과거 한차례 떠들썩했다 사라지긴 했지만 당국이 여전히 진행하고 있는 사업이다. 한편 한국철도공사와 인천공항공단에 대해서도 민영화 논의가 진행되고 있다. (의료보험 민영화에 대해서는 11장을 참조하라.)

특히 **인천공항공단**에 대해서는 2011년에 전체 지분 가운데 15퍼센트를 주식시장에 상장하고 그 뒤 총 49퍼센트까지 지분을 매각할 계획을 세워두고 있다. 그런데 인천공항공단은 비록 건설 과정에서 온갖 비리들이 불거졌지만, 2010년 현재 국제화물처리량 세계 2위, 국제여객운송량 세계 10위 등 이미 세계 최고의 공항으로 인정받으며 6년 연속 흑자 경영에 매년 1000억 원 이상의 수익을 낳는 알짜 공기업으로 성장했다. 또한 세계 공항서비스 평가에서 5년 연속 1위를 차지하면서 시설과 서비스에서 명실 공히 세계 최고임을 자랑하는 공기업이다. 그런데 경쟁력 제고 운운하며 이런 기업의 지분을 외국 자본을 포함한 민간에 매각한다는 것은 명백한 국부 유출 행위일 뿐만 아니라 공공재 차원의 공기업을 이권 나눠먹기의 대상으로 내팽개치는 부도덕하고 무책임한 행위라는 비판이 일고 있다.

"정부의 혜택은 누리면서도 그것이 개인의 자유를 위협하지 않도록 하려면 어떻게 해야 하나. 그 해답은 정부가 할 일의 범위를 최소화하고 정부의 힘을 광범위하게 분산시키는 데서 찾을 수 있다." (《자본주의와 자유》에서.) 자유로운 선택과 경쟁을 전제로 하는 시장경제체제의 운영 원리를 정부에 대해서도 적용하자고 주장한 프리드먼은 1980년대의 새로운 흐름인 신자유주의에 철학적 기반을 제공했다.

1970년대에 등장해서 신자유주의 구축 과정의 한 축을 담당했던 이 이론은, 가계나 기업 등 경제 주체들은 모든 정보를 활용해 경제 상황의 변화를 합리적으로 예측하므로, 정부의 임의적인 금융 및 재정 정책은 아무 소용이 없다고 주장한다.

버스 안내양을 추억하며

다음은 1973년 8월 한 일간지에 실린 독자 투고이다.

나는 최근 일요일 저녁 여덟 시경 모래내~상도동 간을 운행하는 143번 입석버스를 탔다. 그 버스의 안내양은 '어서 타세요.' '안녕히 가세요.' '손 조심 하세요.' '잔돈이 없으니 조금만 기다리세요.' '여기 앉으세요.' 하면서 시종일관 공손했다. 노인이나 어린이는 좌석까지 안내할 뿐 아니라 하차 시에는 손을 잡아 내려주며 짐까지 운반해 주었다. 행선지를 묻는 승객에겐 이 차는 그곳을 안 가니 몇 번을 타라고 일러주는가 하면 다음 하차 지점도 정확하고 명랑한 어조로 안내했다. 모든 승객은 이 안내양에게 고마움을 느끼는 듯싶었다. 안내양의 친절로 비좁은 버스 속의 열기가 한결 시원해짐을 느꼈다.[•]

이 안내양이 그때 스물세 살이었다면 지금 환갑을 맞았을 것이다. 넉넉하고 편안하게 노후를 즐기고 있을지, 아니면 지금도 (예컨대 용역 회사에 몸을 담고 청소 일을 하거나 간병인협회에 소속된 회원으로 어느 병원에서 간병 일을 하며) 팍팍한 삶을 살고 있을지 알 수 없다. 분명하게 알 수 있는 건, 그동안의 긴 세월 동안 많은 것이 바뀌었다는 사실이다. 버스 안내양 제도는 1983년에 전국적으로 폐지되었다. 그리고 안내양이 현금으로 받던 버스비는 '버스표'로, '토큰'으로 다시 '교통카드'로 바뀌었다. 하차 지점을 알려주는 것도 녹음된 목소리이고, 승객은 자기가 가고자 하는 목적지로 가는 버스의 번호와 노선은 스마트폰으로 쉽게 알아낸다. 사람이 타고 이동하는 버스는 여전하지만, 승객이 내는 돈의 흐름은 예전과 비할 바 없이 빠르고 정확해졌다. 예전에 버스 안내양이 버스비를 이른바 '삥땅'하는 일이 종종 있었고, 버스 회사는 이런 일을 막겠다고 알몸수색을 해서 물의를 빚는 일도 숱하게 있었음을 회상하면, 정말 놀라운 변화이다. 이건 모두 신용카드가 있기 때문에 가능한 일이었다.

신용카드는 돈이 흐르는 길을 고속도로로 만들었다.

현재 우리나라 신용카드 시장 규모는 세계 3위를 기록하고 있다. 하루 평균 신용카드 이용 규모는 1337만 건에 1조 4천억 원에 달한다. 이에 따라 카드사들은 2009년에 1조 8천억 원대의 막대한 순익을 올렸다. 게다

• 《동아일보》, 1973년 8월 20일.

가 '스마트 전자지갑'이나 '모바일 결제' 등 새로운 금융 결제 시스템의 확산으로 통신사들까지 카드 업계에 우회적인 형태로 진출하고 있으며, 이 분야의 시장은 뜨겁게 달아오르고 있다. 〈도표 10-3〉은 국내의 카드 승인 실적 추이이다. (여기에는 기업 구매 카드, 해외 신용판대, 현금서비스, 카드론 실적은 제외되어 있다.)

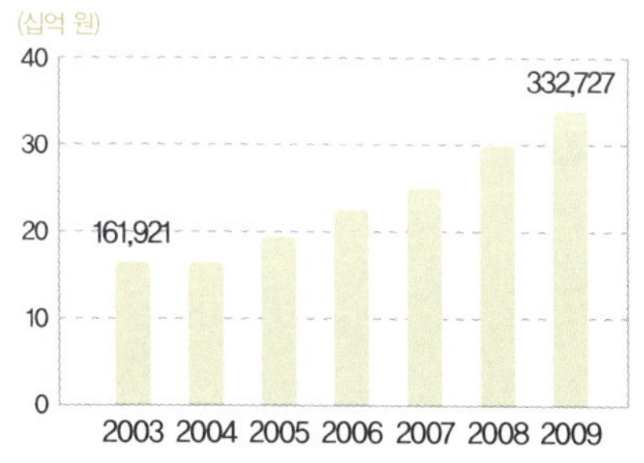

도표 10-3 국내 카드 승인 실적 추이. 자료: 여신금융협회.

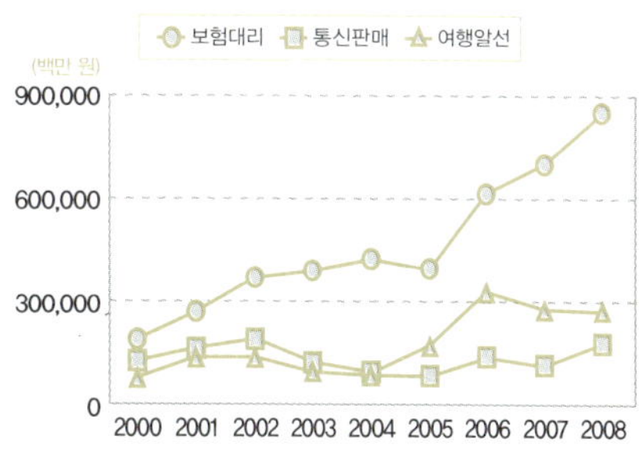

도표 10-4 신용카드사 부대 업무 실적. 자료: 금융감독원.

또한 신용카드사의 부대업무 실적을 나타낸 〈도표 10-4〉에서 보는 것처럼, 이 고속도로에는 휴게소가 있어서 여행 중에도 필요한 것이 있으면 얼마든지 구매할 수 있게 되어 있다. (이 도표에는 2004년부터의 국민은행과 외환은행의 실적은 포함되지 않았다.) 요컨대 신용카드를 포함한 수많은 이런 '고속도로화' 장치들이 시장을 보다 안전하고 정확하고 빠르게 작동하도록 기능한다.

국가경쟁력

세계경제포럼(WEF), 세계은행(WB) 그리고 스위스 국제경영개발연구원(IMD) 등이 국가경쟁력 순위를 발표하고 있다. 〈도표 10-5〉는 WEF가 발표한 2009년 국가경쟁력 순위이다.

순위	국가	순위	국가
1	스위스 (2)	13	영국 (12)
2	미국 (1)	14	오스트레일리아 (18)
3	싱가포르 (5)	15	노르웨이 (15)
4	스웨덴 (4)	16	프랑스 (16)
5	덴마크 (3)	17	오스트리아 (14)
6	핀란드 (6)	18	벨기에 (19)
7	독일 (7)	19	한국 (13)
8	일본 (9)	20	뉴질랜드 (24)
9	캐나다 (10)	25	아일랜드 (22)
10	네덜란드 (8)	29	중국 (30)
11	홍콩 (11)	30	칠레 (28)
12	타이완 (17)	33	스페인 (29)

도표 10-5 WEF 발표 2009년 국가경쟁력 순위. 자료: WEF. ※조사 대상은 133개국, ( )는 전년도 순위.

WEF는 2009년 한국의 국가경쟁력을 전체 133개의 조사 대상국 가운데 19위로 꼽으면서, 한국 경제의 개선점이 특히 제도(정책 결정의 명료성 100위, 관료적 형식주의 98위, 정치인 신뢰도 67위)와 노동시장의 비효율성("한국에서 근로자를 해고하는 데 소요되는 비용 규모는 OECD 평균의 두 배다.") 그리고 미성숙한 금융시장(은행 건전성 90위)에 있다고 지적했다. 구체적인 사항은 〈도표 10-6〉과 같다.

이 도표에서 알 수 있듯이, 세계경제포럼이 국가경쟁력 산출의 자료로 쓰고 있는 여러 요소들에 대한 평가 기준은, 국내 기업뿐만 아니라 외국 기업이 해당 국가에서 얼마나 자유롭게 기업 활동을 할 수 있도록 보장하느냐

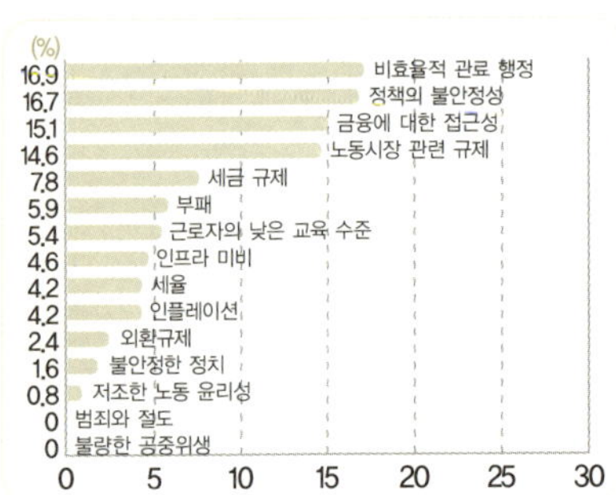

도표 10-6 한국 내 기업 활동 저해 요소. 출처: WEF. ※15개의 잠재적인 방해 요인 가운데 가장 문제가 되는 다섯 개를 고르게 해서 분석한 결과임.

하는 것이다. 앞에서 이야기했던 '고속도로'이다.

그러므로 국가의 경쟁력이 얼마나 높은가 하는 것은 해당 국가 국민의 살림살이 수준이 얼마나 좋은가 하는 문제와는 별개이다. 효율성의 문제이지 형평성의 문제는 아니라는 말이다. 상대적으로 경제력이 약한 국가 A와 상대적으로 경제력이 강한 국가 B를 놓고 보자면, A와 B 사이에 자본의 고속도로가 잘 닦여 있을 경우, A의 국부는 B로 빠르고 안전하게 유출된다. 미국(2위) 기업과 한국(19위) 기업이 경쟁을 한다면 미국 기업이 유리하고, 한국 기업과 중국(29위) 기업이 경쟁을 한다면 한국 기업이 유리하다는 뜻이다. 하지만, 예를 들어서 어떤 한국 기업이 중국에서 기업 활동을 해서 중국의 국부를 국내로 들여왔다고 해도, 이 기업의 지분이 100퍼센트 자국민 소유가 아닌 한, 중국에서 빼낸 부는 한국 국민에게 고스란히 돌아가지는 않는다. (한편 2010년 9월에 WEF가 발표한 2010년 국가경쟁력 순위에서는 1위부터 20위까지 국가 순위의 변동은 거의 없다시피 했고, 한국은 19위에서 22위로 세 계단 내려갔다.)

2010년 5월 24일 기준으로 한국의 시가총액 상위 10개사의 외국인 보유 지분율은 〈도표 10-7〉과 같다. 2010년 7월 23일 기준으로 NHN(네이버)와 KT 그리고 LG전자의 외국인 지분은 각각 무려 58.42퍼센트, 48.99퍼센트, 33.74퍼센트나 된다. 그리고 해당 기업이 벌어들인 수익은 이 지분만큼 외국인에게 돌아간다. 예를 들어서 NHN이 100원의 수익을 올렸다면 이 가운데 58.42원은 외국인에게 돌아간다는 뜻이다. NHN이 수익을 많이 올리면 올릴수록(그래서 한국의 GDP가 올라가면 갈수록) 국내의 국부는 외국으로 더 많이

기업	지분율(%)
삼성전자	45.58
POSCO	48.82
현대차	38.65
한국전력	22.49
신한지주	59.77
삼성생명	5.36
KB금융	57.52
현대모비스	41.41
LG화학	28.13
현대중공업	19.48

도표 10-7
시가총액 상위 10개사 외국인 지분율. 자료: 한국거래소. ※기준일: 2010년 5월 24일. 삼성생명은 5월 12일 상장일 기준.

유출된다. 고속도로를 달려, 보다 빠르고 안전하게…….

이렇게 기업하기 좋은 정도를 국가별로 분석해서 내놓은 수치가 바로 국가경쟁력 지수이다.

그러므로 경쟁력이 약한 나라는 '경쟁력 게임' 즉 '경제 자유화' 게임에 아예 참가하지 않는 게 유리할 수도 있다. 그래서 북한과 쿠바는 시장을 열라는 세계 자본의 압박(이 압박은 무역제재라는 경제적인 방식과 다양한 정치적인 방식으로 구사된다)을 받으면서도 문을 굳게 잠근 채, 자기에게 보다 유리한 게임의 규칙이 제시되길 기다리며 버티고 있다. 프랑스도 〈도표 10-2〉에서 보듯이 경제자유지수 기준 순위는 전체 179개국 가운데서 64위이다.

연도	2000	2001	2002	2003	2004	2005	2006	2007	2008	2009
개인	–	1,092	1,072	2,175	2,309	2,530	3,412	4,240	5,008	5,605
기업	–	39	69	100	118	243	179	230	252	316
합계	409	1,131	1,771	2,275	2,427	2,674	3,591	4,470	5,260	5,921

도표 10-8 인터넷 뱅킹 서비스 등록 고객 수 추이. 단위: 만 명·개사. 자료: 한국은행.

＊　＊　＊

피에르 쌍소는 《느리게 산다는 것의 의미》에서 다음과 같이 말한다.

"항상 분주한 도시, 그 도시 안에 있는 모든 것이 나를 흥분하게 만든다. 길을 걷노라면 적당한 속도로 걸으려는 나의 노력과는 아랑곳없이, 나는 항상 군중들 속에 파묻혀 바삐 끌려가게 된다. 나는 온 힘을 다해서 가까스로 그들의 대열에서 빠져나온다. 그러나 이번엔 높은 빌딩들 위에서 빛나는 네온사인들이 내게 현란한 추파를 던진다."

하지만 앨리스가 찾아갔던 이상한 나라에서는 오늘도 토끼가 '바쁘다, 바빠!'를 외치며 시계를 들고 정신없이 뛰어다닌다. 아무도 이 토끼를 이상하게 생각하지 않는다. 이 나라에는 피에르 쌍소 같은 사람은 한 명도 없다.

11장 묻지도 않고 따지지도 않는 신성장 동력
—국민건강보험과 의료보험 민영화

우리의 눈은 또렷한 것보다 환상처럼 막연하고 아련한 것에
더 매혹되게 마련이다.

—카스파 다비드 프리드리히

굿모닝, 좋은 아침, 참 좋은 말이다. 하지만 이 말 뒤에 '병원'이라는 말이 붙으면, 이요산 씨는 기분이 참 더럽다. 무슨 의사가 말을 못하게 했다. 목이 따끔거린다는 증상을 덧붙이려고 입을 열었지만, '목이'라는 음절을 다 말하기도 전에 의사는 말을 잘랐다.

"아 예, 됐고요."

다 알고 있다고 했다. 뭘 다 알아, 내가 무슨 말을 할 줄 알고? 그 뒤로도 이요산 씨는 두 번을 더 시도했지만, 그때마다 계속 태클을 당했다. 의사는 이요산 씨가 진료실에 들어간 지 채 2분도 되지 않아 됐다면서 돌아앉았다. 주사 맞고 처방전 받아 가면 된다고 했다. 전에도 한 번 '굿모닝'에서 그렇게 당한 적이 있었다. 그때 다시는 이 병원에 발을 들여놓지 않겠다고 마음먹었는데, 그새 그 다짐을 까먹었다. 집에서 가까운 병원이라 별 생각 없이 또 찾았다가 역시 이번에도 그런 낭패를 당한 것이다. 특

정한 요일 오후면 동네 병원의 의사들이 친목 차원에서 단체로 골프장을 찾는 바람에 몇 개 병원이 한꺼번에 문을 닫아버렸고, 그 탓에 간단한 약 하나 처방받으려고 멀리까지 갔다 오던 아내 일이 생각나서 이요산 씨는 더욱 불쾌했다. 하지만 늦었다. 이미 진료실에서 나와 버렸으니……. 뭐라고 한마디 하려면 진료실에서 해야지 다 끝나고 나서 뒤에서 혼자 투덜거리기만 하면 뭐 하냐고 이 바보야.

그날 이후로 이요산 씨는 '굿모닝(Good Morning) 병원'을 '셧더빠컵(Shut the Fuck Up) 병원'으로 부른다. 그리고 가족은 물론이고 동네에서 인사를 트고 지내는 사람들에게도 틈만 나면 셧더빠컵 병원에는 가지 말라는 이야기를 한다. 사실 소비자가 할 수 있는 가장 큰 저항은 불매운동 아닌가.

그래도 이요산 씨는 한국의 의료 체계, 특히 의료보험 체계에 대해서는 불만이 없다. 아이들이 초등학교를 졸업한 뒤로는 거의 병원에 갈 일도 없었고 자기나 아내 역시 딱히 어디 아픈 데가 없어서 병원을 찾을 일이 거의 없었지만, 꼬박꼬박 납부하는 국민의료보험에 대해서는 조금도 불만이 없었다. 젊은 사람들이 열심히 보험비를 납부해야 늙고 병든 사람들이 혜택을 받을 테고, 자기 역시 늙고 병들면 그렇게 혜택을 받을 것이라고 믿기 때문이다.

아니나 다를까, 이요산 씨는 최근에 처음으로 그런 혜택을 받았다. 백내장 수술을 받았던 것이다. 이제 갓 쉰 살인데 백내장이라니…… 이제 나도 늙고 병들어 가는구나 하는 생각에 그는 처량하기도 했지만, 사람 사는 환경이 바뀐 바람에 옛날과 달리 사십 대 환자도 심심찮게 있다는 말로 위로를 받았다. 혼탁해진 수정체를 렌즈로 교체하는 수술은 간단해서 10분 만에 끝났고, 1시간가량 회복실에 누워 있다가 퇴원했다. 수술비는 34만 원이었다. 국민건강보험 혜택을 받지 못한다면 150만 원에서 200만 원은 내야 한다고 했다. 앞으로 나이가 더 들고 늙으면서 아픈 데는 점점 더 많이 생기고 그만큼 또 더 자주 병원 신세를 질 텐데, 이 제도가 있어서 얼마나 다행인지 모르겠다고 생각했다. 맹장염 수술을 하는 데 약 2000만 원이 들고 자연분만을 하는 데 약 400만 원이 드는 나라, 개인 파산 신청자 가운데 절반이 의료비 부담으로 파산하는 나라 미국에 비하면 정말 한국은 천국인 셈이다. (미국은 2010년에야 전 국민 의료보험 제도가 도입된다.)

한국의 보건의료서비스 수준을 OECD 평균과 비교하면 〈도표 11-1〉과 같고, 한국의 국민건강보험 구조는 〈도표 11-2〉와 같다.

국민건강보험의 현황

가계 최종소비지출에 대한 국가별 의료·보건비 비율을 보여주는 〈도표 11-3〉을 보면 두드러지는 점 몇 가지가 눈에 띈다. 우선 미국의 비율이 19.0퍼센트로 다른 나라들과 비교할 때 가히 압도적으로 높다. (이 수치를, 미국 사람은 다른 나라 사람들에 비해서 특별히 의료·보건 문제에 신경을 많이 쓴다고 해석할 사람은 없기를 바란다.) 민간 의료보험의 천국이라 불리는 미국에서는 전 국민 의료보험이 실시되지 않고 오로지 민간의료보험에만 의존하기 때문이다. 다큐멘터리 영화 〈식코〉에서 지적하듯이, 미국에서 파산 가정의 절반 정도는 의료비가 원인인데, 파산자의 75퍼센트는 보험에 들었지만 이 보험이 방패막이가 되어주지 못하기 때문이다. 저소득층 사람들은 주로 보험비를 적게 내고 적은 혜택을 받을 수밖에 없고, 그 바람에 가족 가운데 누가 병이라도 들면 곧바로 파산의 길로 걸어갈 수밖에 없다.

	병상 수 (천 명당)	평균입원일	의사 수 (천 명당)	의과대학 수 (10만 명당)	간호사 수 (천 명당)	피진료 횟수 (1인, 1년)	의사 진료 횟수(1인, 1년)
한국	7.1	10.6	1.7	9.0	4.2	11.8	7,251
OECD 평균	3.9	6.6	3.1	9.0	9.6	6.7	2,543
최고국	8.2	19.0	5.4	21.7	31.9	13.6	7,251
최저국	1.0	3.5	1.5	5.5	2.0	2.5	467

도표 11-1 2007년 기준 한국의 보건의료 서비스 수준(2007년). 출처: "OECD 2010년 한국 보고서"

당연지정제

의료업을 하는 모든 개인과 기관은 건강보험공단과 의무적으로 보험지정을 받아서 국민에게 국민건강보험이 정한 의료서비스를 제공해야 한다는 규정. 즉, 한국에서 모든 병원은 국민건강보험 가입자의 진료 요구를 거부할 수 없다.

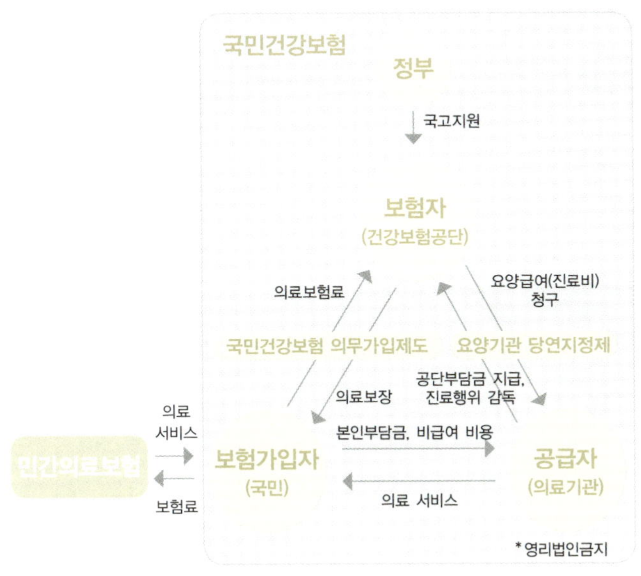

도표 11-2 한국의 국민건강보험 구조

국가	연도	비율(%)
한국	2007	5.4
일본	2006	4.2
캐나다	2006	4.2
멕시코	2004	4.7
미국	2006	19.0
오스트리아	2006	3.2
덴마크	2005	2.6
프랑스	2007	3.4
독일	2006	4.8
이탈리아	2007	3.6
네덜란드	2006	2.2
포르투갈	2004	5.5
스페인	2006	3.5
스웨덴	2005	2.7
핀란드	2006	4.2
영국	2006	1.6
오스트레일리아	2006	5.2
뉴질랜드	2006	3.7

도표 11-3 가계 최종소비지출에 대한 국가별 의료·보건비 비율. 자료: OECD.

한편 북유럽의 전통적인 복지국가들은 비율이 낮다. 의료 및 보건 관련 지출로 큰 부담을 받지 않는다는 뜻이다. 특히 영국은 다른 유럽 국가들에 비해서 특이할 정도로 낮다. 영국은 1946년에 병원을 공영화해서 출산·질병·노동재해·실업·노령·사망 등, 이른바 '요람에서 무덤까지'의 사회보장이 가능하도록 했다. 그래서 당시에 국민보험사업 수입 가운데서 국고 부담 비율이 90퍼센트나 되었고, 이런 전통이 지금까지 이어오기 때문에 가계 최종소비지출에 대한 국가별 의료 및 보건비 비율이 이토록 낮다.

어쨌거나 이 표로만 보자면, 한국 사람의 의료 및 보건 관련 지출이 전체 소비 지출에서 차지하는 비중은 OECD 내에서 결코 적지 않다. 게다가 이 비율은 〈도표 11-4〉에서 보듯이 점차 높아지는 추세이다. 특히 식료품 및 비주류음료품 지출이 금융위기 전까지 내려가다가 그 뒤로 다시 올라가기 시작하는 것과 대조적으로 시종일관 꾸준하게 증가하고 있다.

계정항목	2002	2003	2004	2005	2006	2007	2008	2009
식료품·비주류음료품	13.61	13.24	12.99	12.44	12.20	12.02	12.39	12.51
의료·보건	4.42	4.67	4.96	5.20	5.43	5.62	5.96	6.54

도표 11-4 가계 최종소비지출의 구성비 추이(식료품, 의료보건). 단위: %. 자료: 한국은행.

이런 사정은, 한국의 국민건강보험의 보장성이 다른 OECD 국가의 공공 의료보험 보장성에 비해서 낮기 때문이다. 국민건강보험 보장률이

1990년대 말에는 50퍼센트 아래였지만 2007년 64.6퍼센트까지 올라갔다. 그러다가 2008년에는 62.2퍼센트까지 떨어졌으며(이는 2008년 기준으로 평균 보장률이 80퍼센트대인 OECD 회원국 가운데 꼴찌에서 두 번째다), 머지않아서 50퍼센트 미만으로까지 떨어질 전망이다. 국민건강보험에 가입했어도 제대로 혜택을 받지 못한다는 뜻이다.

국민건강보험법에 따르면 아무리 중병에 걸려도 1년 동안의 본인부담 총액은 200~400만 원을 넘지 않아야 한다. 그러나 현실은 전혀 그렇지 않다. 1년 진료비가 수천만 원이 나와 한 가정이 풍비박산 나는 경우도 허다하다. 국민건강보험이 적용되지 않는 비보험 진료 때문이다. 선진국의 건강보험과 달리 특진비, 입원 병실비 차액, MRI 검사비, 초음파 검사비, 치료 재료비 등에 국민건강보험이 적용되지 않는다. 게다가 선진국에서는 기본적인 서비스로 제공하는 간병도 개인이 따로 돈을 들여야 한다.

이처럼 국민건강보험의 보장성이 취약하다 보니, 보다 많은 사람들이 따로 민간 의료보험에 의존하려고 한다. 그래서 2003년에 6조 3천억 원이 던 민간의료보험 시장 규모는 2008년에 12조 원대로 성장했으며*, 앞으로 도 이 시장은 점차 더 커질 전망이다. 참고로, 2008년 국민건강보험통계 연보에 따르면 2008년의 국민건강보험공단의 재원은 직장의료보험 19조 5천억 원(기업과 국민이 반씩 부담), 지역의료보험 5조 9천억 원 그리고 국고 지원 4조 원을 합쳐서 29조 원이었다.

구분	'01년	'02년	'03년	'04년	'05년	'06년	'07년	'08년
국민건강보험 급여율	149.0	126.5	108.4	104.4	108.7	114.8	113.0	106.7
생명보험 지급률	72.6	59.1	61.3	59.7	63.6	56.6	59.8	64.6
장기손해보험 손해율	84.3	81.6	82.4	88.0	86.4	83.8	81.5	79.4

도표 11-5 보험별 지급률 추이 비교. 단위: % 자료: 국민건강보험공단.

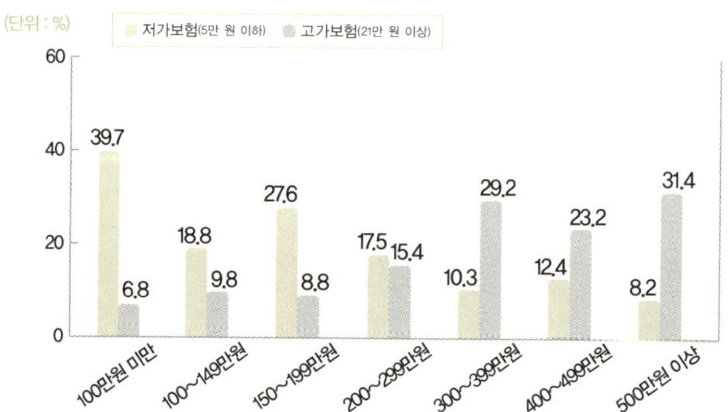

도표 11-6 소득 계층별 저가 민간 의료보험과 고가 민간 의료보험의 구성 비율 (2008년). 자료: 국민건강보험공단.

• 본문 75쪽의 〈도표 3-8〉 참조

또, 〈도표 11-6〉에서 보듯이 소득 수준에 따라서 저가 보험과 고가 보험의 구성 비율이 정반대로 나타난다. 소득이 낮은 계층에서는 가계 부담 때문에 저가 보험에 들 수밖에 없고, 결국 필요한 경우에는 충분한 보장을 받지 못한다. 이 표는 한국의 의료보험 제도를 둘러싼 '형평성'과 '효율성'이라는 모순과 갈등을 시각적으로 드러낸다. 핵심은 이렇다. 보건 및 의료 문제는 국민이 누려야 하는 가장 기본적인 사항이기 때문에 국가와 사회가 책임을 져야 하는 게 옳을까? 아니면, 이 문제는 개인이 능력껏 책임지고 알아서 해야 하는 게 옳을까?

고소득층은 자기들이 일방적으로 손해를 봐야만 하는 국민건강보험 구조에서 벗어나서 따로 자기들만의 부조 구조를 만들고자 한다. 그리고 자본은 이 파열구를 비집고 들어가서 새로운 이윤 창출의 터전을 마련하고자 한다. 의료·보건 부문을 미래의 신성장 동력으로 설정하고 시장을 창출하려고 준비한다. 그렇다면 이런 상황에서 정부는 무엇을 하고 있을까?

신성장 동력

정부는 의료서비스 산업을 관광, 교육, 금융 등과 함께 묶어서 미래 경제의 신성장 동력이 될 고부가 서비스 산업으로 꼽는다. 이에 따라 2009년에 '신성장 동력 종합 추진계획'이 마련되고, '고부가 서비스산업 분야 세부추진 계획'이 발표되었다. 이 계획에는 글로벌 교육서비스, 녹색금융, 콘텐츠·소프트웨어, MICE˙·융합관광과 함께 '글로벌 헬스케어'가 5개 동력으로 설정되어 있다. '글로벌 헬스케어'의 부문별 과제는 2008년 2만 7

• 'Meeting, Incentives, Convention, Events'의 약자. 국제 행사 목적으로 외국인이 대규모로 참여하는 관광 산업.

천 명 수준이던 국내 유치 외국인 환자 수를 2013년까지 20만 명 수준으로 끌어올리는 것으로 설정되어 있다.

의료 분야를 신성장 동력, 즉 이윤을 창출할 새로운 시장으로 설정한 정부 정책의 기본 방향은 의료보험 민영화이다. 이 부문이 민영화가 될 때 병원이나 의료기기 분야에 대한 기업의 투자가 활발하게 이루어져 일자리가 창출되고 의료 및 보건 산업은 경쟁력을 갖추며, 이른바 '의료 관광' 산업도 활성화될 것이라고 바라보기 때문이다.

공기업의 민영화는 주식을 포함한 자산이나 서비스 기능을 공공 부문에서 민간 부문으로 이전시키는 것을 일컫는다. 이때 공공 부문이 보유하던 주식을 전부 또는 일부 민간 부문에 매각하는 것이 가장 보편적인 민영화 방식이다. 하지만 의료보험의 민영화는 국민건강보험 자체를 민영화하는 게 아니다. 이와는 다른 양상으로 전개된다. (민영화 일반에 대한 보다 자세한 내용은 10장 '지금 필요한 건 뭐? 스피드!'를 참조하기 바란다.)

기본적인 내용은 현재 비영리법인으로 되어 있는 의료기관(병원)을 영리법인으로 만드는 것이다. 이른바 '병원경영지원회사(Management Service Organization·MSO)'라는 영리 기관의 설립과 의료기관 사이의 합병을 허용함으로써 의료기관의 영리법인화를 우회적으로 진행한다. 이 경우 MSO-대형병원-중소병원으로 계열화되는 초대형 병원 그룹이 가능해진다.

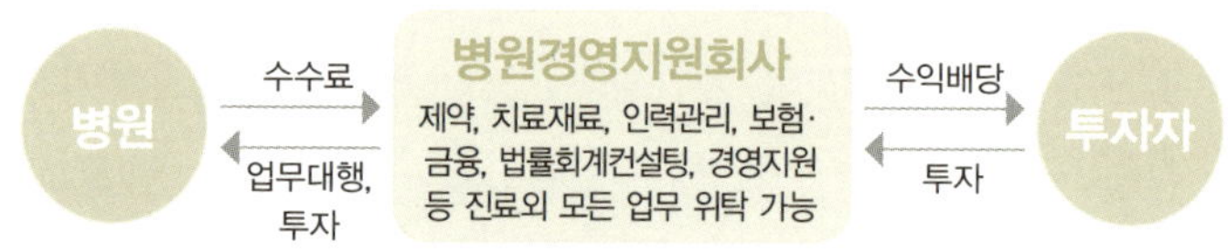

도표 11-7 병원경영지원회사(MSO)의 기능

이렇게 커진 병원 그룹은 국민건강보험과 정부에 대해서 보다 강력한 영향력을 행사할 수 있게 된다. 원하는 사람에게만 고급 의료 서비스를 제공한다지만, 영리 병원은 이윤을 창출하려고 국민건강보험의 비급여 항목(병실, 검사, 특진비 등)을 늘릴 테고, 결국 대다수 국민건강보험 가입자들이 보험 혜택을 받을 수 있는 병원은 없어진다. 〈식코〉에서처럼, 본인이나 가족이 질병에 걸려서 파산하는 사람 가운데서 민간 의료보험에 가입한 사람의 비율이 75퍼센트나 되는 현상이 남의 일이 아니게 될지도 모른다. 국민건강보험에 가입했음에도 불구하고 감당할 수 없는 진료비 때문에 파산을 하거나, 아예 치료조차 못 받을 수 있다는 말이다. 가난해서 사회와 정부로부터 보호를 받아야 할 사람들이 죽어나게 생겼다는 말이다.

'건강관리서비스법'과 비급여

2010년 4월에 변웅전 의원을 포함한 11인의 의원이 발의한 법안으로, 치료 행위를 제외한 모든 의료 행위를 국민건강보험에서 제외하는, 즉 비급여 대상으로 만든다는 것이 핵심적인 내용이다. '건강에 대한 정보 제공, 교육, 상담, 점검 및 관찰' 등을 '건강관리 서비스'로 재규정하고 이를 국민건강보험 급여 항목에서 제외해서 가격을 자유화하겠다는 것이다. 요컨대 현재 의료 행위로 규정되는 내용 가운데 일부를 떼어내서, 영리업체가 그 행위를 하게 한다는 것이다. 그런데 현재 한국은 이미 고령화 사회로 진입했고 고령사회를 앞두고 있기 때문에 급성 질병 치료보다는 만성 질병 관리 그리고 건강 검진과 예방이 보다 큰 비중을 차지한다. 그러므로 이 법안의 내용은, 실제로 국민의료보험 급여 대상 가운데 알맹이를 쏙 빼서 비급여 대상으로 설정하고 이것을 '건강관리서비스'라고 부르며 국민의료보험 밖에서 시장 원리에 따라 가격을 자유화하겠다는 것이다. (이렇게 되면 국민건강보험의 보장성은 '획기적으로' 떨어지고, 공공 보험인 국민건강보험은 무력화된다.)

구분	국민건강보험	민간 의료보험
운영 원리	개인의 건강은 사회적 책임	개인의 질병은 개인이 책임
보험 가입	당연 가입	임의 가입
운영 주체	공공기관(국민건강보험공단)	민간 보험회사
운영 방식	단일보험자	자유 경쟁
운영 취지	사회적 형평성	개인별 적정성
급여 결정 / 종류	법률로 규정 / 균등 급여	계약에 의해 결정 / 차등급여
보험료 산정(기준)	능력 비례(소득과 재산)	위험률 비례(질병과 의료 이용 가능성)
보험료 부담 원칙	공동 부담(소득 재분배 효과)	본인 부담

도표 11-8 국민건강보험과 민간 의료보험 비교

원격 진료, 일명 유헬스(u-Health)

원격 진료는 유무선 정보통신 기술을 의료 산업에 접목해서 원거리에 있는 환자가 전화나 인터넷 등을 이용해 '언제나, 어디서나' 의료 기관의 진료를 받는 제도이다. 꿈에나 그리던 멋진 유토피아다. 특히 노령 인구가 많아짐에 따라서 치료보다는 관리와 예방으로 의료 개념의 무게중심이 이동하는 추세에서, 원격 진료는 시간과 비용을 절감하며 의료 혜택의 사각지대에 놓인 사람들을 구제할 수 있는, 기술의 발전이 가져다준 멋진 제도이다, 라고 이요산 씨는 생각한다. 그렇게만 된다면 '섯더빠컵'과 같은 의사를 대면하지 않고도 얼마든지 멀리 있는 친절한 의사에게 진료를 받을 수 있지 않겠는가.

하지만 기업에서는 관점이 조금 다르다. 당연히 사업적 차원에서 접근한다.

"유헬스 산업은 정부와 환자에게는 불필요한 의료 이용을 감소시켜 비용 절감이라는 편익을, 의료기관과 기업에게는 수익 증대와 새로운 사업 기회를 제공함으로써 의료 산업의 효율화와 선진화를 견인할 것으로 기대된다."*

여기에는 당연히 '효율성' 개념이 중심에 자리를 잡고 있다.** 그런데 가만, 의료 부문은 공익을 우선으로 해야 하는 공공사업이 아닌가? 기업의 움직임을 좀 더 자세히 살펴보자.

2010년 6월 29일, 삼성전자는 4년 동안 300여억 원의 연구개발비를 투입해 독자적인 미세유체제어·마이크로밸브 등 핵심적인 원천 기술을 확보하며 개발한 혈액검사기(모델명 IVD−A10A)를 발표한다. 그리고 이 자리에서 윤주화 사장(CFO)은 의료기기 분야를 10년 뒤 삼성전자의 주력 사업으로 성장시키겠다고 선언한다. '라이브 케어' 분야를 신성장 분야로 낙점한 삼성은 의료기기 분야에 2020년까지 1조 2000억 원을 투자해 연매출 10조 원 규모로 육성할 계획을 가지고 있다. 그리고 이렇게 될 수 있으려면 '의료기관의 영리 행위 허용과 원격 의료의 확대 등 의료법의 정비가 필요하다'라고 전제한다.***

그리고 이렇게 해서 2008년에 일부 개정이 이루어졌다. 요약하면 영리병원을 허용하고 현재 불법으로 되어 있는 원격 진료를 합법화해서 의료 기기 시장을 넓히자는 것이다. 이런 요구는 이미 의료법에 부분적으로 관철되어 있다.

• **의료법 제34조 (원격의료)**
①의료인(의료업에 종사하는 의사·치과의사·한의사만 해당한다)은 제33조 제1항에도 불구하고 컴퓨터·화상통신 등 정보통신기술을 활용하여 먼 곳에 있는 의료인에게 의료지식이나 기술을 지원하는 원격의료(이하 "원격의료"라 한다)를 할 수 있다. ②원격의료를 행하거나 받으려는 자는 보건복지가족부령으로 정하는 시설과 장비를 갖추어야 한다. 〈개정 2008. 2. 29.〉

하지만 동네 병원은 원격 진료 제도에 반대한다. 까딱하다간 환자를 원

• 강성욱 외(삼성경제연구소), "유헬스의 경제적 효과와 성장 전략"(2007년 7월 25일).

•• 효율성에 대해서는 10장 참조.

••• 위 삼성경제연구소 보고서.

격 진료를 하는 대형 병원에 다 뺏기고 줄도산을 당할 수도 있기 때문이다. (아마 '섰더빠컵'도 그렇게 될 것이다.) 한편, KTX 개통으로 환자를 서울의 대형 병원에 빼앗겨버린 아픈 기억을 가지고 있는 지방의 대형 병원들은 서울에 있는 대형병원들에 어떻게 줄을 서야 하는지 눈치를 보며 잔뜩 긴장한다. [이런 상황에 대해서 위에서 인용한 삼성경제연구소의 보고서는 '(동네의 의원급 병원들은) 대형 병원과의 네트워크 구축을 통해 원격 진료 등의 협력을 활성화하여 경영난을 타개해야 할 시점'이라고 충고한다.]

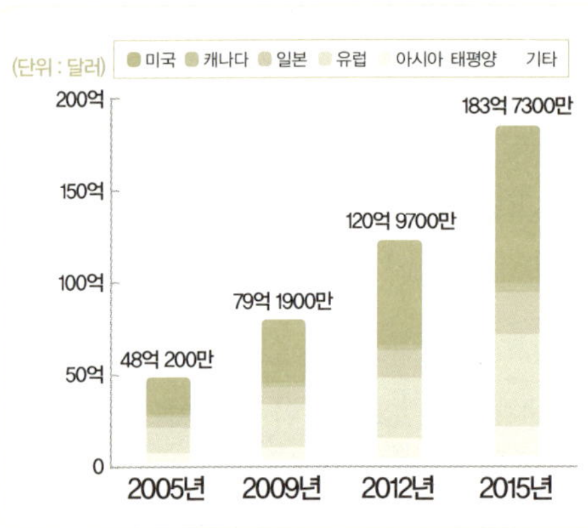

도표 11-9 원격 진료 세계 시장 규모 추이. 자료: 글로벌 스트래터직 비즈니스 리포트, LG전자기술원.

이와 관련해서 정부의 태도는 확고하다. 원격 진료의 기반이 되는 IT 인프라가 든든한 만큼(즉, 자본이 빠른 속도로 달릴 수 있도록 고속도로가 잘 닦여 있는 만큼!) 시행만 되면 원격 진료는 단시간 안에 국제 수준이 될 수 있다고 바라본다. 이미 세브란스병원을 '글로벌 U헬스 의료센터' 시범서비스 병원으로 선정하고 2010년 10월부터 12,000명을 대상으로 대규모 시범 사업을 실시하겠다는 계획을 세워두고 있다. 대형병원 및 이를 추진하는 대자본의 편에 서겠다는 방침이 확실하다. 따돌림을 당한 경제 주체의 악에 받힌 원성이 높을 수밖에 없다.

"이런 개새끼들아아아아!"

* * *

2010년 OECD(경제협력개발기구) 자료에 따르면 한국의 공공사회복지 지출비가 GDP(국내총생산)에서 차지하는 비중은 9.0퍼센트로 OECD 평균인 23퍼센트 선의 절반에도 미치지 못하며 꼴찌를 기록하고 있다. (한편, EU 평균은 2005년 기준으로 27.2퍼센트이다.) 이런 상황에서 국민의 건강을 지켜주고 가정을 막아주는 마지막 안전판으로서 국민건강보험은 매우 중요한 의미를 갖는다.

하지만 연이은 보험 수가 인상과 약국의 임의 조제 금지에 따른 외래 환자 증가 등이 원인이 되어서 국민건강보험의 재정은 파탄 위기를 맞으며 보장률은 두드러지게 낮아졌다. 민간의료보험은 이 틈을 타서 다양한 가격대의 상품으로 시장을 넓혀 나가면서 국민건강보험을 무력화시킨다. 그리고 그 뒤에는 의료보험 시장을 독점하고 의료기기 시장을 새로이 창출하려는 자본이 버티고 서서 국민건강보험의 근간인 비영리병원과 당연지정제라는 두 개의 중심기둥을 뽑으려고 한다. 국민건강보험으로 보자면 풍전등화의 위기이다.

하지만 사실 의료 부문의 시장을 창출하겠다는 움직임은 아이엠에프 시절 이전부터 있었다. 신자유주의에 기초한 규제 철폐의 자유화 바람이 한국 경제 체제 및 사회의 구석구석을 훑던 아이엠에프 체제를 계기로 해서 점차 강화되었으며, 노무현 정부 때는 민간 의료보험을 활성화하는 이른바 '의료산업 선진화'라는 이름으로 진행되었다. 국민건강보험의 위기는 어제 오늘의 일이 아니지만, 이명박 정부가 들어선 뒤부터 보다 빠르게 진행된다. 2010년 10월 8일, 진수희 보건복지부장관은 2010년이 다 가기 전에 건강관리서비스제도의 입법화를 적극 추진할 것이라고, 프랑스

파리에서 열린 'OECD 보건장관회의'에서 밝혔다. '적극 추진할 것'이라는 표현이, 슬쩍 한번 디밀어보고 큰 반발이 없으면 마구잡이로 밀어붙일 것이라는 정치적인 수사임은 말할 것도 없다.

"정부 부담을 최소한 40퍼센트 이상으로 늘리라고 요구해야 한다고 본다. 이렇게 해보았자 지금보다 더 늘어나는 예산은 2009년 기준으로 5.2조 원 정도다. 예산의 1.8퍼센트이고 GDP대비 0.5퍼센트 미만이다. 이렇게 해도 OECD 사회복지 지출 꼴찌에서 벗어나려면 한참 멀었다. 기업 부담은 어떤가. OECD 평균 기업의 사회복지 지출 기여 비율은 5.4퍼센트이고 노동자는 3.1퍼센트다. 그런데 한국은 거꾸로 기업이 2.5퍼센트 노동자가 3.3퍼센트다. 왜 노동자가 더 내야하는가? 당장 건강보험료만 보더라도 한국은 기업과 노동자의 부담 비율이 절반씩이지만, 대만에서는 기업이 60퍼센트, 노동자가 30퍼센트, 나머지 10퍼센트는 정부가 낸다. 한국의 5:5 비율을 기업주 6:4로 바꾸면 2009년 기준으로 약 4조 2000억 원의 재정이 더 생긴다." ─우석균(의사, 보건의료단체연합 정책실장)

이런 사정을 구체적으로 잘 알지 못하는 우리의 이요산 씨, 사명감과 자부심과 애국심을 가지고 국민건강보험 보험료를 다달이 꼬박꼬박 내면서 노년에는 원격 진료의 편리한 혜택을 누릴 것임을 조금도 의심하지 않는 이요산 씨, 2010년 9월 8일 종가 기준 771,000원의 삼성전자 주식 2주를 투자 포트폴리오의 한 부분으로 구성하고 있는 군대 간 아들의 아버지이자, 의료기기에 IT 및 전자 기술을 접목시키는 학문이라는 말에 귀가 솔깃해서 의용전자공학(medical electronics)이라는 생소한 이름을 내건 과에 지원할 것을 심각하게 고민하고 있는 고3 수험생의 아버지인 이요산 씨는, 불매운동이 소비자가 할 수 있는 최고의 전술이라고 믿으며 오늘도 '굿모닝 병원' 앞을 지나가면서 씩씩하게 '섰더빠컵!'을 외친다. 이요산 씨의 하루는 또 그렇게 지나가고…….

12장 고용 없는 성장과 청년 세대의 아우성
—실업률과 고용률

둘째아들이 중학생일 때였다. 녀석이 친구를 집으로 데리고 왔다. 그 녀석의 똘망똘망한 눈에서 영특함이 얼마나 뚝뚝 묻어나던지, 이요산 씨는 괜히 말을 붙이고 싶어서 이렇게 물었다.

"넌 꿈이 뭐니?"

"치과의사요."

"뭐라고?"

"치과의사요."

"왜?"

"돈 잘 번대요. 앞으로는 사람들이 오래 살 거기 때문에, 이빨 관리에 돈이 제일 많이 들 거래요."

인생의 목표가 뭐냐고 물었는데 장래에 희망하는 직업을 묻는 줄 착각하는구나, 라고 믿기로 하고 이요산 씨는 더 묻지 않았다. 아직은 연록

색의 영특한 청춘 속에서 노회한 시커먼 눈동자를 발견하게 될까봐 두려웠다. 취업 전선에서 낙오자가 되어 실업자의 대열로 떨어질지도 모른다는 공포가 열여섯 살 중학생의 어린 순정까지 짓눌러버린 게 아닐까, 녀석에게 청춘의 푸른 꿈은 역사책에나 나오는 옛날 사람들이 가지고 있었던 철없는 바람이나 사치가 되어 화석으로만 남은 게 아닐까, 섬뜩했다.

인생의 목표는 오로지 안정적인 일자리뿐이다. 그래야 인간 대접을 받으며 살 수 있고, 부모에게는 걱정 끼치지 않는 자식이, 사랑하는 사람에게는 든든한 동반자가, 자식에게는 유능한 부모가 될 수 있다. 사람 노릇을 하며 살 수 있다. 이 투쟁적인 취업의 슬로건은 대학교 강의실마다, 구립 도서관마다, 노량진에 있는 35개의 학원들 강의실마다, 또 78개나 되는 고시원의 창문마다, 신림동 고시촌의 원룸마다, 창문도 없는 쪽방 고시원마다, 신자유주의의 세찬 바람에 귀가 떨어져 너덜너덜해진 플래카드로 펄럭인다.

> 이것은 소리 없는 아우성 / 저 푸른 해원(海原)을 향하여 흔드는 / 영원한 노스탈쟈의 손수건 / 순정은 물결같이 바람에 나부끼고 / 오로지 맑고 곧은 이념의 푯대 끝에 / 애수는 백로처럼 날개를 펴다 / 아아 누구던가 / 이렇게 슬프고도 애달픈 마음을 / 맨 처음 공중에 달 줄을 안 그는°

이 시에 나오는 '그'에 대해서 알려고 해서도 안 되고, 알 필요도 없다. 이 마당에, '그'가 국밥집 욕쟁이 할머니인들 혹은 캉드쉬인들 혹은 또 청마(靑馬)인들 무슨 상관인가?

° 유치환, 〈깃발〉.

206

실업자는 누구인가?

경제학에서 실업자는 직업이 없는 사람이 아니라 일을 할 의사가 있는데도 일자리를 얻지 못한 사람을 뜻한다.

- **생산가능연령인구** 일할 능력을 갖추었다고 볼 수 있는 사람. 한국에서는 15세 이상. (군인, 전투경찰, 교도소 수감자, 그리고 외국인은 제외.)
- **비경제활동인구** 생산가능연령인구 가운데서 일할 의사가 없는 사람. 가정주부, 학생, 연로자, 심신장애자, 실망실업자.
- **실망실업자** 아무리 노력해도 일자리를 찾지 못해 실망한 나머지 일자리 찾기를 포기한 사람.

통계청에서는 한 달에 한 번씩 15일이 들어 있는 한 주 동안 직원 수백 명을 동원해서 전국 3만여 표본 가구를 직접 방문해서 설문조사를 하고, 이 조사 결과를 바탕으로 실업률을 비롯한 고용 통계를 작성하고 있다. 조사자는 생산가능연령인구에 속하는 표본 대상이 취업자인지 실업자인지 가르기 위해서 다음과 같이 질문한다.

도표 12-1 취업자와 실업자

"지난 1주일 동안 수입을 목적으로 1시간 이상 일을 하셨습니까?"

이 질문에 '예'라고 대답을 한 사람은 취업자로 분류되고 '아니오'라고 대답한 사람은 실업자로 분류된다. 즉 단기간 파트타임으로 아르바이트하는 경우에도 모두 취업자로 분류된다는 말이다. 직장이 있지만 질병, 휴가, 노동쟁의 등의 사유로 조사기간 중에 쉬고 있는 경우도 물론 취업자로 분류된다. 하지만 여기에서 취업자로 분류되지 않았다 하더라도, 기회는 남아 있다.

"가족이 소유·경영하는 농장이나 사업체 등에서 돈을 받지 않고 주당 18시간 이상 일을 하셨습니까?"

이 질문에 '예'라고 대답을 한 사람도 취업자로 분류된다.

이렇게 해서 한국에서는 '(조사 시점을 기준으로) 지난 1주일 이내에 적극적으로 일자리를 구했지만 1시간 이상 일하지 못한 사람'이 실업자로 분류된다.

경제활동인구는 25,158,000명이고, 취업자는 24,280,000명, 실업자는 878,000명, 비경제활동인구는 15,415,000명, 경제활동참가율은 62.0퍼센트, 실업률은 3.5퍼센트, 고용률은 59.8퍼센트이다. (자료: 통계청)

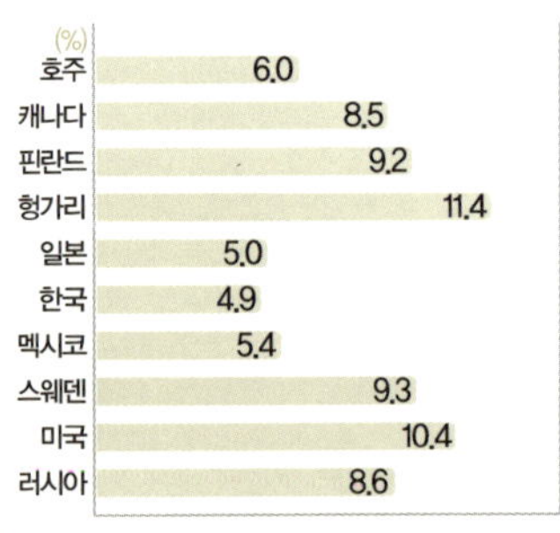

도표 12-2 주요 국가 실업률 비교(2010년 2월). 자료: OECD.

그런데 〈도표 12-2〉를 보면 한국의 실업률이 다른 국가들에 비해서 매우 낮다. 일자리가 없다고 아우성인데 이럴 수가 있나? 왜 그럴까? 통계 수치의 함정 때문이다.

통계수치에 이런 오류가 있음을 당국자들이 모를 리 없다. 이들은 누구보다도 전문가이기 때문이다. 그렇다면 왜 이런 오류를 바로잡지 않을까? 추한 현실을 화장으로 떡칠해서 조금이라도 예쁘게 보이려 하기 때문이다. 하지만 화장독이 오를 대로 올라서 추한 모습을 더는 감추려야 감출 수 없을 지경이 되었다.

우선 실업자 분류에서 한국에서는 국제노동기구(ILO)의 기준에 따라서 '지난 1주일' 규정을 따르지만, 미국 등이 채택하고 있는 OECD 기준은 '지난 4주' 규정을 따른다. 결과는 한국의 실업률은 다른 나라에 비해 조금 더 낮게 잡힌다. 또 실망실업자가 경제활동인구에서 제외된다. (젊은 여성이 취직을 포기하고 집에서 가사에 전념

한다면, 이 사람도 경제활동인구에서 제외된다. 우리나라에서 가사에 전념하는 여성 가운데 많은 사람들이 실망실업자로 분류된다.) 취직을 위해서 공부를 하고 있는 사람들도 역시 경제활동인구에서 제외된다.

그렇기 때문에 정부나 기업이 정책을 세울 때 기본 자료로 삼는 실업 상황을 보다 정확하게 파악하기 위해서 고용률이나 체감실업률이라는 지표를 사용한다.

- **고용률** 생산가능연령인구에서 취업자가 차지하는 비율. 실망실업자가 계산에서 제외되는 실업률 통계보다 고용 상황을 더 정확하게 보여준다.
- **체감실업률** 경제활동인구에 '취업 준비 비경제활동인구'와 '쉬었음 비경제활동인구' 및 기타를 포함한 인구에서 '취업애로층'(실업자+비자발적 단시간 취업자+취업 준비 비경제활동인구+쉬었음 비경제활동인구+기타)이 차지하는 비율.

이 지표를 사용해서 최근 청년층의 취업·실업 상황을 나타내면 〈도표 12-3〉과 같다.

	2009년	2010년 1-6월
청년실업률(청년실업자)	8.1%(347,000명)	8.6%(370,000명)
청년층 고용률	39.9%(1/4분기)	40.8%(2/4분기)
청년층 체감실업률(청년층 취업애로층)	22.9%(1,159,000명)	23.0%(1,162,000명)

도표 12-3 2009~2010년 청년층의 취업·실업 상황. 출처: 손민중 외(삼성경제연구소), "청년 실업의 경제적 파장과 근본 대책"(2010년 7월 28일)

청년 실업

케인스는 실업을, 한 사회의 지배적인 임금 수준 아래에서는 일자리를 가지길 원하지 않기 때문에 발생하는 자발적 실업, 균형이 일시적으로 흐트러지거나 개인의 직업 변동 때 발생하는 마찰적 실업, 그리고 일자리를 간절하게 원하지만 기회를 얻지 못하는 비자발적 실업이라는 세 종류로 분류하였다.

그런데 자발적 실업이나 마찰적 실업은 상관없다. 먹고살 만하니까 자발적으로 쉬는 거고, 또 그런 게 아니라 하더라도 실업 상태는 일시적이기 때문이다. 이 사람들을 걱정할 필요는 전혀 없다. 문제는 비자발적인 실업이다. 그리고 이 비자발적인 실업이 경기 순환 과정에 나타나는 일시적인 현상이라면 그래도 걱정은 덜 되지만, 그게 아니라 구조적이고 만성적일 경우에는 국가 경제 전반을 위협하는 심각한 문제가 된다. 아이엠에프 체제 이후에 비정규직이 늘어나고 좋은 일자리가 줄어들면서 발생한 실업이 이런 경우이다. 이 구조적인 문제의 직격탄을 맞은 층이 바로 청년층이다.

〈도표 12-3〉에서 보듯이 2010년 상반기의 청년 체감실업률은 전체의 약 4분의 1인 23.0퍼센트로 청년층의 116만 명이 구직 활동에 어려움을 겪고 있다(통계자료를 낼 때 '청년층'의 연령을 OECD에서는 15~24세로 규정하지만, 한국에서는 군 복무 문제를 고려해서 15~29세로 규정한다). 그런데 〈도표 12-4〉에서 보듯이, 이 문제의 심각성은 이런 현상이 일시적인 게 아니라 지속적이며 게다가 갈수록 악화된다는 데 있다.

2006년에 이미 취업준비생이 고용통계상의 청년 실업자의 숫자를 추월하기 시작했으며, 이때 이미 한국 사회에서 청년 실업 문제는 단순히 일자리 문제를 넘어서 사회의 총체적인 문제로까지 구조화되었다고 볼 수 있다.

그리고 청년 실업으로 인해 국가 경제가 부담해야 하는 경제적 비용을 한 민간연구소의 연구보고서는 다음과 같이 추산한다.

• 손민중 외(삼성경제연구소), "청년 실업의 경제적 파장과 근본 대책"에서.

		2005	2006	2007	2008	2009.2
청년층 실업자 수		387	364	328	348	372
청년층 비경제 활동 인구 활동 상태	〈비경제활동인구〉	2,396	2,419	2,437	2,491	2,599
	·취업준비	335	403	406	444	419
	·육아 및 가사	563	514	496	470	484
	·재학 및 학업	1,034	1,080	1,137	1,166	1,152
	·그냥 쉼(NEET)	241	225	215	220	309
	·기타	142	118	101	98	112
	·실망실업자	52	49	53	61	83
	·구직 단념자	29	30	29	32	40

도표 12-4 **청년층 실업지표 추이**(2005~2009년). 단위: 천 명. ※구직단념자: 실망실업자 중에서 지난 1년 간 일자리를 구하지 않은 자. 기타: 군입대 대기 등. 출처: 청년유니온 "이명박 시대, 고달픈 청년의 삶을 대화하다"

(1) 청년 실업은 단기적으로뿐만 아니라 중장기적으로 생애소득 감소도 유발한다. 청년 실업을 경험한 사람은 이 때문에 실업을 겪지 않은 취업자에 비해 생애 전 기간(재취업에서 60세까지)에 걸쳐서 대략 15퍼센트 낮은 임금을 받는다는 연구 결과를 토대로 할 때, 청년 실업의 전체 장기적인 소득상실액은 23조 원이다. (《도표 12-5》 참조)

(2) 장기 실업에 따른 세수 감소액은 1조 5320억 원이고, 부모 세대의 노후 보장에 대한 정부의 재정 지출도 증가한다.

(3) 국가 경제의 성장 잠재력이 훼손되고 사회불안이 가중된다.

국가 경제 차원의 비용 문제는 청년 실업자 개개인이 걱정할 문제가 아니다. 이들은 한층 절박한 개인적인 문제와 싸워야 한다. 앞의 연구보고서에 의하면, 2009년 현재 25세 청년 실업자가 1년 동안만 실업자로 지낼 경우 단기소득 상실액은 2380만 원이고 장기소득 상실액은 1억 2200만 원에 이른다. 이런 추정은 청년 실업자의 자존과 생존에 대한 참을 수 없는 위협이다.

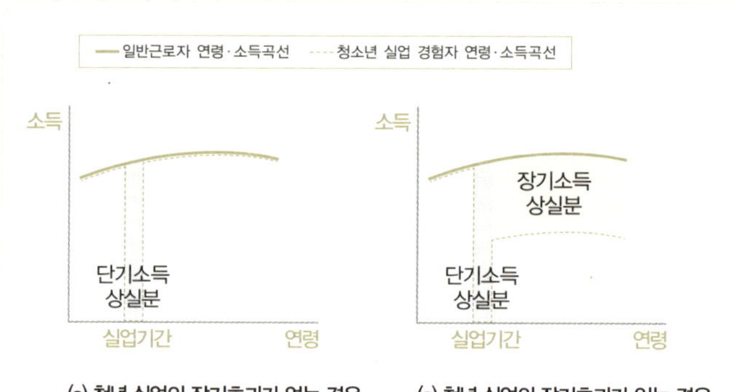

(a) 청년 실업의 장기효과가 없는 경우　(a) 청년 실업의 장기효과가 있는 경우

도표 12-5 청년 실업의 장·단기 소득 상실분

아이엠에프 체제가 시작된 1998년에 청년층에 속한 집단의 나이를 대략 22세부터 29세로 잡으면, 이들은 1970년에서 1977년 사이에 태어났다. 그리고 2010년을 기준으로 잡으면 1982년부터 1989년에 태어난 사람들이다. 그러니까 대략 1970년부터 1990년 사이에 태어난 사람들이 아무런 사회적·개인적 준비를 갖추지 않은 상태에서 격변기의 승자 독식 게임으로 내몰리고 있다고 말할 수 있다.

게다가 이 세대는, 태어나서부터 지금까지 줄곧 사회에서 압도적인 영향력을 행사해온 베이비부머 세대의 뒤치다꺼리까지 해야 한다. 베이비부머 세대가 고도성장의 열매를 고스란히 따먹고 은퇴를 하기 시작하면서 이들과 함께했던 성장의 거품이 꺼지기 시작하는데, 바로 그 시점에 '88만원 세대'라 불리는 이 불행한 세대는 일자리를 찾아나선다. 그리고 전 세대의 잘못으로 발생한 경제위기를 고스란히 떠안은 채 실업의 공포에 시달리면서 나쁜 일자리를 전전해야 한다.

이것뿐만이 아니다. 베이비부머 세대가 장차 경제 활동에서 완전히 손을 떼고 나면 이들의 부양까지도 책임져야 하는 층이 바로 이 청년층이다. 그런데도 정부와 기업은 위기에 빠진 경제를 살리기 위해서는 기업의 부담을 덜어야 한다는 명목으로 우선 대졸자 초임을 삭감하고 나섰다. (대졸 초임자의 삭감 연봉을 200만 원이라고 치자. 1년에 200만 원씩 35년 동안 적금을 붓는다면 얼마나 될까? 하지만 생애소득 감소 규모를 따지려면 임금인상분까지 함께 고려해야 하니, 최종 수령액 규모는 훨씬 더 커진다.) 취업에 목을 매고 있는 청년층이 가장 만만했던지, 청년층부터 희생양으로 삼은 것이다.

마침내 청년층이 자기 문제를 자기 손으로 직접 해결하겠다며 스스로를 조직하고 나서서, 2010년 3월에 '청년유니온'이라는 이름으로 노동조합 설립 신고서를 낸다. 하지만 고용노동부는 '근로자가 아닌 자의 가입을 허용하는 경우'와 '주로 정치운동을 목적으로 하는 경우' 노조로 보지 않는다고 규정한 노동조합법 조항을 들어 신고서를 반려했고, 청년유니온이 7월에 고용노동부를 상대로 소송을 제기했지만, 재판부는 11월에 절차상의 문제를 들어 원고 패소 판결을 내렸다.

물가와 실업률, 그리고 필립스곡선의 굴욕

실업률이 증가한다면 가계에 수입이 줄어든다. 그러면 당연히 지출이 줄어든다. 기업은 상품이 잘 팔리지 않자 상품의 가격을 내린다. 그러면 물가가 내린다. 반대로 실업률이 감소하면 가계 수입이 늘어나고 지출도 늘어난다. 기업은 상품이 잘 팔리므로 가격을 올리고, 물가도 올라간다.

즉, 물가상승률은 실업률과 반비례 관계에 있다. 이런 경험적 관계를 뉴질랜드 출신의 경제학자 올번 윌리엄 필립스는 다음과 같은 우하향 그래프로 나타냈다. 이것이 바로 필립스곡선이다.

그런데 여기에서 물가 상승 즉 인플레이션에 대해서 살펴보자.

인플레이션은 발생 원인에 따라서 두 가지로 나눌 수 있다. 하나는 총수요 증가가 원인인 수요견인 인플레이션이고, 또 하나는 비용 상승에 따른 총공급의 감소가 원인인 비용 상승 인플레이션이다.

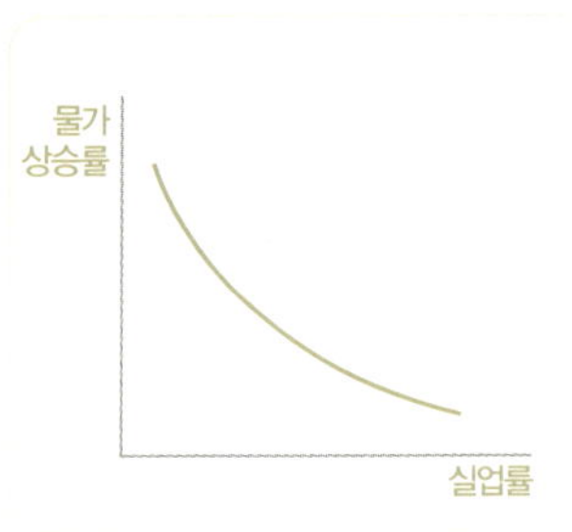

도표 12-6 필립스곡선

〈도표 12-7〉에서 총수요가 증가할 때 즉 총수요곡선1이 총수요곡선2로 이동할 때 균형점은 E_1에서 E_2로 이동하고 물

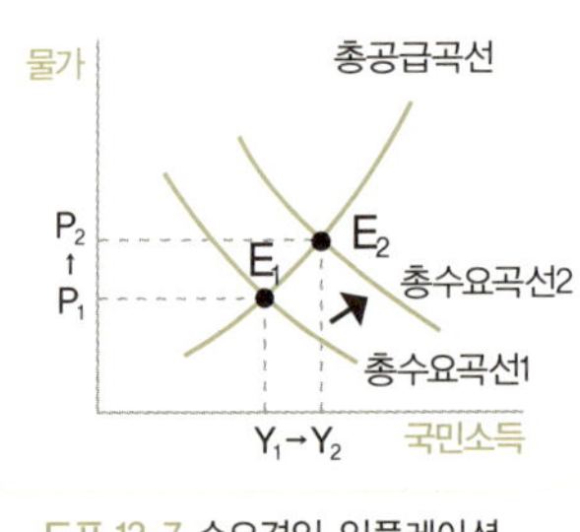

도표 12-7 수요견인 인플레이션

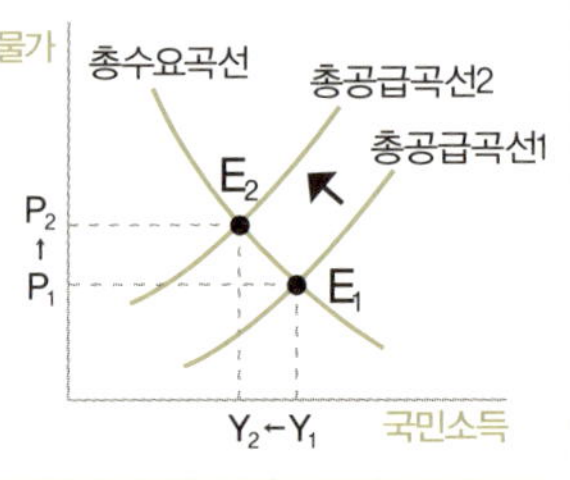

도표 12-8 비용견인 인플레이션

가는 P_1에서 P_2로 상승한다. 한편 총공급(국민소득)이 감소할 때 즉 총공급곡선1이 총공급곡선2로 이동할 때 균형점은 E_1에서 E_2로 이동하며 물가는 P_1에서 P_2로 상승한다.

그런데 수요견인 인플레이션의 경우에는 실업률이 낮아지며 필립스곡선이 정당함을 입증한다. 하지만 비용 상승 인플레이션의 경우에는 GDP 감소에 따라서 실업률은 높아진다. 필립스곡선으로는 설명할 수 없는 현상이 벌어진다. 실업률과 물가는 동반 상승하고 GDP는 감소한다. 이것이 스태그플레이션이다. 이때 총공급곡선을 오른쪽으로 다시 이동시키면 물가 상승 문제와 실업률 상승 문제를 동시에 해결할 수 있겠지만, 부존자원을 충분하게 확보하고 있지 않으며 무역의존도가 높은 한국에서는 매우 어려운 일이다. 경기부양책을 쓰면 경기가 잠시 반짝 살아나는 듯 보일 수도 있다. 하지만 이때의 수요 증가는 장기적 추세 요인에 따른 것이 아니므로 수요는 다시 하락한다. 이른바 '더블딥'이다.

• 더블딥(double dip) 경기침체가 발생한 후 회복되는 듯이 보이다가 다시금 경기침체로 빠져드는 현상. 일반적으로 경기침체로 규정되는 2분기 연속 마이너스 성장 직후 잠시 회복 기미를 보이다가 다시 2분기 연속 마이너스성장으로 추락하는 것을 말한다. 두 번의 경기 침체를 겪어야 회복기로 돌아선다고 해서 'W자형 경제구조'라고도 한다.
• 무역의존도 무역액(수출액과 수입액의 합계)을 국내총생산(GDP)으로 나눈 비율.

한국의 무역의존도 추이를 보면 1990년대에 50퍼센트대 중반을 오르내리다가 외환위기 직후인 1998년에 65퍼센트로 뛰었고, 그 뒤 다시 등락을 거듭하며 60퍼센트 후반대를 기록했다. 그리고 글로벌 경제위기를 맞아 2008년에는 이 수치가 92.3퍼센트로 뛰어오르고, 2009년에는 82.4퍼센트로 조금 내렸지만 여전히 높은 수준이다. 그만큼 내수 경제가 얼어붙었다는 뜻이다.

혹시, 정말 혹시, 한국 경제가 스태그플레이션 상태로 빠져든 건 아닐까? 2009년의 소비자물가지수는 전년도에 비해 2.2퍼센트 오른 데 비해서 경제성장률은 0.2퍼센트를 기록하며 실질성장률이 마이너스로 떨어졌기 때문이다. 적어도, 시간이 갈수록 점점 악화되는 청년층의 고용 상태 및 이들의 유효수요만 놓고 보자면 확실히 상황은 비관적이다. 그런데 이상하게도 2010년의 성장률은 적어도 5퍼센트대가 무난하게 예상되고, 여기저기에서 위기를 벗어났다는 지표가 부지런히 나오고 있다.

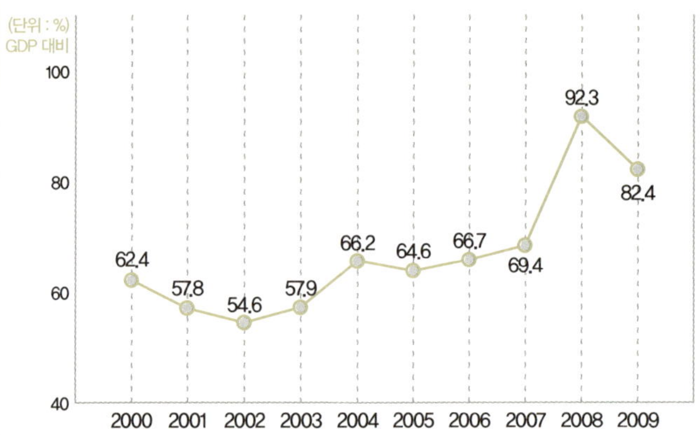

도표 12-9 한국 경제의 무역의존도 추이. 자료: 기획재정부.

실업의 구조적 문제

"이 시점에서 우리 함께 다짐해야 할 것이 있습니다. 급변하는 시대 흐름을 냉철하게 인식하고 스스로 변해야 한다는 각오를 새로이 하는 일입니다."

이명박 대통령이 2008년 2월에 낭독했던 취임사의 한 부분이다.

이 변화를 위해서 정부는 신성장동력 산업을 미래의 국가 산업과 경제 발전을 이끌어갈 산업으로 규정하고, 2009년 1월 13일에 3개 분야 총 17개 사업을 선정하여 확정 발표했다.

산업 구조를 재편하겠다는 말이다. 그리고 여기에서 특히 고부가서비스 분야에 주목할 필요가 있다고 했다. 제조업은 한국의 경제 성장에 토대였지만, 장기적으로 보면 제조업 부문의 발달이 가속화될수록 자동화

216

녹색기술산업 분야	첨단융합산업 분야	고부가서비스 분야
신재생에너지	방송통신융합산업	글로벌 헬스케어
탄소저감에너지	IT융합산업	글로벌 교육서비스
고도물처리	로봇응용	녹색금융
LED 응용	신소재·나노융합	문화콘텐츠·SW
그린수송시스템	바이오제약(자원)·의료기기	MICE 관광
첨단그린도시	고부가 식품산업	

※MICE는 'Meeting, Incentive, Convention, Exhibition'의 약자.

수준이 높아지고 일자리도 줄어든다. 실제로 1995년부터 2002년까지 전세계 제조업 부문에서 약 2200만 개의 일자리가 사라졌다. 한국도 1995년부터 2008년까지 제조업 부문의 일자리 약 74만 개가 사라졌고, 현재 총 2360만 개의 일자리 가운데 제조업 부문의 일자리는 410만 개에 불과하다. 한편 서비스 부문은 다른 주요 국가들에 비해서 상당히 뒤처져 있다.[•] (IT산업의 제조업 부문 현황에 대해서는 19장을 참조하기 바란다.) OECD의 주요 국가들과 비교한 각 산업에 경제 기여도(2008년)를 나타낸 〈도표 12-10〉은 이런 사정을 잘 드러내준다. 한편 〈도표 12-11〉은 서비스업 분야에 대한 연구개발비 지출 비중이 다른 OECD 국가들에 비해서 얼마나 낮은지 보여준다.

11장에서 의료보험 민영화와 관련해서 살펴봤듯이, 국내외의 자본은 뒤처져 있는(보다 정확하게 표현하자면,

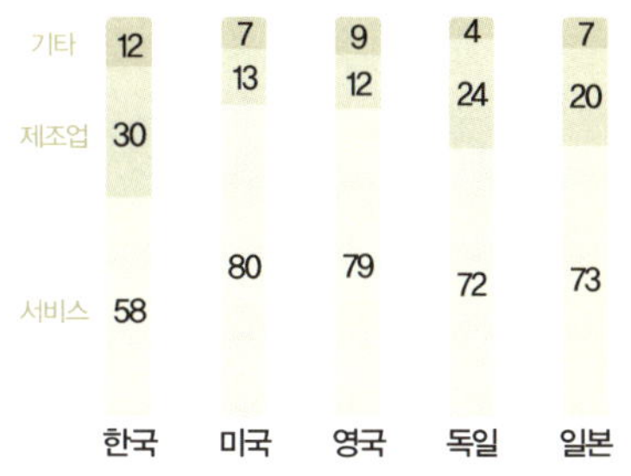

도표 12-10 OECD 주요 국가 산업별 국가경제 기여도 비교(2008년). 출처: 글로벌 인사이트.
※'기타'는 건설업·광업·농업 포함.

• 조셉 나이 외, 《2020 대한민국, 다음 십 년을 상상하라!》.

'잠재적인 가능성에도 불구하고 아직 시장이 개발되지 않은') 의료, 교육, 금융, 관광 등의 서비스 부문을 강화함으로써 효율적인 투자 수익성 기반을 마련하려고 한다. 이 변화의 흐름 속에서, 기존의 일자리는 사라지고 새로운 일자리는 아직 준비가 되지 않은 상황에서 특히 총 500만 명의 청년층이 약육강식의 정글 속에서 낮은 고용률과 나쁜 일자리 때문에 직·간접적으로 고통을 받는다.

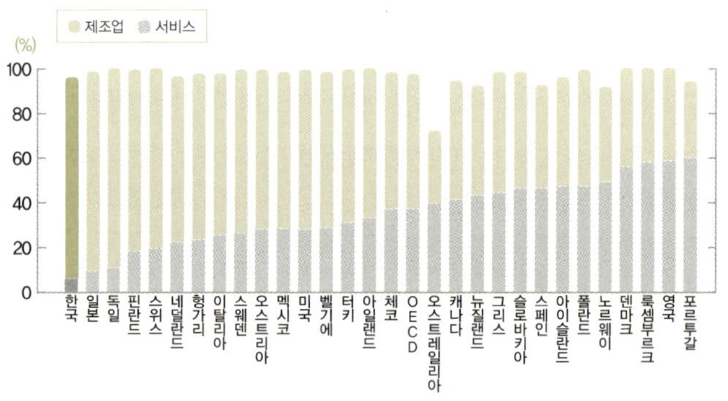

도표 12–11 OECD 국가의 서비스업 분야 연구개발비 지출 비중(2007년). 출처: "OECD 2010년 한국 보고서"

* * *

청년 실업자에게 대기업의 문만 두드리지 말고 눈높이를 낮춰서 중소기업에 취직하라고 함부로 말하지 마라. 편의점의 청년 '알바'에게 아무런 애정도 없이 건성으로 꿈이 뭐냐고 함부로 묻지 마라. 귀싸대기 맞을 짓이다. 특히 베이비붐 세대에 속한 50대라면 이들 앞에서 언행에 각별히 조심해야 한다. 나름대로 누구보다 치열한 경쟁 속에서 열심히 살아왔다며 충고한답시고 잘난 척도 하지 마라. 그들보다 형편이 조금은 낫다는 사실만으로도 미안한 마음을 가져야 한다. 딱 꼬집어서 뭐라고 말할 수는 없지만 이들에게서 무언가를 빼앗았다는 느낌, 혹은 자기가 져야 할 부담을 이들에게 떠넘겼다는 느낌이 든다면 말이다. 남들처럼 번듯한 집에서 살고 싶지만 여유 있는 돈이 모자라 반지하방에 사는 사람들 앞에서, 욕심이 머리끝까지 올라 투기 열기를 후끈 데우며 이 대열에 동참했다가 아파트 가격이 떨어지자 정부가 책임져야 한다며 목소리를 높이는 사람만큼이나 꼴사납고 부끄러운 일이다.

13장 부익부 빈익빈의 디스토피아
—평균소비성향과 지니계수

> 나는 지치고 몸이 불편하였다. (…) 그 순간, 한 가닥의
> 외마디 비명 소리가 자연 속으로 세차게 울려 퍼졌다.
>
> —에드바르트 뭉크

가구당 보험 가입률이 떨어지고 있다. 2008년 97.7퍼센트까지 증가했으나 금융 위기 이후인 2009년에는 97.4퍼센트로, 2010년에는 96.4퍼센트로 연속해서 떨어졌다(《도표 13-1》). 그런데 저소득층의 손해보험 개인 가입률은 2009년에 비해서 2010년에 떨어졌지만 고소득층은 오히려 늘어났다(《도표 13-2》).

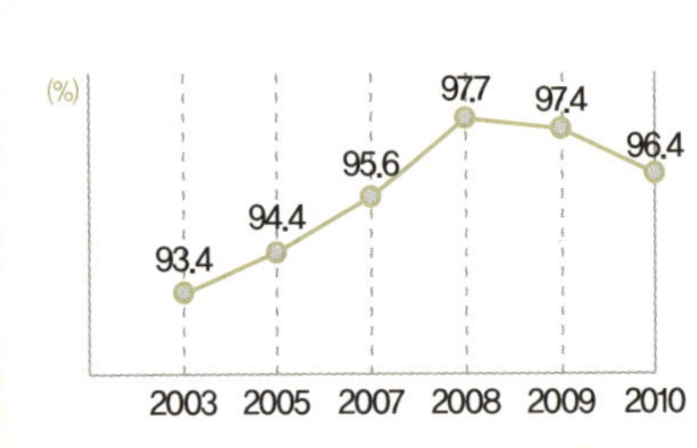

도표 13-1 가구당 생명 및 손해보험 가입률 추이. 자료: 보험연구원.

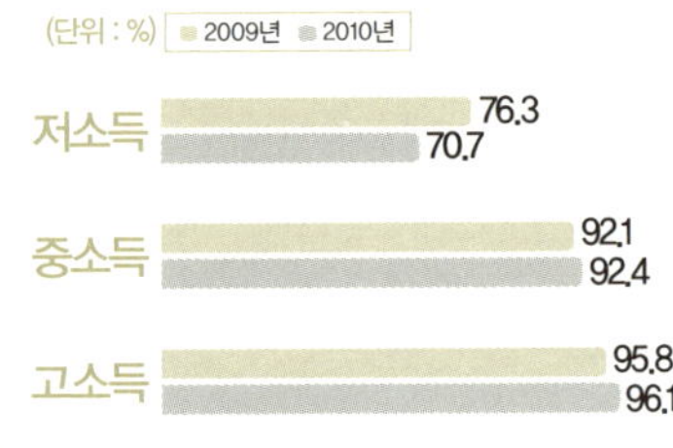

도표 13-2 가구 소득별 손해보험 개인 가입률. 자료: 보험연구원.

이런 사실은 무엇을 의미하는 것일까?

전체적으로는 보험 가입률이 떨어졌는데, 저소득층의 보험 해약률이 고소득청의 보험 신규 가입률을 훨씬 앞지른다는 뜻이다. 그렇다면 저소득층은 왜 보험을 해약했을까? 고소득층도 알지 못하는 보험사의 파산 위험을 예견하고 안전자산 쪽으로 자산 운용 전략을 바꾸었기 때문일까? 아니면 보험을 해약해서 받은 돈으로 스마트폰을 구입해서 정보통신 생활의 편리함을 추구하려 했기 때문일까?

또, 최근 들어 엥겔계수도 빠르게 증가하고 있음은 〈도표 13-3〉에서 확인할 수 있다.

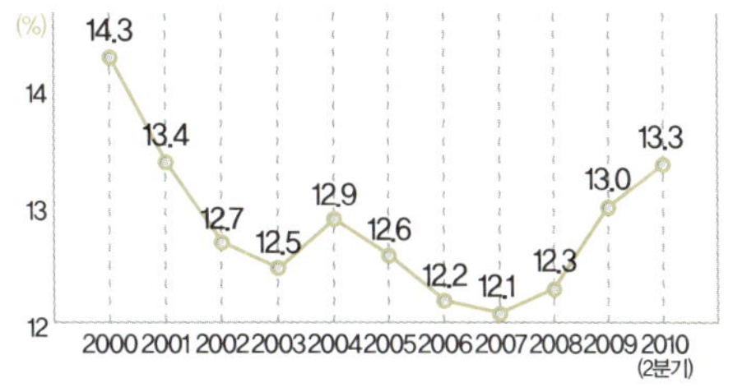

도표 13-3 2000년대 엥겔계수 추이. 자료: 한국은행.

로렌츠곡선과 지니계수

분배는 생산과 함께 경제의 기본적인 두 축이다. 한 나라가 아무리 높은 경제 성장을 했다고 하더라도 성장의 열매가 국민에게 골고루 분배되지 않고 특정 계층에게만 집중된다면, 국민경제라는 하나의 울타리에서 그런 성장이 무슨 의미가 있을까? 아무리 가난해도 식구들이 오순도순 정답게 사는 가족이, 부유하게는 살지만 식구들 사이에 다툼과 폭력이 난무하는 가족보다 더 낫지 않겠는가. (물론, 정말 찢어지게 가난해서 잠을 잘 집도 없고 당장 끼니를 때울 거리도 없는 사람에게 이런 말은 사치스런 실례가 되겠지만 말이다.)

하지만 아무리 (가계와 기업과 정부가 노력해서) 분배를 골고루 하려고 한다 하더라도 여러 가지 이유로 해서 가구마다 소득의 차이는 발생하게 마련이다. 그래서 가계와 기업과 정부는 국민경제를 '다툼과 폭력'이 발생하지 않는 수준으로 이 소득 격차를 묶어둘 필요가 있고, 따라서 이 소득 격차 즉 소득의 불평등이 얼마나 되는지 확인할 수 있는 객관적인 지표가 필요하다. 소득 불평등 지표로는 일반적으로 지니계수와 10분위 분배율 혹은 5분위 분배율을 사용한다.

지니계수는 로렌츠곡선에서 비롯되었다. 〈도표 13-4〉에서 x축에 소득 크기순으로 가구를 나열해 누적 비율로 표시하고 y축에는 이들의 소득 누적 점유율을 표시해 이를 대응시킬 때 형성되는 점들의 궤적이 바로 로렌츠곡선이다. 그런데 이때 로렌츠곡선이 A점과 C점을 잇는 직선으로 형성되면 이 선은 완전균등선이 된다. 불평등이 전혀 존재하지 않는다는 뜻이다. 하지만 보통 로렌츠곡선은 아래쪽으로 불룩한 모양으로 나타난다. 이때 로렌츠곡선과 완전균등선으로 둘러싸인 도형의 면적이 불평등면적이다. 그리고 1912년에 이탈리아 통계학자 코라도 지니는

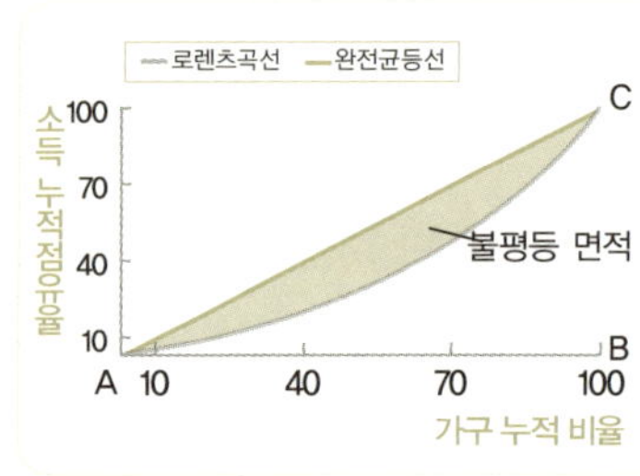

도표 13-4 로렌츠곡선

불평등면적을 삼각형 ABC의 면적으로 나눈 값을 불평등 정도를 나타내는 지수로 제안했고, 이것이 바로 지니계수이다. 그러므로 지니계수의 값은 0에서 1 사이의 비율로 정의되고, 0에 가까울수록 보다 평등한 소득 분배를, 1에 가까울수록 더 불평등한 소득 분배를 각각 의미한다.

그렇다면 한국의 소득 불평등 정도는 얼마나 되는지 〈도표 13-5〉를 보자.

분배 지표별 구분	소득별 구분	2003년	2004년	2005년	2006년	2007년	2008년	2009년
지니계수(배)	시장소득	0.293	0.301	0.306	0.313	0.321	0.323	0.319
	가처분소득	0.277	0.284	0.287	0.291	0.296	0.296	0.293
5분위배율(배)	시장소득	5.00	5.27	5.52	5.75	6.08	6.16	6.10
	가처분소득	4.44	4.61	4.75	4.82	4.97	4.97	4.92
상대적 빈곤율(%)	시장소득	13.2	13.8	14.6	14.7	15.4	15.0	15.4
(중위소득 50% 미만)	가처분소득	11.6	12.1	12.7	12.7	12.9	13.0	13.1

도표 13-5 지표별 소득 불평등 추이(2003~2009). 자료: 통계청. ※2인 이상 비농가의 전국가구.

- 상대적 빈곤율 소득이 중위 소득의 50퍼센트 미만인 사람이 전체 인구에서 차지하는 비율. 여기서 중위 소득이란 전체 인구 가운데서 소득 순위로 한가운데에 위치한 사람의 소득이다.
- 시장소득 = 근로소득 + 사업소득 + 재산소득 + 사적 이전소득
- 가처분소득 = 시장소득 + 공적 이전소득 - 공적 비소비지출
- 노인층의 지니계수 한국의 2000년대 중반의 가처분소득 기준 지니계수가 0.31인데 비해서 특히 65세 이상 노인의 지니계수는 0.40을 기록해서, 특히 노인층의 빈곤 문제가 심각함을 증명한다. 참고로 일본은 같은 시기에 전체 인구 및 65세 이상 노인 인구의 지니계수는 각각 0.31과 0.34로 상대적으로 큰 차이가 나지 않는다. (OECD 통계 자료)

아이엠에프 체제 직전인 1997년에 0.262이던 지니계수는 1998년에 0.287 그리고 1999년에 0.294로 올라갔다가 다시 2000년부터 등락을 거

- '공적 이전소득'은 공적연금, 기초노령연금, 사회수혜금, 세금환급금 등을 말하고, '공적 비소비지출'은 경상조세와 연금, 사회보장 등을 말한다.

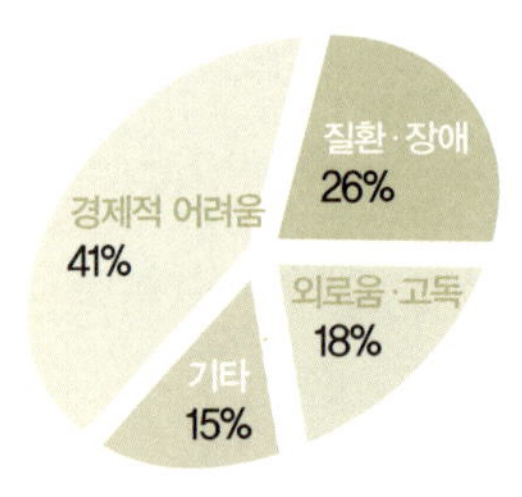

도표 13-6 60세 이상 노인의 자살 충동 이유(2006년). 출처: 통계청, "사회통계조사"

듭하다가 2003년에 바닥을 기록하고는 그 뒤 줄곧 오르고 있다.

하지만 이 자료는 1인 가구를 제외했다는 사실에 주목해야 한다. 〈도표 13-7〉에서 보듯이 1인 가구가 전체 가구에서 차지하는 비중은 1975년에 4.2퍼센트밖에 되지 않았지만 그 뒤로 가파르게 늘어나서 2005년에는 무려 20퍼센트를 기록했다. 그런데 이 1인 가구란 사실상 '고시원'이나 '고시텔' 혹은 '원룸'에 사는 층 및 독거노인을 포함하는 저소득층이기 때문에 이들까지 자료에 포함할 경우 지니계수 및 다른 불평등 계수는 〈도표 13-5〉의 수치보다 훨씬 더 늘어날 것이라고 추정할 수 있다.

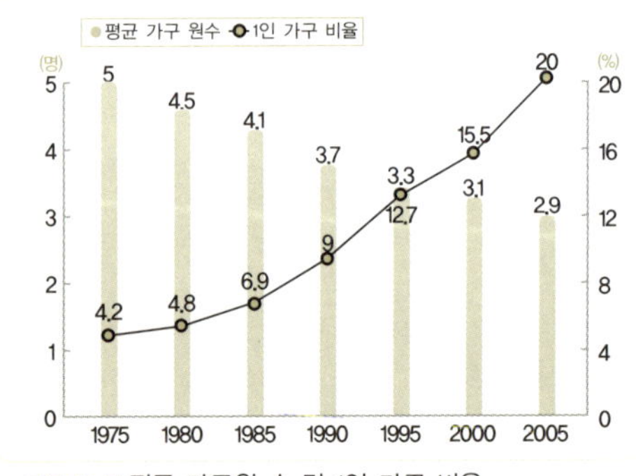

도표 13-7 평균 가구원 수 및 1인 가구 비율

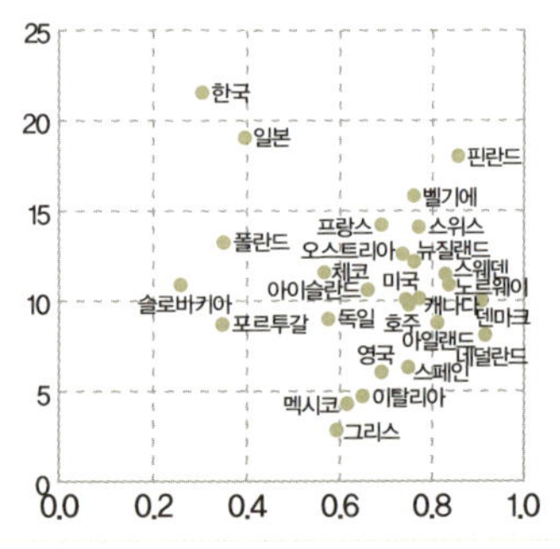

도표 13-8 OECD 회원국의 자살률(2006년)과 삶에 대한 만족도(2007년). 출처: OECD.

한편 한국인의 자살사망률이 경제협력개발기구(OECD) 국가 중 가장 높은 것으로 나타났다. 2008년 기준 10만 명당 자살자 수는 26.0명으로 하루 평균 35.1명 꼴로 자살했다. 경제적인 문제가 자살의 가장 큰 이유임은 굳이 따로 말할 것도 없다. 〈도표 13-8〉은 인구 10만 명당 자살자

수(Y축)와 삶에 대한 만족도(X축)를 기준으로 OECD 회원국들의 좌표를
표시한 것이다. 여기에서 한국은 가장 윗자리에 자리를 잡고 있다. (일본
이 바로 아래에 있어 위안을 삼을 수도 있겠다.) 하지만 삶에 대한 만족
도도 슬로바키아에 이어 꼴찌에서 2위다. 2010년 G20 회의 개최국이라는
드높은 '국격'을 자랑하는 한국의 슬픈 현실이다.

부익부 빈익빈 현상은 왜 생길까?

부익부 빈익빈이라는 반갑지 않은 현상을 작동시키는 원리의 핵심은
평균소비성향에 있다. 평균소비성향이란 가구가 벌어들인 소득 중에서
세금 등의 비소비지출을 제외한 처분가능소득에 대한 소비지출 비중을
나타내는 지표로, 소비지출을 가처분소득으로 나누어 백분율로 계산한
다.

$$평균소비성향 = \frac{소비지출}{처분가능소득} \times 100$$

평균소비성향이 높으면 당연히 흑자액이 떨어지고 그만큼 가난에서 벗
어날 확률은 낮아진다. 반면에 평균소비성향이 낮으면 부유해질 확률은
그만큼 높아진다. 그렇다면 이 성향은 저소득층이 높을까, 아니면 고소
득층이 높을까? 저소득층이 높다. 절대 금액 기준이 아니라 비중 기준이
기 때문이다. 저소득층이 소득에 비해 돈을 더 많이 쓰는 경향이 있다는
뜻이다.

〈도표 13-9〉는 2009년 2/4분기 전국 가구의 소득 5분위별 가계수지를
보여주는 통계청 자료 "2009년 2/4분기 가계동향"에 실린 통계 결과이다.
(비교 대상 전년도는 2008년 2/4분기이고, 매월 전국 일반 가구 중 9,000
가구를 대상으로 매일 매일의 수입과 지출을 가계부에 기입하는 방법으

로 실시한 가계동향 조사의 결과이다. 이 결과는 가구원 수의 차이를 반영하지 않은 총소득을 크기에 따라 구분하여 평균했기 때문에 소득분배 지표로 활용하기에는 무리가 있긴 하지만, 평균소비성향의 결과에 따라서 어떻게 부익부 빈익빈이 가속화되는지 확인하기에는 무리가 없다.)

구분	I분위		II분위		III분위		IV분위		V분위	
가구원수	2.68명		3.24명		3.48명		3.61명		3.72명	
가구주연령	55.52세		47.09세		45.45세		45.42세		45.64세	
	금액	증감률	금액	증감률	금액	증감률	금액	증감률	금액	증감률
소득	901.9	−2.7	2,084.3	2.1	2,969.7	2.3	3,960.4	1.3	6,575.7	−2.2
소비지출	1,087.0	3.4	1,563.3	2.0	2,005.9	4.3	2,366.4	−0.6	3,329.9	0.2
비소비지출	196.7	6.8	349.9	6.8	525.6	8.5	711.0	6.7	1,179.6	−3.1
처분가능소득	705.2	−5.1	1,734.4	1.2	2,444.1	1.0	3,249.4	0.2	5,396.1	−2.0
흑자액	−381.8	−23.7	171.1	−6.2	438.2	−11.5	883.0	2.5	2,066.2	−5.4
흑자율	−54.1	−12.6p	9.9	−0.8p	17.9	−2.5p	27.2	0.6p	38.3	−1.4p
평균소비성향	154.1	12.6p	90.1	0.8p	82.1	2.5p	72.8	−0.6p	61.7	1.4p

도표 13–9 소득 5분위별 가계수지(2009년 2/4분기). 단위: 천 원, %, %p. 출처: 통계청.

여기에서 각 분위별 평균소비성향과 흑자율을 살펴보자.

1분위 계층의 소비성향은 154.1퍼센트이고 5분위의 소비성향은 61.7로 각각 12.6퍼센트포인트와 1.4퍼센트포인트 늘었다. 저소득층일수록 소비성향이 높다는 뜻이다. 금융 위기 상황 속에서 1분위 계층의 적자 폭은 작년에 비해서 크게 늘었지만 5분위 계층은 흑자율이 소폭 감소하는 데 그쳤다. 1분위 계층은 빚을 얻어다가 생활을 해야 하므로 자산 규모는 점점 줄어들겠지만 5분위는 1분위 소득의 두 배가 넘는 돈을 흑자로 남겼다. 이 양극단의 현상이 2분위, 3분위, 4분위 계층에서도

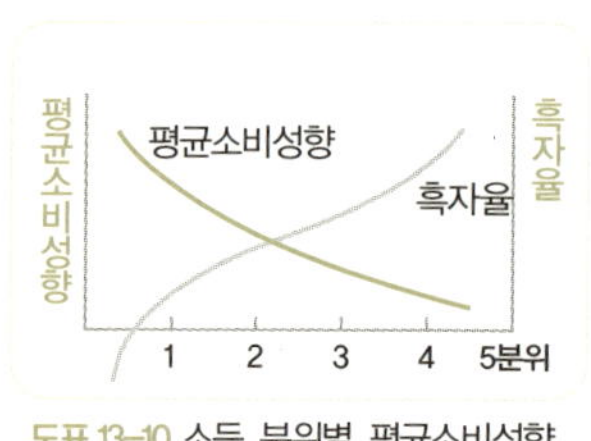

도표 13–10 소득 분위별 평균소비성향과 가계수지 흑자율 비교

나타나 부익부 빈익빈 현상은 심화된다. 이것을 도표로 표시하면 다음과 같이 된다.

두 갈래 길

두 갈래 길이 있다. 불평등을 해소하려면 어느 길로 가야 할까? 하나는 효율성과 성장 위주로 나아가는 길이고, 또 하나는 형평성 위주로 나아가는 길이다. 하나는 물이 위에서 아래로 흐르듯 위에다 물을 채우면 저절로 아래로 흐른다는 논리다. (온돌 아궁이에 불을 때면 아랫목이 먼저 따뜻해진 뒤에야 윗목으로 온기가 전해지는 것과 같은 이치라고 예를 들기도 한다.) 또 하나는 절대로 물은 아래에서 위로 흐르지 않으므로 강제로 물을 위로 퍼 올려야 한다는 논리다. 전자는 성장과 효율성을 우선하고, 후자는 분배와 형평성을 우선한다. 어느 길로 가야 할까?

• 낙수효과(trickle-down effect)
물이 위에서 차면 아래로 흘러내리듯 대기업이 성장하면 결국 중소기업이 성장하고 일자리가 많이 생겨 서민 경제가 좋아진다. 기업이 투자를 늘리면 고용이 늘고, 고용이 늘면 소비가 촉진되어 다시 세수가 늘어난다. 정부는 늘어난 세수로 저소득층이 받는 혜택을 늘린다.

• 분수효과(fountain effect)
경제는 분수처럼 밑에서 위로 끌어올려야 한다. 기업과 고소득층에 높은 세율을 적용해서 세수를 늘리고, 이 돈으로 저소득층에 분배해야 한다. 저소득층에 대한 복지 지출의 증대는 소비 증가를 가져오고, 소비의 증가는 다시 생산의 증가를 촉발해 경제는 성장하고, 정부의 세수도 늘어난다.

여기에서 다시 평균소비성향 개념을 놓고 생각해보자.

저소득층은 평균소비성향은 높지만, 다시 말해서 소비를 하고 싶은 건 많지만 빚을 내지 않는 한 소비할 돈이 없다. 그러므로 어쩔 수 없이 최소의 소비밖에 못하게 된다. 이에 비해서 고소득층은 소비를 하려고 해도 할 게 없다. 고소득층이라고 해서 점심을 혼자서 3인분이나 5인분을 먹을 수는 없는 일이다. 고소득층의 소득은 소비성향을 다 채우고도 남아돈다. 결국 전체적으로 보자면 소비(수요)가 줄어든다. 저소득층의 소득이 늘어나지 않으면 그만큼 내수가 줄어든다는 이야기다. 한국 경제는 2010년도 2/4분기에 경제성장률이 7퍼센트 선까지 치솟고 분기별 연속으로 무역 흑자를 기록했다. 금융위기를 완전히 벗어나서 탄탄대로를 걷는 것처럼 보이지만, 여전히 국내에서는 고용과 소득 등 거의 모든 지표에서 찬바람이 부는 이유가 바로 여기에 있다. 아이엠에프 사태 이후로 양극화가 빠르게 진행되면서 한국 경제 전체의 평균소비성향이 낮아지며 내수가 죽었기 때문이다.

그런데 이 문제와 관련해서 의미 있는 연구 결과가 하나 있다.

2009년 8월에 "분배와 발전의 경제학 재조명"이라는 제목으로 열린 학술대회에서 한 연구자는 1970년~2008년 사이 한국 경제의 성장 과정을 분석해서, 노동소득분배율이 1퍼센트포인트 줄어들수록 0.3338퍼센트포인트만큼 경제 성장률이 감소되며, 아울러 노동소득분배율 1퍼센트포인트 감소가 소비와 투자에 미치는 영향은 각각 −0.33퍼센트포인트와 −0.003퍼센트포인트라는 결과를 얻었다고 발표했다.[*] 임금이 작아질수록 소비가 줄어들 뿐더러, 정작 기업 투자에도 부정적 요인으로 작용한다는 말이다. 이 연구자는 '기업이 챙겨가는 이윤 몫이 늘더라도 투자 증가로 이어지는 효과가 낮다. (…) 대상 기간을 보다 세분화해서 살펴보지 못한 한계 등을 감안하더라도, 적어도 우리 경제에서 선성장–후분배의 고리는 제대로 작동하지 않는다는 점이 밝혀졌다'고 결론을 내렸다.[**]

• 노동소득분배율에 대해서는 본문 171쪽 참조.

•• 홍태희, "한국경제에서 성장과 분배"(2009년 8월 26일)에서.

* * *

이상한 나라의 여왕은, 앨리스에게 자기에게 옷을 입혀주는 하녀로 일해 달라고 부탁한다. 그러면 봉급으로 한 주에 2펜스 그리고 이틀에 한 번씩 어제 먹을 잼과 내일 먹을 잼을 주겠다고 한다. 앨리스가 이 제안을 받아들였을까? 아니다. 앨리스는 무지하지 않았기 때문에 여왕의 제안이 담고 있는 트릭을 간파했던 것이다.

여왕이 지배하는 이상한 나라에는 이상한 규칙이 하나 있었다. 어제와 내일은 잼을 얼마든지 많이 먹어도 되지만 오늘만은 잼을 먹으면 안 된다는 규칙이었다. 오늘 잼이 먹고 싶어도 내일이 올 때까지 참아야 했다. 그런데 내일이 오면 그 내일은 오늘이 되고, 결국 사람들은 잼이 먹고 싶어도 다시 내일이 올 때까지 참고 기다려야 했다. 그렇다면 그 잼은 도대체 언제 먹을 수 있을까? (…) 하지만 분명한 건, 내일 먹을 잼은 존재하지 않는다는 사실이다.[•]

하지만 여왕의 이런 제안은 현실에서는 거부할 수 없을 정도로 매력적이고 근엄한 장식을 달고 있다. 예를 들면 '국가의 장래를 위해서', '경제가 되살아날 수 있도록 하기 위해서' 혹은 '파이를 키우기 위해서'와 같은 게 그런 장식들이다. 그래서 이런 장식의 본질이 쉽게 간파되지 않는다.

대기업과 협력업체의 양극화

2010년 삼성전자가 2분기 영업이익을 5조 원 넘게 달성했다는 소식이

• 이경식, 《이건희 스토리》에서.

전해지고 현대·기아차가 미국 시장에서 역대 최고치의 시장점유율을 기록했다는 밝은 소식이 전해지지만, 반대편에는 어두운 그림자가 짙게 깔려 있음을, 삼성전자와 현대자동차 및 두 회사의 국내 협력업체의 매출액영업이익률(영업이익을 매출액으로 나눈 값)과 매출액순이익률(순이익을 매출액으로 나눈 값)을 비교한 〈도표 13-11〉의 두 그림으로 확인할 수 있다.

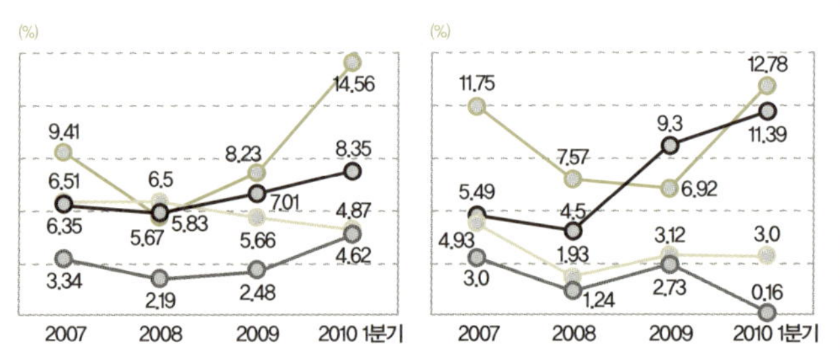

도표 13-11 삼성전자·현대차와 협력업체의 매출액영업이익율(좌) 및 매출액순이익율(우) 비교. 자료: 한국신용평가정보. 곽정수, "삼성전자─현대차, 그들만의 경기회복", 〈한겨레21〉(2010년 7월 9일). ※황색 계열은 삼성전자 쪽이고 검은색 계열은 현대자동차 쪽임.

　　대기업의 이익률은 증가하는데 부품업체의 이익률은 오히려 떨어지는 현상은 단지 경영 합리화 정도의 차이에 기인하는 게 아니다. 대기업에서는 고환율의 혜택을 보지만,* 〈도표 13-12〉에서 보듯이 고환율 때문에 납품업체가 떠안는 원자재의 원가상승분을 대기업이 납품 단가에서 덜어주지 않기 때문이다. 또한 부품업체들은 약자인 '을'의 입장이라, '갑'이 불공정한 요구를 한다 해도 울며 겨자 먹기로 받아들일 수밖에 없다. 위에서는 물이 차지만, 아래로는 흐르지 않는다. 오히려 아래에 있는 물이

---

* 삼성전자의 영업이익과 환율 사이의 관계에 대해서는 본문 259~260쪽 참조.

위로 빨아올려지는 형국이다. 이런 시장 상황을 누가 바로잡아야 할까? 중소기업인 협력업체가? 소비자가? 대통령이? 욕쟁이 할머니가? 이요산 씨가?

도표 13-12 납품단가 및 원자재 구매가격 변화 추이. 2009년 1월=100. 자료: 중소기업중앙회.

정부의 역할

시장에서 분배가 건전하게 이루어지지 않으면 국가 경제에 주름이 진다. 이 주름을 펴는 역할을, 가계 및 기업과 함께 경제의 또 다른 한 축을 형성하는 정부가 나서서 정책으로 풀어야 한다. 소득 불평등을 적정한 선에서 해결하기 위해서 정부가 구사하는 가장 기본적이며 중요한 도구가 조세 정책이다. 세금을 많이 걷어서 확보한 세수로 저소득층을 지원할 때 소득 불평등 지수는 떨어진다. 반대로 세금을 적게 걷으면 기업으로서는 유리하지만, 소득 불평등 지수는 올라간다. 하지만 정부는 이른바 '부자 감세' 정책을 채택하고 후자의 길을 택했다.

강만수 기획재정부 장관은 2008년 5월 16일, OECD 회원국 대부분이 감세 조치를 취하는 반면에 한국은 조세부담률이 가파르게 증가했다고 지적하고, "우리나라 조세부담률은 지난해 22.7퍼센트로 주변 경쟁국에 비해 높다. 감세를 지속적으로 추진해 조세부담률을 2012년까지 20%대로 낮추겠다"고 말했다. 하지만 한국의 조세부담률은 결코 높지 않았다. 〈도표 13-14〉에서 보듯이 OECD 회원국 사이에서 꼴찌 수준이다. 그리고 조세부담률과 국민부담률은 〈도표 13-13〉에서 보듯이 2007년을 정점으로 해서 이명박 정부 들어서 계속 떨어지고 있다.

조세부담률은 GDP에 대한 조세 총액의 비율을 말하며, 사회보장부담률은 4대 연금(국민, 공무원, 군인, 사학), 건강보험, 고용보험기금, 산재보상보험기금 등 각종 사회보장기여금을 합한 금액이 GDP에서 차지하는 비율을 말한다. 국민부담률은 조세부담률과 사회보장부담률을 합한 것이다. 2008년 OECD 회원국의 평균 조세부담률과 국민부담률은 각각 26.6퍼센트와 35.7퍼센트이다.

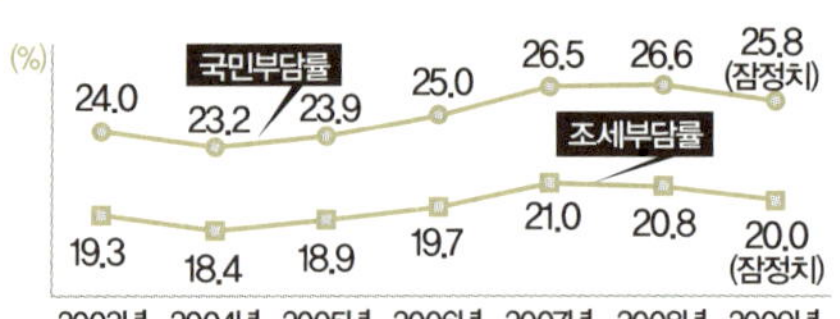

도표 13-13 조세·국민부담률 추이. 자료: 기획재정부.

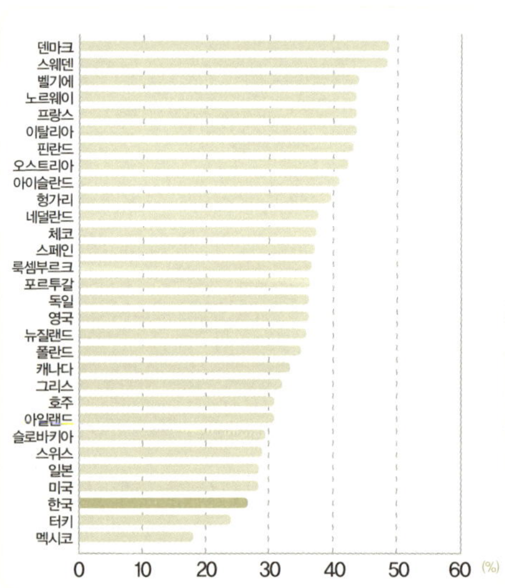

도표 13-14 OECD 회원국 국민부담률 비교(2007년). 출처: OECD.

〈도표 13-14〉는 2007년 기준의 OECD 회원국의 국민부담률을 국가별 순서대로 나타낸 표이다. 한국은 꼴찌에서 3위이다. 그런데 한국 위에 아주 낯이 익은 국가 이름이 보인다. 미국과 일본이다. 미국이나 일본과 같은 선진국과 어깨를 나란히 한다고 좋아해야 하나? 국가는 부유하지만 국민은 가난한 나라 일본, 중산층이 몰락해버린 나라 미국과 어깨를 나란히 했다고 좋아할 일은 결코 아니다. 국민부담률 순위는 정부 차원에서 소득 불평등 문제를 해소하려고 얼마나 노력하는지 보여주는 순위이기 때문이다.

한편 국세에서 간접세가 차지하는 비중도 2007년 47.3퍼센트, 2008년 48.3퍼센트, 2009년 51.1퍼센트로 3년 연속 증가했으며, 2010년에도 간접세 비중은 52.1퍼센트로 전년도보다 증가할 것으로 예상된다. 간접세가 저소득층에게 상대적으로 더 큰 부담을 주는 이유는 종합부동산세, 법인세, 상속·증여세와 같은 직접세가 소득에 부과되는 것과 달리 간접세는 소비에 부과되기 때문이다.

다시 시간을 거슬러 올라가서 2008년 8월 11일, 국회 민생특별위원회.

한 야당의원이 이명박 정부의 1기 내각의 핵심인 강만수 기획재정부 장관에게 왜 소득세와 법인세를 내리려 하느냐며 따진 뒤에, 세금을 인하하지 말고 세금을 더 걷어서, 그렇게 확보한 세수로 저소득층을 지원해서 양극화를 해소하는 데 사용해야 한다고 촉구했다.

그러자 강만수 장관은 다음과 같이 답변했다.

"지난 10년 동안 조세부담률을 4~5퍼센트 가량 늘리면서 복지 예산을 늘려왔으나, 양극화는 더 심해졌다. (…) 양극화는 시대의 트렌드이다. 복지 지출 정책이 국내 소비 내지 소비기반의 취약점으로 이어졌다."

트렌드라고?

양극화가 시대의 트렌드라니, 이게 무슨 개떡 같은 소리인가. '트렌드'라는 현대적이고 도시적이고 소비지향적인 어휘의 선택에 묻어 있는, 양극단 가운데서 가장 부유한 쪽에 서 있는 사람의 여유는, 가장 가난한 쪽에 서 있는 사람에게는 가증스럽게 비칠 수밖에 없다. 그 트렌드는 미국을 중심으로 한 신자유주의 경제 정책이 빚어낸 결과이고, 심화되는 이 양극화를 해소함으로써 한국이라는 경제 공동체의 평화와 안정을 추구하는 게 국민의 투표로 선출된 대통령이 할 일이고, 또 행정부가 할 일이다. 가계 및 기업과 함께 국가 경제의 주체인 정부가 할 일이 바로 그것이다.

하지만 '실용'을 앞세운 이명박 정부의 경제 수장인 강만수 장관은 저소득층에 대한 배려를 노골적으로 거부했고, 이런 정책 방향으로 이후 양극화의 골은 더욱 깊어졌다. 강만수 장관은 경제 정책 실패로 국민의 비판을 받고 장관직에서 물러난 뒤에도 '회전문'을 통해서 국가경쟁력강화위원회 위원장으로, 그리고 다시 대통령 경제특별보좌관으로 자리를 옮겨가면서 이명박 정부의 '양극화 트렌드' 정책을 지휘하고 있다.

이런 와중에도 이명박 대통령은 가끔 재래시장을 찾아서 어묵도 사먹고 뻥튀기도 사먹으며 친(親)서민 정책을 펼칠 것이라고 약속하며 상인들의 손을 잡고 앞으로는 잘될 것이니 걱정하지 말라고 격려했다.

그렇다면 이명박 대통령과 강만수 특별보좌관 사이의 관계는 무엇일까?

① 갈등 관계이며, '친서민' 이명박 대통령이 '양극화 트렌드' 강만수 보좌관에게 밀리고 있다.

② 갈등 관계이며, '친서민' 이명박 대통령이 '양극화 트렌드' 강만수 보좌관을 조금씩 멀리 밀어내고 있다.

③ 협력 관계이며, '양극화 트렌드' 강만수 보좌관이 '친서민' 이명박 대통령을 돋보이게 하려고 악한 역을 수행한다. '양극화 트렌드'는 연기이다.

④ 협력 관계이며, '친서민' 이명박 대통령이 '양극화 트렌드' 강만수 보좌관에게 힘을 실어주려고 선한 역을 수행한다. '친서민'은 연기일 뿐이다.

⑤ 협력하면서 갈등하는 경쟁 관계이다.

이 문제가 너무 어렵다면, 힌트 하나.

8년 만에 찾아왔다는 '가을 한파'로 전국이 스산하게 움츠러들어 있던 2010년 10월 말, 여당인 한나라당이 부자감세 정책을 철회할 것을 검토한다고 했다. 그러자 보수 진영이 발칵 뒤집어졌다. 보수 진영의 언론은 "누구 덕택에 집권정당에서 등 높은 의자에 앉았는지 전혀 모르는 척 제멋대로 '부자' 운운하고 '감세'를 떠든다. 보수의 입장에서는 배신이 따로 없다"며 한나라당을 강하게 압박했고, 급기야 강만수 경제특별보좌관이 직접 한나라당에 전화를 걸어 이런 움직임에 제동을 걸었다. 그리고 한 언론사와의 인터뷰에서 자기가 한나라당의 부자 감세 철회를 막았다면서 이렇게 덧붙였다.

"대통령 중심제에서 대통령의 공약(감세)은 국민과의 약속입니다."

그리고 한나라당에서는 다시 예전처럼 아무 일도 없었다.

 # 아래에서 더느니보다 차라리 위에서 덜어라

나라의 흥망은 모두 사치와 검소함에 달려 있다. (…) 사치는 탐학(貪虐)의 원천이다. 사치는 재물이 아니면 이루어지지 않는다. 그렇기 때문에 반드시 탐욕하고, 탐욕은 포악이 아니면 채워지지 않기 때문에 반드시 포악하다. 그러므로 (…) 사치하면서 교만하지 않은 자가 없고, 교만하면 남을 업신여기고 빼앗으며 물자(物資) 쓰기를 절도가 없이 하여 백성을 구휼하지 않으리니, 필연적으로 나라는 망할 수밖에 없다. 백성의 생명은 재화(財貨)에 달려 있고, 재화는 백성에게서 나온다. 재화가 위[집권층]로 흐르면 말(末)이 차고 본(本)이 빈다. 그렇기 때문에 백성이 죽고, 이어서 나라가 망한다. 재화는 정해진 액수가 있느니만큼 여기를 덜면 저기를 더하게 된다. 다 같이 더해질 수는 없다. 그러니 아래에서 더느니보다는 차라리 위에서 덜어야 한다. 그런데 요즘에는 재화가 윗사람[왕]에게도 있지 않고 아랫사람[백성]에게도 있지 아니하여, 권력을 쥔 집권 귀족층에게로 몰리는 경향이 있으니, 밑에서는 백성이 굶주리고 위에서는 나라의 재정이 고갈되어, 나라가 망하는 속도는 더욱 빨라진다. 당나라와 송나라가 그렇게 망하지 않았던가.　　　　　—이익, "흥하고 망하는 것이 사치하고 검소한 데 달렸다", 《성호사설》에서

당나라와 송나라뿐만 아니라 조선도 계속 아래에서만 덜어대다가 결국 망하고 말았다. 만일 한국이 이렇게 망한다면, 외국으로 튈 사람은 튀고 남는 사람만 피박을 쓸 것이다. 그리고 일제시대 때 친일파들이 떵떵거리면서 잘살았듯이, 그 망함의 와중에서도 재산을 모아 떵떵거리며 잘사는 사람들이 있을 것이다.

마침내 그날이 온다면, 우리는 각각 어떤 집단에 속해 있을까? 개인의 인생관과 결단이 결부된 어려운 문제이다. 이런 문제를 고민하기 싫다면, 이런 일이 일어나지 않도록 하면 된다.

14장 금융시장, '투자'의 잔치를 벌여라
─신용창조, 통화 그리고 생존게임의 룰

> 이 요정들, 나는 이들을 영원하게 하리라, 황금빛 살결과
> 짝을 찾는 동물의 냄새, 적도의 흥취를 가진 그들을.
>
> ―폴 고갱

무덥던 2010년 8월의 어느 날, 태풍 하나가 제주도와 남부지방에 폭우를 쏟아 부었다. 이 영향으로 서울에서도 폭우가 내려 계곡에 있던 야영객 한 명이 사망하고 한 명이 실종되었으며 택시가 물에 잠겨 안에 있던 운전사가 사망했다. 이런 일이 있은 다음 날 조간신문 1면에는 일본 총리가 한·일 강제병합 100년을 맞아서 담화를 발표했다는 기사가 실렸다. 담화에서 일본 총리는 조선총독부를 통해 일본으로 반출된 뒤로 일본 정부가 보관하고 있는 조선왕조의궤 등의 귀중한 도서를 가까운 시일 안에 한국에 넘기겠다고 했다. 의궤? 옷 궤짝은 아닐 텐데, 무슨 뜻이지? 이요산 씨는 신문을 뒤적여서 기사 속에 있는 이 말의 뜻을 알아냈다. '의궤 : 조선시대 국가나 왕실에서 행한 주요 행사를 훗날의 참고용으로 삼기 위해 글과 그림으로 남긴 기록문서. 왕실의 혼사, 장례, 잔치, 건축 등 반복적인 행사를 주로 기록했다.' 그렇군. 그러고 보니 생각났다. 이 의궤

에는 일본 낭인에게 시해된 명성황후의 장례식 모습을 실제 그대로 그림
으로 기록한 내용도 담겨 있다고, 전날 텔레비전 뉴스에서 언뜻 본 것 같
다.

쇄국정책을 펼치던 시아버지 대원군을 상대로 권력 다툼을 벌이던 명
성황후……

명성황후가 그때 시해되지 않았다면 한국의 근현대사는 어떻게 흘러갔
을까, 라는 생각을 아주 잠깐 하면서 이요산 씨는 다시 신문을 펄럭펄럭
넘긴다. 그리고 구석에 있는 작은 기사의 제목, '한국 자본시장 개방도,
세계 12위'가 눈에 들어왔다.

……한국은행에 따르면 2009년 우리나라의 자본접근성지수(CAI·Capital Access
Index)는 10점 만점에 7.39점으로 조사 대상 122개국 가운데 12위를 기록했다. (…)
CAI 순위는 캐나다(8.25점)가 가장 높았으며 홍콩(7.99점), 영국(7.95점), 싱가포르(7.92
점), 미국(7.88점), (…) 등의 순이었다. 우리나라는 '금융허브'인 홍콩과 싱가포르를 제
외하면 아시아권에서 중국(32위, 6.00점)과 대만(26위, 6.54점), 일본(23위, 6.72점)보다
도 개방도가 높았다. 유럽 선진국인 프랑스(16위, 6.99점), 독일(20위, 6.84점), 이탈리아
(33위, 5.96점)도 우리나라보다 CAI가 낮았다."•

• 자본접근성지수(CAI·Capital Access Index)
물가·금리·세율 등을 포괄한 거시경제와
금융 관련 법 및 제도, 주식 및 채권시장
발달 정도, 외국인 자본 활용 가능성 등 모
두 7가지 항목으로 구성되며, 국가별 자본
시장 개방도를 나타낸다. 미국의 밀켄연구
소가 매년 집계한다.

그런데 세계경제포럼(WEF)은 세계
각국의 2009-2010년 국가경쟁력을 발
표하면서, 한국은 은행 건전성이 전체
133개 조사대상국 가운데 90위에 머무

• 《경향신문》, 2010년 8월 11일.

르는 등 금융시장이 미성숙해 있으며, 이것이 국가경쟁력 제고를 가로막
는 문제점이라고 지적한 바 있다.* [참고로, 외국인직접투자(FDI)의 규제지
수 순위는 2010년 OECD 발표 기준으로, 한국이 일본과 캐나다에 이어서
OECD 내에서 6위이다. 외국인 포트폴리오 투자는 많지만 FDI는 미약하
다.]

그렇다면, 한국은 금융시장이 아직 성숙하지도 않았는데 시장 개방도
는 세계 12위라는 뜻인데……. 이 자료를 어떻게 해석할까? 한마디로 한
국의 자본시장은 선진 금융자본이 와서 놀기 좋다는 뜻 아닌가? 그렇다
면 세계 12위라는 타이틀이 부끄러운 것 아닌가? 그래서 유럽연합의 실
세 프랑스와 독일은 16위와 20위로 멀찌감치 뒤에 자리를 잡고 있는 건
가? 설마 대원군이, 장차 100년도 더 지난 세월 뒤에 벌어질 이런 꼴이 보
기 싫어서 조선의 문을 꼭꼭 잠그려 했을까?

100년이 넘는 오랜 시간 전에 있었던 일들이 쉰 살 이요산 씨가 펼쳐든
2010년 8월 어느 날의 조간신문 속에서 여전히 살아서 펄떡거렸다. 그 긴
세월 동안 계속 그렇게 서로 엉키고 풀리고 다시 엉키는 투쟁이 (플레이
어들이 늙거나 사라지면 다른 플레이어들이 그 투쟁의 무대에 새로 오르
고 또 새로운 플레이어들이 등장하기를 반복하면서) 지금까지 계속 이어
져 왔다는 말이다.

돈은 어디에서 나올까?

이 세상에 있는 많고 많은 돈은 다 어디에서 나올까?

이요산 씨는 아파트 엘리베이터에 함께 탔던 초등학교 저학년 아이에

• 10장의 본문 186쪽 참조

게 물어보았다.

"돈은 어디에서 나오니?"

"은행이요!"

아이는 망설이지 않고 대답했다. 옆에 있던 아이의 할머니는 이렇게 말했다.

"하나님이 만들어주신다오. 혹시 교회 다니시나요?"

이요산 씨는 이번에는 고등학교 3학년인 아들 정수에게 물어보았다.

"이 세상의 돈은 다 어디에서 나왔겠니?"

녀석은 내가 또 무슨 함정을 파놓고 묻나 싶은지, 의심 많은 그 또래 아이들답게 잔뜩 경계하고 조심하는 눈초리로 바라보며 대답한다.

"그야 은행…… 이 아니라, 한국은행요. 한국은행에서 돈을 찍잖아요. 아닌가요?"

경제 교과서의 표지 제목 일부를 화이트로 지워 '경제'를 '거지'로 둔갑시켜 놓은 이과생답지 않게 일반은행과 한국은행의 차이를 구분할 줄 아니 대견스럽다.

이번에는 '지리산 깊은 곳에서 생식으로 솔잎만 먹고 토끼똥을 보시는 도사'에게 물어보았다. 새파랗게 젊은 도사는 이요산 씨를 한동안 지긋이 바라보더니 쯧쯧 혀를 치고는 이렇게 말했다.

"그게 다 자기 마음에서 나온다, 이놈아."

이요산 씨는 도사를 패주려다가 참았다. 그리고 마지막으로, 집에서 기르는 여덟 살짜리 애완견 해피에게 물어보았다.

"야 인마, 너는 이 세상에 있는 돈 누가 만드는지 아니?"

녀석은 망설이지도 않고 팽 하고 콧방귀를 뀌는 걸로 대답을 대신하고는 몸을 부르르 떨더니 휙 돌아섰다. 동물 특히 개와는 대화를 나눌 수 있다고 어릴 적부터 자부해 온 이요산 씨는 녀석이 한 말을 어렵지 않게 알아들었다.

"개 소리 하지 마라, 귀찮다!"

* * *

돈은 한국은행에서 찍는다. 이 돈이 시중은행을 통해서 민간에 유통되는데, 그 과정을 나타낸 것이 〈도표 14–1〉이다. 은행의 지급준비율은 10퍼센트이고 개인은 자기가 가진 돈의 20퍼센트를 현금으로 보유하고 나머지는 은행에 예금한다고 할 때, 한국은행이 발행한 1000억 원이 어떻게 돌고 돌며 어떤 결과를 낳는지 살펴보자.

'가 은행'은 한국은행에서 대출받은 1000억 원을 A씨에게 대출해주고 A씨는 A′씨에에게 거래대금으로 1000억 원을 지불한다. A′씨는 이 돈 가운데 20퍼센트인 200억 원은 현금으로 남겨두고 나머지는 '나 은행'에 예금한다. 그러면 '나 은행'은 이 돈의 10퍼센트인 80억 원을 지급준비금으로 남겨두고 나머지 720억 원을 B씨에게 빌려주고, B씨는 이 돈을 B′씨에게 지불하고 B′씨는 다시 이 돈 가운데 80퍼센트를 '다 은행'에 예금한다. 예금할 돈이 하나도 남지 않을 때까지 이 과정이 계속 반복된다면 결과는 어떻게 될까?

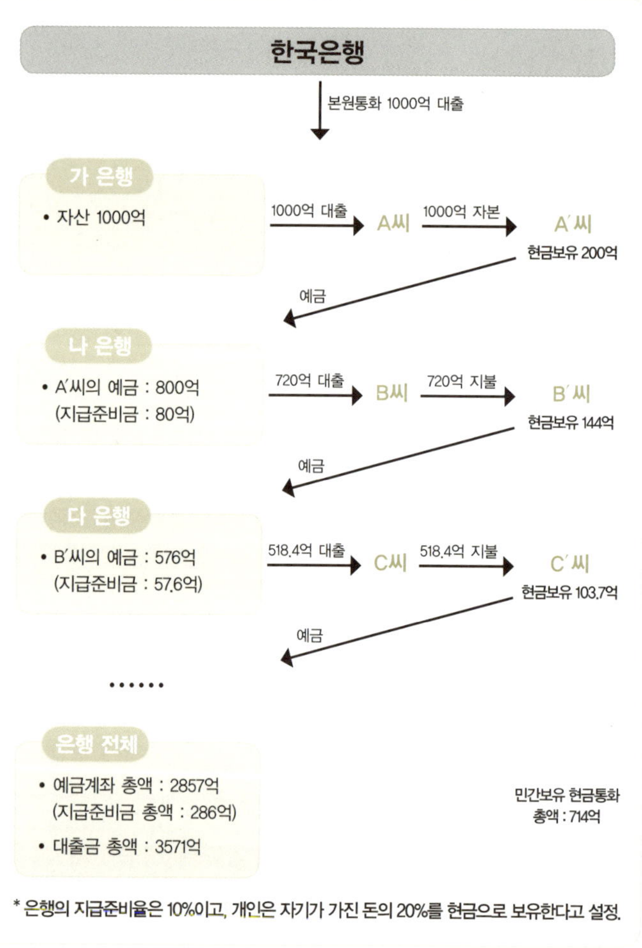

도표 14-1 은행의 신용창조 개념도

예금총액과 지급준비금 총액, 대출금 총액 그리고 민간보유현금 총액은 모두 공비(r)가 0.72인 무한등비급수의 합이고, 이 합을 구하는 공식 'S=a÷(1−r)'을 이용하면 각각은 다음과 같이 나온다.

예금 총액 ················· 2,857억 원 … ①

지급준비금 총액 ············ 286억 원 … ②

대출금 총액 ·············· 3571억 원 … ③

민간보유현금 총액 ·········· 714억 원 … ④

이것을 그림으로 나타내면 다음과 같이 된다.

지금준비금 총액과 현금통화 총액의 합계(②+④)는 처음 한국은행이 '가 은행'에 빌려줬던 돈(이 돈을 '본원통화'라고 한다) 1000억 원과

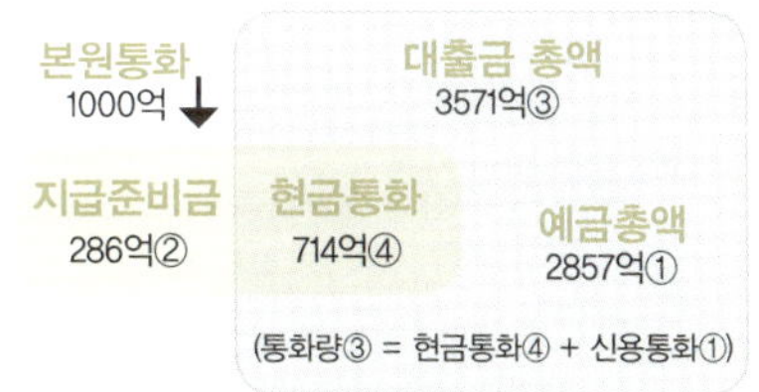

도표 14-2 신용통화 개념도

일치한다. 그런데 사람들이 은행에서 빌린 대출금 총액은 3571억 원이기 때문에 여기에서 현금통화 총액을 뺀 금액(③-④)인 예금 총액 2857억 원(①)은 최초의 1000억 원이 돌고 돌아서(구체적으로 말을 하면, 은행들이 대출을 하는 과정에서) 생긴 돈이다. 이 돈을 '신용통화'라고 하고, 이 과정을 '신용창조'라고 한다. 한편 통화는 일반적으로 경제 주체가 지출행위에 사용할 수 있는 구매력, 즉 법정화폐인 현금과 현금으로 손쉽게 전환할 수 있는 금융자산의 합으로 정의되고 있으며, 금융자산을 현금으로 전환할 수 있는 정도를 유동성이라 한다.

그런데 본원통화에 대해서 통화량이 얼마나 늘어났는지 확인하기 위한 협의통화(M1)와 광의통화(M2), 금융기관유동성(Lf), 광의유동성(L) 등의 여러 가지 지표가 있다. 각 지표가 본원통화의 몇 배가 되는지 확인하기 위해서는 통화승수라는 지표를 사용하는데, 이 지표를 가지고 통화량 확대 정도를 확인할 수 있다. 예를 들어서 〈도표 14-1〉의 사례에서 통화승

수는 3571÷1000=3.5배가 되고, 총 통화량 가운데 신용통화가 차지하는
비율(③÷①)은 80퍼센트이다.

경제권 안에 돈이 얼마나 되는지 측정하는 지표.
- **본원통화** : 한국은행이 발행하는 통화
- **협의통화(M1)** : 현금통화 + 요구불예금 + 수시입출식 저축성예금
- **광의통화(M2)** : M1 + 정기예적금 및 부금 + 시장형 상품 + 만기 2년 미만의 실적배당형 상품 + 금융채 + 기타(투신증권저축, 종금사 발행어음)
- **금융기관유동성(Lf)** : M2 + M2 포함 금융상품중 만기 2년이상 정기예·적금 및 금융채 등 + 증권사 예수금 + 생명보험회사(우체국보험 포함)의 보험계약준비금 + 농협 국민생명공제의 예수금 등
- **광의유동성(L)** : Lf + 정부 및 기업이 발행한 유동성 금융상품(국채, 지방채, 회사채, 기업어음 등)

그렇다면 위의 사례를 수정해서, 개인의 현금보유액을 20퍼센트가 아니
라 10퍼센트로 낮출 경우에는 어떻게 될까?

예금 총액	7166억 원
지급준비금 총액	474억 원
대출금 총액	7692억 원
민간보유현금 총액	526억 원

이 경우에는 통화승수가 7.7배가 되고 총 통화량 가운데 신용통화가
차지하는 비율은 93퍼센트로 높아진다. 이처럼 통화승수가 높아진다는
것은 전체 통화량 가운데 신용통화의 비율이 높아진다는 뜻이다.

〈도표 14-3〉은 2009년의 한국의 통화지표를 나타낸 것인데, 통상적
인 광의통화(M2) 기준 통화승수가 24.43이라는 것은 본원통화에 비해서

24.43배나 많은 광의통화(M2)가 시중에
나돌고 있다는 뜻이다.

그리고 〈도표 14-4〉는 우리나라의 역
대 유동성 지표 추이를 나타낸 것인데,
이것을 보면 본원통화는 그다지 많이 늘
지 않았음에도 불구하고 광의통화(M2),
금융기관유동성(Lf), 광의유동성(L)은

	금액	통화승수
본원통화(평잔)	61,739.6	
M1(평잔)	357,344.1	5.79
M2(평잔)	1,508,550.4	24.43
Lf(평잔)	1,937,336.0	31.38
L(말잔)	2,526,413.7	40.92

도표 14-3 주요통화지표 및 지표별 통화승수 (2009년). 단위: 10억 원. 자료: 한국은행.

1990년대 중반 이후로 큰 폭으로 늘어나기 시작했음을 알 수 있다. 그만
큼 금융권이 활발하게 신용을 창조해 왔다는 뜻이다.

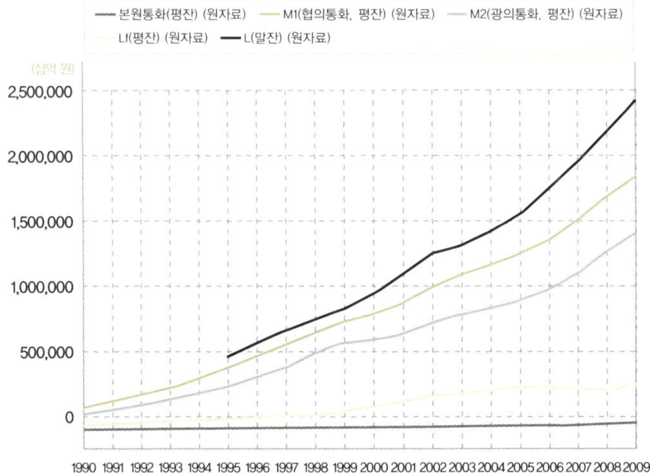

도표 14-4 한국의 역대 유동성 지표. 자료: 한국은행.

무한 경쟁과 인플레이션 그리고 공황

다시 〈도표 14-1〉로 돌아가서, 돈을 빌린 사람들(A, B, C, …)이 갚아야 할 이자를 생각해보자. 이자율을 5퍼센트라고 할 때, 은행에서 돈을 빌린 사람들이 1년 뒤에 갚아야 할 돈은 다음과 같다.

A씨	원금 1000억	+	이자 50억
B씨	원금 720억	+	이자 36억
C씨	원금 518.4억	+	이자 25.92억

대출원금 합계	3571억
이자 합계	178.57억
원리금 합계	3749.57억

그런데 애초에 은행이 신용창조를 통해서 만들어낸 돈은 3571억 원뿐이며, 모든 돈을 다 합해봐야 이것뿐이다. 이자로 내야 할 돈 178.57억 원이 모자란다는 말이다. 즉, 신용창조가 아무리 많이 이루어진다고 해도 신용창조의 총량은 언제나 대출원금과 동일하며, 따라서 이자로 지급되어야 할 돈은 언제나 부족할 수밖에 없다. 달리 말하면, 누군가는 다른 사람의 원본을 가져와야 한다는 뜻이다. 다른 사람의 원본을 가져오지 못하는 사람은 부도를 내고 시장에서 쫓겨나야 한다는 뜻이다. 이것이 생존게임의 룰이다.

이처럼 냉혹한 결과를 막는 방법이 있기는 있다. 대출을 추가로 계속 늘려서 먼젓번 대출에 대한 이자를 내게 하는 것이다. 대출을 늘린다는 것은 통화량을 늘린다는 것이고, 이는 인플레이션을 유도한다는 말이다.

조금이라도 속도가 줄어들면 폭발하는 폭탄이 설치된 버스를 타고 달리고 있는 셈이다. 이런 버스를 소재로 한 영화가 할리우드에서 실제로 제작되었다. 키아누 리브스와 산드라 블록이 출연한 〈스피드〉였다.

하지만 언제까지 버스의 속력을 계속 높일 수는 없는 노릇이다. 그래서 부도의 조짐이 보이기 시작하면 은행은 대출을 꺼리며 오히려 대출금을 회수하려 든다. 그러면 생존투쟁은 더욱 극렬하게 벌어지고, 패배자는 처절하게 지워진다. (아이엠에프 직후와 카드대란 때 발생했던 수많은 신용불량자들을 생각하라. 그리고 감당할 수 없을 정도로 많은 가계부채를 짊어지고 신용불량의 벼랑 끝까지 몰린 주변 사람들을 생각하라. 아울러 8장 '대출의 덫, 마이너스 인생'과 13장 '부익부 빈익빈의 디스토피아'를 참조하라.) 이것이 바로 주기적으로 찾아오는 불경기 혹은 공황의 본질이다. 영화 〈스피드〉에서 빈 버스는 활주로에서 화물기와 충돌해서 대폭발을 일으키며 산산이 부서진다. 이 영화에서 승객들은 주인공의 영웅적인 활약으로 폭발 직전 기적적으로 버스에서 탈출해 살아남는다.

현실에서도 이런 일이 가능하면 얼마나 좋을지 모르지만, 슬프게도 그럴 가능성은 없다. 국제통화기금(IMF)이 2010년 10월에 발표한 "2010~2015년 장기 전망 데이터"에 따르면 2010년 한국의 물가 상승률은 3.1퍼센트로 33개 선진국 가운데 세 번째로 높은 데 이어, 2012년부터 2015년까지 3퍼센트를 기록하며 33개 선진국 가운데 가장 높은 상승률을 보일 것으로 분석되었기 때문이다. 이 수치는 IMF가 선진국으로 분류한 33개국의 향후 평균 물가 상승률 전망치가 1퍼센트 중반에서 2퍼센트 초중반대에 머문다는 점을 감안하면 매우 높은 셈이다.

이 냉혹하고 무서운 판인 금융시장의 개방도가 2009년 기준으로 한국이 세계 12위라는 말이다. 이 안에서 이요산 씨와 오장수 씨는 각자 자기가 메워야 할 대출이자를 마련하기 위해서 남의 원본을 노려야 한다. 물론 다른 시장 참가자들이라고 해서 만만할 턱이 없다. 이요산 씨에게는 행복부동산 사무실에서 만난 박창달 사장이나 젊은 매수자 그리고 베토벤 머리를 한 그의 아버지가 그렇고, 또 오장수 씨에게는 고용계약서에 '갑'으로 존재하는 ○○구청이 그렇다.

금융산업의 갈래와 한국에서의 은행 진화 과정

금융산업은 크게 셋으로 나눌 수 있다. 은행업과 보험업 그리고 증권업이다. 은행은 예금을 받고 또 이 돈을 필요로 하는 주체에 빌려주는데, 이때 여신 이자와 수신 이자 차이 즉 예대마진을 통해서 돈을 번다. 그리고 보험은 사건 발생 확률을 기초로 해서 전체 가입자로부터 받은 돈(보험료)이 실제로 사건이 발생할 때 가입자에게 지급하는 돈(보험금)보다 많도록 상품을 구성해서 판매함으로써 돈을 번다. 그런데 은행업이나 보험업과 달리 증권업은 순전히 주식이나 채권 따위의 증권 거래의 중개자 역할을 하면서 수수료를 받아서 돈을 번다.

그런데 증권시장이 점차 커지면서 사람들은 돈을 굴려서 돈을 버는 것이 가능하다는 것을 깨닫기 시작했다. 보다 빠르게 돈을 벌기 위해서, 돈을 생산 활동에 투입하는 대신 '투자'라는 금융 활동을 통해서 수익을 거

두려고 애를 쓰기 시작했고, 이렇게 해서 고객의 돈을 맡아서 투자 대행을 하고 수수료를 받는 자산운용업이 등장한다. (상황이 이렇게 변한 데는 인터넷을 비롯한 기술의 발전이 큰 몫을 담당했다. 인터넷 덕분에 자본은 예전에는 상상도 하지 못했던 빠른 속도로 이동하기 때문이다. 자판의 엔터키를 한 번 치는 순간에 자금은 대서양을 건너고 태평양을 건넌다.)

이어서 시장이 다변화하면서 저축은행, 캐피탈, 리스회사 그리고 신용카드업과 같은 여신전문업이 은행에서 분화되었고, 은행업과 증권업의 일부를 동시에 수행하는 종합금융회사가 나타났다.

	보험업	은행업	여신전문업	증권업	자산운용업
수신	○	○			
여신		○	○		
중개				○	
운용	△	△			○

도표 14-5 금융산업의 구분 및 기본적인 업무. 출처: 이지효, 〈한국경제, 기회는 어디에 있는가?〉

자본시장통합법과 금융지주회사법

신자유주의 금융 질서에 대한 논의와 준비는 이미 노무현 정부 때부터 준비되었다.

노무현 대통령은 취임사에서 한국의 국가 전략을 '동북아 물류·금융 중심 건설'로 축약해서 표현했다. 그리고 이 전략적인 큰 그림 아래에서 이른바 '동북아 금융허브 전략'을 마련해 금융산업을 신성장동력 산업으로 육성하려고 나섰다. 2007년 7월 18일 청와대에서 열린 제2차 금융허브 회의에서 제출된 "선진화를 통한 금융허브 구축"이라는 보고서에는,

금융산업 발전을 선도할 자본시장을 육성하기 위한 '자본시장과 금융투자업에 관한 법률(일명, 자본시장통합법)' 제정(2007. 7. 3일 국회 통과)과 한미 FTA 체결(2007. 6월 말)을 금융정책의 성과로 밝히고 있다. 그러면서 금융선진화를 위한 전략 과제 및 추진 방안으로 ▷위험을 적극적으로 부담하여 수익을 창출할 수 있는 투자은행(IB)의 출현과 육성 ▷파생금융상품 활성화 ▷연기금의 자산운용시장 투입 등을 제시한다.

그리고 2009년 2월, 이명박 정부가 들어서자마자 자본시장통합법이 시행되고 9월에는 금산분리 규제 완화를 골자로 하는 금융지주회사법이 국회를 통과한다.˙ 미국의 서브프라임 모기지를 기초자산으로 하는 신용파생상품이 도화선이 되어 금융위기가 전 세계로 퍼져나가던 시기였던 터라, 이런 조치를 놓고 어떤 경제학자는 불황에 나이트클럽을 개장하는 꼴이나 다름없다고 했다. 하지만 국내외의 자산가들 입장에서 보자면 결코 손해날 일은 아니었다. 불황에 나이트클럽을 개장하는 것은 미래 투자를 싼 값에 하는 것이었다. 아이엠에프 때도 자산가들은 거품이 꺼진 자산을 싸게 사서 어렵지 않게 거품을 부풀려 부를 축적하지 않았던가.

이전에는 금융시장 내부에 각 영역별로 벽이 세워져 있어서 각 영역 안에서는 특정 부류의 금융기업만 영업할 수 있었다. 그런데 이 벽을 자본시장통합법이 허물어버린 것이다. 그래서 각자 다른 시장에서 거의 독점적으로 활동을 하던 기업들이 이제는 보다 커진 단일한 시장에서 경쟁을 하게 된 것이다. 〈도표 14-6〉은 자본시장통합법 시행에 따른 금융산업의 사업 구분이 어떻게 바뀌었는지 표시한 것이다.

또 금융지주회사법 통과로 이제는 일반 대기업도 금융회사를 인수해

250

서 금융시장에 진출할 수 있게 되었다. 이렇게 안팎으로 진입장벽이 제도적으로 제거되자, 금융회사들은 살기 위해서 치열한 경쟁을 벌이게 된다. (뿐만 아니라, 이제는 보험 또는 증권지주회사가 제조업체를 자회사로 거느릴 수 있게 되었다. 금융자본이 산업자본을 지배하는 형식적인 구조가 마련된 것이다.)

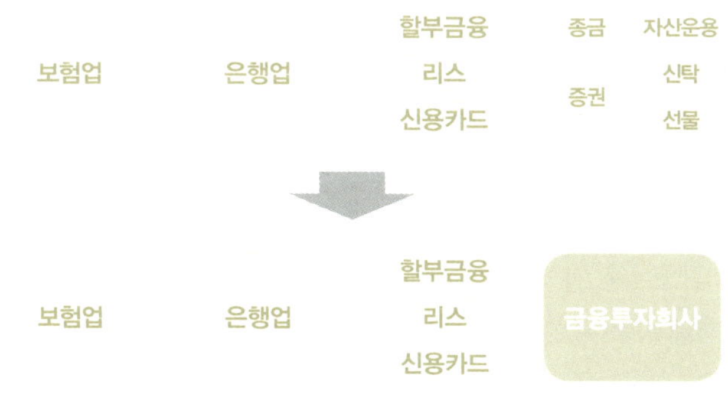

도표 14-6 자본시장통합법에 따른 금융산업 구분의 변화. 출처: 이지효, 〈한국경제, 기회는 어디에 있는가?〉

이런 상황에서 규모의 경제를 최대한 발휘하기 위해서 금융지주회사가 등장한다. 이것은 은행, 증권, 보험, 신용카드, 캐피털, 투자은행 등 다양한 분야의 금융회사 지분을 사들여서 계열사로 묶어서 경영하는, 말하자면 금융의 백화점인 셈이다. 그런데 한국 금융시장에서의 이런 변화는 미국에서 10여 년 전에 있었던 모습과 정확하게 닮았다. 1999년에 11월에 미국은 글래스-스티걸 법을 폐지하고 상업은행이 투자은행 업무를 하는 것을 허용하는 것을 주요 내용으로 하는 즉 신자유주의 경제 질서를 공고히 하려는 그램-리치-블라일리 법을 제정했다. 이로써 상업은행과 투자은행이 하나로 합쳐서 '원스톱 쇼핑'을 가능하게 하는 합법적인 대규모

금융 제국이 탄생했었다. 그리고 그 결과 금융권에서는 저마다 경쟁력을 높이려고 수많은 합병이 이어졌으며, 금융 부문 내부에서 오랫동안 지속되었던 장벽들이 무너졌었다. 그로써 바야흐로 투자은행의 전성시대가 열렸던 것이다.

> • **글래스-스티걸법** 미국에서 1929년에 발생한 주가 폭락과 뒤이은 대공황의 원인 중 하나가 상업은행이 고객의 자산을 이용하여 일삼은 무분별한 투기 행위였다는 판단 아래, 상업은행은 여·수신 업무만 하고 투자은행은 증권·투자 업무만 하도록 업무를 분리하여 상업은행이 고객의 예금으로 주식 투자를 할 수 없도록 한 게 핵심 내용이다.
> • **투자은행** 여신과 수신을 하는 일반은행(commercial bank)과 달리 투자은행(investment bank)은 기업금융 업무 즉, 기업이 채권이나 주식을 발행하는 일을 대행하고, 기업의 인수·합병 작업을 주관하며, 여러 가지 유형의 증권(특히 파생상품)을 만들어 판매해서 수익을 올린다.

2009년에 각각 시행되고 통과된 자본시장통합법과 금융지주회사법은 미국의 그램-리치-블라일리 법이나 마찬가지인 셈이었다. (한편 미국에서는 금융위기 이후에, 그램-리치-블라일리 법에 따른 금융 겸업 허용, 규제 완화 정책이 금융위기를 불러온 주범이라는 인식 아래 다시 금융산업에 전반에 대한 규제를 강화했다.) 그랬기에 한국은 자본시장 개방도 세계 12위라는 명예(혹은 오명)를 얻을 수 있었다. 〈도표 14-7〉은 한국의 금융기관을 국제통화기금(IMF)의 통화금융통계 매뉴얼에서 제시하는 체계에 따라 분류한 내용이다.

외화 자금의 변동성

자본시장 개방이 본격화된 이후 특별한 일이 있을 때마다 외화 자금이 급격하게 들고 나는 일은 일상적인 현상으로 자리를 잡았다. 1998년

• 16장의 본문 283쪽 참조.

예금 취급 기관	중앙은행	한국은행	
		외국환평형기금	
	기타예금취급기관	예금은행	시중은행, 지방은행, 외국은행국내지점, 특수은행
		수출입은행	
		종합금융회사	은행 및 증권사 종금계정 포함
		자산운용회사 투자신탁계정	
		신탁회사	은행, 증권사 및 보험사 신탁계정 포함
		상호저축은행	
		신용협동기구	상호금융, 새마을금고, 신용협동조합
		우체국예금계정	
		증권사 CMA계정	
기타 금융 기관	보험회사 및 연금기금	보험회사	생명보험회사, 손해보험회사 등
		연금기금	공무원연금, 군인연금, 사립학교교원연금, 대한교원공제회 등
	기타금융중개기관	증권기관	증권금융회사, 증권회사
		투자회사	뮤추얼펀드
		여신전문금융기관	리스회사, 신용카드회사, 신기술금융사, 할부금융회사 등
		유동화전문기관	유동화전문회사, 주택저당채권유동화회사
		공적금융기관 등	국민주택기금, 국민투자기금 등
	금융보조기관	자산관리공사 등	자산관리공사, 자금중개회사, 선물회사, 신용보증기관, 신용평가회사 등

도표 14-7 한국의 금융기관(2009년 12월 말 현재). 출처: 한국은행, 〈알기 쉬운 경제지표 해설 2010년〉

자본시장 자유화 정책 이후 10년 동안 유입된 외화자금은 2219억 달러였다. 그런데 2008년 10월에 글로벌 금융위기가 발생한 뒤, 10년 동안 들어왔던 그 자금 가운데 약 30퍼센트인 695억 달러가 불과 4개월 동안에 빠져나갔다. 그리고 위기가 진정된 뒤 16개월 동안에는 다시 816억 달러의 외화자금이 물밀듯이 들어왔다. 1998년의 외환위기 때도 그랬고, 천안함 사건 때도 그랬다. 이렇게 변동성이 높은 이유는 한국의 금융 및 실물 부문의 개방성이 높기 때문이다. 한국의 무역의존도[국내총생산(GDP) 대비 수출입 비중]는 2009년 기준으로 82.4퍼센트나 된다. (중국과 일본 그리고 미국은 각각 45퍼센트, 22.3퍼센트, 18.7퍼센트이다.) 무역의존도가 높은 만큼 외화자금 유출입이 빈번하게 발생하고 있는 것이다. 게다가 자본시장이 완전 개방되면서(한국 자본 시장 개방도, 세계 12위!) 자본 유출입의 제한이 사라져 주식 시장과 외환 시장은 외국인이 치고 빠지고 어르고 뜯는 놀이터가 됐다. 한국의 주식 시장에서 외국인 주식 자금 비율은 2009년 말 기준으로 30.4퍼센트였다. 2009년 3월 기준 12퍼센트인 미국이나 23.6퍼센트인 일본에 비하면 매우 높은 수준이다.

* * *

2010년 8월 11일 오전 10시, 정운찬 총리는 세종로 정부중앙청사 강당에서 열린 이임식에서 직접 작성해 온 이임사를 읽으며 '이 시대 경제학자의 과제는 정부가 해야 할 일과 하지 말아야 할 일을 구분하는 것'이라는 존 메이너드 케인스의 말을 인용했다. 1980년대 이후 케인스주의 경제 정책을 비판하며 신자유주의의 깃발을 높이 들고 세계 경제 질서를 재편했던 미국의 경제 정책을 전폭적으로 수용해서 경제 자유화의 길을 불도저처럼 닦아나가던 이명박 정부의 두 번째 총리직을 경제학계의 대표적인 '케인시언'으로 꼽히던 그가 수락한 것도 이상한 일이었지만, 총리 재임 기간인 10개월 동안 세종시 수정안 관철에 몰두한 것도 이상한 일이었고

• 본문 216쪽의 〈도표 12-9〉 참조.

254

또 끝내 그 뜻을 이루지 못한 채 따가운 시선 속에 등 떠밀려 물러나면서 케인스의 말을 인용한 것도 이상한 일이었다. 도대체 왜 그랬을까? 그의 행보를 20세기적 욕심과 정치와 자존심 및 21세기적 자본시장 상황의 함수로 풀면, 정답을 알 수 있을까?

15장 고환율과 현대판 저곡가정책
—금리와 환율, 캐리트레이드

내가 이용한 모든 형태는 스스로 나타난 것들이다.
나는 그저 베끼기만 했을 뿐이다.
—바실리 칸딘스키

이명박 정부의 핵심 브레인인 강만수는 2005년 5월에《현장에서 본 한국경제 30년》(삼성경제연구소)이라는 책을 발간했었다. 1997년 산업자원부 차관으로 재직하던 중에 맞았던 외환위기를 회고한 이 책에서 그는 다음과 같이 말했다.

"경상수지는 그 나라 경제의 종합건강지수이고, 환율은 나라 경제를 지키는 주권이며 환율 관리는 경제적 대외균형을 지키기 위한 주권 행사다. 환율을 관장하는 재정경제부(현재 기획재정부) 장관이 환율을 시장에 맡긴다는 것은 주권을 포기한다는 말과 같다. 또한 환율은 수출, 수입, 임금에 결정적인 영향을 미치는 가장 강력한 변수다."

하지만 강만수에게 '나라'는 '부자들의 나라'일 뿐이다. 환율은 나라 경제가 아니라 '부자'를 지키는 주권이며, 환율 관리는 권력을 장악한 '부자'의 경제적 주권 행사임은, 이명박 정부 들어서 강만수 장관이 수행한 '부

256

자 감세'를 비롯한 일련의 경제정책을 통해서 확연하게 드러난다.

강만수는 2008년 2월 29일에 이명박 정부의 제1기 내각의 핵심인 기획재정부 장관에 취임한다. 그런데 취임하기 전인 인사청문회 자리에서 "어떤 선진국에서도 환율에 대해 시장 자율에 맡기지 않는다. (…) 환율 안정을 통해 중소기업 경쟁력을 제고하겠다"고 말하며 수출 경쟁력을 높이기 위해서는 원화 가치를 끌어내릴, 다시 말하면 환율을 올릴 필요가 있다는 의사를 강력하게 내비쳤다. 그리고 3월 4일 기자 오찬간담회에서는 "중앙은행의 입장은 원화 강세를 유지해야 하는 것이겠지만 (…) 정부는 중앙은행보다 좀 더 종합적으로 상황을 분석한다"면서 환율을 올리겠다는 의지를 다시 한 번 더 확인했다. 심지어 "전문가들은 고정환율제가 최선이라고 한다"는 말까지 해서 외환시장 관계자들을 화들짝 놀라게 했다. 그리고 3월 25일의 한 언론사 초청강연에서는 "대외균형(물가안정)과 대내균형(경상수지)이 상치할 때 가장 중요한 것은 대외균형"이라며 자기가 염두에 둔 정책 방향이 어디로 향하는지 분명하게 못을 박았다.

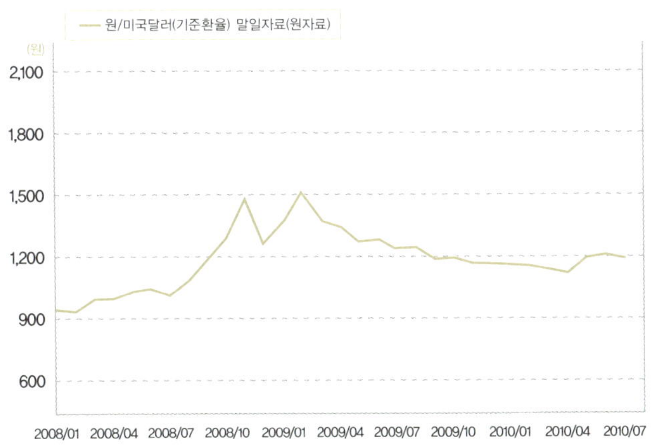

도표 15-1 원달러 환율 추이(2008년 1월~2010년 7월. 기준환율, 말일 자료). 자료: 한국은행.

정부 당국의 이런 입장이 확인되면서 원달러 환율은 2월 28일 936.5
원에서 3월 17일 1,029.2원으로 92.7원 수직 상승했다. 이후 환율은 강만
수 장관이 물러나던 2009년 2월 말에 1,516.4원까지 올라갔다가, 그 뒤 다
시 내려서 2010년 8월 현재 1,200원대선 안쪽까지 내렸다. 〈도표 15-1〉은
2008년 1월부터의 자료이고, 〈도표 15-2〉는 1996년 5월부터의 자료이다.

도표 15-2 원달러 환율 추이(1996~2010년. 기준환율. 말일 자료). 자료: 한국은행.

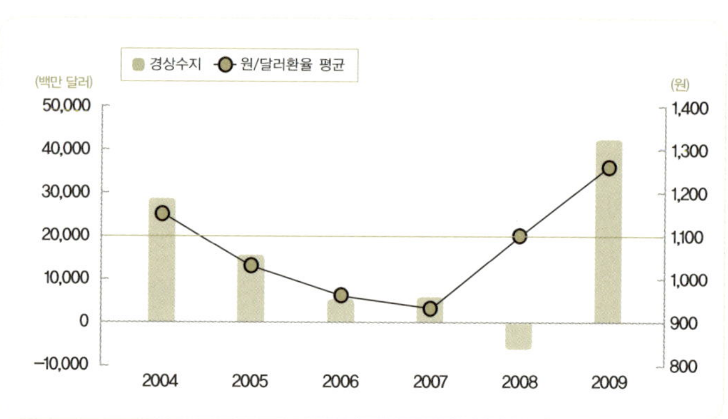

도표 15-3 환율과 경상수지 추이(2004~2009년). 자료: 한국은행. 출처: 정영식 외(삼성경제
연구소), "환율 1,100원의 의의와 경제적 파장"(2010년 4월).

258

한편, 환율과 경상수지의 상관성은 두 지표의 추이를 나타낸 〈도표 15-3〉에서도 확연하게 알 수 있다. 이 도표에서 2008년의 예외적인 경상수지 적자 상황은 세계 금융위기에 따른 특별한 결과라고 볼 수 있다.

고환율의 명암, 잘되는 놈과 못되는 놈

고환율은 수출지향적인 기업에게 유리하다. 예를 들어서 미국에 자동차를 10만 달러어치 팔아서 한국으로 10만 달러를 가져 왔을 때 달러당 환율이 1,000원일 때는 1억 원의 수익을 올리지만 달러당 환율이 2,000원일 때는 2억 원의 수익을 올리기 때문이다. 그런데 반대로 이런 고환율이 원자재를 수입해서 가공해서 되파는 기업에게는 불리하다. 원자재 10만 달러어치를 수입할 경우, 달러당 환율이 1,000원일 때는 1억 달러의 비용이 들지만 달러당 환율이 2,000원일 때는 2억 달러의 비용이 들기 때문이다. 만약 어떤 나라의 환율이 저평가되어 있다면, 다시 말해서 고환율 상태라면(특히 이 나라가 저개발국가일 때, 그래서 선진국들로부터 많은 것을 수입해야 할 때) 화폐 가치가 고평가되어 있는 국가들로 이 나라의 부가가치가 쉽게 빠져나갈 수 있다. 이처럼 각국 화폐의 상대적 가치인 환율은 국가와 국가 사이에서, 그리고 한 국가 안에서도 서로 다른 이해관계를 가진 집단 사이에서 이루어지는 부의 배분 과정에 매우 중요한 역할을 한다.

삼성전자는 2009년 4분기부터 2010년 2분기까지 각각 3조 4400억 원, 4조 4100억 원, 5조 100억 원의 영업이익을 냈다. 2010년에는 총 20조 원의 영업이익도 가능할 것이라는 전망이 나온다. 하지만 만일 정부가 집권 이후부터 줄기차게 고집했던 고환율 정책이 없었더라면 이런 일이 가능했을까? 〈도표 15-4〉로 볼 때 2010년 2분기의 평균 원달러 환율은

도표 15-4
원달러 환율 추이(2009~20
10년 11월. 평균, 종가). 자료: 한국
은행.

1,166.57원이었는데, 이것이 실제보다 200원 높게 설정되었다고 치자. (이명박 대통령의 취임식 사흘 뒤인 2008년 2월 28일의 원달러 환율이 936.5원이었다.) 이 경우 삼성전자의 총매출액과 영업이익을 환율을 놓고 따지면 총매출액 37.89조 원은 31.40조(=37.89×967÷1167) 원으로 줄어들고, 수익은 오히려 마이너스 1조 4800억 [=5.01-(37.89-31.40)] 원이 된다(이 계산은 물론 여러 가지 변수들을 뺀 단순한 계산이라는 한계는 있지만, 삼성전자가 고환율의 혜택을 얼마나 받았는지 설명하는 데는 어려움이 없다). 이런 상황은 원달러 환율이 훨씬 높았던 2009년을 기준으로 하면 더욱 극명하게 드러난다. 고환율이라는 장치가 없었더라면 아마 삼성전자는 초유의 적자를 기록하며 존립이 위태로웠을 것이다. 고환율 정책이 삼성전자를 살려준 셈이다.

현대판 저곡가정책

"…삼성전자는 2009년 최악의 경제위기 중에도 사상 최대 호황을 구가했다. 삼성전자 매출의 26%를 점하는 반도체의 세계 수요는 2009년 30퍼센트 가까이 감소했고, 휴대폰의 세계 수요도 감소했다. (…) 순손실이 발생하는 것이 정상인데, 이익이 사상 최대로 증가하는 기적 같은 일이 어떻게 가능했을까? 환율 말고는 해답을 찾을 곳이 없다. MB정부 출범 일에 947원이었던 환율이 2009년 평균 환율 1,276원으로 무려 329원이나 폭등했다. 수출로 벌어들인 달러를 외환시장에서 329원이나 더 비싸게 팔 수 있었으니 삼성전자는 돈벼락을 맞은 것이다. 수출기업들이 환율 폭등으로 누렸던 이익 증가는 고스란히 소비자인 국민들의 손실로 귀결됐다. 2009년 우리나라의 내수용 수입액은 1926억 달러였다. MB정부 이후 환율이 329원이나 상승했으니 내수용 수입을 위해 국민들은 무려 63조 원을 더 지불해야 했다. (…) 4인 가족으로 치면 한 가구당 504만 원이나 소득이 줄었다."
—송기균, "고환율정책은 현대판 저곡가정책", 〈내일신문〉, 2010년 7월 1일)

2010년 4월에 원달러 환율이 가파르게 하락해서 금융위기 이전 수준인 1,100원에 근접하자 한 민간연구소의 보고서는 환율이 하반기에는 평균 1,070원으로 하락할 것으로 전망하면서, 환율이 2010년 평균 1,100원으로 떨어질 경우, 긍정적인 역할을 했던 환율 효과가 소멸될 것이라고 예측하며 정부 당국이 원화 환율의 가파른 하락세를 막기 위해서 정책적인 노력을 기울여야 한다고 주문했다. 그 뒤, 정부가 이런 목소리에 귀를 기울인 것인지 아니면 시장이 저절로 조정을 한 것인지 5월부터는 다시 오르기 시작해서 6월에 1,200원대로 회복됐다. 하지만 미국과 일본, EU 등 선진국이 수출 증가 및 일자리 창출을 노리며 경쟁적으로 자국 화폐의 가치를 떨어뜨리고, 중국이 저환율을 고집하며 '만일 중국이 위안화의 가치를 높이면 세계는 대재앙을 맞을 것'이라 협박하고 맞서면서 이른바 환율전쟁이 시작되자, 7월부터 다시 원달러 환율은 내리막길을 달리며 긴장을 고조시킨다.

2010년 평균환율(원)	1,150	1,100	1,050	1,000
환율절상률(%)	11.0	16.0	21.6	27.6
2009년 영업이익총액	25.4조	25.4조	25.4조	25.4조
영업수지 변동폭	116.0조	−23.3조	−31.3조	−40.1조
2010년 영업이익총액	9.4조	2.1조	−5.9조	−14.7조

도표 15-5 환율 변화에 따른 영업수지 악화 민감도 분석. 출처: 정영식 외(삼성경제연구소), "환율 1,100원의 의의와 경제적 파장"(2010년 4월 28일)

〈도표 15-5〉는 위에서 언급한 민간연구소 보고서가 환율의 변화에 따른 영업수지 악화의 민감도를 분석한 것이다. (환율이 영업수지에 미치는 영향을 계산할 때 필요한 수출총액, 달러결제 비중, 외화가득률 등은 변화가 없는 것으로 가정하고 순수 환율 효과만을 계산한 것이며, 수출총액은 91개 수출기업의 2009년 수출총액인 334조 원, 달러결제 비중

은 81.6퍼센트, 외화가득률은 53.3퍼센트를 초기 조건으로 입력한 결과이다.) 이 표는 고환율이 삼성전자의 수익에 얼마나 결정적으로 기여하는지 잘 보여준다.

누군가는 삼성전자가 기록한 초유의 수익을 가능하게 했던 고환율의 대가를 고통스럽게 치러야 한다. 고환율은 필연적으로 고물가를 부르기 때문이다. 물가가 높아진다는 것은 동일한 물건을 비싼 가격에 사야 한다는 뜻이다. 1,000원이면 살 수 있는 물건을 2,000원에 사야 한다는 말이고, 그만큼 사람들의 주머니가 털린다는 뜻이다. 대기업의 수출 호조로 무역수지가 적자로 돌아서고 경제성장 전망치가 장밋빛으로 밝게 비치던 2010년 5월, 주물업계와 단조업계의 중소협력업체들이 물가 인상과 원자재값 인상으로 타격을 받고 현대·기아자동차에 집단으로 납품가 인상을 요구하며 납품을 중단하겠다는 벼랑 끝 선언을 했다. 고환율 덕분에 수출업체는 호황을 누리지만 협력업체, 특히 2·3차 협력업체들은 그 혜택을 누리지 못했던 것이다. 그러니 희생을 강요당하는 집단 사이에서 비명과 원성이 나오는 것도 당연하다.

"너희들만 배부르면 장땡이냐? 내 배도 고프다!"

구매력평가환율

여러 나라의 국민 생활수준 및 경제력을 비교할 때 가장 널리 사용하는 것이 시장 환율로 환산한 1인당 국민총소득(GNI)이다. 그러나 한 국가의 1인당 국민총소득이 다른 국가보다 높음에도 실제 국민들의 경제력이나 생활수준이 오히려 낮은 경우를 일본의 예를 통해 쉽게 확인할 수 있다. 일본의 1인당 GNI가 36,000달러에 육박하는데 한국의 2009년 1인당 GNI가 17,175달러임을 감안한다면, 일본 국민의 생활수준은 한국 국민의 생활수준에 비해서 두 배 이상 높다는 말이다. 하지만 실제로는 그렇지 않다. 일본 사람들이 한국 사람들에 비해 두 배로 풍족한 소비를 즐기지는 못하기 때문이다. 시장 환율은 통화의 구매력과 관계가 없는 자본거래에 크게 영향을 받고 국가 간에 교역이 이뤄지지 않는 비교역 재화와 서비스의 상대가격은 제대로 반영하지 못함으로 해서 한 나라 통화의 실질 구매력을 제대로 반영하지 못하기 때문이다.

그래서 UN통계위원회는 각국의 경제력과 국민생활수준을 실질구매력으로 따져서 정확하게 비교할 목적으로 각국의 상대물가수준을 감안해서 새로운 환가수단을 개발했는데, 이것이 바로 구매력평가환율(PPP)이다. 즉 구매력평가환율이란, 한 나라의 화폐는 어느 나라에서나 동일한 구매력을 지닌다는 가정 아래 (즉, 무역 장벽도 없고 상품의 운송비용도 따로 들지 않는다는 전제 아래) 각국 통화의 구매력을 비교해 결정하는 환율이다. 예를 들어서 미국에서 10달러를 주고 살 수 있는 상품(서비스 포함)을 우리나라 시장에서는 10,000원을 주어야 살 수 있다면 이 경우 PPP환율은 1달러에 1,000원이 된다. OECD와 UN 그리고 세계은행이 주기적으로 이 구매력평가환율을 계산해서 작성하고 있다.

빅맥지수

특정 시점에서 미국 맥도널드 사(社)의 햄버거 제품인 '빅맥'의 가격을 달러로 환산한 후 미국 내 가격과 비교한 지수로, 영국의 경제 주간지 《이코노미스트》가 개발해서 1986년부터 세계 120개국의 지수를 분기별로 발표하고 있다. 빅맥의 품질이나 크기, 재료가 전 세계적으로 동일하다는 전제 하에서 가능한 비교이다. (하지만 이 지수는 각국의 인건비나 세금, 정부 규제, 경쟁상황 등과 같은 다양한 가격 결정 요인들을 반영하지 않은 점이 한계이다.) 2010년 2분기의 한국 빅맥지수는 2.82이고 미국 빅맥지수는 3.73이었다. 미국의 물가가 한국 물가보다 3.73/2.82배만큼 비싸다는 뜻이다.

이 빅맥지수로 적정한 원달러 환율을 계산하면 다음과 같다. 2010년 2분기 빅맥지수 조사 시점에 한국에서 빅맥 1개의 가격은 3,400원이었고 미국에서는 3.73달러였으므로, 구매력평가환율의 기준에 따를 때 원달러의 적정환율은 3,400원을 3.73으로 나눈 값 즉 911.5원이다. 그런데 당시의 시장 환율이 1,204원이었으므로, 원화가치는 실제 가치의 76퍼센트밖에 평가되지 않아서 24퍼센트 저평가되었다고 볼 수 있다.

국가	빅맥지수(가격:달러)
노르웨이	7.20
스위스	6.19
유로지역	4.33
캐나다	4.00
미국	3.73 / 기준
일본	3.67
싱가포르	3.08
대한민국	2.82
인도네시아	2.51
러시아	2.33
필리핀	2.19
태국	2.17
중국	1.95
홍콩	1.90

도표 15-6 빅맥지수(2010년 2/4분기).
자료:《이코노미스트》.

금리

금리란 돈을 빌린 데 대한 대가로 지불하는 자금의 가격이다. 중앙은행이 기준금리를 낮추면 시중의 금리가 내려가고 통화량이 늘어나서 기업 활동과 소비 및 투자가 자극을 받는다. 그런데 경기가 과열되었을 때 즉 통화량이 너무 늘어나서 인플레이션의 우려가 있을 때 중앙은행은 기준금리를 올린다. 그러면 시중의 금리가 올라가서 통화량이 줄어들고 기업과 가계의 투자와 소비는 억제된다. 높은 이자율 때문에, 다시 말해서 이자를 부담하고도 충분한 정도의 이윤을 확보하기가 그만큼 더 어려워지므로 (돈을 빌려서 혹은 은행 이자를 포기한 자기 돈으로) 사업을 새로 시작한다거나 추가로 투자를 한다거나 하는 행위가 줄어들기 때문이다.

강만수 기획재정부 장관이 장관 내정자 신분일 때부터 고환율 정책을

> **• 통화정책의 종류**
> • **공개시장조작 정책** : 중앙은행이 증권시장에서 국·공채를 발행하거나 매입함으로써 통화량을 조절한다.
> • **지급준비율 정책** : 시중은행의 지급준비율 기준을 올리거나 내림으로써 통화량을 조절한다.*
> • **재할인율 정책** : 중앙은행이 일반 은행에 자금을 빌려줄 때 적용하는 금리를 조절해서 통화량을 조절한다.
> • **기준금리(정책금리)** 중앙은행이 금융계에 제시하는 기준이 되는 금리. 한국은행이 기준금리를 발표하면, 금융권에서는 이 금리를 토대로 각자 자기 나름의 금리를 책정한다.

---

* 14장의 〈도표 14-1〉 참조.

264

강력하게 암시했으며, 장관에 취임한 직후에 했던 한 강연회에서 '대외균형(물가안정)과 대내균형(경상수지)이 상치할 때 보다 중요한 것은 대외균형'이라고 말할 때, 여기에는 금리 인하도 당연히 포함되어 있었다. 금리 조절 권한은 물가 안정을 조직의 기본적인 목표로 가지고 있는 한국은행이 전적으로 가지고 있지만, 강만수 장관은 금리 정책은 정부와의 원활한 커뮤니케이션이 중요하다면서 한국은행이 기준금리를 낮출 것을 강력하게 요구했다. 이에 대해 한국은행은 '최후의 보루'로서의 한국은행이 가지고 있는 통화정책의 독립성은 보장되어야 한다고 맞서면서, 양측 사이에는 경제 정책의 주도권을 놓고 팽팽한 대립이 이어졌다.

미국 연방준비제도의 독립성

연방준비제도의 독립성은 법률 조항이 규정하는 의무 사항이라기보다는 전통적인 관습으로 굳어져 있다. 2008년 금융위기 때 부시 대통령과 헨리 폴슨 재무부 장관도 자기 견해를 공식적으로는 거의 표명하지 않았으며, 부시 대통령은 "우리는 또한 연방준비제도가 백악관의 정책과 독립적이어야 한다는 점을 중요하게 여기고 있습니다. 연방준비제도는 정치인들과는 독립적으로 행동합니다. 당연히 그래야 합니다. 이런 독립성은 국가 전체로 볼 때 좋은 일입니다"라고 말하며 연방준비제도의 독립성을 지지했다. 연방준비제도는 독자적으로 가지고 있는 자금과 영향력을 동원해서 베어스턴스 긴급 구제 및 그 이후의 과정에도 깊숙하게 관여했는데, 비선출직인 연방준비제도 이사회 의장이 이처럼 미국 경제뿐만 아니라 세계 경제를 뒤흔들 수도 있는 막강한 권한을 단독으로 행사하는 것을 놓고 우려하는 시각도 있다.

기획재정부와 한국은행의 줄다리기는 기획재정부의 승리로 싱겁게 끝났다. [국제금융기구(IMF)의 각국 대표는 각국의 중앙은행장이 맡는 데 비해서 한국 대표는 기획재정부 장관이고 한국은행장은 부대표라는 사실은, 이런 현실적인 힘의 관계를 상징적으로 보여준다.] 그리고 관치금융의 틀 아래에서 〈도표 15-7〉에서 보듯이 금리는 빠른 속도로 내려갔다. '747정책'(7퍼센트 성장, 1인당 국민소득 4만 달러, 세계 7대 강국)을 공약으로 내세워 경제를 살리겠다는 약속으로 시작된 이명박 정부로서는 당연히 물가 안정보다는 성장에 무게를 두었고, 그쪽으로 모든 걸 걸었기 때문이다.

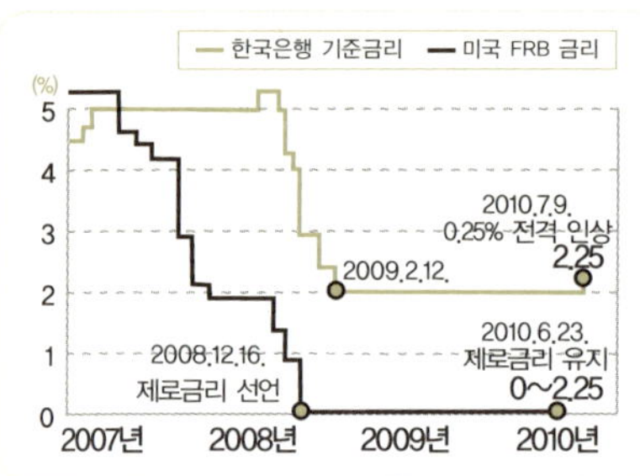

도표 15-7 미국과 한국의 기준금리 추이. 자료: 한국은행, FRB.

2007년 8월에 5.0퍼센트로 올랐던 기준금리는 이명박 정부 출범 이후 환율이 빠른 속도로 올라가던 5월에 잠시 5.25퍼센트로 올라갔다. 이것은 물가 안정을 위해서 통화량을 흡수하겠다는 한국은행의 의지였지만, 이 의지는 아주 잠깐 동안만 빛을 발휘했을 뿐이다. 그해 11월 7일과 12월 11일에 각각 1퍼센트포인트씩 내렸고, 다시 2009년 1월 9일과 2월 12일에 다시 연속으로 0.5퍼센트포인트씩 내려서 2퍼센트가 되었다. 4개월 만에 3.25퍼센트포인트가 내려간 것이다. 이 금리는 17개월 동안 유지되다가 2010년 7월 9일에 0.25퍼센트포인트 올라 2.25퍼센트가 된다. 이런 금리 인하 효과로 해서 〈도표 15-8〉에서 보는 것처럼 통화승수*는 2008년에 최대로 늘어났다.

	2007년	2008년	2009년	2010년 1월	2010년 6월
통화승수	24.66	26.16	24.43	24.20	24.87

도표 15-8 통화승수 추이(2007~2010년). 평잔 M2 기준. 자료: 한국은행.

통화량 증가는 예대율의 추이를 통해서도 관찰할 수 있다.

예대율은 은행의 대출금을 예수금으로 나눈 값으로, 은행의 대출금 총

• 통화승수에 대해서는 본문 243~244쪽을 참조

액이 130원인데 예금 잔고가 100원이라면 예대율은 130퍼센트이다. 이 값이 높으면 은행이 예금으로 받은 돈보다 더 많은 돈을 기업과 가계에 대출로 풀었다는 뜻이다. 과거 감독당국은 시중은행의 예대율을 100퍼센트 이내로 맞추도록 규제해 왔지만 아이엠에프 시기인 1998년 말 이를 철폐했었다. 이 100퍼센트 규제는 금융위기 이후 외국계 신용평가사들의 우려와 비판 속에 2010년에 다시 부활했다.

국내 은행들은 주택담보대출 및 중소기업대출 등을 통해 경쟁적으로 자산 규모를 확대했었는데, 대출 확대에 필요한 재원을 예금으로 충당하지 못하고 은행채 등 시장성 자금으로 조달함으로써 금융위기 당시 은행권 유동성이 불안정한 모습을 보였다. 국내 은행권의 예대율(CD 제외)은 2004년 말까지 100퍼센트 내외였으나, 2005~2007년 급격하게 증가하여 2007년 말에 127.1퍼센트에 이르렀으며, 2008년 6월에는 127.08퍼센트를 기록하기도 했다. 하지만 그게 정점이었고, 지난 2008년 말에 121.9퍼센트, 2009년 말에 112.1퍼센트로 하락의 길을 걸어왔다.

캐리트레이드(carry trade)

<도표 15-7>에서 보듯이 미국은 2008년 12월 16일에 제로금리를 선언한 채 2010년 8월 현재까지 금리를 올리지 않고 있다. (제로금리는 금리가 0퍼센트에서 0.25퍼센트까지일 때를 지칭한다.) 그런데 한국의 금리는 8월 현재 2.25퍼센트이다. 그리고 앞으로 출구전략이 시행되면 점진적으로 올라갈 예상이다. 그렇다면 달러화를 가지고 있는 사람은 그 돈을 한국의 은행에 예금을 하거나 원화 자산에 투자를 하면 이익이 되지 않을까?

여기에서 캐리트레이드라는 거래가 나타난다. 캐리트레이드(carry

trade)란 통상 저금리통화를 차입 또는 매도하여 고금리통화 자산에 투자함으로써 수익을 추구하는 거래를 지칭한다. 예전에는 일본 엔화나 스위스 프랑화가 대표적인 저금리 통화였지만, 세계 금융위기 이후에는 미국 연방준비제도(FRB)의 초저금리 정책으로 넘쳐나는 약세의 미국 달러화가 전통적인 저금리 통화인 일본의 엔화를 제치고 고금리 국가의 금융시장으로 이윤을 좇아서 찾아들기 시작했다.

금융위기 당시에 한국에서 외화자금이 대거 이탈했지만, 위기가 진정된 뒤에 이 자금은 다시 대거 유입되었다. 2009년 들어 금융시장의 변동성 축소, 위험자산 회피심리 완화 등으로 글로벌 캐리트레이드 여건이 크게 개선되었다.

그런데 캐리트레이드가 일어나면 어떤 일이 벌어질까?

일단 외국인 투자자금이 국내로 유입되기 때문에 외화 자금 시장이 안정된다는 긍정적인 효과가 있다. 2009년 국제수지 동향상 국내증권투자 수지는 외국인의 국내증권투자가 순유입(사상 최고 수준인 493.8억 달러)으로 전환된 데 이어, 2010년에도 순유입세가 지속되었다.[•]

2010년 10월에 일본과 미국이 경쟁적으로 금융 완화 정책을 펼치면서 자국 통화의 가치를 떨어뜨려 수출 경쟁력을 높이려고 하고, 이 과정에서 늘어난 자금이 단기 수익을 노리는 '핫머니' 형태로 한국에 유입되며 주가는 1900선을 돌파하며 마구 뛰어오른다. 물론 실물 경제를 반영한 주가 상승이 아니기 때문에 거품이다. 거품은 꺼지기 마련이다.

미국의 연방준비제도가 금리를 올릴 경우, 그리고 제로금리로 회귀한 일본의 금리가 다시 오를 경우, 달러화와 엔화는 약세에서 강세로 돌아서

• 대한상공회의소, "달러 캐리트레이드 확산의 영향과 기업 대응 과제"(2010년 6월)에서.

고 이때 외국의 단기 투자자금은 거래를 청산하고 이자와 환차익까지 챙겨서 빠른 속도로 빠져나갈 것이란 점이다. 이렇게 되면 원달러 환율이 갑작스럽게 올라가서 수입 물가가 상승하고 국내 물가가 상승해서 인플레이션이 일어나고 실질소득이 감소하며 내수가 위축되는 일이 일어난다. 물론 의류, 자동차, 반도체, 통신기기 등의 산업 부문은 환율 상승으로 이득을 볼 것이고 또 순수출의 증가로 경상수지가 개선되는 긍정적인 효과도 있다. 하지만 외국 자본의 캐리트레이드로 털리는 국부는 국민들의 호주머니와 지갑 그리고 예금에서 빠져나가는 돈이다.

이런 과정은 이미 아이엠에프 사태 직후에 있었던 엔 캐리트레이드에서 경험을 했었다. 하지만 눈을 빤히 뜨고도 당할 수밖에 없는 형편이다. 문제는 될 수 있으면 얼마나 적게 털리는가 하는 것이다.

"왜?"

"왜긴 뭐가 왜야, 호구로 잡혀 있으니까 그렇지."

자본시장 개방이라는 글로벌화(이름도 거창한 세계화)란 바로 이렇게 호구로 잡히는 과정이었다.

"그럼 어떡해?"

"어떡하긴, 우리보다 약한 놈 하나 잡아서, 우리가 당한 것처럼 그대로 털어야지 뭐. 경쟁의 시대니까."

* * *

이요산 씨는 어찌어찌해서 겨우 집을 팔았다. 베토벤 머리를 한 남자의 아들에게 팔았으면 적어도 천만 원은 더 받을 수 있었는데…… 어쨌든 그 일은 다시 생각하고 싶지 않다. 입이 방정이지, 그놈의 '금융비용', 제기랄! 집을 판 돈에서 전세금 빼주려고 빌렸던 돈 이자 쳐서 갚고, 복덕방 비 빼고, 관리비 빼고……. 나머지 돈을 어떻게 해야 할지 이요산 씨는 며칠째 머리를 싸매고 있다. 사서은 씨는, 큰돈을 그냥 들고 있으면 야금야금 깨먹기 일쑤라는 계원 친구들의 말에, 어차피 들어가서 살면 되는데 괜히 집을 팔았다면서, 혹시라도 이요산 씨가 그 돈을 어떻게 할까봐 전전긍긍하며 집을 판 일을 후회했다. 그리고는 곧 현실적으로 돌아와서 이요산 씨가 절대 야금야금 빼먹을 수 없는 금융상품을 알아봐야겠다고 마음먹었다.

한편 이요산 씨는 자기 나름대로 곰곰이 생각했다, 다음 중에서 어떤 선택을 하는 게 좋을지.

① 달러의 힘을 업어봐? 달러화가 한국의 국부를 털어가는 게 대세라면, 그 대세에 합류를 해? 그 대세에 힘을 보태서 나름대로 내 지분을 주장해? 그렇게 해서 적어도 내 돈을 털리지 않는 게 상책 아닌가? 하지만 이건 어쩐지 친일파의 매국 행각과 다르지 않은 것 같아 꺼림칙하다.

② 이참에 주식투자 한번 해봐? 한 3분의 1쯤 떼서 옵션에다 그냥 콱 박아봐? 운이 좋으면 열서너 배로 튀길 수 있지 않을까? 대학교 동창 중에 명성이 자자한 투자자가 있는데, 그 친구를 만나봐? 안 하던 짓을 하려니 어쩐지 남의 옷을 입을 것처럼 불편하다. 게다가 운으로 치자면 평생 운이 좋은 편은 아니었다.

③ 예금액 보호 한도로 쪼개서 은행에 그냥 넣어둬? 인플레이션이 되면 통화가치가 떨어지는데도?

④ 그냥 아무 일도 없었던 것처럼 아무 생각도 하지 말고 그냥 살아? 아내에게 모든 걸 맡기고, 아내가 어떤 선택을 했는지 듣지도 않고 묻지도 않고 그냥 그렇게 살아?

이요산 씨는 애완견 해피를 불렀다.

"야, 해피, 이리 와."

녀석은 고개를 푹 떨구고 눈만 위로 치켜뜨며 시선을 이요산 씨에게 고정한 채 터덜터덜 걸어온다. 이 인간이 또 무슨 짓으로 나를 귀찮게 할까 경계하는 티가 역력하다.

"일번, 달러의 등에 업힌다. 이번, 선물 투자로 굵게 한번 놀아본다. 삼번, 계속 쪼잔하게 산다. 사번, 계속 바보로 산다. 내가 어떻게 하면 되겠니?"

녀석은 말없이 이요산 씨를 바라보기만 한다.

"하나만 골라."

"……."

"골라, 골라, 하나만 골라!"

"멍!"

녀석의 대답은 짧다. 개념어 대신 주로 감탄사로 이루어진 녀석의 언어는 소리의 강약과 길이, 높낮이 그리고 떨림 등의 미묘한 변화를 통해서 복합적으로 의사를 전달하기 때문에, 비록 길이가 짧긴 해도 많은 뜻을 담고 있다. 녀석의 말을 해석하면 이렇다.

"더워 죽겠는데 소 풀 뜯어먹는 소리 하지 마라. 네가 나한테 산책이나 한번 시켜줬나? 그런 것도 없이 그딴 걸 물어봐? 네가 그러고도 주인이냐? 그리고 뭐, 내가 기왕 여기까지 걸어왔고 또 너하고 눈까지 마주쳤으니까 하는 말인데, 과자 하나 던져주라, 치사하게 반 쪼개지 말고, 하나 통째로, 빨리! 아아 과자 먹고 싶다, 빨리 줘, 빨리이!"

 # 론스타와 '먹튀 자본'

2010년 11월 24일까지, 미국계 사모펀드 론스타는 외환은행 소유 지분 51.02퍼센트를 팔려고 협상을 해왔다. 한편, 외환은행에 투자했던 원금의 대부분은 이미 2010년 8월에 회수한 상태였다.

"2010년 8월 4일, 외환은행 이사회 결의로 (…) 외환은행 지분 51퍼센트를 가진 론스타는 배당금 329억 원을 받아, 2003년 외환은행을 인수할 때 투자한 원금 2조 1548억 원의 96.6퍼센트를 회수하게 됐다."[*]

총투자금	2조 1548억 원 원
2003년 지분 64.6퍼센트 매입	2조 1548억 원
총회수금(세전)	2조 7705억 원 원
2006년 결산배당	4168억 원
2007년 지분 13.6% 매각	1조 1928억 원
2007년 결산배당	2303억 원
2008년 결산배당	411억 원
2009년 결산배당	1678억 원
2010년 분기배당	329억 원
2010년 11월 지분 51% 매각	4조 6888억 원

도표 15-9 론스타의 외환은행 투자금 회수 내역. 자료: 외환은행.

그런데 하나은행에 자금을 대는 돈줄 역시 사모펀드라서, 은행의 장기적인 성장보다는 단기적인 성장과 구조조정 즉 직원의 대량해고에만 초점을 맞추게 될까봐 노동조합은 우려한다. 사모펀드는 기본적으로 차익

• 《중앙일보》, 2010년 8월 5일.

거래를 목적으로 하기 때문이다. 기업을 싼 값에 사서 매끈하게 다듬은 뒤에 통째로 혹은 여러 개로 잘게 쪼개서 팔아 차액을 수익으로 실현하는 사업 방식 때문에 '먹튀'가 문제된다. 이 과정에 매각하는 회사의 경영진이나 매각되는 회사의 경영진이 '먹튀 자본'의 '앞잡이' 노릇을 하면서 막대한 금액의 수수료와 배당지분을 챙김은 말할 것도 없다.

국세청에서는 외국계 펀드 등이 국내 주식시장에 유가증권을 팔아 얻는 양도소득에 대해서는 양도차익 20% 또는 양도가액 10% 중 작은 금액을 소득세나 법인세 명목으로 과세한다는 법률에 따라서 세금을 부과할 계획이지만, 이런 일에 대비해서 론스타가 이미 과세 근거가 되는 국내 고정사업장 '론스타코리아'를 2008년 4월 폐업시켰기 때문에 자칫하면 이 세금을 받지 못할 수도 있다.

＊　＊　＊

론스타는 외환위기 직후인 1998년 한국자산관리공사와 예금보험공사로부터 5000억 원이 넘는 부실채권을 사들이면서 한국에 진출, 2003년 8월에 한국외환은행을 인수했다. 그런데 이 과정에 외환은행이 불법적인 방식으로 헐값에 매각되었다는 의혹이 제기되어 현재 재판이 진행되고 있는데, 2010년 8월 현재 론스타가 2심까지 승소했으며 대법원 판결만 앞두고 있다.

여기서 독자의 상식을 테스트하는 문제, 정부 관리는 왜 외환은행을 헐값에 팔았을까?

① 떡고물 챙기려고

② 그렇게라도 해야 은행이 살고 일자리가 유지되니까

 # 키코(KIKO)

키코란 무엇인가?

환위험회피용(환헤지) 파생금융상품의 하나. 키코는 'Knock-In, Knock-Out'의 약자로, 기업과 은행이 환율의 상한(Knock-In)과 하한(Knock-Out)을 미리 정해 놓고, 그 범위 안에서는 미리 약정한 환율로 외화를 거래할 수 있되, 만약 환율이 미리 정한 범위보다 밑으로 내려가면 계약이 무효가 되고, 반대로 그 범위보다 올라갈 경우에는 미리 정한 환율과 실제 환율의 차액의 두 배를 은행에 물어주게 되어 있는 불평등한, 따라서 사기성이 농후한 구조이다.

왜 키코가 문제가 되었나?

중소기업은 대기업과 달리 자체적으로 환 위험을 관리할 능력이 없음을 이용해서 한국의 은행들은 판매 수수료 수입을 노리고 미국 투자은행이 만든 이 파생상품을 가지고 와서 중소기업을 대상으로 판매 대행을 했다. 그런데 정부가 수출 증대를 위해서 환율 시장에 개입해 고환율 정책을 폈고 환율은 급상승했다. 기하급수적으로 늘어난 환율 손실로 부도 위기에 몰리는 기업이 속출했다.

2009년 국정감사 자료로 드러난 피해업체 수는 517개이고 피해 금액은 약 3조 4000억 원이다. 이 가운데 중소기업이 471개에 2조 4000억 원의 피해를 입었다. 한편 피해 기업들이 만든 대책위원회는 실제 피해 기업이 약 1,000개에 이르고 피해액은 10조 원에 이른다고 주장한다.

키코 거래에서 은행은 환율이 급등하든 급락하든 별다른 피해가 없는 반면 이 거래를 한 기업은 환율이 급등할 때 약정 금액의 두세 배나 되는 손실을 입도록 설계되어 있는 상품이다. 파생상품은 기본적으로 제로섬 게임 상품이라는 속성상, 이것을 통해서 손해를 보는 측이 있으면 이익을 보는 측이 반드시 있다. 이익을 본 측은 미국의 투자은행이다. 즉 키코는 미국의 투자은행이 한국에 투자했을 때의 환차손을 만회하기 위한 미국 투자은행용 환위험회피 상품이며 한국의 수출 중소기업은 이것에 반대되는 옵션을 매입했다가 엄청난 손실을 본 것이다.

교훈

도둑이나 강도에게 당하지 않으려면 무장하는 수밖에 없다. 특히 사회나 제도가 나를 지켜주지 않을 때는 더욱 그렇다. 충분한 지식으로 무장했더라면 사기성이 짙은 상품의 불리한 조건을 미리 알았을 테고 또 키코의 판매 수수료를 챙기려는 은행의 감언이설에 넘어가지 않았을 것이다. 은행들은 수수료 수입을 먹으려고, '비용이 전혀 들지 않는다'는 거짓말로 어리숙한 중소기업들을 꼬드겨서 외국 투자은행의 먹잇감으로 던져주었다. 공적인 기업의 특성을 가지고 있다고 해서 특별히 '기관'이라고 부르는 은행 역시 돈벌이에 혈안이 되어서 언제든 사기성이 농후한 거래를 제안할 수 있음을 명심해야 한다.

또 하나 뼈아픈 현실. 정부는 대기업을 살리려고 환율을 인위적으로 끌어올렸는데 이 바람에 중소기업들이 집중적으로 피해를 보았다. 이들은 정부로부터 피해를 보상받을 수 있을까?

하지만 정부로서는 국제적인 원칙에 입각할 때 정부 차원의 환율 조작을 공식적으로 인정할 수가 없다. 개인의 선택이고 따라서 개인이 책임을 져야 하니 거래 당사자들끼리 알아서 해결할 문제라는 논리로 갈 수밖에 없다. 결국 시장에 대한 신뢰성, 시장 참가자들 사이에 지켜져야 할 공정성의 원칙은 심각하게 훼손되고 말았다.

16장 제로 리스크의 파라다이스
—신용파생상품과 글로벌 금융위기

> 나는 아무도 그 정체를 알 수 없을 정도로 추상화된 물체, 더 이상 식별되지 않을 만큼
> 엉망진창이 된 물체, 그리고 너무나 분명한 성격을 나타내고 있어서
> 거의 무관심하게 지나쳐버리는 물체를 좋아했다.
>
> —로버트 라우센버그

투자든 투기든 일반적으로 수익이 높으면 그만큼 위험이 높다. 높은 수익에 초점을 맞추면 높은 위험을 부담해야 한다. 반대로 낮은 위험 즉 안정성에 초점을 맞추면 낮은 수익에 만족해야 한다. 파생상품은 이 양자의 요구가 동시에 맞아떨어지는 지점에서 탄생했다.

시장은 현물 시장과 파생상품 시장으로 나눌 수 있는데, 현물 시장에서는 상품과 서비스의 거래가 특정한 시간과 공간에서 직접 이루어진다. 하지만 파생상품 시장에서는 미래의 특정한 시간과 공간에서 실행될 특정 상품 거래의 가격과 물량을 거래한다.

배추 농사를 짓는 농부 P씨를 놓고 생각해보자. 봄에 밭에 씨를 뿌리는 농부는 올해 농사가 잘되어 튼실한 배추가 자라주길 기대한다. 하지만 나뿐만 아니라 전국의 모든 배추 농가가 모두 배추 농사를 잘 지어 시장에 공급될 배추 물량이 예년보다 늘어난다면 배추 값이 형편없이 떨어

지고 말 것이다. 그런데 홍수 피해를 입거나 냉해 피해를 입어서 김장철
에 출하될 전국의 배추 공급량이 예년에 비해서 턱없이 부족하다면 배추
값은 엄청나게 뛰어오르고, 김치는 '금치'가 될 것이다. (2010년 가을에는
배추 한 포기의 소매가격이 무려 18,000원까지 오르지 않았던가.) 그러면
P씨는 올해 배추 농사에 성공하게 된다. 그런데 여기에는 P씨의 배추는
홍수 피해나 냉해 피해를 입지 말아야 한다는 전제 조건이 붙는다. 과연
그럴 수 있을까? 확률적으로 보자면 100퍼센트도 아니고 0퍼센트도 아니
다. 그러니 머리가 복잡해질 수밖에 없다. 아무 걱정 없이 농사일만 열심
히 해서 자기가 들인 노력만큼 성과를 얻을 수 있으면 좋겠는데, 하고 P
씨는 생각한다.

이때 농산물 유통 상인 K씨가 P씨에게 P씨가 재배하는 배추를 밭떼기
로 미리 사겠다고 제안한다. P씨가 포기당 비용 250원을 들여서 농사를
잘 지어 가장 많이 받을 수 있는 가격이 한 포기에 500원이고, 반대로 극
단적인 공급 과잉으로 수확에 드는 비용조차 건질 수가 없어서 경운기로
배추밭을 갈아엎어야 할 경우에는 배추 값이 0원인데, K씨는 포기당 300
원으로 계산한 값을 P씨에게 제시한다. P씨는 홍정 끝에 포기당 320원으
로 계산해서 K씨와 밭떼기 계약을 맺는다. 이것이 배추 파생상품 거래이
다. 두 사람 사이에서 이루어진 거래는 배추라는 현물의 자산 거래에서
파생된 거래이기 때문에 파생상품 거래이고, 이 거래가 이루어지는 시장
은 파생상품 시장이다.

P씨로서는 애써 농사를 지은 배추를 제값을 받지 못하고 팔아야 하거
나, 혹은 최악의 상황에는 수확도 하지 못하고 배추밭을 갈아엎어야 하
는 위험을 회피하고 안정적인 수익을 확보할 수 있어서 이 거래가 매력적
이다. 한편 K씨로서는 고수익을 노리기 위해서 고위험을 부담할 의지를

가지고 있기 때문에, 즉 다른 사람들이 꺼리는 위험에 '베팅'을 해서 성공을 하면 짜릿한 대박의 수익을 거둘 수 있기 때문에, 위험이 존재하는 이 거래가 매력적이다. 이렇게 해서 파생상품 시장에서는 저위험 저수익을 추구하는 욕구와 고위험 고수익을 추구하는 욕구가 하나로 맞물려 끊임없이 서로를 자극하며 시장의 범위와 규모를 키워나간다.

그리고 이 범위는 금융시장으로까지 확대되었다.

세상의 돈은 이윤율 및 절대이윤 극대화를 목적으로 '투자'라는 이름으로 금융권에 몰려들고, 이 자본은 보험업, 은행업, 투자사업 등에서 계속 새로운 상품을 만들어낸다. 그리고 실물 상품이 바닥나자 파생상품을 만들어낸다. 선물(先物), 옵션(option), 스왑(swap)이 그런 것들이다.

현물·선물·옵션·스왑거래

어떤 연예인이 10만 원을 내고 특급 미용사 그레이스 팍의 서비스를 받는다면 **현물거래**, 한 달 뒤에 10만 원에 서비스를 받기로 하고 돈도 그때 가서 지불하기로 약속한다면 **선물거래**, 한 달 뒤에 10만 원에 서비스를 받을 수 있는 쿠폰을 5천 원을 주고 샀다면 **옵션거래**, 이 연예인이 녹화를 하는 날에는 무조건 그 미용사의 서비스를 받고 돈은 그때마다 10만 원을 내기로 약속한다면 **스왑거래**. 그런데 그레이스 팍이 연예인들 사이에서 인기가 치솟아 서비스 비용이 10만 원에서 20만 원으로 오른다면, 옵션거래를 예로 들자면 5천 원짜리 쿠폰(옵션)의 거래 가격은 10만 원 혹은 그 이상으로도 오를 수 있다. 그런데 반대 상황에서 쿠폰의 거래 가격은 최저 0원이 된다. 한편, 옵션의 매도자 승률은 매수자 승률보다 훨씬 높지만 매수자에게는 낮은 승률과 함께 대박의 가능성이 따라오기 때문에, 제로섬 게임인 이런 옵션거래가 형성된다.

금융시장의 파생상품, 미국의 경험

제이피 모건의 초기 스와프 팀 일원이었고 나중에 메릴 린치로 자리를 옮긴 T. J. 림은 1990년대의 파생상품 열기를 다음과 같이 회상했다.

"뭐랄까요……. 미쳐서 날뛰던 시기였습니다. (…) 트레이더들은 상상할 수 있는 건 뭐든 다 만들어냈고, 사람들은 이걸 사려고 달려들었죠. 어떤

친구는 한 주가 멀다하고 새로운 상품을 하나씩 생각해낼 정도였으니까
요."

　이런 열기에 대한 경고도 나왔다. 파생상품은 '언제 터질지 모르는 시
한폭탄'이라고도 했고, 'MBA 학위를 가진 스물여섯 살짜리들이 개인용
컴퓨터 위에 쌓아올린 수소폭탄'이라고도 했다. 하지만 신용파생상품이
라는 신종 금융상품을 개발한 제이피모건 스와프 팀에 속해 있던 마크
브리켈은 파생상품이라는 혁신적인 상품에 정부가 들이대는 통제의 손길
을 비난하며, '혁신을 질식시키는 가장 확실한 방법은 현재의 제도를 엄
격한 기준으로 유지하는 것'이라고 강변하면서 자유시장의 효율성과 우
월성을 주장했다.

　"나는 시장의 자연치유력을 무한하게 신봉합니다. 과잉 상태가 발생할
경우 시장은 정부의 어떤 간섭보다도 훌륭하게 이 문제를 바로잡습니다.
시장이 가지고 있는 자체적인 규율은 그 어떤 규제보다도 훌륭한 규제입
니다."

　이처럼 파생상품 나아가 신용파생상품은 본질적으로 신자유주의 질서
를 전제로 한 것이었다. (한편, 2000년 초에 중국의 주룽지 총리는 새로운
형식의 투자 방식을 찾으려고 금융 전문가들로 구성된 위원회를 결성했
는데, 당시 파생상품을 놓고 '거울을 무한하게 마주보게 놓은 모습'이라고
규정하며 파생상품의 판을 크게 벌이지 말라고 지시했다.)

　그런데 이 상품 시장도 한계에 도달하자, 이윤율 및 절대이윤 극대화를
태생적 목적으로 안고 있는 자본은 새로운 상품을 개발해서 새로운 시
장을 만들어낸다. 이것이 신용파생상품이고 신용파생상품 시장이다.

　신용파생상품은 준거자산(기초자산)으로부터 보유자가 부담하는 신용
위험 즉 채무자가 지급불능 상태가 될 위험을 분리해서 이것을 파생상

280

품 형태로 구성한 것으로, 보험 성격을 띤다. 돈을 빌려주는 은행 측에서는 채무자가 돈을 갚지 못할 상태가 될까봐 불안한데, 이 불안한 위험을 상품으로 만들어 이 상품 구매자에게 대신 떠넘길 수 있기 때문에, 마음 놓고 얼마든지 대출해 줄 수 있다. 설령 채무자가 지급불능 상태가 된다 하더라도, 그 부담은 신용파생상품을 산 사람이 고스란히 떠안기 때문이다. 물론 이 상품을 사는 사람은, 채무자가 지급불능 상태에 빠지지 않을 것이라는 가능성을 믿으며 그 위험을 떠안는 대가로 상품 판매자로부터 약정된 수수료(이것을 '프리미엄'이라고 부른다)를 챙길 수 있다.

예를 들어 어떤 은행이 총 8천억 원을 연 5퍼센트의 이자율 조건으로 (신용 대출이든 혹은 담보 대출이든 간에) 다수의 사람에게 빌려줬다고 치자. 이 은행은 연 400억 원의 이자 수입을 거둘 수 있지만, 채무자가 모두 파산해 버리면 8천억 원을 모두 날린다. 이런 위험을 방지하기 위해서 이 은행은, 만일 채무자들이 모두 파산할 경우 채무자 대신 원금을 은행에 갚아주는 대신, 예를 들어 한 해에 0.025퍼센트의 수수료를 주겠다는 신용파생상품을 만들어서 다수의 사람들에게 판다. 은행으로서는 한 해에 이자수입 2억 원을 덜 받는 대신 원금은 확실하게 보장받는다.

한편 이 상품을 구매한 사람으로서도 자기가 안고 있는 채권이 부도가 날 확률은 거의 없다고 믿을 수 있는 이유는, '채무 1'부터 '채무 n'까지의 전체 채무를 각각의 신용파생상품 개수만큼 잘게 쪼갠 뒤 이 각각의 조각들을 하나씩 모아서 만든 것이 신용파생상품이기 때문에 모든 채무가 한꺼번에(혹은 상당한 비율로 동시에) 지급불능 상태가 되지 않는 한 부도 위험이 실제로 실현될 확률은 거의 없다고 보기 때문이다. 제로 리스크의 파라다이스가 바로 거기에 있었다.

	일반파생상품	신용파생상품
위험 내용	시장 위험(금리·환율·주가 등락에 따른 자산 가치의 변동)	신용 위험(차주의 부도, 신용도 하락)
해지 수단	선물·옵션·스왑 등	CDS 등 신용파생상품
거래 대상	금리·환율·주가 등 가격변수	위험 자체

도표 16-1 일반파생상품과 신용파생상품 비교

1994년 가을, 발데즈호(號) 기름 유출 사고로 50억 달러의 벌금을 내야 하는 엑손이 제이피 모건과 바클레이스 캐피탈(Barclays Capital)로부터 48억 달러의 신용 한도(credit line)*를 실행할 것을 요구했을 때 제이피모건은 유럽부흥개발은행(EBRD)에 수수료를 주고 엑손의 부도 위험을 대신 떠맡게 하는 거래를 성사시켰다. 이렇게 함으로써 제이피모건은 수익성도 별로 없는 이 대출 때문에 8퍼센트의 BIS 규정 자기자본비율에 얽매여야 하는 상황도 피할 수 있었고, 대출에 대한 이자 수입도 안전하게 확보할 수 있었다. 최초의 신용파생상품이 탄생하는 순간이었다. 당시에 사람들은 이 '상품'을 무엇이라고 불러야 할지 아무도 몰랐다. 하지만 결국 이 거래는 체결되었고, 이 상품에는 '신용부도스왑(credit default swap)'이라는 이름이 붙었다. 나중에 사람들은 이것을 'CDS'라고 줄여서 부른다.

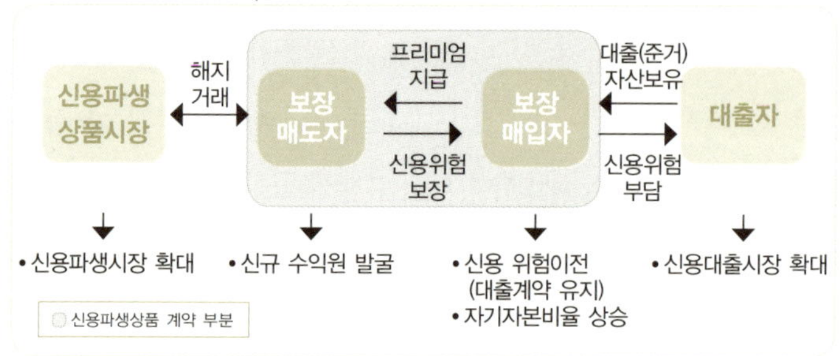

도표 16-2 신용부도스왑(CDS) 거래 구조. 출처: 김인규·오종민, "신용파생상품시장의 현황과 과제"(2008년 12월. 한국은행)

그리고 1999년에 11월에 빌 클린턴 대통령은 대공황 시대의 유산인 마지막 규제 법안인 글래스-스티걸 법을 폐지하는 법안에 서명했다. 이 법의 폐지로 상업은행과 투자은행이 하나로 합쳐서 '원스톱 쇼핑'을 가능하게 하는 합법적인 대규모 금융 제국이 나타났다. 은행권에서는 경쟁력을 조금이라도 높이려면 너나 할 것 없이 덩치를 키워야 하고 또 모든 금융 서비스를 원스톱으로 제공할 수 있어야 하는 새로운 환경으로 빠르게 변했다. 이 환경에서 금융기관들이 합병으로 덩치를 키우면서 금융 부문에서 오랫동안 지속되었던 장벽들이 무너지기 시작했다.

2000년대에 들어서서 연방준비제도이사회 의장 앨런 그린스펀이 금리를 내리자 개인과 기업의 대출은 날개를 달고 폭발적으로 늘어났다. 신용파생상품의 원재료 즉 온갖 채권의 수요가 늘어난다. 채권의 수요가 늘어나니 은행에서 돈을 빌리기는 그만큼 더 쉬워진다. 이런 돈의 흐름을 가로막는 온갖 규제에 대한 원성은, 효율성과 민간 자율을 내세운 혁신의 깃발 아래 더욱 높아진다. 〈도표 16-3〉은 세계 신용파생상품 시장의 규모가 얼마나 빠른 속도로 성장했는지 보여준다. (도표에서는 2008년의 규모를 33조 달러로 전망했지만, 실제로는 2008년 6월 기준으로 57조 4천억 달러였다.) 호경기는 예전보다 문턱이 한층 낮아진 주택담보대출 덕분에 특히 주택 시장에서 두드러졌다. 미국판 DTI 규제 완화는 장차 불량 대출인 서브프라임 모기지의 양산을 촉발하고,

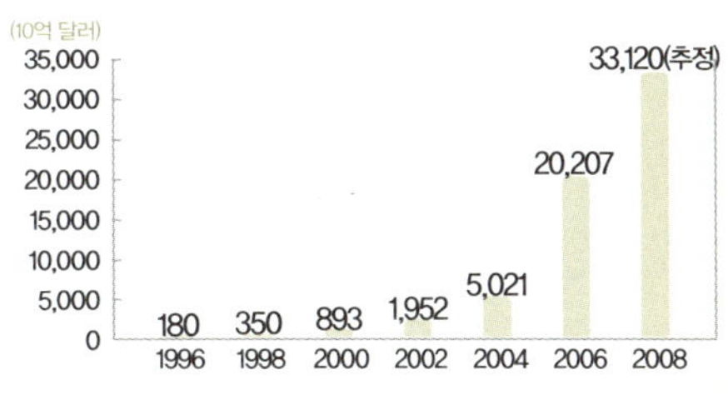

도표 16-3 세계 신용파생상품 시장의 규모 추이. 자료: 영국은행연합회.

• 필요할 때 대출받을 수 있는 금액의 한도.

이것은 2008년의 글로벌 금융위기로 이어진다.

부채담보부증권(CDO)이 표준화된 신용파생상품으로 자리를 잡았고, 나중에는 다른 CDO 종목들을 모아서 새로운 CDO 증권을 발행하는 CDO의 CDO(CDO 스퀘어드)까지 나타났다. 이때 매입하는 CDO는 위험도가 가장 높은 증권들이었지만, 그만큼 높은 수익을 얻을 수 있으니 상관없었다. 은행으로서는 자기가 가지고 있는 모든 종류의 기초자산(underlying assets) 즉 자산유동화증권(asset-backed security·ABS)이나 이머징마켓 부채 혹은 모기지 등을 이 신용파생상품에 집어넣으려고 난리였다. 이제 가장 중요한 목적은 보다 많은 레버리지를 동원해서 보다 많은 수익을 올리는 것이 되었다.

하지만 2006년부터 미국 전역의 주택 가격이 떨어지기 시작했고, 2007년에 베어스턴스가 파산 위기를 맞지만 정부의 도움으로 가까스로 파산을 면한다. (금융위기가 깊어가는 와중에서도 한국에서 코스피는 10월 31일에 사상 최고치 2064.85를 기록한다.) 하지만 위기는 전체 금융권으로 확산되고 2008년 9월 15일에 리먼브라더스가 파산한다. 그리고 금융위기를 뒷감당하는 과정에서 어마어마한 규모의 공적자금이 투입되었다.

2009년 1월 스위스의 다보스에서 열린 세계경제포럼(WEF)에서 사람들은 파생상품, 특히 신용파생상품을 잘근잘근 씹었다. 예를 들어서 원자바오 중국 총리는 서구의 금융권에는 규율이란 게 없다고 지적했고, 푸틴 러시아 총리도 "월스트리트 은행들이 가지고 있던 자부심은 이제 사라지고 없다"고 비웃었다.

모든 재앙은 파생상품 특히 신용파생상품에서 비롯되었고, 이 상품을 처음 개발했던 사람들 사이에서 오간 이메일에는 이런 내용이 담겨 있었다.

"도대체 어떤 괴물이 생겨난 거야?"

"정말 귀엽고 착한 아이를 낳았다고 생각했는데, 이 아이가 성장해서는 끔찍한 범죄자가 되어버렸을 때 드는 느낌……."

규제 완화와 자율이라는 신자유주의 원칙을 신봉하며 신용파생상품을 만든 사람들은, 자동차 사고는 자동차의 잘못이 아니라 운전자의 잘못이듯이, 파생상품 역시 도구일 뿐 잘못은 이 도구를 잘못 운용한 사람들에게 있다며, 재앙의 원인 제공자라는 비판의 화살을 피하려 했다.

신용파생상품과 온갖 유형의 CDO가 위험을 분산시켜 줄 것이라고 사람들은 믿었지만 그게 아니었다. 또 위험은 전혀 분산되지도 않았다. 오히려 집중되었고, 보이지 않게 숨어버리기만 했을 뿐이다. 그것을 보고 위험이 없어졌다고 생각했지만 착시고 착각이었다. 빌린 돈에는 어떤 식으로든 이자가 붙는 것이 필연이듯이, 위험은 사라지지 않았다.

* * *

2010년 5월, 미국 상원은 소비자보호청 신설과 파생상품 거래 감독 강화, 은행의 자기자본 거래 금지 등을 담은 금융규제법안을 통과시켰다. 대형 금융회사들의 위험한 투자 관행을 규제하고 소비자들에 대한 금융기관의 무책임한 대출행위를 막기 위해 소비자보호청을 신설하는 내용이 포함되어 있으며, 또 금융안정심의회를 설치해 금융시스템을 사전에 점검하도록 하고, 증권거래위원회에 파생상품 거래 회사와 헤지펀드를 감독하는 권한을 부여하는 내용도 포함되어 있다. 그리고 무엇보다 중요한 내

• 파생상품과 관련해서 미국에서 전개된 상황 및 장면은 다음 책에서 인용했다. 질리언 테트, 《풀스골드》.

용은 대형 투자은행들이 파생상품 거래 부문을 자회사로 분리하도록 한 규정이다.

파생상품 거래는 금융위기의 주범이 되기도 했지만 평상시에는 가장 큰 수익을 안겨주는 사업 부문인 까닭에 월스트리트의 대형 금융기관들이 눈물을 흘리게 될 것이라는 전망이 나오는 가운데서도, 언제나 뛰는 놈 위의 나는 놈이었던 월스트리트는 이미 이 법의 맹점과 허점을 거의 파악해두고 있다는 이야기도 나온다.

한국의 금융시장과 파생상품

산업은행이 멋모르고 리먼브라더스를 인수하려고 나서서 접촉을 하다가 리먼브라더스가 비싼 값을 부르는 바람에 잠시 한발 물러선 게 천만다행이었다. 그 직후에 리먼브라더스 사태가 터졌기 때문이다. 한국이 파생상품으로 비롯된 미국발 금융위기에 직접적으로 물린 피해는 많지 않았다. 국내에서는 자산유동화법에서 실물 자산의 양도를 요건으로 하므로 신용부도스왑(CDS)을 통한 유동화를 인정하지 않으며 또한 신용 보장 대금 전액을 부채담보부증권(CDO)으로 발행해야만 하는 의무를 인정하지 않아서 신용파생상품 거래가 아직은 활성화되지 않았기 때문이다. 한국의 금융기관들이 파생상품에 무지해서 이 부문에 몸을 많이 담그지 않았고, 그 덕분에 직접적인 피해가 상대적으로 크지 않았던 측면도 있다.

하지만 그렇다고 해서 이 미국발 금융위기의 파급 효과가 작았다는 뜻은 전혀 아니다. 한국의 경제성장률이 2008년 4분기부터 2009년 2분기까지 마이너스(−)를 기록한 사실을 놓고 보면, 금융위기가 한국에 준 충격은 실로 엄청났다.

하지만 정부는 이른바 '글로벌 스탠더드'에 맞추어서 이전부터 준비되었
던 금융시장 개방 및 '금융 개혁'을 해나간다. 그리고 이것의 최종적인 결
과가 2009년 2월의 자본시장통합법의 시행이다.

한국의 신용파생상품 관련 제도 변천 추이

- 1999년 4월 '외국환거래법 시행령' 제정
  신용파생상품 취급 허용
- 2002년 7월 '외국환거래규정' 개정
  CLN, TRS, CDS, CDO, S-CDO 등 신용파생상품을 구체적으로 정의하고 동 상품 거래를 '신용
  파생금융거래'로 규정.
- 2003년 7월 은행 업무 중 부수 업무의 범위에 관한 지침' 마련
  은행의 파생상품 거래를 허용. 취급 가능 상품 제한은 없음.
- 2003년 9월 '보험업감독규정' 개정
  보험사의 외화표시 CLN 및 합성CDO 거래 허용.
- 2005년 3월 '증권거래법 시행령' 개정
  증권사의 신용파생상품 거래 허용. 취급 가능 상품 제한은 없음.
- 2005년 4월 은행업 부수 업무 편람 발간(재정경제부)
  '은행 업무 중 부수 업무의 범위에 관한 지침' 마련을 통하여 파생상품 범위에 신용파생상품 포
  함을 명확하게 함. 취급 가능 상품 제한은 없음.
- 2006년 3월 '은행업감독업무시행세칙' 개정
  CLN, CDS, TRS의 신용위험 인정 기준 신설.
- 2006년 4월 '간접투자자산운용업법 시행령' 개정
  신용파생상품 거래 허용. 단, 보장매입만 허용.
- 2007년 7월 3일 '자본시장과 금융투자업에 관한 법률' (자본시장통합법) 국회 통과
- 2009년 2월 '자본시장과 금융투자업에 관한 법률' 시행
  금융투자상품에 신용파생상품 포함.

위기는 기회라는 말이 있다. 금융위기 직후의 한국 금융시장은 위기의
무대이자 기회의 무대였다. 안전한 수익을 추구하는 배추 농부 P씨와 고
수익을 추구하는 도매상인 K씨 사이에 밭떼기로 선물거래가 성립되었던
것과 마찬가지로, 저위험·저수익 추구 경향과 고위험·고수익 추구 경향

• 자본시장통합법에 대해서는 본문 249~251쪽 참조.

이 동상이몽의 꿈을 꾸며 만족하게 만날 수 있는 토대가 마련된 한국의 금융시장에서는 신용파생상품 거래가 급증했다.

글로벌 금융위기 당시 외국의 금융사들은 한국 기업들의 신용 위험을 매우 높게 평가했다. 즉, 한국 기업들이 위험하다고 보았다. 이에 비해서 한국의 증권사와 일반 투자자는 한국 기업의 신용 위험을 그렇게 높게 평가하지 않아 신용파생상품 거래에 적극적으로 뛰어들었다. 밭떼기 거래를 한 도매상인 K씨와 동일한 인센티브를 가지고 있던 투자자로서는 고수익을 낼 수 있는 기회였기 때문이다. 국내 증권사의 신용파생상품 거래는 대부분 외국 금융기관과 CDS 보장매도계약을 체결하고, 국내 투자자에게 CDS로 재판매하거나 신용연계채권(CLN) 및 자산담보부기업어음(ABCP) 등 다른 형태로 변형하여 판매했는데, 외국의 금융사와 국내 증권사 및 국내 투자자 사이에 맺어졌던 신용파생상품 거래 구조의 한 예를 그림으로 표시하면 다음과 같다.

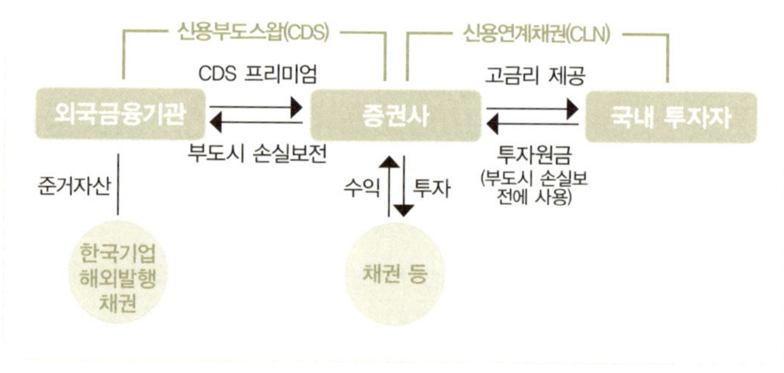

도표 16-4 신용파생상품 거래구조 예시. 출처: 금융감독원, "증권사 신용파생상품 거래 현황 및 특징"

한국의 경제가 기초부터 흔들리는 상황에서 기초자산인 채권이 지급불능(디폴트) 상태가 될 가능성은 그만큼 높았고, 따라서 이 채권을 보증

해주는 데 따르는 높아진 위험이 수수료 인상이라는 결과를 낳아, 2007년 10월 말 0.265퍼센트였던 한국물 CDS 프리미엄은 2008년 10월 27일 6.99퍼센트로 열 배 넘게 상승했으니, 한국의 증권사 및 투자자들이 군침을 흘릴 만도 했다. (위험이 상당한 수준으로 제거된 뒤인 2009

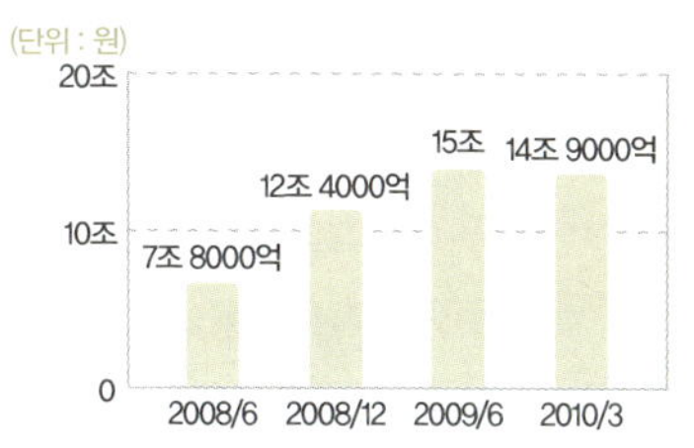

도표 16-5 국내 파생상품 거래 시장 규모 추이.
자료: 금융감독원.

년 10월 말에는 이 프리미엄은 0.98퍼센트로 낮아진다.) 실제로 2009년 상반기에 신용파생상품 거래를 하는 국내 9개 증권사의 이 부문 거래 이익은 330억 원이었는데, 이것은 전 회계연도 전체 수익인 220억 원에 비하면 엄청난 증가폭이었다.

〈도표 16-5〉는 국내 파생상품 거래 시장 규모의 추이를 보여주는데, 특히 국내 증권사의 경우는 신용파생상품 계약 잔액이 2009년 6월 4조 6천억 원을 기록하면서 1년 전보다 세 배 가깝게 성장했다. 글로벌 금융위기 이후에 전 세계에서 이 부문에 대한 감독과 규제가 강화되며, 세계의 신용파생상품 시장 거래잔액은 2008년 6월 57조 4천억 달러에서 2009년 6월 36조 달러로 축소된 것과는 확연하게 비교된다. 한국은 거꾸로 달리고 있었다. 자본통합법이 이 거꾸로 달리는 말에 채찍이 되었음은 말할 것도 없다.

한편, 주택 경기 불황을 맞은 건설업계는 미분양 아파트로 인한 자금 경색을 돌파하기 위한 방법의 하나로 파생상품을 발행하고 있다. 미분양 아파트를 대상으로 유동화증권을 발행해서 자금 조달을 꾀하고 있는데, 현재 이것은 미분양아파트 매각대금 또는 준공 후 임대를 통한 임대료 수취를 통해서 유동화증권이 상환되는 구조이다. 하지만 미분양아파트가 끝내 매각되지 않아서 유동화증권이 상환되지 않을 가능성도 있기 때문에, 당연히 이런 부담에 따른 프리미엄은 높다. 그러므로 은행이나 증권사에서 높은 수익률을 내세워서 이런 증권을 사라고 한다면, 혹은 이런 증권을 발행해서 만든 펀드에 가입하라고 한다면, 조심해야 한다.

17장 남북경협을 바라보는 몇 개의 시각들
—통일 비용·시장 확대·평화지수

> 삼나무는 언제나 나의 생각을 사로잡는다. 삼나무를
> 내가 본 대로 그릴 수 없었다는 사실에 나는 당황한다.
>
> —반 고흐

요산 과다라고 했다. 빌어먹을 요산이 문제다. 요로결석이 사람을 얼마나 아프게 하는지 당해보지 않은 사람은 모른다. 이요산 씨는 병원 진료실 바닥을 떼굴떼굴 구르며 제발 진통제(사실상 마약) 주사 좀 놔달라고 의사의 가운을 붙잡고 눈물을 질질 흘리며 매달렸었다. (추하게도!) 의사는 여자의 산통에 버금가는 통증이니, 여자들에게 고맙다고 생각하고 살라는 말을 위로랍시고 했었다. 그때 이요산 씨는, 그 말이 위로가 된다고 생각하는 의사의 얼굴을 머리로 받아버리고 싶었다. 그만큼 무지막지하게 아팠다. 하지만 결국 시간이 해결해 주었다. 얼마 뒤에 마지막 결석이 땡그랑 소리를 내며 소변기에 떨어졌고, 그걸로 요산 문제는 끝났다. 아니, 끝난 줄 알았다. 하지만 그때 분명히 의사는 그랬었다. 나중에 통풍이 올지 모르니 조심하라고. 그땐 그 말을 무심코 흘렸는데, 결국 그게 왔다. 혼자 집에 있으면서 텔레비전을 보는데, 이명박 대통령이 2010년

8·15 경축사를 읽으면서 통일세를 낼 준비를 하자고 했다. 부자감세 하더니, 모든 국민에게 일괄적으로 세금을 또 낼 준비를 하라는 것이었다. 그것도 불과 두 달 전만 하더라도 북한과 전쟁을 한판 붙을 것처럼 하더니 통일을 준비하자면서…….

그 순간, 이요산 씨는 오른발 엄지발가락에 엄청난 통증을 느꼈다. 통풍의 통증이었다. 누군가 망치로 엄지발가락을 사정없이 내리치는 것 같았다. 계속되는 통증을 버티느라 이요산 씨는 이를 악물었다. 몸은 뻣뻣하게 경직되었다. 그러다가 곧 미친 사람처럼 발광을 했다. 마침 주변에 아무도 없었기에 다행이었다. 만일 그때 이명박 대통령이 이요산 씨와 함께 거실에서 그 장면을 보고 있었다면, 아무리 대통령이라 해도 그의 얼굴은 이성을 잃은 이요산 씨의 머리에 받혀서 박살이 났을 것이다.

그날 저녁 이요산 씨네 식탁에서는 다음과 같은 대화가 오갔다.

"통일을 하는 데 돈 들 게 뭐 있어요? '지금부터 통일이다, 합치자!' 그럼 끝나는 거 아니에요?"

"거기서부터 시작이지. 통일비용이라는 것은 통일을 한 뒤에 북한 경제 수준을 남한 수준으로 끌어올리는 데 드는 돈이라니까. 북한의 사회적·경제적 여건을 남한과 비슷한 수준으로 갖추고, 북한 주민의 1인당 소득이 남한 수준에 크게 뒤떨어지지 않게 만드는 데 필요한 비용 말이야. 고속도로도 닦아야 되고, 병원도 지어야 하고, 사람들을 자본주의적으로 교육도 시켜야 하고, 그 사람들 형편이 나아질 때까지 의료보험비도 대신 내줘야 하고, 등등……."

"그래서 그 돈이 얼마나 든대요?"

대통령직속 미래기획위가 한국개발연구원(KDI)에 용역을 의뢰해서 산출한 결과에 따르면, 남한과 북한이 점진적인 과정을 거쳐 순조롭게 통일을 할 경우 앞으로 30년 동안 통일비용은 총 3220억 달러(약 380조 원)로 (원달러 환율을 1,180원으로 칠 때) 국민 한 사람당 779만 원, 그러나 북한이 갑작스럽게 붕괴할 경우는 앞으로 30년 동안 총 2조 1400억 달러(약 2525조 원)로 국민 한 사람당 5180만 원이다. 이 보도를 접했을 때 이요산 씨는, 청와대는 아마도 통일세라는 명목으로 세금 걷을 구실을 찾으려고 이런 연구 의뢰를 했을 것이다, 라는 삐딱한 생각부터 먼저 했다. 통일을 하는 과정에 통일비용이 드는 것은 당연함에도 불구하고 이요산 씨가 이렇게 생각한다는 점은, 적어도 이 문제에 관한 한 이명박 정부의 진정성이 (만일 그런 게 있다면) 이요산 씨에게 제대로 전달되지 않았기 때문일 것이다.

통일 관심 유무			
있다 59.4%		없다 40.6%	
많다 14.3%	어느 정도 45.1%	별로 36.5%	전혀 4.1%
통일이 되어야 하는 이유			
선진국이 되기 위해	같은 민족이니까	전쟁 위협 해소	이산가족 해결	북한주민 삶 개선
47.1%	25.6%	16.3%	7.5%	3.5%

도표 17-1 청년의 통일 의식. 출처: 갤럽, "청년통일의식 조사"(2008년 5월). 19~39세 1,023명 대상.

"나 안 해. 난 통일 안 해요."

"왜?"

"돈이 너무 많이 들잖아요. 미쳤어요? 그냥 살면 되지, 따로."

"앞으로 계속? 쭉?"

"그럼요, 뭐 어때서요. 남남으로 사는 거죠, 쿨 하게."

"부담해야 할 비용이 많지만, 통일이 되면 얻는 것도 많은데?"

"우리가 얻을 게 뭐가 있어요? 줄 것만 있지."

"시너지 효과라는 게 있잖아. 1 더하기 1은 2가 아니라 3이 되고, 4가 된다고."

"어떻게요?"

"지금 남한과 북한이 떡을 각각 두 개, 한 개 가지고 있는데 이걸 합쳐서 한 개 반으로 나누자는 게 아니라, 남한과 북한을 합쳐서 떡을 열 개 만들어서 다섯 개씩 나누어 먹으면 피차 훨씬 이득이잖아."

"돈을 한 사람당 5천만 원씩 들여서요?"

"1인당으로 치면 그렇다는 얘기지, 미쳤다고 국민 한 사람이 일괄적으로 다 5천만 원씩 내니? 통일해서 이득을 많이 볼 기업과 사람들, 그리고 여유가 있는 사람들이 당연히 많이 내야지. 정주영 회장이 소 떼 몰고 북한 갈 때 그냥 퍼주려고 갔겠어? 기대하는 수익이 있으니까 그랬지."

"그럼 난 돈을 안 내도 된다는 얘기?"

"인마, 돈 많이 벌어서 세금 많이 낼 생각을 해야지!"

"아, 그렇지."

"그리고 북한 경제가 갑자기 붕괴되지 않도록 경제협력을 잘해줘서 경제 성장을 시키면, 30년 동안 380조밖에 안 든다. 1인당으로 치면 779만 원이야."

"앞으로 10년 뒤인 2020년을 목표로 추진 중인 '국방개혁 2020'의 예산이 599조야. 국방비 예산만 따져도 2010년에 30조, 정확하게 말하면 29조 6000억 원이야. 통일이 되면 국방비 이렇게 많이 들겠니? 반으로 뚝 자른다고 쳐. 그러면 15조. 이것만 30년 동안 계산해도 480조야. 북한에서 줄일 국방비 빼고도."

"어, 그래요? 100조가 이익이네요?"

"바다에 금 그어놓고 내 바다니 네 바다니 하면서 배 타고 감시하고 총

쏘는 거, 그거 다 돈이잖아. 이런 돈이 싹 줄어들겠지."

뿐만 아니다. 남한 기업들은 북한의 재건 및 현대화 과정에서 커다란 혜택을 누릴 것이다. 건설업계만 하더라도, 북한의 경제 발전을 위해 우선적으로 추진해야 할 인프라 시설의 소요 자금만 약 30조 원 규모가 될 것으로 추정한다. (그래서 사서은 씨와 함께 구민센터 수영장에 수영하러 다니는 오전 2A반의 상준이 엄마는, 장차 통일이 되면 토목·건축업계가 잘나갈 거라고 하는, 건설업과 아무 상관이 없는 분야에서 일하는 상준이 아빠 말을 좇아서 상준이 형 형준이를 토목학과에 진학시켰다고 했다.) 게다가 일본이나 중국, 대만 등 동아시아의 다른 국가들과 미국을 비롯한 서구 국가들도 북한 개발 및 그 이후의 시장 확대에 따른 혜택을 누릴 것이고, 그런 만큼 당연히 남북한 통일에 드는 비용을 일정 부분 분담하라고 요구할 수 있고, 또 이를 받아들일 가능성은 (물론, 장삿속으로!) 충분히 있다. 그리고 무엇보다 통일이 되면 한국은 8천만 명이라는 거대한 인구를 단일한 내수시장으로 확보하면서, 경제가 그야말로 비약적으로 발전할 수 있는 기반을 마련한다.

"그런데 잘못돼서 북한이 망해버려서, 북한 주민 2300만 명 가운데 절반이 난민이 돼서 남한으로 내려오면 어떡해요?"

"그러면 이제 그 사람들이 말했듯이 2525조 원, 아니 5000조가 들지도 모르지."

"에이 뭐야……. 통일 진작 하지, 왜 하필이면 우리가 어른 될 때 통일하냐고요, 짜증나게."

"싫으면 한 해에 분단비용으로 수십조 원씩 꼬박꼬박 낭비하면서 한 오십 년 살다가 다시 그 짐을 네 후손에게 물려주든가, 그것도 싫으면 능력 쌓아서 외국으로 튀든가."

"밥맛 다 떨어졌네."

"그래도 통일되면 좋은 일도 있을 거 아냐. 한반도종단철도(TKR)와 시베리아횡단철도(TSR)를 깔아서 한반도가 동북아시아의 중심지로 확고하게 자리를 잡을 거 생각해봐. 고깃집을 해도 길목 좋은 곳에 자리 잡으면 대박이 나잖아. 한반도가 아시아와 유럽을 잇는 길목 아니냐."

"아무리 대박이 난 고깃집이라 하더라도 숯 담당 알바는 별 볼일 없잖아요."

"인마, 그거야 너희들이 하기 나름이지. 네가 사장이 될 수도 있고, 알바생이 될 수도 있고, 또 그 고깃집이 외국 자본의 독점재벌 계열사가 될 수도 있고, 공기업이 될 수도 있겠고, 또……"

"알았어요, 알았어. 밥 먹어요."

이요산 씨는 통일이 되면 옹진반도 앞 서해에 우럭 잡으러 갈 거라고 늘 생각을 한다. 북한에는 수산물 시장 특히 생선회 시장이 개발되지 않았기 때문에 바다에는 40센티미터가 넘는 개우럭이 버글버글할 것이다. 관광을 겸한 배낚시 사업은 아마도 대박이 날 것이다.

통일 편익

통일 편익은 경제적 편익과 비경제적 편익으로 나눌 수 있다. **경제적 편익**으로는 분단 유지비용의 해소 및 경제 통합의 편익을 들 수 있다. 분단 유지비용은 방위비가 대표적인 것으로, 통일이 되지 않았기 때문에 지출하고 있는 비용을 의미한다. 경제 통합의 편익으로는 통일로 인하여 시장이 확대됨으로써 얻게 되는 규모의 경제라든가 남북한 경제의 유기적 결합에서 오는 편익, 예컨대 산업 및 생산요소의 보완적 이용, 국토 이용의 효율화, 중국과 러시아 등으로의 진출 기회 증대 및 물류비용 절감 등을 들 수 있다. 한편 **비경제적 편익**으로는 이산가족 문제의 해결이나 북한 주민의 인권 신장과 같은 인도적 편익, 한국의 국제 사회에서의 위상 제고나 전쟁 위험 해소 등과 같은 정치·군사적 편익, 학술·문화의 발전 기회가 향상된다든가 관광·여가의 기회가 늘어나는 것과 같은 사회·문화적 편익 등을 들 수 있다. 통일 비용에서 통일 편익을 빼면 실제의 통일 비용은 크게 줄어들 것이며, 통일 편익은 무한히 발생하므로 이론적으로는 통일 편익이 통일 비용보다 크다고 할 수 있다. —KDI, "KDI 북한경제리뷰"(2004년 7월 8일)에서 발췌

남북한 경제 협력의 현주소

1988년에 분단 이후 처음으로 남북 교역이 재개되었고, 3년 후인 1991년에는 남북교역액이 1억 달러를 넘었으며, 그 뒤 이 교역액은 이후 두 차례의 정상회담을 거치면서 빠른 속도로 늘어나 2008년에 18억 달러대를 넘어섰다가 2009년에는 16억 달러대로 떨어졌다. 교역 규모가 커지면서 교역의 내용도 점차 내실 있게 바뀌어, 초기에는 단순히 상품 교역이 대부분이었으나 초보적인 경제협력 단계인 위탁 가공 수준을 거쳐서 지금은 직접투자의 경제협력 단계까지 진전되었다. 현재 진행되고 있는 남북 교역의 거래 유형을 분류하면 〈도표 17-2〉로 나타낼 수 있다. 그리고 〈도표 17-3〉은 1988년부터 2008년까지 이루어진 남북교역량의 추이이다.

남북교역 분류표		
상업적 거래	교역	일반교역
		위탁가공교역
	경제협력사업	개성공단
		금강산 관광
		기타 경협
	경공업협력사업	경공업 협력
비상업적 거래	대북지원	정부 지원
		민간 지원
	사회문화협력사업	사회문화 협력
	경수로사업	경수로 건설
		KEDO 중유
	에너지자원	에너지 지원

도표 17-2 남북교역 분류표

2008년 이명박 정부 출범과 함께 주춤하던 교역 규모는 2009년에 전년 대비 7.8퍼센트 감소했다. 특히 일반 물자교역은 전년도에 비해 무려 35.8퍼센트나 감소하는 기현상을 보였다. 그리고 천안함 사태 이후 남북경협은 사실상 중단

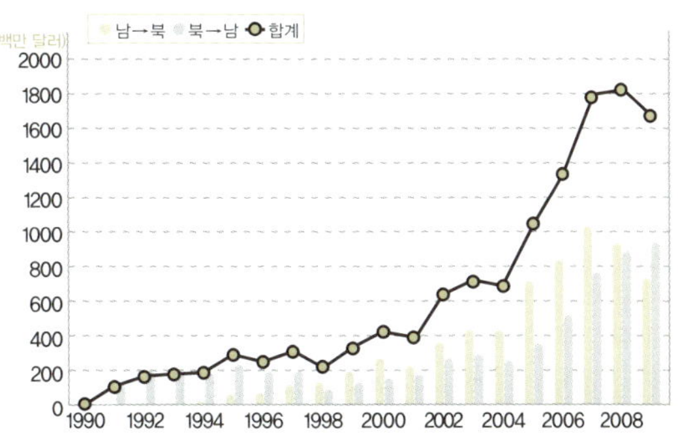

도표 17-3 남북교역 추이. 출처: 코리아연구원.

되었다.

2010년 5월 24일 용산전쟁기념관 호국추모실. 한국전쟁 영웅들의 흉상과 동판 등이 전시된 이곳에서 이명박 대통령은 대국민담화문을 읽었다.

"……천안함 침몰은 '대한민국을 공격한 북한의 군사도발'입니다. (…) 지금 이 순간부터 북한 선박은 〈남북해운합의서〉에 의해 허용된 우리 해역의 어떠한 해상교통로도 이용할 수 없습니다. (…) 남·북간 교역과 교류도 중단될 것입니다. (…) 다만 영유아에 대한 지원은 유지할 것입니다. 개성공단 문제는 그 특수성도 감안하여 검토해 나가겠습니다. (…) [북한이] 우리의 영해, 영공, 영토를 침범한다면 즉각 자위권을 발동할 것입니다. 국민 여러분, 우리 모두 함께 힘을 합쳐 앞으로 나아갑시다. 감사합니다."

마치 금방이라도 전쟁을 벌일 것 같은 단호하고도 살벌한 어조였다. 이로써 단순물자교역과 대북 위탁가공교역이 중단되었다. 아울러 2008년 7월 관광객 피격사건 직후 중단되었던 금강산 관광사업과 2008년 12월에 중단되었던 개성관광사업의 재개도 어렵게 되었다. 하나 남은 개성공단 사업조차 절체절명의 위기를 맞았다. (민주당에서는 성명서를 통해서, '개성공단이 폐쇄되면 1조 5000억 원의 직접 투자 손실과 연간 2조 8000억 원의 매출손실이 예상되고 남측 협력업체 손실을 포함하면 무려 6조 원의 경제 피해가 발생한다'고 추정했다.)

한국은 지난 20여 년 동안 북한을 개혁·개방으로 유도해서 북한리스크를 줄이고 궁극적으로 통일비용을 줄이며 남한과 북한의 경제 통합을 촉진한다는 목표를 가지고 남북경협을 추진해 왔다. 한편 북한은 경제

298

난 해소와 대외관계 개선을 위한 지렛대로 남북경협을 활용해왔다. 하지만 이명박 정부가 들어선 직후부터 남북관계는 삐거덕거리면서 남북경협도 위기를 맞았다. 이런 사실은 〈도표 17-4〉를 통해서도 확인할 수 있다. 2008년도의 남북교역 규모가 전년도에 비해 소폭 증가하는가 싶더니, 2009년에는 16억 달러대로 떨어졌다.

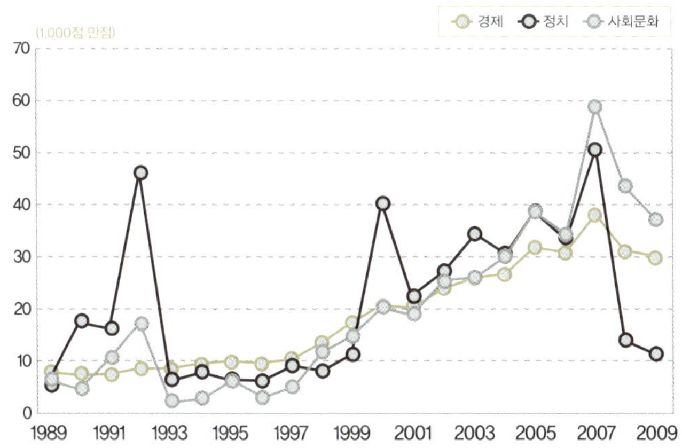

도표 17-4 남북통합지수의 연도별·영역별 추이. 출처: 서울대학교 평화통일연구소.

서울대학교의 평화연구소는 해마다 보고서를 통해 남북통합지수를 발표한다. 2010년 8월 10일에 발표한 보고서에 따르면 2009년의 남북통합지수는 1천 점 만점에 198.6점으로 2008년보다 10.9점 하락했다. 경제통합지수(330점 만점)는 2008년 72.9점에서 71.1점으로, 사회통합지수(340점 만점)는 84점에서 76.4점으로, 정치통합지수(330점 만점)는 55.3점에서 51.1점으로 각각 떨어졌고, 남북통합단계는 '0~2단계' 수준으로 나타났다. 특히 정치 영역의 남북통합단계는 김영삼 정부 시절 내내 그랬던 것처럼 0단계로 떨어져 있다.

서울대학교 통일평화연구소가 현재 진행되고 있는 남북관계의 진전이 통합의 어느 지점에 도달해 있는지 계량화된 수치로 평가하기 위해 2008년에 개발한 지수이다. 경제(330점), 정치(330점), 사회문화(340점)의 각 영역별 평가 점수를 합산한 1000점이 만점이며, 각 영역은 제도적 통합(90점), 관계적 통합(160점), 의식 통합(경제·정치는 각각 80점, 사회문화는 90점)으로 구성된다. 한편 통일평화연구소는 남북통합단계를 10단계로 세분화하고, 0~2단계는 비정기적인 접촉·왕래·교류·회담 등이 이루어지는 남북한의 접촉·교류기, 3~5단계는 남북통합의 진전이 본격화되며 남북협력이 정례화되는 협력도약기, 6~8단계는 공동의 위임 기구와 제도가 수립되어 작동하는 남북연합기, 9~10단계는 실질적인 통일이 완성되는 시기로 분류한다.

북한의 지하자원과 동북아 정세 변화

2009년에 국회에 보고된 북한 지하자원의 잠재가치는 6918조 원에 달한다. 2010년의 한국 정부예산이 약 300조 원이니까 한국의 25년 치 예산에 해당하는 가치가 북한에 지하자원으로 존재한다는 말이다. 이것을 면적이 120,538㎢인 북한의 단위면적당 가치로 환산하면 1㎢당 평균 574억 원의 광물자원이 매장되어 있다는 이야기이다.

2006년에 광물자원공사가 발표한 북한의 주요광물자원 현황은 〈도표 17-5〉와 같다.

광물	매장량(톤)	잠재가치(원)	한국의 수입의존율(%) / 기타
석회석	1000억	약 1000조 원	2.1 / −
무연탄	117억	862조 원	64.2 / −
유연탄	30억	185조 원	100 / −
마그네사이트	30~40억	126조 원	100 / 세계 총 매장량의 50퍼센트
철광석	20~40억	74조 원	99.5 / −
금	1,000~−2,000	23조 원	96.2 / 세계 1위 남아프리카공화국의 3분의 1
우라늄	400만	−	100 / 세계 1위 호주 매장량의 3배
석유	40~50억 배럴	−	100 / 세계 20위 인도네시아 수준

도표 17-5 북한의 주요 지하자원. 자료: 대한광물공사(2006년 발표).

이 밖에도 구리가 215만 톤, 은이 3,000~5,000톤, 흑연이 6000만 톤가량 매장되어 있다. 북한의 지하자원 규모는 한국의 지하자원 규모와 비교할 수 없을 정도로 막대하다. 북한의 구리 매장량은 한국의 52.6배이며 금 매장량은 한국의 50배, 석탄의 매장량은 42배, 아연의 매장량은 34.1배, 석회석은 22배나 많이 매장되어 있다.

한국의 광산물 자급도는 2009년 기준으로 10퍼센트 정도이다. 특히 금속광물의 자급도는 1퍼센트밖에 되지 않는다. 이에 따라 한국은 해마다 총수입액의 5퍼센트에 해당하는 금액의 광물원료를 해외에서 수입하고 있다. 이런 현황을 놓고 보자면, 남북교역이 활발해져서 남한과 북한이 경제적으로 협력을 강화한다면 남한으로서는 전 세계의 자원 대란 혹은 자원 전쟁에서 매우 유리한 위치를 차지할 수 있다. 실제로 2005년에 북한은 북한 광물자원과 한국 경공업 원료의 교환사업을 제안했었다. 당시 북한이 필요로 하던 신발의 원료인 고무와 의류의 원료인 합성섬유, 비누의 원료 1700억 원어치를 제공하면 아연과 마그네사이트 등 광물자원을 그에 상응하는 만큼 개발하도록 허락하겠다는 제안이었다. 하지만 이 제안은 실질적인 사업으로 이어지지 못했다.

그런데 북한의 지하자원에 가장 가까이 접근해 있는 나라는 중국이다. 중국의 대북 투자액 중 70퍼센트 정도가 지하자원 개발에 집중되어 있으며, 지금까지 파악된 북한 자원개발 계약의 25건 가운데 20건을 중국이 체결하였다는 것이다. 그리고 이 가운데 확인된 12건의 투자규모가 5000억 원이라고 한다.˙ 총 잠재가치 6918조에 비하면 많지 않은 규모이긴 하지만, 현재 북한 무역의 80퍼센트를 차지하고 있는 중국의 영향력이 앞

• 현대경제연구원 경제주평 "북중 경제협력 심화와 파급 영향"(2009.10.30)에서.

으로 계속해서 커진다면, 북한에 대한 남한의 영향력은 점점 줄어들 수밖에 없고, 결국 남북통합 나아가 통일의 길은 점점 더 멀어질 수밖에 없다. (참고로 통일부 자료에 따르면, 2009년 9월 현재 북한의 자원 개발 사업에 참여한 외국 기업의 국적별 현황은 전체 21건 가운데 중국이 15건이고 영국, 독일, 스웨덴, 싱가포르, 이집트 그리고 한국이 각각 1건씩이다.)

* * *

순망치한(脣亡齒寒)이라는 사자성어가 있다. 입술이 없으면 이가 시리다는 뜻이다.

밉상인 사촌이 땅을 사고 나보다 훨씬 잘되면 배가 아프지만, 그래도 그런 사촌이 있다가 없어지면 섭섭한 법이다. 그런데 어쩌면 이런 사촌이 아예 사라져 버려서 내 눈에 보이지 않는다면, 차라리 이런 상황이 나을지도 모른다. 그 사촌에 대한 애틋한 혈육의 기억은 아름답게 남을 수 있을 테기 때문이다. 그런데 만일 이 사촌이 거렁뱅이가 되어 막무가내로 일가족을 이끌고 내 집에 들어와 눌러앉으려 한다고 치자. 그래도 혈육이라고 빌붙으려 하는데 생판 모르는 사람처럼 경찰을 불러서 내쫓을 수도 없으니, 얼마나 낭패일까? 혹은, 이렇게 내 집으로 들어온 사촌이 어차피 이래 죽으나 저래 죽으나 마찬가지라면서 이판사판으로 내 집 식구들에게 행패를 부리며 내 재산을 빼앗으려 든다면 어떡할 것인가. 예를 들어 이 사촌은 이렇게 목소리를 높일 수 있다.

"그때 나한테 100만 원만 빌려줬어도 내가 신용불량자가 되지 않았고, 또 그랬다면 나와 내 가족이 이런 개막장 신세로 떨어지지도 않았을 텐데, 이렇게 된 게 모두 너 때문이야! 너한테는 100만 원을 빌려줄 여유가 있었잖아! 그러면서도 빌려주지 않았잖아! 사촌형제는 개뿔, 넌 나의 원수야!"

이런 일이 눈앞에 벌어질 때, 112에 전화해 집에 괴한이 침입해서 폭행을 하고 강도질을 하려고 하니 잡아가달라고 할 것인가?

또 이럴 수도 있다. 이 사촌이 토지 사기꾼과 작당을 해서 조상으로부터 대대로 내려오는 문중 공동 명의의 선산을 헐값에 팔아넘긴다면? 그래서 새로 주인이 된 사람으로부터 선산에 있는 할아버지 할머니 묘지를 ○월 ○일까지 이장하지 않으면 모두 파버리겠다는 통고를 받는다면? 비용도 비용이려니와 저간의 사정을 아는 사람들로부터 받을 손가락질에 따른 고통은 어떻게 감당할 것인가? 그런데 그 선산에 사실 금과 석유가 무진장 매장되어 있다면, 전기자동차 배터리, LCD 액정, 풍력발전 등의 첨단산업에 필수자원으로 사용되는 희토류가 어마어마하게 매장되어 있다면, 낭패도 이런 낭패가 없다.

과연 이런 낭패를 무릅쓸 만큼 남한의 사정이 북한을 지원할 수 없을 정도로 절박한가? 그렇지는 않다. 2009년 현재 남한의 명목국민총소득(GNI)은 남한이 북한의 37.3배이다. 남한 경제의 작은 부스러기 하나만으로도 북한의 경제를 살릴 수 있다. 예를 들어서, 개성공단에서 일하는 북한의 노동자는 2010년 8월 기준으로 한 달에 평균 95달러씩 받는다. 1달러에 1,200원이라고 쳐도 12만 원이 되지 않는데, 그래도 이런 일자리가 북한 주민에게는 가족을 먹여 살릴 수 있는 무척 좋은 일자리이다. 남한과 북한이 함께 경제적인 이익을 누릴 방안은 많이 있다. 그렇기 때문에 남북 간의 경제 교류는 지속적으로 강화되어 왔던 것이 아닌가?

옛날에 있었던 어떤 좋지 않은 일로 아무리 사촌이 밉다 한들, 사촌을 '이판사판이니 배를 째든 마음대로 하라'고 마지막 궁지로 몰아넣으면서까지, 잘살 수 있는 길이 빤히 눈에 보이는데도 외면하는 것은 바보짓 아니겠는가. 볼품없이 퍼석하게 메마른 입술이라 하더라도 없는 것보다는 낫다. 적어도, 입술과 멀리 떨어져 있는 손이나 발이 아니라 그 입술 뒤에서 촉촉한 온기를 보장받는 이빨 입장에서는……

아니나 다를까, 우려하던 일이 일어났다.

2010년 11월 23일이었다. 이요산 씨는 점심을 먹은 뒤에 느긋하게 소설책을 읽고 있었다. 뒤에야 안 사실이지만, 이요산 씨가 책을 읽고 있던 오후 2시 34분에 그 사건이 일어났다고 했다. 북한이 남한의 포 사격 훈련을 빌미로 삼아서 연평도 북방 개머리 및 무도 해안포 기지에서 연평도에 해안포와 방사포로 전격적으로 포격을 가한 것이다. 이 포격으로 해병대 장병 두 명과 군 기지에서 공사를 하다 미처 피하지 못한 민간인 두 명이 사망하고 군인과 민간인 각각 열여섯 명과 세 명이 다쳤다. 그 뒤 서해에서는 미국 항공모함 조지 워싱턴 호가 참가한 한미연합군사훈련이 실시되는 등 남북 사이에는 금방이라도 전쟁이 터질 것처럼 긴장이 고조되었고, 이 와중에 연평도 주민들뿐만 아니라 백령도 주민들까지 육지로 피난을 해야 했다. 그리고 연평도 주민은 사건이 난 지 이십 일이 넘게 지난 현재까지도 집으로 돌아가지 못하고 친척집과 찜질방을 전전하며 피난살이를 하고 있다.

한편 북한군의 연평도 포격의 여파로, 2011년 국방 예산은 당초 정부안보다 더 늘어나 2011년보다 6.2퍼센트 늘어난 31조 4031억 원으로 확정됐다. 이것은 2010년도 국방 예산 증가폭 3.6퍼센트에 비하면 매우 높은 증가폭이다. 특히 서북도서 전력보강 사업을 위해 2613억 원이 증액되었다. 이 금액은 서울시의 전체 초등학생 57만여 명을 대상으로 하는 무상급식비 2300억 원을 훌쩍 뛰어넘는 규모이다.

과연 이 '밉상인 거렁뱅이 사촌', '볼품없이 퍼석하게 메마른 입술'을 어떻게 해야 할까? 솜씨 좋은 성형외과 의사를 찾아가서 당장 확 잘라달라고 해야 할까?

서울대학교 통일평화연구소 "2010 통일의식조사"

다음은 이 연구소가 갤럽에 의뢰해 2010년 7월 12일부터 27일까지 전국 16개 시·도의 만 19세 이상 성인 남녀 1,200명을 대상으로 일대일 면접조사 방식으로 진행한 조사의 결과이다.

통일이 필요한가?

① '필요하다' : 전체 응답자의 59%

　－ 통일이 필요하다는 응답은 2008년 51.8%, 2009년 55.8%에 이어 3년 연속 상승

② '그저 그렇다' : 20.4%(245명)

③ '필요하지 않다' : 20.6%(247명)

　－ '통일이 남한에 이익이 된다'는 응답도 2008년 47.5%, 2009년 53.2%에서 올해
　　53.5%로 상승 추세

통일이 필요한 이유는?

① '같은 민족이니까' : 43%

　－ 2008년 57.9%, 2009년 44%로 하락 추세

② '전쟁 위협을 해소하기 위해' : 24.1%

　－ 2008년 14.5%, 2009년 23.4%에서 상승 추세

③ '한국이 선진국이 되기 위해' : 20.7%

　－ 2008년 17.1%, 2009년 18.6%에서 상승 추세

　－ 통일의 필요성을 현실적인 문제에서 찾는 쪽으로 변해간다.

통일을 이루기 위해 시급하게 해결할 문제는?

① '군사적 긴장 해소' : 83.6%

② '북한의 인권개선' : 82.8%

③ '북한의 개방과 개혁' : 78.2%

④ '이산가족 및 국군포로 문제 해결' : 75.7%

- 정부에 화해협력을 요구하면서도 북한 역시 변해야 한다고 생각한다.

현 정부의 대북정책에 대한 의견은?

- '불만족한다' : 60.5%

- '국민의 의견을 잘 반영하지 못하고 있다' : 72%

18장 정보통신 혁명과 유토피아
—기술 혁신과 '기업가정신' 그리고 독점

이것은 파이프가 아닙니다.

—르네 마그리트

한국에서 전기세탁기가 최초로 생산된 것은 1969년이었고, 이 감격스런 첫 테이프를 끊은 기업은 금성사(지금의 엘지전자)였다. 그로부터 5년 뒤에는 삼성전자가 전기세탁기를 개발했다.

삼성전자는 전기세탁기의 개발을 완료하고 시설재정비가 끝나는 11월경부터 시판을 개시할 계획이다. (…) 동사(同社)가 이번에 개발한 세탁기의 용량은 2kg짜리인데 시판에 앞서 전기기계시험 검사소에 형식 승인을 의뢰, 검사를 받고 있다. 삼성전자의 시판이 개시되면 전기세탁기는 금성, 한일, 신일 등 4개사에 의해 공급, 판매전이 일어날 전망이다.

• 《매일경제》, 1974년 9월 6일.

불과 한 세대 전이지만 호랑이 담배 피우던 때 이야기가 되고 말았다. 당시에는 '짤순이' 기능도 없었지만 지금은 용량 17킬로그램의 드럼세탁기가 시판된다. 하지만 지금 중요한 변화는 세탁기가 아니다. 빨래를 손쉽게 한다고 해서 생산과 소비를 매개로 하는 인간관계가 바뀌지 않지만, 새로운 기술 발전이 인간관계를 바꾸어줄 정도로 엄청난 변화를 가져다주고 있다.

〈상황—1〉 어떤 사람이 특별한 일도 없이 주택가를 배회하고 있으면 '도난 사고를 주의하라'는 경보가 경찰청 모니터에 뜬다. 경고 문구뿐만 아니라 CCTV에 찍힌 행인의 얼굴이나 움직임을 프로그램이 자체적으로 분석해 범죄를 저지를 가능성이 있다고 판단될 경우 그 사람의 주소와 상세 사진, 범죄 이력 등이 실시간으로 제공된다. 뉴욕시는 이 시스템을 구축해서 범죄율을 획기적으로 낮췄다. 이로써 보안 서비스 제공 비용은 절감되고 이윤율은 상대적으로 높아진다.

〈상황—2〉 2008년에 경상북도의 총 8개소(영주 2개소, 청송 2개소, 의성 1개소, 군위 1개소와 사과시험장 2개소)에 설치된 무인 해충 발생 감시 장비는, USN(유비쿼터스 센스네트워크) 기능의 CCD카메라를 이용하여 덫에 걸린 해충의 이미지를 분석해 해충의 종류와 발생 시기 및 밀도를 파악한다. 그리고 이 분석 결과를 활용하여 해충의 방제 시기 등 실용적인 정보를 생산하고, 이를 농가 단위로 기록하고 관리한다. 농민은 농작물을 매일 들여다봐야 하는 수고를 하지 않아도 되므로 농산품 생산비용은 절감되고 이윤율은 상대적으로 높아진다.

이런 일이 가능하게 된 것은 기술의 발달 특히 정보통신 기술의 발달

덕분이다. 정보통신기술의 발달로, 이처럼 불과 한 세대 전에는 상상도 못한 일들이 사회의 모든 영역에서 진행되고 있다.

컴퓨터로 뒷받침되는 정보통신 기술로 그야말로 '혁명적'인 변화가 일어났다. 혁명이라 함은 단순히 어떤 기술이 획기적으로 발전한 것만을 두고 하는 말이 아니다. 기술의 발달이 계기가 되어 생산과 소비를 매개로 하는 인간관계가 근본적으로 바뀔 때 이것을 혁명이라고 한다. 사이버 세계에서는 현실 세계의 화폐와 교환이 되는 사이버머니로 거래가 이루어진다. 이는 단순히 현실 세계의 시장이 사이버 세계라는 또 다른 차원의 공간으로 확대되는 데 그치지 않는다. 사이버 세계에서 아바타들이 현실 세계에서처럼 인간관계를 맺기 때문이다. 내가 꿈에서 나비를 본 것일 수도 있고 꿈에 본 나비가 바로 나일 수도 있는 상황이 실질적으로 공존한다. 예전에는 없었던 이런 상황의 결과는 또 있다. 트위터나 싸이월드를 통해서 사람들이 기존에 존재하지 않았던 관계를 맺으면서, 현실에 존재하는 제도와 트위터나 싸이월드의 존재 기반이 되는 규칙이 예리하게 충돌한다. 스마트폰을 기반으로 하는 각종 소셜미디어가 현실 세계의 선거운동 도구로 사용되자, 이에 대해서 선관위가 불법이라고 규정하고 나서고, 사람들은 낡은 제도가 새로운 사회의 현실에 족쇄를 채우려는 시도라며 반발하고 나서는 게 그런 예이다.

기술 혁신과 독점

언제나 그랬듯이 기술 혁신은 이 기술을 창안한 사람에게 독점적인 이익을 보장해준다. 바로 그렇기 때문에 기업가는 새로운 독점적인 이익을 좇아서 기술 혁신을 꾀한다. 조지프 슘페터는 독점 체제가 기술 혁신을 촉진하는 역할을 한다고 했다.

기업가의 역할은 습관적이고 판에 박힌 경제적 삶의 틀을 깨고 나오는 것이며, 이는 흔치 않고 매우 예외적인 정신적 창의성과 열정을 필요로 한다. (…) 기업가의 동기는 보다 전형적으로 '개인적 왕국을 건설하려는 꿈', 종종 제대를 초월하는 왕국을 세우려는 꿈이며, (…) 남들보다 자신이 우월하다는 것을 입증하려는 의지이며, 창조와 성취의 기쁨, 혹은 그저 자신의 열정과 천재성을 발휘하는 기쁨이다.

슘페터에 따르면, 기업가의 이런 동기 즉 기업가정신이 자본주의를 발전시켰다. 그러므로 기업가는 열등한 다수가 자기와 같은 월등한 소수에 대해서 아무리 반감을 가지고 분개하며 업적을 애써 깎아내린다 하더라도 언제나 당당하다. 그랬기에 삼성의 이병철 회장도 독점적인 이윤에 대한 정당성까지 옹호하면서 '기업이 이윤을 내지 못한다는 것은 바로 범죄 행위나 다름없다'고 당당하게 말했다.

하지만 경제학의 궁극적인 목적이 희소한 자원을 사회에 효율적으로 배분하는 것이라고 할 때, 독점은 분명 비효율적인 구조이다. 〈도표 18-1〉을 보자.

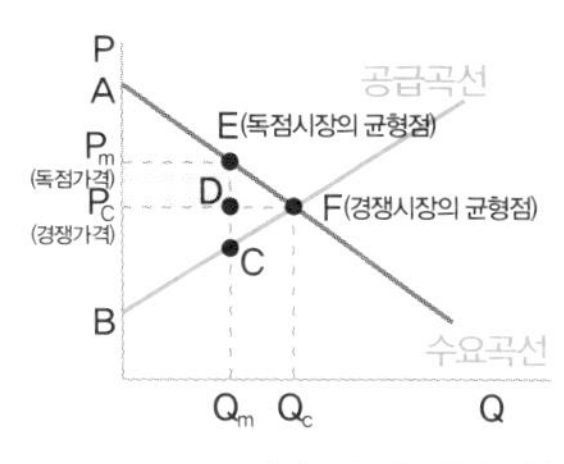

도표 18-1 독점의 비효율적인 자원 배분

경쟁시장에서 가격이 결정될 때 소비자잉여는 삼각형 AP_cF이고 생산자잉여는 삼각형 BP_cF이며 이것의 합인 삼각형 ABF는 순사회편익이 된다. 그런데 한계수입곡선에 의해 결정되는 독점시장의 균형점이 E일 경우, 가격이 P_c에서 P_m으로 올라가고 생산량은 Q_c에서 Q_m으로 내려감에 따라서, 소비자잉여는 삼각형 AP_mE로 줄어들고 생산자잉여는 사다리꼴

• 제리 멀러, 《자본주의의 매혹》에서.

BP$_m$CE가 된다. (독점시장에서는 공급곡선이라는 것이 아예 존재하지 않는다. 독점 기업은 사전에 각 가격에서 어느 정도의 상품을 생산해서 공급하겠다는 의향을 가지고 있지 않고, 다만 수요곡선이 주어지면 거기에 따라서 생산을 어느 정도 할지 결정하기 때문이다.) 그런데 생산자잉여와 소비자잉여를 합친 순사회편익은 경쟁시장에서 가격이 결정될 때보다 삼각형 ECF만큼 줄어든다. 생산자가 사각형 P$_m$P$_c$DE만큼 독점이윤을 챙기는 데 따라서 소비자를 포함한 전체 사회는 삼각형 ECF만큼 손실을 본다는 뜻이다. 경제학적으로는 자원 배분이 그만큼 효율적으로 이루어지지 않았다는 뜻이다.

독점기업은 이런 독점적인 상황이 깨지는 걸 원하지 않기 때문에 기술혁신에 적대적인 태도를 취하고, 결국 효율적인 자원 배분은 더욱 왜곡된다. 이런 상황에서는 당연히, 손해를 보는 측이 목소리를 높이게 되고, 이익을 본 측은 모른 척 혹은 못 들은 척 외면한다. 이때 공정한 심판으로서의 정부는 어떻게 해야 할까? 독점 기업을 국유화하거나, 가격을 규제하거나, 경쟁을 촉진한다. 그러나 정부가 독점기업의 편을 들 때 경제 상황은 제도적으로 일그러지기 시작한다.

한국의 정보기술(IT) 산업

1997년 말에 터진 아이엠에프 외환위기에서 한국의 수출을 주도한 것은 정보기술(IT) 산업이었다. 2000년대 초에 세계 경제가 인터넷 거품으로 비틀거려도 한국의 IT 산업은 세계 시장에서 꾸준하게 점유율을 높이며 한국 경제를 일으켜 세웠다. 반도체 메모리의 용량이 1년마다 2배씩 증가한다는 이른바 '황의 법칙'이, 1960년대에 반도체 시대가 시작되면서 인텔의 공동설립자인 고든 무어가 제시했던 '마이크로칩에 저장할 수

있는 데이터 용량이 18개월마다 2배씩 증가하며
PC가 이를 주도한다'는 이론을 뒤엎으며, 삼성전
자와 엘지전자는 세계의 반도체 시장과 휴대폰
시장을 압도하기 시작했다.

그런데 이런 시장 판도가 2009년 들어서 흔들
리기 시작했다. 아니, 사실 그 이전부터 조짐이 있었지만, 2009년에 와서
야 심각성을 깨달았다.

한국은 지난 2001년부터 2004년까지 OECD 회원국 중 초고속인터넷
보급률 1위를 기록해 왔으나 2005년에 4위로 밀려났고, 2009년 현재 6위
이다. 6위도 대단한 수준이다. 하지만 슬프게도 한국은 이미 인터넷 후
진국으로 밀려났다. 2009년 말을 기준으로 무선인터넷 보급률은 OECD
평균이 20퍼센트대인 데 비하여, 한국은 최하위인 1퍼센트대이다. 한국
은, 보안(保安)의 적(敵)으로 인식돼 세
계적 기피 대상인 마이크로소프트
ACTIVE-X 사용률 세계 1위다. 한국의
주요 웹사이트의 호환성과 접근성 수준
은 외국에 매우 뒤처진다. 〈도표 18-2〉
는 정보통신기술 산업의 매출액과 매출
총손익을 2000년부터 2007년까지 나타
낸 것이다. 이 도표에서도 2004년 이후
성장이 정체된 것을 확인할 수 있다.

	매출액(백만 원)	매출총손익(백만 원)
2000	128,961,794	31,821,471
2001	124,386,305	22,901,551
2002	154,790,242	33,402,848
2003	174,461,580	39,485,563
2004	243,097,683	82,344,873
2005	247,746,486	81,764,152
2006	261,258,396	81,863,359
2007	272,121,186	85,083,502

도표 18-2 정보통신기술 산업의 매출액·매출총
이익 추이(2000~2007년). 자료: 통계청.

이렇게까지 된 데에는 선발 기업들이 독점의 장벽을 높이 쌓고 독점적

• 이민화, "한국은 이제 인터넷 후진국이다", 《조선일보》(2010년 3월 22일)에서.

인 이윤을 즐겼고, 외환위기 이후 수출에 집중한 정부는 국내 기업의 경
쟁력 강화라는 명분으로, 중소기업의 웬만한 희생을 감수하더라도 '힘센
놈'을 키워서 세계 시장의 대표선수로 내세우자는 논리로 이런 장벽을 묵
인하며 독점 제재에 나서지 않았기 때문이다. 결국 자원은 대기업에만 집
중되었고 중소기업은 정부 정책에서 소외되고 대기업의 단순 하청 수준을 벗어나지 못하게 되었다. 이래서 중소기업은, 경쟁 체제 아래에서 새로운 기술을 개발할 수 있는 가능성을 박탈당했고, 중소기업의 개발자는 극심한 노동 강도에 신종 3D 산업 종사자로 전락하고 말았다.

이명박 정부가 시작되면서 기존에 소프트웨어 산업을 이끌던 정보통신부가 해체되고, 소프트웨어 산업의 지휘봉은 지식경제부로 넘어갔다. 하지만 정보통신부에서 '실' 위치의 '단'이라는 조직 위상으로 존재하던 소프트웨어진흥단은 지식경제부로 넘어가면서 성장동력실 아래에 있는, 거기서 다시 신산업정책관 아래에 있는 전체 다섯 개 과 가운데 소프트웨어산업과와 소프트웨어진흥과로 격하되었다.

　　그 결과 소비자는 삼성전자나 엘지전자의 컴퓨터를 사면서 이 컴퓨터
에 탑재되어 있지만 사용하는 사람이 거의 없는 오피스프로그램들까지
선택의 여지없이 함께 사야 했다. 또 마이크로소프트 사(社)의 인터넷 익
스플로러도 의무적으로 사야 했다. (이 무슨 개 같은 경우인가!) 그래서
세계 평균 60퍼센트대인 인터넷 익스플로러의 점유율이 한국에서는 무
려 98퍼센트로 세계 1위이다. 이런 기형적인 현상 때문에, 국내에서는 인
터넷 익스플로러에서만 작동하는 각종 솔루션이 시장을 장악하고 있지
만 세계 시장에서는 상품으로서의 가치를 전혀 발휘하지 못한다. (다시
한 번 더, 이 무슨 개 같은 상황인가!)

　　독점에 의한 이런 순사회편익의 손실은 고스란히 소비자 그리고 중소
기업 및 여기에 속한 노동자가 떠안아야 했다. 세상과 고립되어 독자적으
로 진화의 길을 걸었던 갈라파고스제도의 동물 생태가 한국에서 재연되

었다. 이른바 '갈라파고스 현상'이다. 이런 현상이 고착화되면서, 중소기업이 상대적으로 강점을 가질 수 있는 소프트웨어 부문이나 정보통신 부문이 대기업에 대해서 경쟁력을 가지지 못하게 되고 대기업은 기존에 쌓은 독점적인 환경에 안주하면서, IT 산업의 부문별 균형도 심각하게 왜곡되었다. 〈도표 18-3〉은 2009년의 IT 생산액의 부문별 비중을 국가별로 표시한 것이다. 전체에서 정보통신서비스 및 소프트웨어 부문이 차지하는 비중은 세계 평균의 3분의 1밖에 되지 않는다. 한국이 세계에서 80번째로 스마트폰을 도입했다는 놀라운 사실도 바로 이런 현실과 무관하지 않다.

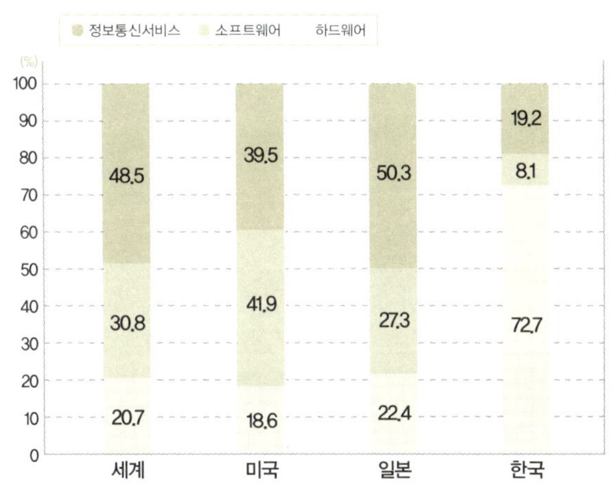

도표 18-3 IT 생산액의 부문별 비중(2009년). 출처: 조성주(새로운사회를여는연구원), "스마트폰 혁명이 한국 IT산업에 던지는 질문들"(2010년 7월 26일)

제조업 중심의 한국 IT 산업의 현황

한국은행은 2010년 7월 30일에 "IT 중심 성장과 정책 과제"(이원기, 김제현, 이유나)라는 보고서를 내놓았다. 이 보고서에 따르면, 반도체 등 IT제조업은 1990년대 중반 이후 성장 주력산업으로서 한국 경제를 견인했다. GDP 성장에 대한 이 부문의 기여율이 1970~90년대에는 3~7퍼센트 수준에 머물렀으나 2006~2009년에는 18퍼센트를 넘어서면서 2000년부터 제1주력업종으로 분류되었다. 특히 2008년 금융위기 이후 최근의 경기 회복 과정에서 IT제조업이 GDP 성장에 미친 기여율은 30퍼센트에 가까웠다. 그런데 2006~2009년의 IT제조업의 소득기여율(명목GDP 기여율)은 5.3퍼센트로 성장기여율을 13퍼센트 이상 밑돌았다.

특히 IT제조업의 노동소득분배율*은 50.8퍼센트에 불과해 제조업 평균(61.7퍼센트)은 물론 전 산업 평균(59.8퍼센트)보다 낮았다. 이는 성장을 해도 소득이 가계에 제대로 분배되지 못해서 가계가 경기 호전 효과를 체감하지 못한다는 뜻이다.

제조업	IT제조업	석유화학	1차금속	자동차	선박	섬유의복	건설업	서비스업	전산업
61.7%	50.8%	54.4%	46.5%	79.1%	73.8%	68.9%	67.5%	57.1%	59.8%

도표 18-4 산업별 노동소득분배율(2000~2009년 평균). 출처: 이원기 외, "IT 중심 성장과 정책 과제". 자료: 한국은행 "산업연관표". ※자동차와 선박의 노동소득분배율이 높은 것은 기계장치 대비 인건비 비중이 크기 때문이다.

● 취업유발계수
특정 산업 부문의 생산 제품에 대한 최종 수요가 10억 원 발생할 경우 해당 산업을 포함한 모든 산업에서 직간접적으로 유발되는 취업자 수.

또한 IT제조업 위주의 성장은 다른 산업에 비해 일자리 창출에도 큰 도움이 되지 못한 것으로 나타났다. 2007년 기준 IT제조

● 9장의 본문 171쪽 참조.

업의 취업유발계수는 5.7로 제조업 평균(9.2)을 밑돌았다.

	1995(A)	2000	2005	2007(B)	B−A
제조업	19.3	13.2	10.1	9.2	−10.1
·IT제조업	33.4	15.6	7.9	5.7	−27.7
·석유화학	8.0	5.3	5.4	5.1	−2.9
·1차금속	8.9	5.7	5.8	6.4	−2.4
·자동차	36.5	17.4	11.1	10.1	−26.4
·선박	15.5	11.3	10.1	10.8	−4.7
·섬유의복	35.5	21.8	17.3	15.8	−19.7
건설업	17.5	17.0	16.6	16.8	−0.7
서비스업	29.5	21.5	18.4	18.1	−11.4
전산업	24.4	18.1	14.7	13.9	−10.5

도표 18-5 산업별 취업유발계수. 단위: 불변기준, 명/10억 원. 출처: 이원기 외, "IT 중심 성장과 정책 과제". 자료: 한국은행 "산업연관표"

해당산업이 1퍼센트 성장할 때 취업자 수가 얼마나 증가하는지를 나타내는 고용탄성치도 IT제조업은 0.02로 섬유의복(4.47)은 물론 1차금속(2.22), 석유화학(0.64), 자동차(0.21)에 비해 크게 낮았다. '고용 없는 성장'의 비밀은 바로 여기에 있었던 것이다. 실제 IT제조업체인 삼성전자는 2009년에 89조 원의 매출에 80,585명의 정규직원을 고용해서 1억 원당 0.09명 수준의 고용 비율을 보인 반면에, IT소프트웨어업체인 안철수연구소는 700억 원 매출에 511명의 정규직 직원을 고용해 1억 원당 0.73명으로 가장 높았다. 게임업체인 엔씨소프트도 1억 원당 0.41명, 다음커뮤니케이션은 1억 원당 0.37명으로 조사됐다.

또한 IT제조업은 여타 산업에 비해 전후방 연관효과가 낮은 수준에 그치면서 성장을 주도하는 산업으로서의 위상에 한계를 드러냈다. 2007년

• 《경향신문》, 2010년 7월 31일.

기준으로 생산유발계수 및 부가가치 유발계수가 1.7 및 0.5로 전산업 평균(1.9 및 0.7)을 상당 폭 하회한다. 다른 업종에 비해 설비투자 비중이 상당히 높고 제조 장비 및 원료를 대부분을 수입에 의존하기 때문이다. 〈도표 18-6〉에서 보듯이, IT수출품에서의 수입중간재 투입비율이 주요 선진국은 물론 중국, 인도 등 후발국에 비해서도 높은 수준이다.

	IT제조업	〈반도체〉	〈디스플레이〉	〈무선통신기기〉	비IT제조업	제조업평균
2000년	55.6%	78.4%	67.4%	66.0%	22.9%	30.7%
2007년	50.1%	80.5%	39.0%	53.9%	23.2%	28.4%

도표 18-6 제조업의 중간재 수입의존도. 출처: 이원기 외, "IT 중심 성장과 정책 과제". 자료: 한국은행 "산업연관표"

한편, 우리나라 IT산업에서 하드웨어(정보통신기기)의 생산 비중은 2001년 68.0퍼센트에서 2005년 70.6퍼센트를 거쳐 2008년에는 71.4퍼센트 그리고 〈도표 18-3〉에서 보듯이 2009년에는 72.7퍼센트로 점차 늘어나면서 한계를 맞았다. 소프트웨어의 비중이 그만큼 점점 줄었다는 뜻이다. 수출에서 반도체와 디스플레이 그리고 휴대폰의 이른바 '3대 품목'이 차지하는 비중도 위 기간 동안 44.6퍼센트와 62.3퍼센트 그리고 70.9퍼센트로 증가하면서 하드웨어에 집중되었다. 다시 한 번 더, 한국이 세계에서 80번째로 스마트폰을 도입했다는 놀라운 사실도 알고 보면 전혀 놀랍지 않다. (한국 경제의 산업 구조 재편 필요성에 대해서는 12장 '고용 없는 성장과 청년 세대의 아우성'의 본문 216~217쪽을 참조하기 바란다.)

스마트폰의 성공

스마트폰은 PC처럼 운영체제(OS)를 탑재하여 다양한 응용프로그램(어플리케이션)을 작동할 수 있는 휴대폰을 통칭하는 것으로 인터넷, 멀티

- **디지털 컨버전스(digital convergence)**
  IT 관련 상품을 융합하거나 IT를 다른 산업에 접목시키는 서비스. 통신과 금융의 결합, 통신과 의료
  의 결합(U-헬스) 등.

- **소셜네트워크서비스(social network service, SNS)**
  블로그와 트위터 그리고 페이스북처럼 사람들의 인맥을 온라인으로 연결해주는 서비스. 기술 발전
  에 따라서 단순한 인맥 관리를 넘어 미디어 서비스로 확대되면서 종류와 범위가 다양해졌다.

- **소셜 커머스**
  소셜네트워크에 기반한 온라인 할인 쿠폰 공동구매 웹사이트.

- **와이브로(Wibro)·LTE**
  이동 중에도 이동통신망을 통해서 무선으로 초고속 인터넷을 쓸 수 있는 기술. 와이브로는 한국 독
  자 기술이 많이 담겼고, LTE는 유럽에서 개발되었다.

- **와이파이(Wi-Fi)·블루투스(blue tooth)**
  일정한 장소에서 근거리 무선망으로 정보를 송수신하는 서비스. 블루투스는 초근거리 무선망이다.
  자동차 안이나 내 책상 위 정도의 좁은 지역에서 선 없이 데이터를 주고받는다.

- **위치기반서비스**
  이동통신망이나 위성항법장치(GPS) 등을 통해 얻은 위치 정보를 바탕으로 이용자에게 여러 가지 서
  비스를 제공하는 서비스 시스템

- **클라우드 컴퓨팅(cloud computing)**
  필요한 콘텐츠들을 모두 구름(인터넷 사이버 공간)에 올려놓고 필요할 때마다 언제 어디서든 온라인
  에서 이들 콘텐츠를 내려 받아 원하는 작업을 하는 것.

- **펨토셀(femtocell)**
  가정, 사무실 등 옥내 작은 반경(30~50m)안에서 모바일 서비스를 제공하기 위해 설치하는 소출력
  초소형 이동통신 기지국이다.

- **푸싱 이메일**
  메일서버에 도착한 이메일을 지정된 스마트폰 단말기로 재전송하는 것.

미디어, 사무업무 기능 등을 종합적으로 이용할 수 있는 기기이다.

스마트폰은 2004년 RIM 사(社)가 출시한 블랙베리가 미국의 대도시 사무 종사자를 중심으로 각광을 받으며 보급되기 시작해서 2008년 7월에 애플이 아이폰 3G를 출시한 이후로 급속하게 보급되었다. 3세대(3G) 이동통신 및 무선랜(Wi-Fi) 인프라 확충으로 고속 무선망을 저렴하게 이용할 수 있는 환경이 구축됨으로써 이런 빠른 보급이 가능하게 되었다. 2009년 글로벌 경제위기로 휴대폰 시장이 부진한 가운데서도 스마트폰

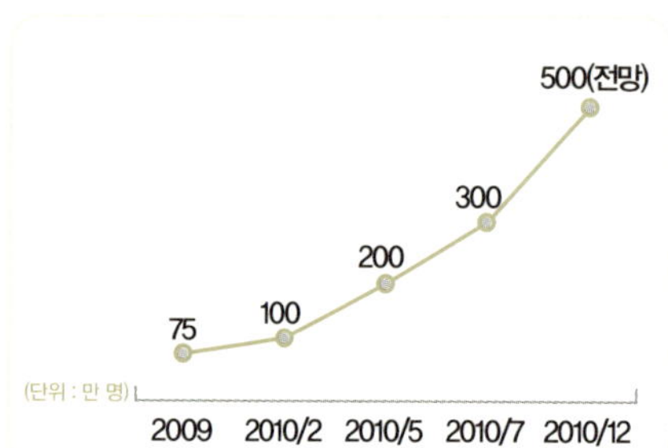

도표 18-7 국내 스마트폰 가입자 추이

시장은 높은 성장을 지속해서, 2010년에 가입자 수 200만 명을 돌파했고, 2010년 말에는 500만 명 그리고 2011년 말에는 2000만 명을 돌파할 것으로 전망된다.

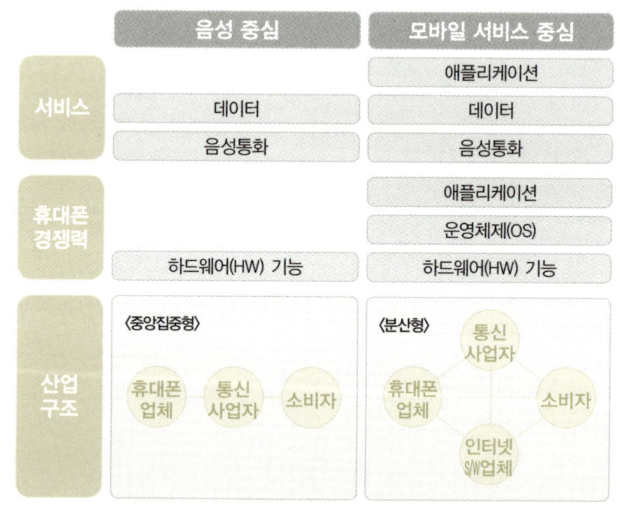

도표 18-8 이동통신 산업의 패러다임 변화. 출처: 권기덕 외(삼성경제연구소), "스마트폰이 열어가는 미래"(2010년 2월 3일)

나눌수록 더욱 커지는 재화, 공공재

스마트폰이 이처럼 성공을 거둘 수 있었던 가장 큰 이유는 풍부한 어플리케이션이다. 기존 휴대폰 프로그램에 식상한 사용자들은 앱스토어에

320

• 강력한 정보력으로 무장한 신인류의 출현

이른바 '움직이는 사무실 기능'을 활용하는 이 신인류는 모바일 인터넷 커뮤니티를 통해서 실시간으로 소통하고, 그 결과 사회적 커뮤니케이션의 저변과 속도가 획기적으로 개선되었다. 2010년 6월의 지방선거의 출구조사 결과도 트위터를 통해서 텔레비전 속보보다 더 빠르게 사람들에게 알려졌다.

• 새로운 시장·새로운 비즈니스 모델의 출현

이동통신산업의 패러다임이 음성 통화에서 어플리케이션으로 전환함에 따라서 풍부한 어플리케이션 제공이 스마트폰 경쟁력의 원천으로 부상하고 관련 시장이 급성장하고 있다. 전 세계의 이 시장은 2010년 68억 달러에서 2013년 295억 달러로 약 4배 이상 확대될 전망이다. 아울러 스마트폰을 매개로 하는 SNS 기업은 두터운 회원층을 바탕으로 모바일 기반의 수익 모델을 만들어내고 있다.

서 자기가 원하는 온갖 유용한 어플리케이션을 유료·무료로 내려 받아서 사용할 수 있게 되자 스마트폰에 열광했다.

다양하고 혁신적인 어플리케이션들이 순식간에 개발되어 소비자의 환영을 받을 수 있었던 요인을 전문가들은 다음 두 가지로 꼽는다. 먼저, 앱스토어에서 자기가 개발한 프로그램의 정당한 대가를 받을 수 있도록 한 앱스토어의 수익분배 정책이, 기존에는 대기업의 하청업체 수준에 머무를 수밖에 없던 개발자들을 자극했기 때문이다. 그런데 이 수익분배 정책은 국내 대기업에 의해서 나온 게 아니라 애플의 아이폰에 의해서 시도된 것이고, 이 시도가 기존 국내 대기업의 독점적인 장벽을 일거에 무너뜨렸다. 이런 상황은 국내 대기업의 독점적인 지배 환경이 그동안 얼마나 기술 혁신을 가로막았는지 보여주는 반증이라고 할 수 있다. 결국 국내 대기업도 시대의 흐름을 거스를 수 없어서 어쩔 수 없이 이 대열에 동참할 수밖에 없게 된다.

• 조성주(새사연), "스마트폰 새로운 '공공성' 논쟁에 불을 지피다" (2020년 7월 19일)에서.

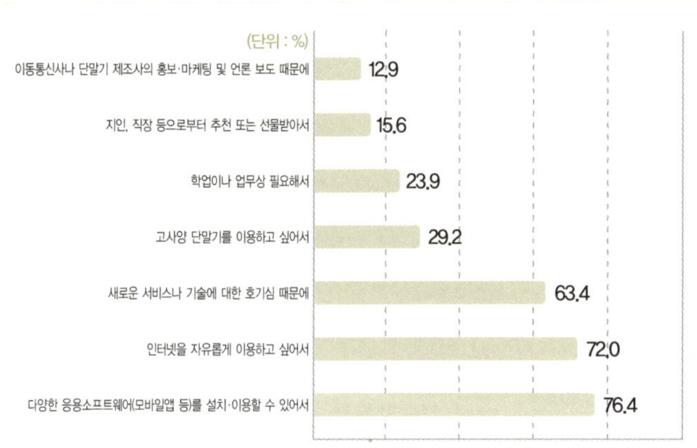

도표 18-9 스마트폰 이용 이유. 출처: 방송통신위원회, "스마트폰 이용 실태 조사"(2010년 7월)

그리고 중요한 다른 하나의 요인은 바로 Wi-Fi(무선랜)의 개방이다. 이것이 개방됨으로 해서 혁신적인 어플리케이션이 가능하게 되었고, 이로써 스마트폰이 소비자들로부터 엄청난 환영을 받게 되었다. 그러자 정부와 통신사들은 Wi-Fi 전면 개방 여부를 두고 고민을 한다. KT는 가입자만 사용할 수 있게 하겠다고 하고, SK는 누구나 이용할 수 있도록 전면 개방을 하겠다고 하고, LG는 어정쩡한 태도를 보인다.

하지만 인터넷 접속 권리도 이제는 국민의 기본권이라는 주장이 호응을 얻고 있으며, 따라서 정보통신 인프라가 공공재로 자리매김해야 한다는 공감대가 사회적으로 형성되고 있다. 이런 주장에는 현재의 통신사들이 성장한 배경에 정부의 특혜적인 지원과 국민의 부담이 있었다는 인식이 자리를 잡고 있다. 하지만 다른 한편에서는 이른바 수익자 부담을 명분으로 '인터넷 종량제'를 주장하고 있다. 도심 교통 유발자는 그에 따른 책임을 져야 한다는 명분으로 남산터널 출입구를 막아놓고 그곳을 드나드는 차량에게 통행료를 받는 것과 같은 논리다.

하지만 가계에서의 통신서비스비 지출 규모는 이미 상당한 수준으로 증가했다.

〈도표 18-10〉은 2003년부터 2010년까지의 가계 소비지출 중 통신서비스 지출 비중 추이를 나타낸 것이다. 이것을 보면, 정부가 '초당 요금제' 도입 등으로 통신요금 인하를 유도했지만, 통신서비스비 지출이 소비 지출에서 차지하는 비중은 해마다 꾸준하게 증가해서 2003년 2분기에 6.55퍼센트이던 것이 2010년 2분기에는 7.3퍼센트로 늘어났다. 193만 8,916원의 소비 지출 가운데서 통신서비스 지출은 14만 2,542원이었다는 말이다. 그만큼 가계에 부담이 되며 또 이 부담이 점점 늘어난다는 뜻이다. 참고로 2008년과 2009년의 엥겔계수(소비지출 가운데 식료품비가 차지하는 비중)는 각각 12.3퍼센트와 13.0퍼센트였다. 먹는 데 쓰는 비용의 절반 규모를 통신서비스에 지출하는 셈이다.

연도(년)	소비 지출(A) / 증감률(%)	통신서비스비 지출(B) / 증감률(%)	B/A(%)
2003	–	–	6.55
2004	1.3	5.3	6.81
2005	0.7	2.4	6.92
2006	1.7	0.4	6.83
2007	1.1	4.6	7.07
2008	1.4	3.6	7.22
2009	−1.0	−0.8	7.24
2010	4.7	6.3	7.35

도표 18-10 가계 소비지출 중 통신서비스지출 비중 추이(2분기 기준). 자료: 통계청.

정보화 시대에 정보가 누구에게나 공평하게 제공되어야 한다는 의미에서 정보, 다시 말해서 인터넷 접속에 대한 권리가 기본권이며 정보통신 인프라가 공공재라면, 이런 통신서비스비 지출은 마땅히 줄어들어야 한다. 그리고 스마트폰으로 상징되는 정보통신 혁명에 보다 많은 사람들이 '참여·공유·개방'의 원칙 아래에서 함께 수평적인 네트워크의 파라다이스를 만들어 나갈 수 있도록 해야 한다. 하지만 이런 대중의 바람과 현실은 아직 멀리 떨어져 있다.

장애인·저소득층·고령자·농어민 등 소위 '취약계층'의 정보화 수준은 전체 국민의 69.7% 수준이며, 이 취약계층은 1400만여 명에 이른다. 우리나라 인구의 4분의 1이 넘는 수치다. 이 계층의 인터넷 이용률과 가구 PC 보급률은 각 43.0퍼센트와 66.2퍼센트이고(한국 전체 평균치는 각각 77.6퍼센트와 81.4퍼센트), 컴퓨터와 인터넷을 사용하는 능력은 일반 국민의 48.9퍼센트 수준이다. – 한국정보화진흥원, "정보격차 지수 및 실태조사 결과"(2010년 10월 15일)

스마트폰, 당신들의 천국

모바일 인터넷은 시간과 공간의 제약을 넘는 특성을 기반으로 지역별·계층별 정보화의 격차 해소에 기여할 것이라고 사람들은 기대한다. 하지만 실제로는 그렇지 않다. 오히려 스마트폰 소유 여부가 개인이 취득할 수 있는 정보량을 결정하고, 이는 지식 격차로 나타나며, 이 지식 격차가 다시 사회적인 불평등을 일으킨다. 이런 사실은 아이폰 가입자와 인구·소득세의 상관관계를 나타낸 〈도표 18-11〉에서 확인할 수 있다.

일반 휴대전화 가입률은 아이폰처럼 소득에 비례하지 않고 인구와 비례하지만, 아이폰 가입자 대부분이 경기도 특히 서울에 집중되어 있고, 강남 3구 주민이 서울시 25개구 전체 가입자의 29.5퍼센트를 차지한다. 그리고 지방으로 가면 아이폰 가입자와 소득세 비율의 하락이 비슷한 비율로 형성된다. 아이폰에 가입한다는 것과 개인의 부가 높은 상관성을 보인다는 뜻이다. 즉, 부자만 아이폰을 사지, 가난한 사람은 아이폰이 제공하

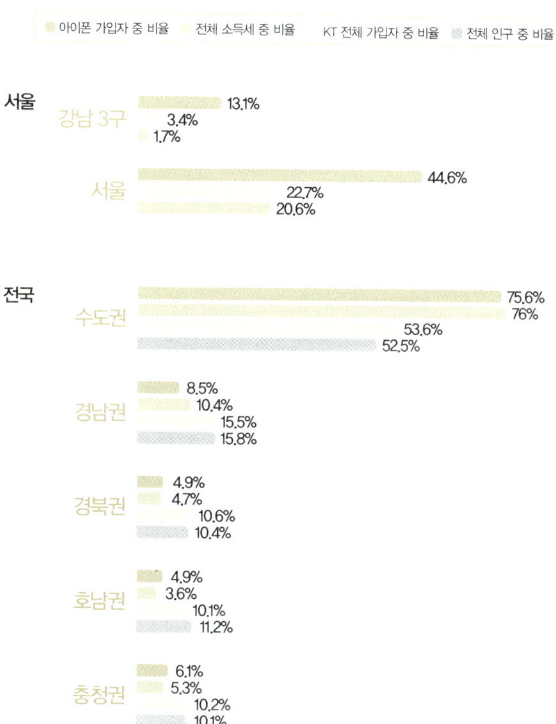

도표 18-11 아이폰 가입자와 인구·소득세의 상관관계. 자료: KT, 국세청, 통계청. ※수도권은 강원도 포함. 2010년 3월 말 기준.

는 파라다이스의 신인류에 끼지 못한다는 뜻이다. 또한 수도권이 아닌 곳에 사는 사람은 인프라 미비로 스마트폰의 혜택에서 상대적으로 소외된다는 뜻이다. 사정이 이럼에도 불구하고 이동통신사들은 수도권에 집중해서 투자를 하고, 또 무선인터넷에 대한 가격 할인 제도를 따로 마련하지 않아서 사회적 약자를 배려하지도 않는다. 앞으로 공공서비스도 스마트폰을 통해 제공될 전망인데, 이 경우 교육·보건 등의 서비스 혜택에도 격차가 발생할 수밖에 없다. 결국 스마트폰이 활성화될수록 정보의 격차는 더 커지게 된다.*

사람들의 생활양식과 인간관계 및 산업 구조를 바꾸어놓는 스마트폰 혁명은 정보의 공유와 대중의 참여를 기반으로 할 때 '혁명'이라는 의미에 보다 가까이 다가갈 수 있다. 하지만 이 꿈의 신세계를 살짝 들여다보는 순간, 그곳이 유토피아가 아님을 알 수 있다. 또 다른 약육강식의 정글일 뿐이다. 인터넷이 활성화되면 정보를 평등하게 공유할 수 있어서 계층별 격차가 줄어든다고 했었다. 인터넷 초강국 한국에서 그런 일은 일어나지 않았다. 개코같은 소리였다.

"제가 지금까지 걱정해 왔고 또 지금도 걱정을 하고 있는 것은 천국에 대한 원장님의 동기가 아니라, 그 천국의 진실인 것입니다. 원장님의 진정 어린 동기에도 불구하고 원장님 자신도 미처 알 수 없는 그 천국의 깊은 정체인 것입니다. 도대체 그 원장님의 천국이란 누구를 위해 꾸며지는 누구의 천국입니까?"**

휴대전화 가입자 가운데 스마트폰 가입자 비중이 아직은 5퍼센트밖에 되지 않기 때문일까? 전망대로 2011년 말에 2000만 명이 스마트폰을 사용하게 되면, 지역별·계층별 정보의 격차, 나아가 소득의 격차가 줄어들 수 있을까? 살림살이가 나아질 수 있을까?

스마트폰 시장이라는 화려한 장이 섰다. 장터 상인들이 고용한 바람잡이들은 좋은 구경거리 많으니 보러 오라고 시끌벅적하게 '생쇼'를 한다. 지게에 거름을 지고 밭일을 나가던 사람이, 장에 가서 물건을 팔 일도 없고 특별히 물건을 살 일도 없으면서 그저 다른 사람들을 따라서 장터로 가

• 이상의 도표 및 분석 내용은 다음을 바탕으로 했다. 이정훈, 《한겨레21》(807호)의 "부자들만 아는 스마트폰의 비밀"
•• 이청준, 《당신들의 천국》에서.

서는, 이것저것 좋은 구경 많이 하면서 호떡과 국밥을 사먹느라 돈을 축낸다. 이 사람은 나중에 집에 돌아와서는 장터에서 쓸데없이 축낸 돈 그리고 했어야 하지만 하지 않았던 밭일을 생각하면서 후회한다. 이런 사람이 장차 2000만 명 가운데 얼마나 많을까?

독자도 '당신들의 천국'에 입장할 수 있는 초대권을 받아놓고 있다. 당신은 이 초대에 응할 것인가, 아니면 무시할 것인가?

19장 자유무역협정(FTA)과 촛불
—비교우위론과 노동생산성에 관한 오해

> 나는 사람들을 사랑한다. 다만 인간을 증오하지 않으려고
> 어쩔 수 없이 교제를 단념할 뿐이다.
>
> —카스파 다비드 프리드리히

2010년 8월 23일, 미국의 《워싱턴포스트》가 "오바마 대통령이 이명박 대통령으로부터 한·미 FTA와 관련해서 더 많은 양보를 하겠다는 약속을 받아냈다"고 보도했다. 이 보도를 보고 이요산 씨는 정부가 30개월 이상 된 소를 도축한 고기도 전면 개방하는 양보를 이미 한 게 아닌가 의심했다. 한편 주미 한국대사관은 《워싱턴포스트》가 '양보'라고 표현한 부분은 자동차와 쇠고기 문제와 관련해 대화를 할 수 있다는 한국 측 입장을 자신들이 해석한 것"이라며 양보는 아니라고 해명했다. 이 해명과 무관하게 이요산 씨는 이날, 그새 또 휴가를 나온 큰아들과 충전한 지 이틀밖에 안 된 교통카드를 잃어버린 둘째아들 그리고 더위 때문인지 알레르기 때문인지 의사도 잘 모르는 피부 트러블로 고생하는 아내 사서은 씨와 안심을 함께했다. '쇠고기 중 가장 부드럽고 연하며 지방이 적고 담백하며 맛이 좋아 최고급으로 취급되는 부위'를 먹었다는 뜻이다. 나중에 보니 이 고깃집이 미국산 쇠고기를 한우로 속여 팔다 적발된다. 그 많은 미국산 쇠고기 누가 먹나 했더니…….

*   *   *

자유무역협정(Free-trade Agreement)은 협정 체결 당사국 사이에 각 국 정부가 수입 관세 및 비관세 장벽을 완화하거나 철폐해서 재화와 서비스, 투자의 국경 간 거래를 자유롭게 하여 교역 증진을 도모하는 특혜적인 무역 협정이다. 관세 철폐는 각국의 현실을 감안해 일시에 또는 점진적으로 시행하고, 국내외적으로 반대가 심한 분야(이것을 흔히 '민감한 분야'라는 표현으로 포장한다)는 제외시키는 등 정부 간 협상을 통해 조절한다. 협정이 체결되면 국민을 대표하는 국회가 이의 비준을 동의 또는 거부하며, 동의할 경우 협정은 발효된다.

세계무역기구(WTO)는 다자간무역에서 장기적으로 무역장벽의 철폐 또는 폐지를 통한 국가 간 자유로운 무역을 추구하는 기구이며, FTA는 국가 또는 경제공동체 사이에 맺는 협정으로 관세 및 무역장벽을 서로 낮추거나 없앰으로써 협정 당사자들끼리만 혜택을 누리는 배타적인 특혜 협정이다.

전통적인 FTA는 상품 분야의 무역 자유화 및 관세 인하에 중점을 두지만, 최근에는 이것 외에도 관세 철폐 그리고 서비스 및 투자 자유화까지 포괄하는 것이 일반적인 추세이며, 그밖에도 지적재산권, 정부 조달, 경쟁 정책, 무역구제제도 등 협정의 대상 범위가 점차 확대되고 있다.

2010년 1월 현재 세계무역기구(WTO)에 통보된 지역무역협정(RTA) 발효건수는 266건이며, 이 중 자유무역협정(FTA)은 70년대 이전에 4건, 70년대 11건, 80년대 9건에 불과하였으나 90년대에 59건, 2000년대에 183건이 발효되었다. 2007년 기준으로 세계 총무역 가운데 지역협정에 기반한 무역 비중이 50퍼센트를 넘는 것으로 추정된다.

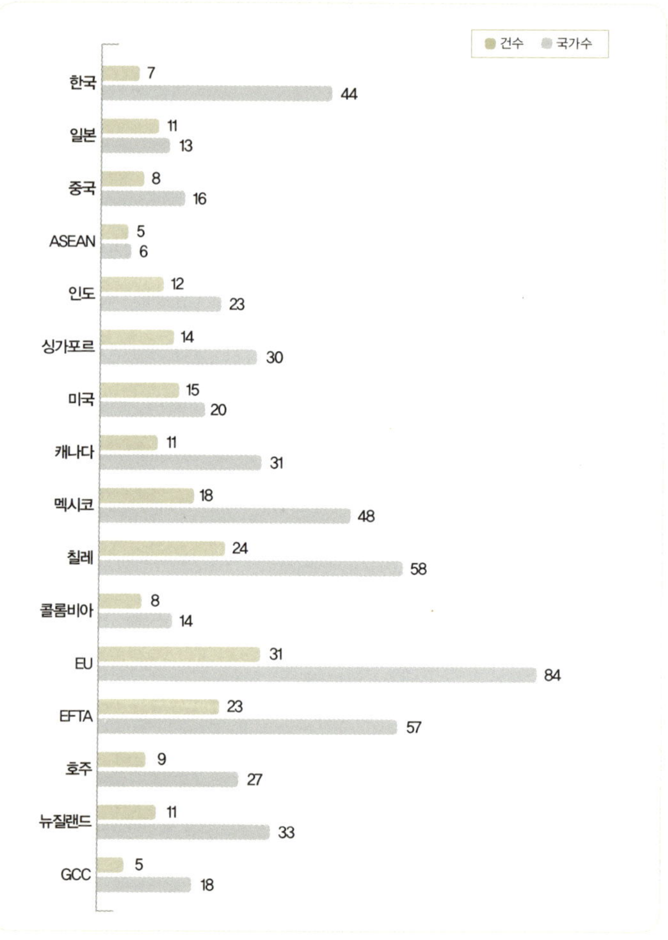

도표 19-1 세계 주요국 FTA 타결 현황(2009년 말).

FTA로 대표되는 지역주의(regionalism)는 신자유주의 흐름 속에서 세계화와 함께 국제 경제의 조류로 자리 잡고 있다.

330

이처럼 지역주의에 기반한 무역협정이 확산되는 이유는 개방을 통해 경쟁이 심화됨에 따라서 생산성이 향상될 것이라고 기대를 하며, 또한 특정 국가 간의 배타적 호혜조치가 당사국 사이의 관심 사항을 빠르고 효율적으로 반영시킬 수 있다고 보기 때문이다.

- **자유무역협정(FTA)** 회원국 간 관세 철폐를 중심으로 한다.
- **관세동맹(Customs Union)** 회원국 간 자유무역 외에도 역외국에 대해 공동관세율을 적용한다. (예 : 베네룩스 관세동맹)
- **공동시장(Common Market)** 관세동맹에 추가해서 회원국 간에 생산요소의 자유로운 이동을 보장한다. (예 : 카리브공동시장CCM, 안데스공동시장ANACOM, 중미공동시장CACM, 남미공동시장MERCOUR)
- **단일시장(Single Market)** 정치·경제적 통합 수준이 단일통화와 회원국의 공동의회 설치로까지 나아간다. (예 : EU)

그러나 이런 배타적 호혜의 짝짓기는 그야말로 이기적으로 진행된다. 어떤 시점에서 A국이 어떤 조건으로(예를 들어, 관세율 8퍼센트) B국과 FTA를 체결했다 하더라도, C국이 A국에 접근해서는 동일한 대상에 대해서 B국이 A국에 약속한 것보다 더 유리한 조건을 제시하면(예를 들어, 관세율 4퍼센트), A국은 C국과도 FTA를 체결할 수 있다. 이럴 경우 B국은 닭 쫓던 개 지붕 쳐다보는 격이 되고 만다. 그럼 B국은 다시 A국에 새로운 조건을 내걸고 재협상을 하거나, 아니면 세계 무역 전쟁에서 조금이라도 유지한 고지를 마련하기 위해서 또 다른 나라와 짝짜꿍을 준비해야 한다.

한국도 이렇게 뒤통수를 맞았다. 한국이 시장 선점 효과를 극대화하기 위해서 칠레를 상대로 해서 시장 개방 수준이 상대적으로 낮은 FTA를 서둘러서 체결했지만, 중국 및 일본이 다시 칠레를 상대로 보다 높은 수준의 관세 인하 및 양허 수준에 합의하는 FTA를 체결하고 이 협정이 발효

되면서, 2008년 한국의 칠레 수입 시장 점유율이 전년도에 비해서 1.6퍼센트포인트 떨어졌다.

그렇기 때문에 눈치작전이 난무할 수밖에 없다. 현재 한국은 일본 및 중국과도 FTA 협상을 준비하고 있는데, 한·중·일 세 나라가 한꺼번에 묶어서 협정을 체결할지, 따로따로 할지, 따로 한다면 어느 나라와 먼저 어떤 대상을 어떤 수준으로 합의하는 게 유리할지, 어떤 나라를 지레로 사용하고 어떤 나라를 궁극적인 표적으로 삼을지 서로 치열하게 눈치를 보며 의중을 탐색한다.

한편, 미국 의회에서는 2009년 9월에, 한·EU FTA는 11억 8백만 달러, EU·콜롬비아 FTA는 3억 8천 7백만 달러, 캐나다·콜롬비아 FTA는 5천 7백만 달러의 손실을 각각 미국에 줄 것이라고 주장하며 대책을 마련해야 한다는 주장이 나오기도 했다.

게다가 어떤 나라가 다른 어떤 나라를 상대로 FTA 체결을 준비할 때, 이 나라의 입장은 상황에 따라서 유동적일 수밖에 없다. 상대국에게 어떤 것을 양보하고 다른 어떤 것을 얻어야 하는데, 무엇을 주고 무엇을 얻느냐에 따라서 국내의 각기 다른 집단 혹은 계층의 찬반 의견이 갈리기 때문이다. 때로는 이런 갈등이 정권의 존립을 위태롭게 할 수도 있으므로 국민적 합의를 먼저 이끌어내는 일이 중요하며, (국민적 합의 내용이 어느 방향으로 얼마나 갈지 확실하지 않은 이상) 협상에 임하는 협상단의 입장은 유동적일 수밖에 없다. 또한 이런 사정은 상대국도 마찬가지이기 때문에 협상 과정은 매우 복잡하고 이면 합의의 가능성은 높다.

하지만 WTO라는 다자간 무역체계가 있음에도 불구하고 FTA와 같은 개별적이고 지역적인 차원의 협정을 따로 또 함께 추진하는 세계의 경제는, 그 복잡함과 지난함 속에서도 여전히 자본과 상품과 노동이 국경을 초월해서 빠르게 이동할 수 있는 '고속도로'를 묵묵히 닦아나가고 있다. 결코 방향을 잃는 일이 없이 한 길로 정확하게 나아간다. 때로는 이 과정에 정치와 군사의 막강한 힘을 동원해서 국내외적으로 무력시위 혹은 자해공갈도 마다하지 않는다. 한국에서는 이 고속도로 건설작업을 각 부의 장관들이 앞장서서 내각 총동원 체제로 수행해 나가고 있다. 여기에 대해서는 조금 있다가 살펴보기로 하자.

생산성 개념에 관한 오해

한국의 노동생산성 수준은 1970년 이후 2008년까지 38년 동안 4.8배 증가했다. 연평균 4.2퍼센트 성장률이다.* 놀라운 성장이긴 하지만, 2009년 "OECD 국가계정"에 따르면 한국의 1인당노동생산성은 미국의 61.5퍼센트, EU의 77.5퍼센트, 일본의 84.2퍼센트 수준으로 OECD 회원국 가운데 22위로 나타났다. 참고로 〈도표 19-2〉는 OECD 국가들의 서비스업 부문의 노동생산성을 비교한 것이다.

• 1인당노동생산성
노동자 한 사람이 1년 동안 생산할 수 있는 재화와 서비스의 양 또는 부가가치. 도출공식, 1인당노동생산성 = 부가가치 총액/취업자 수 [구매력지수(PPP)를 적용할 경우, 1인당노동생상산성 = (경상 GDP/당해년 GDP)/취업자 수].** "개인별 노동생산성은 개인별 산출과 노동투입을 무엇으로 측정할 것인가에 따라 달라질 수 있으며, 흔히 1인당 부가가치, 1인당 매출액, 1인당 생산량 또는 시간당 부가가치, 시간당 매출액, 시간당 생산량 등으로 산출합니다." —한국생산성본부 홈페이지의 '묻고답하기'에서

선진국에 비해 낮은 이 노동생산성을 높이는 방법으로 시장 개방이라는 경쟁 체제가 필요하다는 게 FTA 추진의 이론적 근거가 되었다. 개방을 통해 경쟁이 심화되면 생산성이 그만큼 향상된다는 말이다. 하지만 이 말에는 왜곡을 동원한 음모가 숨어 있다.

• 한국생산성본부 보도자료(2010년 2월 12일)에서.

•• 구매력지수에 대해서는 본문 262~263쪽 참조.

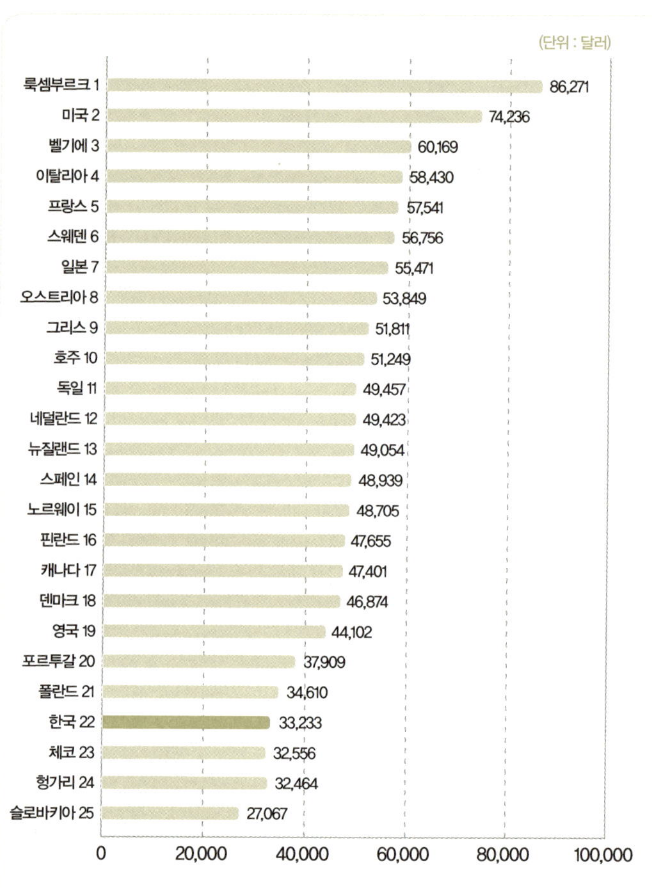

도표 19-2 2000~2007년 국가별 연평균 서비스업 부가가치 노동생산성 비교. 자료: OECD, "OECD 국가계정(2009년)" ※호주는 2000~2003년, 캐나다는 2000~2006년, 일본은 2000~2005년, 룩셈부르크는 2000~2006년, 뉴질랜드는 2000~2005년, 폴란드는 2001~2007년, 포르투갈은 2000~2006년, 영국은 2000~2005년 연평균 자료임. 구매력평가지수(PPP)에 의해 환산하여 평가.

　　삼성의 이건희 회장은 아버지 이병철 회장의 가르침을 이어받아 이른바 '메기론'이라는 것을 중요한 경영철학으로 삼고 있다. 벼농사를 할 때 해충의 피해를 막으려고 논에다 미꾸라지를 넣는데, 여기에다 메기를 풀

334

어놓으면 그렇지 않은 경우보다 가을에 이 미꾸라지들이 더 튼튼하고 살이 통통하게 오른다. 메기에게 잡아먹히지 않으려고 그만큼 긴장하고 필사적으로 노력했기 때문이다. 이처럼 개인이나 기업도 경쟁 속에서 더욱 튼튼하게 성장한다는 것이 이른바 '메기론'이다.

물론, 경쟁이 심화되면 생산성이 향상된다. 하지만 이것은 어디까지나 동일한 경제권 안에서의 일이다. GDP 규모가 서로 다른 나라를 놓고 비교하면, GDP 격차만큼이나 생산성의 격차는 필연적으로 나타난다. 생산성을 도출할 때의 부가가치라는 것은 결국 GDP를 구성하는 내용이기 때문이다. 비교 대상 국가의 고용률(=취업자 수/경제활동인구)이 같다고 할 때, 1인당 생산성 격차는 1인당 GDP 격차와 일치한다.

즉, 선진국과 한국의 1인당 GDP 격차가 두 배만큼 나타날 때, 1인당 생산성의 격차가 두 배만큼 나타나는 것은 지극히 정상적이다. 현대자동차 한국 공장과 미국 공장에 동일한 능력을 가진 한국 노동자와 미국 노동자가 있어서 동일한 노동을 할 때, 이 두 사람의 노동생산성은 (이 두 사람이 받는 임금이 차이가 나는 것과 마찬가지로) 차이가 난다. 그렇기 때문에 개성공단에서 일하는 북한의 노동자가 2010년 8월 기준으로 한 달에 평균 95달러씩 받고 아무리 열심히 일을 해도 1인당노동생산성은 미국 노동자의 1인당노동생산성을 따라갈 수가 없다. 마찬가지로 한국의 노동자가 OECD 회원국 가운데서 가장 오랜 시간 노동을 해도 1인당노동생산성은 미국 노동자의 1인당노동생산성을 따라갈 수가 없다. 생산성을 (적어도 통계적으로) 높이는 가장 좋은 방법은 1인당 GDP가 높은 나라와 완전한 경제적 통합을 하는 것이다.

국가별 1인당노동생산성 비교는 실체가 없는 일종의 사기술이다.

짜고 치는 고스톱

2010년 6월 4일, 서울 삼성동 코엑스에서 "2010 무역구제 서울국제포럼"이 열렸다. 이 포럼의 주제는 '투명한 무역구제 제도를 향하여'였다. 이 자리에서 최경환 지식경제부장관은 축사를 했다. 무역구제(貿易救濟)란 특정 물품의 수입으로 인하여 국내의 어떤 산업이 피해를 입거나 입을 우려가 있을 때, 이 수입물품에 대하여 관세·비관세조치 등의 구제 조치를 취하여 국내 산업을 보호하는 제도로, 기본적으로 이 개념의 출발점은 국가 간의 '자유로운' 무역과 대척점에 있다. 그런데 수출 증대 및 교역 정책, 외국인 투자 유치 및 통상협력 증진, 에너지 정책 수립과 시행, 산업의 경쟁력 강화 및 기술 개발 지원 등의 업무를 총괄하는 지식경제부*의 수장은 공정성 강화를 추구하는 이 모임에서 무슨 말을 했을까?

"[세계 경제의 불확실성이라는] 난관을 극복하고 세계 경제가 지속 가능한 성장을 하기 위해서는 그 어느 때보다 자유무역의 확대가 중요하다. (…) 때로는 무역구제 제도가 각국의 산업 정책이나 정치적 이해관계에 따라 남용될 수 있는 소지가 전혀 없다고 할 수 없다. (…) 무역구제 제도가 불공정한 무역 질서를 바로잡고 자국 산업에 필요한 최소한의 보호막으로 공정하게 운영됨으로써 자유로운 무역에 장애로 작용하지 않도록 해야 한다."

'불공정한 무역 질서'를 바로잡는다는 것은 '자유'를 구속한다는 의미이다. (이 '자유'의 개념에 대해서는 10장 '지금 필요한 건 뭐? 스피드!'를 참조하기 바란다.) 그런데 지식경제부 장관은 무역구제 제도가 '자유로운 무

• 20장의 본문 361쪽 참조.

역에 장애로 작용하지 않도록 '최소한의 보호막으로만' 공정하게 운용되어야 한다고 말했다. '최소한의 보호막으로만'이라는 수단이 '공정하게'라는 목적을 제한한다. '공정하게'라는 목적을 달성하는 데 '최소한의 보호막만' 동원하자는 말의 뜻은 무엇일까? 장관이 한 발언의 진짜 내용은, 공정성을 최소한의 수준에 묶어둠으로써 자유로운 무역이 원활하게 이루어지도록 해야 한다는 것이다. 다시 말하면, 공정성을 따지면서 '자유로운 무역'이라는 대원칙을 훼손하지 말라는 말이었다.

장관의 이 발언은 아무리 좋게 본다 하더라도 이 행사 취지에 맞는 덕담은 아니었다. 넘지 말아야 한 선을 미리 그어두자는 경고였다. 그의 축사가 끝나자 WTO 및 미국, EU, 캐나다, 중국, 인도, 베트남 등에서 온 무역구제 기관 대표와 이 분야의 전문가 100여 명이 활짝 웃으면서 박수를 쳤다.

앞뒤가 잘 맞지 않는 이 황당한 상황은 도대체 뭔가?

단순하게 보면 분명하게 보이는 법이다. 불공정한 무역 질서를 바로잡겠다고 모인 사람들이 바보가 아니라면 사이비라는 뜻이다. 지식경제부 장관과 마찬가지로 이 사람들이 가지고 있는 목적 역시 '최대한의 공정성'이 아니라 '최소한의 공정성' 즉 '자유로운 무역'이다. 신자유주의의 깃발 아래 자유화의 흐름이 전 세계를 뒤덮자, 이 자유화에 피해를 보는 사람들이 공정성을 주장하며 목소리를 높여 '자유로운 무역'을 반대하고 나섰다. 그러자 이 반대 목소리를 대변하는 척 '공정하게'를 명분으로 내세우지만 실제로는 될 수 있으면 공정성을 최소한의 수준에 묶어두는 게 목적인 사람들이 무역구제 기관 대표와 이 분야의 전문가를 자처하면서 그 자리를 채우고 있었다는 말이다. 조합원의 이익을 대변하는 척하지만 실제로는 회사의 이익을 관철시키는, 그럼으로써 조합원의 들끓는 여론을 무마하고 완충하는 어용 노조와 같은 셈이다. 짜고 치는 고스톱이다.

사실, 이 포럼을 개최한 지식경제부 산하 무역위원회 위원장 역시 개회사를 통해 세계 금융위기 아래에서 무역제한조치가 확대되지 않은 것은, 보호무역주의 확산을 방지하려는 국제 사회의 공통된 인식과 노력에 의한 것이었으며, 이번 행사에서도 무역구제 분야의 국제공조를 통해 자유무역의 확대와 세계 경제 회복에 기여하기를 바란다고 밝혔었고, 역시 힘찬 박수를 받았었다.

한편, 이날 축사에서 지식경제부장관은 다음과 같은 발언도 했다.

"자유무역의 확대는 비교우위에 기반한 국제분업을 촉진시킴으로써 세계경제 성장 및 고용창출에 기여한다. 세계 주요국들이 자유무역협정 체결을 확대하고 있는 것도 이러한 이유 때문이다."

190년쯤 전에 죽은 영국의 고전주의 경제학자 한 명이 지하에서 잠을 자다가 '비교우위'라는 말에 눈을 번쩍 뜨고 귀를 기울인다. 데이비드 리카도다. 내가 처음 한 말인데, 이 인간들이 내 이론을 갖다놓고 뭐라고 씨부려대는가?

리카도의 비교우위론과 한계

국가 간 교역의 이론적 배경은 비교우위론이다. 두 나라가 교역을 할 때 서로 상대국에 비해서 경쟁우위에 있는 상품에 집중함으로써 총효용을 높인다는 개념이다. 리카도는 저서 《정치경제학 및 조세 원리》(1817년)에서, '영국–포르투갈 간의 옷감–포도주 교역 사례'를 들어 절대적 생산성의 우열에 관계없이 비교우위에 따른 전문화와 교역을 통해 두 국가 모두 이득을 얻을 수 있음을 설명했다.

리카도의 비교우위론

영국과 포르투갈에서 옷감과 포도주를 생산하는 데 드는 시간이 〈도표 19-3〉과 같다면 포르투갈은 포도주 및 옷감 생산에서 모두 영국에 비해 절대우위를 가지고 있다. 만일 영국과 포르투갈에서 포도주와 옷감의 가격이 상품에 투하된 노동시간에 비례한다고 한다면, 두 상품의 가격비는 각 나라에서 상품을 생산하는 데 필요한 노동시간의 비율과 일치할 것이다.

	노동시간		국내 가격 비율	
	1야드 옷감	1갤런 포도주	포도주/옷감	옷감/포도주
영국	100	120	1.20	0.83
포르투갈	90	80	0.88	1.12

도표 19-3 영국과 포르투갈의 옷감과 포도주

도표에서처럼 포르투갈에서는 옷감 1야드를 생산하는 데 90시간, 포도주 1갤런을 생산하는 데 80시간이 필요하다면, 포도주가 옷감에 비해 88퍼센트만의 노동을 필요로 하며, 따라서 포도주의 가격은 옷감 가격의 88퍼센트가 된다는 뜻이다. 반면 영국에서는 포도주가 옷감에 비해 120퍼센트의 노동을 필요로 하고, 그 만큼 비싼 가격이 된다. 따라서 포르투갈은 포도주를 생산하는 데 '상대적으로' 적은 노동을 사용하며 가격은 그만큼 상대적으로 낮게 된다. 반면 포르투갈은 옷감을 생산하기 위해 포도주의 112퍼센트만큼 노동을 사용하며 이 나라에서 옷감의 가격은 포도주 가격의 112퍼센트가 된다. 영국은 옷감을 생산하는 데 포도주의 83퍼센트만큼 노동을 사용하며 따라서 옷감의 가격은 포도주 가격의 83퍼센트가 된다. 따라서 영국은 옷감을 생산하는 데 '절대적으로' 더 많은 노동을 사용하지만 '상대적으로' 더 적은 노동을 사용한다. 따라서 영국은 옷감의 생산에 '상대우위'를 갖고 있다고 말할 수 있다.

이제 포르투갈이 지금껏 '비교우위를 갖고 있는 상품'인 포도주만을 생산해왔고 또한 옷감을 필요로 한다고 가정해 보자. 이 경우 포르투갈 사람들이 옷감을 얻는 방법은 두 가지이다. 하나는 포도주 생산으로부터 노동을 이동시켜 옷감을 생산하는 것이고, 다른 하나는 영국과의 무역을 통해 옷감과 포도주를 교환하는 것이다. 이때 만일 무역이 이루어진다면 그것은 영국에서의 가격비로 이루어질 것이라고 가정하자. 포르투갈에서는 옷감 1야드를 생산하는 데 90시간의 노동이 필요하고 포도주 1갤런을 생산하는 데 80시간이 필요하므로, 옷감 1야드를 생산하기 위해 1.12갤런의 포도주 생산을 중지해야만 한다. 그런데 만일 영국에서의 가격비로 무역을 한다면 그들은 옷감 1야드에 대해 오직 0.83갤런의 포도주만을 포기하면 된다. 한편 영국에서는 포도주 1갤런 생산에 대해 1.20야드의 옷감을 포기해야 하지만 포르투갈과 무역을 하면 포도주 1갤런당 0.88야드의 옷감만을 포기하면 된다. 따라서 두 국가가 두 상품을 모두 생산하는 것보다 서로 무역을 하는 편이 더 이익이다.

그러나 리카도의 비교우위론은 몇 가지 불가능한 조건을 전제로 한다. 첫째, 모든 국가에서는 자원이 고갈되지 않고, 규모의 경제가 작동하지 않으며, 한계수확체감의 법칙도 작동하지 않는다. 그런 나라는 없다. 둘째, 노동은 국내 경제에서 언제나 완벽하게 이동이 가능하다. 포도주를 생산하는 농민이 언제든 옷감을 만드는 직공이 될 수 있으며, 여기에 대한 비용(그리고 고통!)은 따로 발생하지 않는다. 그런 나라는 없다. 셋째, 노동과 자본이 비교우위에 있는 나라로 유출되지 않는다. 실제로 포르투갈의 의류노동자들은 농촌으로 돌아가지 않고 영국이나 미국으로 이민을 갔다.

선진국은 개발도상국에 '자유무역의 확대는 비교우위에 기반한 국제분업을 촉진시킴으로써 세계경제 성장 및 고용창출에 기여한다'는 논리로 자유무역을 강요하는데, 이것을 두고 어떤 경제학자는, 이제 겨우 여섯 살인 어린아이가 보다 더 생산적인 인간이 될 수 있도록 경쟁에 노출시켜 아이가 경쟁에 더 많이 그리고 더 빨리 노출될수록 미래에 아이의 발전에는 더 많은 도움이 될 것이고, 아이는 힘든 일을 감당할 수 있는 정신력을 갖추게 될 것이라고 주장하는 것이나 다름없다고 해석했다.

내가 여섯 살 먹은 [내] 아이를 노동 시장으로 몰아넣는다면 아이는 약삭빠른 구두 닦이 소년이 될 수도 있고, 돈 잘 버는 행상이 될 수도 있다. 하지만 뇌수술 전문의나 핵물리학자가 되는 일은 결코 없을 것이다. 만일 아이가 그런 직업을 가지려면, 내가 앞으로 적어도 10년 이상의 세월 동안 보호와 투자를 해야 할 것이다.*

하지만 비교우위에 기반한 자유무역의 논리의 가장 위험한 점은, 자유무역의 확대는 비교우위에 기반한 국제 분업을 촉진시킴으로써 세계경제 성장 및 고용창출에 기여한다'는 논리가 교역국 각각에서 발생하는 계

• 장하준, 《나쁜 사마리아인들》에서.

급별·계층별 손익의 차별을 숨기고 있다는 점이다. A국과 B국이 각각 자동차와 농산물 부문에서 비교우위를 가진다고 하자. 이 두 나라가 교역을 하면 A국과 B국이 모두 다 이익이라는 게 요지이다. 하지만 이건 사실이 아니다. A국의 자동차산업 부문 종사자와 B국의 농산물산업 종사자가 이익을 보고, A국의 농산물산업 종사자와 B국의 자동차산업 부문 종사자는 쫄딱 망한다. 물론 A국과 B국의 총생산가치는 교역을 하지 않을 때보다 늘어나겠지만, 그렇다고 해서 이런 사실이 쫄딱 망한 사람들에게 위로가 되지는 않는다. 게다가 자본은 이미 국적을 초월해서 국경을 자유롭게 돌아다니고 있으니* A국과 B국의 문제가 아니라, A국에서 희생되는 농산물산업 종사자와 이익을 보는 자동차산업 종사자 사이의 문제이고 또한 B국에서 희생되는 자동차산업 종사자와 이익을 보는 농산물산업 종사자 사이의 문제이다. 시장의 공정성 문제가 제기되는 곳도 바로 이 지점이다.

비교우위에 기반한 자유무역의 논리에서는 비교열위 산업 종사자들에게 국가적인 차원에서 애국심을 발휘하여 대승적으로 '쫄딱 망함'을 받아들이라고 압박한다. 그리고 이런 억울한 일을 당하는 사람들을 구제하겠다는 게 앞에서 언급한 '무역구제'이다. 미안하다고 사과할 일이 미안한 일인 줄 이미 알고 있었다면 마땅히 그런 일을 하지 않았어야 옳다. 그런데, 굳이 그 일을 하고 나서는, 미안해야 마땅한 그런 일을 왜 자기에게 했느냐고 따지는 사람들을 대상으로 (미안하다고 말을 해야 할지, 하지 않아도 될지) 심사를 한 뒤에야 비로소 일부에게만 미안하다고 말을 하는 심보는 과연 무엇일까? 미안하거나 말거나 상관없이, 미안해야 마땅한

---

* 본문 187쪽의 〈도표 10-7〉 참조.

(그러므로 하지 말아야 할) 그 일을 앞으로도 계속 하겠다는 뜻이다. 말로 해서 안 되면 고막을 찢어놓는 테러 진압용 음향대포를 동원해서라도 밀어붙이겠다는 뜻이다.

한국의 FTA 추진과 현황

한국은 FTA 로드맵을 2003년에 수립하고, 노무현 정부 들어 2004년 5월에 수정·보완했으며 같은 해에 FTA 추진위원회를 설치하고, 2005년에는 '선진통상국가' 구축을 국정 목표의 하나로 설정하며 본격적으로 FTA를 추진했다. 그리고 2010년 7월 현재 16개 국가를 상대로 한 5건의 FTA가 발효 중이다. 그리고 미국 및 EU와의 FTA가 발효되면 전체 교역의 35퍼센트 이상이 FTA 체결국과 이루어짐으로써, FTA가 국제 무역의 기본 틀로 자리 잡을 전망이다.

한국의 FTA 체결 현황(2010년 10월 10일 현재)

- **발효** 유럽자유무역연합(EFTA), 인도, 싱가포르, 동남아시아국가연합(ASEAN), 칠레
- **서명·타결** 미국, 유럽연합(EU), 페루
- **협상 진행** 터키, 걸프협력기구(GCC), 호주, 뉴질랜드, 콜롬비아, 멕시코, 캐나다
- **협상준비·공동연구** 러시아, 중국, 일본, 이스라엘, 남부아프리카관세동맹(SACU), 페루, 남미공동시장(MERCOSUR)
- EFTA : 4개국(스위스, 노르웨이, 아이슬란드, 리히텐슈타인)
- ASEAN : 9개국(싱가포르, 인도네시아, 말레이시아, 태국, 필리핀, 베트남, 미얀마, 브루나이, 캄보디아, 라오스)
- GCC : 6개국(사우디, 쿠웨이트, UAE, 바레인, 오만, 카타르)
- Mercosur : 4개국(브라질, 아르헨티나, 파라과이, 우루과이)

한국의 FTA 관련 협상은 외교통상부의 통상교섭본부에서 대외협상을 맡고 기획재정부의 FTA국내대책본부에서 대내협상을 맡고 있다. FTA 국내대책본부는 기획재정부 장관과 민간위원 2인 공동위원장을 포함해

서 정부위원(당연직) 13명(기획재정부, 교육과학기술부, 행정안전부, 문화체육관광부, 농림수산식품부, 지식경제부, 보건복지부, 환경부, 노동부(이상 장관), 방송통신위원회 위원장, 국무총리실장, 통상교섭본부장, 대통령실 경제수석비서관과 위촉직 15명으로 구성되어 있으며 조직도는 〈도표 19-4〉와 같다.

도표 19-4 FTA국내대책본부 조직도. 출처: FTA종합지원포털.

한미 FTA 재협상 타결

북한의 연평도 포격 이후 미국 항공모함이 서해에서 한국군과 합동으로 군사 훈련을 한 직후인 12월 4일에 한미 FTA 재협상이 타결되었다. 이전 협상문에서 점 하나도 바꾸지 않겠다던 정부의 말은 거짓말이었고, 얻은 것보다 잃은 것이 더 많았다. 협상 책임자인 김종훈 통상교섭본부장은 국회에서 '대단히 죄송하다'는 말로 사과를 해야 했다. 야권 전체가 거세게 비판하고 나섰고, 이 점에 대해서 이명박 대통령과 청와대는 재협상 타결로 한미 동맹은 더욱 강화되었으니, 한미 FTA를 경제적인 논리로만 따져서는 안 된다고 말했다. 이명박 정부의 국정 철학은 실용에서 서민으로 바뀐 뒤에 다시 안보로 돌아섰다.

한미 FTA 협상 내용에 대해서 반대하는 사람들이 지적하는 대표적인 독소조항은 〈도표 19-5〉와 같다. 이런 독소조항들로 가득한 한미 FTA 협상 결과를 국민이 쉽게 받아들일 수 있을까?

FTA 협상과 관련해서 노무현 정부나 이명박 정부 모두 국민과 소통을 충분히 하지 않았다. 특히 2008년 초에는 이명박 대통령이 미국 쇠고기의 전면 개방을 갑작스럽게 미국과 합의하는 바람에 촛불시위가 넉 달 동안이나 이어졌다.

경제활동의 세 주체인 가계와 기업과 정부 사이에 소통이 제대로 되지 않으면 국가의 자원은 비효율적으로 배분될 수밖에 없다. 기업과 정부가 짝짜궁이 되어 가계를 따돌리며 희생시키려 하니 '체감 불공정성 분노 지수'인 촛불의 수가 더욱 많아지는 건 당연한 결과이다. 사람들은, 자기 가족 다 잡아먹은 서울이 그래도 최고라고 자랑하는 서울 쥐'와 같은 바보가 아니기 때문이다.

*　*　*

1910년 8월 29일. 일제가 을사오적의 한 명이던 이완용을 앞세워 고종을 협박해 강제로 조인하게 했던 조선과 일본의 합병문서가 공식적으로 발표된 치욕의 날이다. 1910년이 경술년이어서 이 일을 경술국치(庚戌國恥)라고 부른다.

• 10장의 본문 174~176쪽 참조.

래칫 (낙장불입)	한번 결정되어 개방된 조항은 체결 이전으로 되돌릴 수 없다. 예를 들어 광우병 소고기로 광우병이 발생해도 소고기 수입을 막지 못하고, 치아보험을 민영화한 뒤에 미국 보험업체에서 관련 상품을 내놓았다면, 정부가 이 치아보험을 국민건강보험에 편입할 수 없다.
투자자의 국가제소권	한국에 투자한 기업이 직접 한국 정부를 상대로 국제교역기구에 제소할 수 있다. 미국인 투자자는 한국 정부의 (부동산 대책을 포함한) 공공정책에 언제든 제동을 걸 수 있다. 한국의 헌법과 법률까지도 제약을 받을 수 있으며, 정부의 모든 정책이 위축된다.
최혜국 대우	한국이 향후 체결할 다른 나라와의 모든 FTA에서 한미 FTA보다 유리한 조항이 삽입될 때, 이 조항에 따라 그 유리한 내용이 미국에 자동적으로 적용한다.
포괄적 허용	허용 불가능한 대상만 미리 적시하는 것. 미래에 생길 새로운 산업은 무조건 자동적으로 개방이 허용된다.
비위반 제소	미국 기업이 기대했던 수익을 한국에서 얻지 못했을 때, 한국이 FTA 협정 내용을 위반하지 않았어도 일방적으로 국가에 소송을 제기할 수 있다. 정부의 공공정책이 마비될 수 있다.
간접수용 손실에 대한 보상	정부 정책이나 조치로 인해 투자자가 사실상 영업을 할 수 없어 투자 가치가 직접수용과 동등한 정도로 박탈될 때 손실을 보상해준다. 이것은 한국의 헌법 질서와는 다르다.
허가—특허 연계제	지금은 복제약이 안전성과 유효성 기준에만 적합하면 식약청이 이 복제약 시판을 허가해 줄 수 있지만, 이 제도 아래에서는 허가와 특허가 연계가 됨으로써 복제약 개발자는 원개발자(초국적 제약회사)의 동의나 묵인 없이는 허가를 신청할 수 없다. 한국인이 먹는 대부분 의약품이 복제약품인 만큼, 초국적 제약회사의 이익을 위해 한국인은 보다 많은 약값을 지불해야 한다.
서비스 비설립권 인정	현지 법인 등록이 되지 않은 기업은 국내법으로 규제, 처벌 및 세금 부과를 할 수 없다. 다국적 기업이 불법행위를 한다고 해도 처벌하거나 세금을 부과할 수 없다는 말이다.
스냅백	정부간 합의사항을 이행하지 못할 때, 특혜관세 혜택을 일시적으로 철회할 수 있는 무역보복조치. 한국의 자동차 부문이 이 조항의 불이익을 받을 수 있다.

도표 19–5 한미 FTA의 대표적인 독소조항

그리고 100년 뒤, 《워싱턴포스트》의 한미 FTA 관련 이명박 대통령 양보 보도가 있은 지 엿새 뒤인 2010년 8월 29일, 각종 불법적인 행위에 대한 의혹을 받아오던 국무총리 내정자가 긴급 기자회견을 자청해서 '대통령이 국정을 운영하는 데 더 이상 누가 되지 않기 위해 후보직에서 사퇴한다'고 발표했다. '오해' 때문에 빚어진 의혹이라 '억울하다'는 말도 덧붙였다. 하지만 대통령의 국정 운영이 아니라 국민에게 누가 되지 않으려고 사퇴해야 한다고 말했어야 옳다. 총리 후보로 지명된 뒤에 소통의 아이콘이 되겠다고 말했던 사람이지만, 사퇴 순간까지 여전히 소통에 문제가 있음을 드러냈다.

한편, 그 다음 날인 8월 30일, 한국과 페루 사이에 FTA 협상이 타결되었다. 협상을 시작한 지 1년 5개월 만이었다. 그리고 다시 한 달여 뒤인 10월 15일에 한국과 EU가 FTA에 공식적으로 서명했다.

그리고 2010년 G20 회의가 열리는 11월 20일 이전에 미국과의 FTA 추가 협상도 마무리할 예정이라고 했다가 조금 미뤄지더니, 북한의 연평도 포격 사건 이후 급격하게 긴장이 고조되어 미국의 항공모함 조지 워싱턴호가 서해에 출동해 한미 합동군사훈련을 한 직후에 한미 FTA 재협상이 타결되었다.

하지만 이렇게 타결되거나 추진 중인 협상 내용에 대해서 이해 당사자인 국민은 구체적으로 얼마나 많이 알고 있을까? 보통, 어떤 이익을 도모하려고 꾀를 내는 사람은 자기가 무슨 일이 어떻게 진행해야 하는지 잘 알지만, 이 일로 해서 원하지 않게 주머니가 털리는 사람은 그 사실을 잘 모르는 법이다. 열 사람이 한 도둑 못 잡는다는 말이 이래서 나왔다. (법치의 공정성이 그만큼 중요하다는 말이다.)

사실, 내가 길을 가는데 누가 언제 어디에서 갑자기 나타나 내 뒤통수를 칠지, 때리는 사람이야 잘 알겠지만 맞는 사람인 나로서는 도대체 어떻게 알 수 있겠는가 말이다. 그렇다고 머리에 투구를 쓰고 몽둥이로 무장을 하고 다니든가, 아니면 뒤통수 맞는 걸 당연한 일로 받아들이고 무지렁이로 살아야 할까? 그것도 아니면, 사회를 등지고 산골짜기나 외딴 섬에서 풀이나 뜯어먹으며 혼자 살아야 할까?

한미자유무역협정(FTA)을 바라보는 두 개의 시각

찬성

"미국 시장은 전 세계 GDP의 26.4%를 생산하는 세계 최대 시장으로서 우리나라는 과거 40년 동안 미국 시장에 우리 상품을 수출함으로써 경제 발전을 이룩했다고 말할 수 있다. 또한 미국은 세계의 경영 기술 트렌드 표준을 선도하는 국가이다. 세계 최고 수준의 선진 제도를 갖추고 세계의 정보지식화를 선도하고 있는 미국과의 경쟁, 미국과의 협력은 곧 세계와의 경쟁, 세계와의 협력에서 앞서나간다는 것을 의미하며 경쟁국에 앞서 지식·정보시장을 선점해 우리의 지분을 유지하고 확대할 수 있다. 세계 최고의 신기술을 가장 많이 보유한 미국은 각국의 경쟁력이 판가름 나는 소위 최대 '테스트 마켓(Test Market)' 미국 시장에서 우리 상품과 서비스를 제값 받고 팔아 경쟁력을 인정받으면 유럽, 아시아 등에서도 통한다. 미국 시장을 외면하고서는 경제의 업그레이드가 불가능하다.

이런 미국을 상대로 FTA 타결을 이루어낸 것은 다음과 같은 의의를 지닌다.

첫째, 세계 최대 시장을 안정적으로 확보함으로써 관세 등 거래 비용이 줄어들고 통상 마찰이 완화되는 효과를 누린다.

둘째, 생산과 고용, 교역 및 외국인직접투자가 늘어나며, 기업 환경이 개선되고 산업 효율성이 증대된다.

셋째, 경제 사회의 시스템이 선진화하는 계기가 된다. 글로벌 스탠더드가 정착하며, 서비스 부문이 획기적으로 개선된다.

넷째, 상품의 가격이 저렴해지고 상품 선택의 폭이 확대되는 등 소비자 후생이 증대되어 국민의 삶의 질이 향상된다.

다섯째, 안보리스크가 완화되고 대외신인도가 높아져서 외국인투자가 늘어난다.

이로써 우리나라는 미국과의 무역 장벽을 대부분 제거하는 동북아 최초의 국가가 됨으로써 경쟁국인 일본과 중국보다 앞서나갈 수 있는 기회를 가지게 되었다." —FTA 국내대책본부

반대

"……한미FTA 협상은 미국이 한국 등 세계 각국에 강요한 시장개방, 정리해고, 자본규제 철폐, 공기업 민영화(사유화) 등 이른바 미국식 신자유주의 정책을 우리 정부가 앞장서서 100% 수용하는 것으로서, 최악의 불평등 조약이다.

시장 개방의 경우, 제조업은 물론 교육, 의료 등 공공서비스 부문만이 아니라 금융, 지적재산권, 농업 등을 포함하여 모든 분야를 전면 개방하는 것이다. 이처럼 시장을 모두 열면, 광활한 미국 시장을 개척할 수 있을 것처럼 말하지만, 사실은 완전히 반대다. (…) 헤비급과 플라이급 선수를 체급 구별도 없이 싸우게 하는 것과 같아서 우리 경제는 자칫 초토화 위험에 직면한다.

(…) 농업을 다 개방하면 국제 곡물 시장을 확고히 장악한 미국의 다국적 농업 자본에 의해 우리 농업은 궤멸될 위험에 처하게 된다. (…) 한미 FTA를 막는 것은 우리의 식탁 안전은 물론, 생존의 기본 조건을 확보하는 사활적 문제임이 분명하다.

(…) 금융시장을 100% 개방하고 자본규제를 모두 철폐하는 내용으로 된 한미 FTA가 얼마나 어리석고 위험한 '모험적 불장난'인지 여실히 알 수 있다. (…)

교육, 의료, 법률 등 각종 공공서비스 역시 미국 자본에 전면 개방되면 차례로 무너질 것이며, 그 결과 해당 서비스에 대한 사회적 비용은 상상을 초월하는 수준으로 높아질 위험이 있다. (…) 공공의료보험은 없고 오직 비싼 민간(재벌)보험만 있기 때문에 수천만 명이 무보험 상태에서 신음하는 미국의 오늘이 한국의 내일로 다가오는 것이

• 이상의 내용은 'FTA종합지원포털'에 실린 "한미FTA 서명·협상타결의 개요" 내용을 필자가 문장으로 풀어서 쓴 것이다.

다.

　제조업이라고 해서 결코 다르지 않으며 (…)

　그 외에도 문제 조항은 너무나도 많다. '투자자—정부 소송제'를 보자. 멕시코에서, 환경을 오염시켜 수많은 주민에게 암을 유발한 미국의 폐기물 처리업체를 정부가 허가 취소하자 이 업체는 멕시코 정부를 '투자자—국가 소송제'를 근거로 제소하여 그 결정을 무효로 하는 한편 거액의 벌금을 받아낸 일이 있는데, 이것과 똑같은 사건이 이 땅에서 수시로 벌어지게 될 것이다. (…)" -한미 FTA 저지 범국민운동본부, 2009년 4월 22일.

20장 경제 성장의 추억과 관치(官治)의 부활
—기획재정부와 모피아

1970년부터 외환위기 직전인 1997년까지 연평균경제성장률은 무려 7.8 퍼센트나 된다. (산술평균으로 계산하면 무려 9퍼센트 가까이 된다.) 놀라운 수치다. 한국 국민이 발휘한 이 놀라운 성과에 대해서는 전 세계가 놀란다. 성과가 있으면 공치사가 있게 마련, 어떤 계층이 가장 큰 공을 세웠을까?

각계각층이 저마다 한 마디씩 자기 공치사를 한다.

(기업가 A씨) "나라를 위해 한 목숨 바치겠다고 맹세했습니다. 만일 실패하면, 다 같이 영일만에 빠져죽자고 직원들에게 이야기했고, 우리는 목숨을 걸었습니다."

(기업가 B씨) "좌절할 필요가 없지요. 어려운 것은 우리가 다 극복할 수 있다. 하면 된다. 이런 생각으로 해냈습니다."

(미싱사 출신 C씨) "빨간 꽃 노란 꽃 꽃밭 가득 피어도 그 꽃구경 한 번

편하게 한 적 없습니다."

(조선소 도장공 출신 E씨) "새벽 시린 가슴에 깡소주 들이부으며 살았습니다."

(전직 은행장 D씨, 귀가 잘 안 들림) "돈 잘 벌었습니다. 네, 돈 많이 벌었다고요."

(부동산 중개소 사장 F씨) "박정희 대통령 각하 덕분이죠. 그분이 아니었으면 우리나라 지금 북한보다 못할 겁니다."

지하의 박정희 장군은 굳이 뭐라고 말을 해서 자신을 내세우려 하지 않는다. 한편 전두환 전 대통령은 지갑 속에 든 29만 원을 센다. 김영삼 전 대통령은 아이엠에프 사태가 자기 때문이 아니라는 말을 하려다가, 유명하다는 어떤 관상 전문가가 한 나라를 능히 품을 기개의 상징이라고 '씰데없이' 덕담을 했던 갈매기입을 굳게 다물고 눈만 껌벅거린다. 그리고 고인이 된 김대중 전 대통령과 노무현 전 대통령은……

이때, 점잖게 헛기침을 하며 나오는 사람이 있다.

"전쟁의 승패를 좌우하는 것은 기본 전략을 선택해서 용병술을 발휘하는 장군의 역량과 이 전략을 야전에서 구사하는 지휘관의 역량입니다. 박정희 대통령 각하께 모든 공이 돌아가야 합니다. 그런데 그 공은 사실 저희들이 있었기에 가능했습니다."

당신은 누구신지요?

목에 힘을 잔뜩 준 이 남자는 이렇게 자기를 소개한다.

"사람들은 우리를 '모피아'라고 부르지요."

● 모피아 재무부 출신 인사를 지칭하는 말로 재무부(MOF/Ministry of Finance)와 마피아(Mafia)의 합성어다. 재무부 출신 인사들은 정계와 금융계로 진출해 재무부 산하 기관들을 장악해 강력한 영향력을 행사하며 거대한 세력을 구축했다.

조직폭력배를 뜻하는 마피아라는 단어가 결합된 합성어인 모피아는, 미국의 전설적인 마피아 돈 꼴레오네의 생애를 그린 소설과 영화 〈대부〉의 이미지로 덧칠이 되어, 음지 세계의 음험한 분위기 속에 카리스마와 끈끈한 인간관계를 암시한다.

기획재정부, 모피아와 이피아

기획재정부의 역사는 1948년 대한민국 정부가 출범하면서 신설된 재무부와 기획처로 거슬러 올라간다. 재무부는 국가 세제에 관한 정책의 수립, 국고 및 정부회계의 관리, 금융과 통화, 외환정책의 수립과 집행 등을 수행했고, 기획처는 1961년 경제기획원으로 확대 개편되면서 경제사회개발 5개년 계획 등 경제개발을 위한 종합계획의 수립, 국가예산의 편성, 공정거래질서 확립 등의 업무를 담당했다.

1994년 12월 23일 정부조직 개편에 따라 경제기획원과 재무부는 재정경제원으로 통합되어 한동안 예산, 국고, 세제 등 국가재정 부문이 통합 운영되기도 했지만, 1997년 외환위기를 맞고 이듬해인 1998년 정부조직법이 다시 개정되면서 재정경제원은 재정경제부로 축소되고, 예산 기능은 예산청(지금의 기획예산처)으로, 금융감독 기능은 금융감독위원회로, 통상교섭 기능은 외교통상부, 통화신용정책 기능은 한국은행으로 각각 독립 이관되었다.

2001년 1월 29일에는 재정경제부 장관이 부총리로 승격되어 부처 간 경제정책 총괄 조정 기능이 강화되었고, 국무총리실로부터 대외경제 조정 기능도 넘겨받아 거시적인 경제 기획 업무까지 담당했다.

그러다가 이명박 정부 들어서 경제 정책을 총괄하는 재정경제부와 예산을 운용하는 기획예산처를 통합하여 '공룡 부처'인 기획재정부가 탄생하고, 재정경제부의 금융정책 기능은 금융위원회로 넘어갔다.

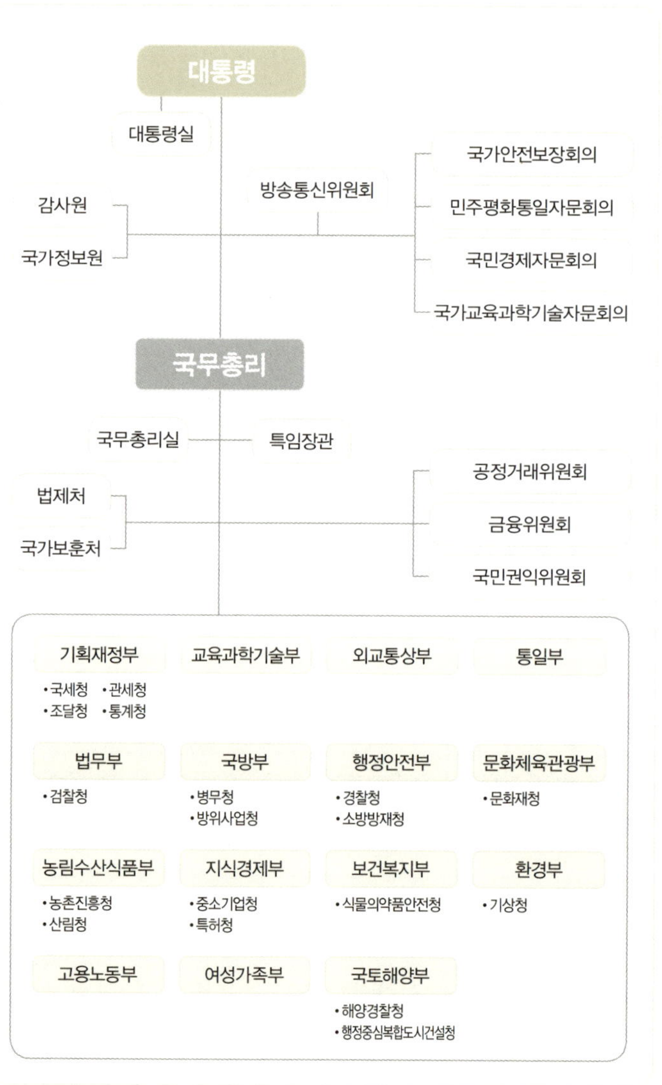

도표 20-1 행정부 조직도(이명박 정부). 출처: 청와대.

한편 박정희 정권이 출범해 경제개발 정책을 펼치면서, 강력한 기획과 정밀한 예산 배분의 중요성이 대두되어 출범한 경제기획원(EPB/Economic Planning Board)은 1960년대부터 1980년대 초반까지 이어진 경제성장 정책에서 한국 경제의 거시 정책과 예산을 다루는 중추적 역할을 수행했다. 그래서 사람들은 흔히 '재무부는 땅을 보고, 경제기획원은 하늘을 본다'고 말하기도 했다.

하지만 실질적인 영향력은 모피아가 이피아(EPB+Mafia)보다 한 수 위였다. '땅을 바라보는' 특성, 즉 민간과 접촉하는 면적이 넓어서 민간에 대해서 직접적인 영향력을 행사할 수 있었기 때문이다. 그리고 자기들끼리 강력한 유대관계를 형성하고 있었던 점도 모피아의 영향력을 더욱 증폭시켰다. 모피아는 '선배가 잘나가야 나도 산다'는 말을 불문율의 원칙으로 새기고, 현직에서 물러난 선배를 금융기관의 수장 자리에 어떡하든 앉혔다. 그래야 자기도 나중에 퇴임을 한 뒤에 그런 대접을 받을 수 있기 때문이다. 이렇게 함으로써 국책금융기관은 말할 것도 없고 민간 금융기관의 최고경영자 자리 '대물림 인사'가 가능해졌다. 모피아 출신은 칠순이 넘어도 마르고 닳도록 문고리 잡을 힘만 있으면 해먹는다나 어쨌다나. 수십 년 동안 이런 관행이 이어지면서, 관계와 경제계 나아가 정계의 유착이 자리를 잡았고, 모피아가 최고경영자로 있는 은행은 정치인과 관가의 청탁 통화를 거절하지 못하고 부실기업에 돈을 대주는 '자원의 비효율적 배분'의 온상이 되었다.

…셋째 놈이 나온다. 고급공무원(跍磔功無猨) 나온다. 풍신은 고무풍선, 독사같이 모난 눈, 푸르족족 엄한 살, 콱 다문 입꼬라지 청백리(清白吏) 분명쿠나 단 것을 갖다주니 쩔레쩔레 고개저어 우린 단 것 좋아 않소, 아무렴, 그렇지, 그렇구 말구. 어허 저놈 뒤

좀 봐라 낮짝하나 더 붙었다. 이쪽보고 히뜩히뜩 저쪽보고 헤끗헤끗, 피둥피둥 유들유들 숫기도 좋거니와 이빨 꼴이 가관이다. 단것 너무 처먹어서 새까맣게 썩었구나, 썩다 못해 문드러져 오리(汚吏)가 분명쿠나 산같이 높은 책상 바다같이 깊은 의자 우뚝나직 걸터앉아 공(功)은 쥐뿔도 없는 놈이 하늘같이 높이 앉아 한 손으로 노땡큐요 다른 손은 땡큐땡큐 되는 것도 절대 안 돼, 안 될 것도 문제없어, 책상 위엔 서류뭉치, 책상 밑엔 지폐뭉치 높은 놈껜 삽살개요 아랫놈껜 사냥개라, 공금은 잘라먹고 뇌물은 청(請)해먹고 내가 언제 그랬더냐 흰 구름아 물어보자 요정(料亭)마담 위아래로 모두 별탈 없다더냐.*

이런 부실이 누적된 결과가 바로 아이엠에프 위기였고, 국민은 혈세로 마련한 156조 원의 공적자금으로 이들의 실책을 대신 메웠다.

부패와 공정성의 실종

이요산 씨는 한 출판사로부터 책 번역을 의뢰받았다. 개발도상국의 경제 발전이 정치적인 부패에 의해서 왜곡된다는 내용을 실증적인 분석을 통해서 규명하는 경제학 서적이었다. 좀 더 구체적으로 말하면, 개발도상국에 만연한 온갖 규제가 부패를 낳고, 부패가 경제 성장의 발목을 잡는다는 주장을 하는 책인데, 궁극적으로는 신자유주의 이념의 정당성을 설파하는 책이었다. 경제학을 전공하지 않은 이요산 씨는 짧은 경제학 지식과 인터넷 세상에 있는 온갖 (정확하기도 하고 또한 부정확하기도 한) 지식을 동원해서 책을 번역했다. 이요산 씨의 번역 원고에는 많은 오류가 있을 것이라고 충분히 예상할 수 있었다.

---

* 김지하, 〈오적(五賊)〉에서.

이런 상황에서, 출판사에 이 책의 번역 및 제작을 의뢰한 기관이, 경제 분야 전문가가 이 원고를 정밀하게 감수할 것을 출판사에 요청했다. 하지만 출판사에서는, 의뢰 기관이 제안한 비용과 제작 기간을 고려할 때 의뢰 기관이 요구하는 수준 높은 정밀한 감수가 실제로 이루어지기는 어렵다고 판단했다. 강의 준비와 연구로 바쁜 경제학 교수들 가운데서 500쪽 가까운 두꺼운 분량에 전 세계 개발도상국의 정치·경제적 사례를 담고 있는 이 책의 번역 원고를 짧은 기간 안에 감수할 사람을 찾기란 불가능하다고 판단했다. 또, 경제 현장에서 뛰고 있는 사람들 가운데서 이런 일을 할 수 있는 사람이 물론 많이 있겠지만(그리고 또 이런 사람이 감수를 한다면 책의 성격상 용어 선택에서도 상아탑에 갇혀 있는 교수보다 더 정확할 수도 있었다), 이 사람들은 교수들보다 더 바쁘고 또 출판사에서 제시하는 감수 사례비를 받고서는 원고 감수에 드는 시간을 기꺼이 낼 턱이 없었다. '정밀한 감수'에 들 비용을 계산하면 애초에 의뢰 기관으로부터 받기로 한 이 책의 제작비로는 턱없이 모자랐다. 출판사로서는 상당한 출혈을 감수하지 않는 한 의뢰 기관의 요구를 100퍼센트 만족시킬 수 없었다.

그래서 편법을 쓰기로 했다. 이요산 씨가 완성한 번역 원고의 감수를 한 전문가에게 부탁하면서 '짧은 기간 안에 끝낼 것'과 '피치 못하게 적은 (그러나 그 감수자가 들일 그 '짧은 기간'에는 합당한) 사례비를 드릴 수밖에 없음'을 넌지시 알렸고, 그 전문가는 출판사의 의도를 잘 알아들었다. 사실 이런 일은 출판업계든 건설업계든 혹은 제과업계든 간에, 다시 말해서 우리가 사는 사회에서 특별한 일이 아니기 때문이었다. 그래서 원고는 의뢰 기관이 원했던 기간 안에 '상당한 수준의 감수'까지 끝마치고 훌륭한 책으로 제작·납품되었다.

부패의 고리를 끊으려면 규제를 풀어야 한다는 주장을 강력하게 설파하는 책을 제작하는 과정에서 의뢰자가 무거운 규제를 제시했고, 이 규제 때문에 한국에는 또 한 번의 아주 작은(굳이 부패라고도 할 수 없을 정도로 일상적인) 부패의 고리가 형성되었다. 혹시, 감수를 조건으로 내세웠던 의뢰 기관의 담당자가 출판사로부터 어떤 대가를 받고 그 조건을 없던 것으로 했다면, 이 책의 제작 기간은 한층 더 짧아질 수 있었을 것이다. 우리가 익히 듣고 있는 '공기 단축'과 '초과 달성'도 이런 부패 고리에서 나왔을지도 모른다.

독재자 혹은 권력을 가진 집단은 대상에 따라서 정보에 대한 비용을 선택적으로 낮춤으로써, 다시 말해서 부패를 허용해 특정한 개인이나 집단만 보호하는 방식으로 이들의 충성을 유도할 수 있다. 이 혜택을 받는 집단은 부패로부터 이득을 얻지만, 독재자의 우산 바깥에 있는 집단은 이 부패의 피해를 고스란히 떠안는다. 독재는, 독재자가 특정 기업을 편애함으로써 효율성이 낮은 기업이 살아남고 효율성이 높은 기업이 벌을 받는 역전 현상을 낳는다. 이에 비해서 정보가 폭넓게 확산될 때 국가 지도자는 국민의 재산에 대한 직접적인 통제력을 상실한다.

한 사회 안에서 자원이 극단적으로 불공정하게 분배될 때, 다시 말해서 소득의 격차가 능력이나 합리성과는 아무런 상관이 없이 발생해서 공정성이 실종될 때, 국가의 지도자가 제시하는 미래 계획에 대한 사회적인 동의는 가능하지 않다. 불공정한 분배를 인정하지 않는 계층 혹은 집단이 있기 때문이다. 이 불평등 때문에 절망과 분노는 행동으로 표출된다. 이렇게 해서 한국에서 박정희 정권, 수십 년 동안 이어져왔던 군사독재 정권이 무너졌다.

부활한 모피아와 다시 열린 관치의 시대

정권이 바뀔 때마다 모피아는 부패한 기득권 세력으로 치부되었고, 통치권자들은 이들을 멀리하곤 하지만 얼마 가지 않아서 이들을 다시 찾았다. 이들은 부정과 부패 그리고 실패한 경제 정책의 책임자로 찍히면서도 여전히 정권의 부름을 다시 받았다. 금융과 예산 부문에서 탁월한 전문성과 인맥을 갖추고서 민간 부문을 장악한 이들의 목소리를 외면할 수 없었기 때문이다. 노무현 정부 때 모피아에 대한 견제가 있었고, 덕분에 '땅보다 하늘을 바라보는' EPB가 다시 한 번 예전처럼 전성기를 누리긴 했지만(이피아라는 합성어가 생긴 것도 이때였다), 모피아는 다시 일어섰다.

이명박 정부의 제1기 기획재정부장관이자 대표적인 모피아 출신 인사였던 강만수가 들끓는 여론의 뭇매를 맞고 물러났지만 곧 '회전문'을 통해 대통령 경제특보로 임명되며 여전히 실세로 남았고, 강만수 후임으로 기획재정부 장관에 임명된 사람 역시 모피아의 대부라 일컬어지던 윤증현이었다. 2009년 2월 6일 장관 내정자로 청문회 자리에 출석한 윤증현은 질문을 하는 위원이 모피아라는 용어로 자신을 흠집내려 하자 이렇게 말했다.

"최소한의 자존심과 인격은 건드리지 말라. 이런저런 이유로 매도될 때 서글픔을 느낀다. 모피아는 상명하복의 조직이 아니라 가장 자유로운 토론이 일어나는 집단이고 해외에서는 모두 한국 [재무] 관료들의 우수성을 인정한다. (…) 우리는 애국심과 사명감으로 일한다."

뿐만 아니라 이명박 정부는 금융위기를 거치면서 청와대 경제특보, 청와대 정책실장, 청와대 경제수석, 금융위원장, 금융감독원장 등 현 정부의 경제·금융 부처의 수장들을 모두 모피아 출신으로 채웠다. 아울러 G20 정상회의 준비위원장 자리 역시 재무부장관 출신인 사공일에게 돌아갔다.

이렇게 해서, 기획과 거시경제의 장기적인 전망보다는 금융과 세제 등에 밝아 위기에 대증적으로 대처하는 데 유능한 모피아가 한국 경제라는 거대한 배의 키를 완전히 장악했다. 한국은행장도 이명박 정부의 초대 경제수석을 지낸 인물(김중수)이 임명되면서, 행정부가 통화·환율정책까지 장악하는 '견제 없는 독주'가 가능하게 되었다. 국제통화기금(IMF)의 한국 대표가 한국은행장이 아닌 기획재정부 장관이라는 사실은 중앙은행의 독립성이 보장되지 않는다는 상징적인 현실이다.

사실 한국은행의 독립성 훼손은 이미 이명박 정부가 들어서면서 시작되었다. 2008년 2월에 금융위원회(〈도표 20-1〉) 부위원장에게도 한국은행 금융통화위원회에서 '열석발언권'을 행사할 수 있도록 하는 법률 개정안이 통과된 것이다. 이로써, 한국은행 금융통화위원회 회의에 참석할 수 있는 정부 인사는 (1998년에 시행된 한국은행법에서 규정한) 기획재정부 차관과 금융위원회 부위원장 두 명이 되었다. (정확하게는 둘 중 한 사람이 참석해 발언을 할 수 있는 것으로 되어 있다.) 그리고 1999년 6월을 마지막으로 총 네 차례밖에 행사되지 않았던 기획재정부 차관의 한국은행 금융통화위원회 회의 열석발언권이 2010년 1월 8일에 행사되었다. 한국은행이 출구전략의 하나로 금리 인상을 적극적으로 모색하던 시기였던 터라 금리 인상을 막겠다는 정부의 밀어붙이기 '관치'라며 반발이 많았지만, '경제 상황을 금통위원에게 설명하려는 것일 뿐 [한국은행의] 통화 정책에 간섭하려는 것이 아니다'라는 논리로 기획재정부 차관은 회의에 참석했고, 그 뒤 그의 참석은 정례화 되었다.

한편 이런 관행에 대해서 국제통화기금은 2010년 9월에 한국 경제정책에 관한 연례보고서를 발표하면서 '한국은 가까운 시일 내에 정책금리를 4퍼센트 내외로 올리는 것이 바람직하다'는 의견과 함께, '기획재정부가 최근 금융통화위원회 회의에 참석하고 통화정책에 대해 공개적으로 견해를 밝히는 것을 재검토할 것'을 제안했다. 시장에 대한 신뢰성을 높이기 위해서는 행정부가 나서서 금리 인상을 못하게 압박하지 말아야 한다는 뜻이었다. 하지만 기획재정부는 '법에 규정된 정당한 정부의 권리를 행사하는 것으로 금리를 최종 결정하는 순간에는 회의장에서 빠지기 때문에 문제될 게 없다'는 태도를 견지했다.

기획재정부와 지식경제부

기획재정부 대한민국의 경제 정책을 기획·총괄하고 조세·외환에 대한 정책을 세우며, 국고와 국유 재산을 관리하고, 재정정책과 국가재정 운용계획의 수립, 예산의 편성 및 기금 운용 계획 안의 협의 조정, 예산과 기금의 집행 및 성과의 관리, 재정 혁신과 공공 혁신에 관한 사무 를 담당한다.

지식경제부 수출 증대 및 교역 정책, 외국인 투자 유치 및 통상협력 증진, 에너지 정책 수립과 시행, 산업의 경쟁력 강화 및 기술 개발 지원 등의 사무를 담당한다. 1948년에 신설된 상공부와 1977년에 신설된 동력자원부가 1993년에 통합하여 상공자원부가 되고, 1996년에 상공자원 부는 통상산업부로 명칭이 바뀌었다가 1998년에 다시 산업자원부로 명칭이 바뀐다. 그리 고 2008년에 이명박 정부가 출범하면서 산업자원부의 산업, 무역·투자, 에너지정책에 정 보통신부의 IT산업정책과 우정사업, 과학기술부의 산업기술 R&D정책, 그리고 재정경제부 의 경제자유구역 기획 기능 및 지역특화 기획 기능을 통합하여 지식경제부로 개편되었다.

• 기획재정부의 저금리 정책 방향에 대해서는 15장의 본문 266쪽 및 〈도표 15-8〉 참조.

　이로써 중앙은행의 독립성은 박정희 시대에 그랬던 것처럼 명백하게 창고 속으로 들어갔다. 독재의 상징인 관치의 시대가 다시 활짝 열렸다.

　박정희 시대에 경제 성장은 국가 발전을 목표로 하는 지상명령이었다. 이 명령을 내리는 사람은 박정희를 정점으로 하는 경제기획원 관료들이었고, 이 명령의 실질적인 집행 단위인 기업은 그 명령을 충실하게 따르기만 하면 되었다. 국가 자원의 분배를 특혜적으로 받아서 될 수 있으면 싸고 빠르게 많이 생산해서 수출을 하는 데 전력을 기울이면 되었다. 그랬기에 경제 성장은 군사 작전처럼 일사불란하게 국가적인 차원에서 진행되었다. 수출 전투부대인 기업은 군대 조직처럼 움직였고, 최고사령관인 박정희 대통령은 자기 집무실에 기업별 수출 현황을 막대그래프로 그려놓고 'ㅇㅇ억 불 수출 고지 점령'을 독려했다.

　기업은 이렇게 관치의 독려를 받아도 좋았다. 독재자의 우산 아래에서 특혜를 받아 기업의 덩치를 키워나갈 수 있었기 때문이다.

　하지만 1980년대 이후 특히 1990년 들어 자유화의 바람이 전 세계적으로 불면서 기업은 자기 목소리를 독자적으로 내기 시작했다. 박정희 시대에는 수출 신장이라는 국가적 목적이 개별 기업의 특혜적 성장과 일치했지만, 사회주의권이 몰락하고 신자유주의가 확대되는 과정에서 관치라는 말로 대표되는 정부의 지휘가 이제는 각 기업에게 너무 작아져 버린 옷이 되었던 것이다. 기업은 거추장스런 관치의 옷을 벗어던지고 싶었다. 국가주의라는 목표는 사적 이윤을 배타적으로 추구하려는 개별 기업의 목적과 상충되기 시작했고, 또한 전문성 부문에서도 정부 관료의 지휘가 더는 기업 활동에 보탬이 되지 않았기 때문이다. 그리고 급기야 1995년 4월 13일에 삼성의 이건희 회장은 베이징에서 기자들 앞에서 작심을 하고 이런 불만을 노골적으로 터뜨렸다.

"현재 우리 정치와 관료행정 수준으로는 21세기를 준비할 수 없다고 본다. 우리의 현 수준을 국제 수준과 비교해 볼 때 비관적이다. 우리의 정치인은 4류 수준, 관료행정은 3류 수준, 기업은 2류 수준이다. (…) 이대로 가다간 우리나라는 2류 국가 축에도 끼지 못할 것이다."

그리고 신자유주의의 광풍 속에서 이제 정부는 우월적인 위치에서 실행하던 기존의 관치를 포기했다. 대신 한 걸음 더 나아가 기업의 요구를 대변하는 자리에 선다. 이렇게 해서 새로운 관치가 시작된다. 예전에는 기업 위에 군림하며 국가 차원의 발전을 독려했지만, 자본 시장 개방으로 자본의 국적이 아무런 의미가 없는 시대가 되어버린 상황에서 정부는 국가 차원의 성장이 아니라 기업 차원의 성장을 '지원'한다. 이 지원책의 핵심은 수출경쟁력을 강화하는 고환율 정책 및 감세 정책이다.

이 관치의 정점에 선 이명박 대통령은 박정희 대통령에 이어 제2의 구국영웅으로 역사에 남고자, 모피아에 둘러싸인 채 청와대 지하벙커와 재래시장을 오가면서 수출 전쟁이라는 성전(聖戰)을 지휘한다. 그리고 임기 중반을 코앞에 둔 2010년 8월 15일 광복절 경축사에서는 다음과 같이 말한다.

"……다양화되고 빠르게 변화하는 시대에는 정부 혼자 모든 것을 다할 수 없습니다. 정부는 물론 시민사회, 정치권, 기업 모두가 각자의 사회적 역할과 책임을 다해야 합니다. (…) 이 시점에서 우리는 '공정한 사회'라는 가치에 주목해야 합니다. 공정한 사회는 출발과 과정에서 공평한 기회를 주되, 결과에 대해서는 스스로 책임을 지는 사회

• 10장의 본문 178~179쪽 및 〈도표 10-7〉 참조.

입니다. (…) 이런 사회라면 승자가 독식하지 않습니다. 지역과 지역이 함께 발전합니다. 노사가 협력하며 발전합니다. 큰 기업과 작은 기업이 상생합니다. 서민과 약자가 불이익을 당하지 않습니다."[*]

국민이 정치인을 평가할 때 기준으로 삼아야 할 것은 그가 하는 번드르르한 말이 아니라 정책이고 행동이다. 그동안 이명박 정부가 실천했고 또 앞으로 실천하고자 하는 정책과 행동은 공정한 사회는 개뿔, 전혀 공정하지 않은 사회이다. 만일 끝까지 공정한 사회라고 우긴다면, 용산 철거민 사망자들이, 삼성전자 백혈병 사망자들이, 그리고 실업과 가난과 빚 독촉의 고통을 피해서 죽음의 길로 스스로 발길을 돌린 수많은 사람들이 분통을 터뜨리며 무덤에서 벌떡 일어날지도 모른다.

• 2010년 대통령 "8·15 경축사"에서.

21장 피 묻은 다이아몬드와 차이나프라이스
—공정무역과 '착한 소비' 그리고 CSR

衣食足而知禮節(의식이 족해야 예절을 안다).

원래 이 말은 춘추전국시대 제나라 재상 관중이 '창고에 재화가 가득 차야 예절을 알고, 의식이 족해야 영욕을 안다'라고 했다는 말에서 비롯된 것이라고 한다. 공자도 제자 자공이 정치에 대해 묻자 '부유하게 해주고, 부유해진 다음에 가르쳐라'라고 했다나 뭐라나. 배부른 사람들을 앞에 두고 예절을 가르치니 잘 알아듣던가? 개뿔, 호랑말코 같은 소리다.

이런 생각을 이요산 씨는 엘리베이터에서 한다. 엘리베이터에는 영양 상태가 썩 좋아 보이는 젊고 예쁜 여자 셋서 큰 소리로 떠들고 있다. 주변에 자기들 말고 사람이 또 있다는 걸 조금도 생각하지 않는다. 어제 백화점에 가방 사러 갔는데 점원이 '싸가지'라서 '재수 없었다'는 내용이었다. 화제는 다시 빠르게 그 점원의 '품질 나쁜' 쌍꺼풀 수술로 이어진다. 예쁜 얼굴들에서 역겨운 냄새가 난다.

중국의 전국시대 때 이런 일이 있었다.

맹자가 위나라를 찾아갔고, 위나라의 왕이던 혜왕은 맹자를 불러서 이렇게 말했다.

"선생 같은 분께서 천리를 마다하지 않고 오셨으니까 우리나라에 장차 큰 이익[利]이 있으려나 봅니다."

혜왕이 이렇게 말한 데는 대학자로 유명하던 맹자를 치켜세워 주려는 의도도 아마 들어 있었을 것이다. 그런데 맹자는 정색을 하며 혜왕의 정신세계를 나무란다.

"왕이란 사람이 어째 이익이라는 말을 입에 올리십니까? 왕이라면 모름지기 어짊[仁]과 공정함[義]을 말씀하셔야지요."

"왕이면 자기 나라의 이익을 도모하는 게 당연한데, 그게 무슨 허물이라고 그러시오?"

"폐하가 자기 나라 이익을 가장 우선적으로 도모하면, 지배층은 자기 집단의 이익을 가장 우선적으로 도모하고, 그 아래 사람들은 또 자기와 자기 집 이익을 가장 우선적으로 도모하겠지요?"

"그렇겠죠."

"그러다 보면 서로 자기 이익을 챙기려고 지지고 볶고 싸우겠지요?"

"그렇겠죠."

"그러다가 결국에는 폐하가 가지고 있는 것까지 탐을 낼 겁니다."

한마디로 만인에 대한 만인의 투쟁이라는 개판이 펼쳐지고, 각 개인과 집단의 탐욕으로 모든 공유지는 비극을 맞고, 결국 나라는 망할 것이라는 말이다.

자공이 정치가 무엇이냐고 묻자 공자가 했던 대답인 '부유하게 해주어라. 그리고 부유해지면 가르쳐라'고 했는데, 어짊과 공정함을 핵심 가치로 내세우던 공자가 설마 시정잡배나 정치꾼이 자기 탐욕을 합리화할 때나 씀직한 그런 발언을 진심으로 했을 리는 없고, 아마도 형편없는 소인배 정치를 에둘러 비판하는 발언이었을지도 모를 일이다.

그날 저녁 이요산 씨는 경상도식 부침개 맛이 일품인 막걸리집에서 친구들과 만났는데, 다음 날이 수능을 앞둔 마지막 모의고사가 있는 날이었던 터라, 다들 학부형인 이 중년 남자들의 대화에서 아이들 교육 문제가 화제로 떠올랐다. 이요산 씨는 낮에 있었던 엘리베이터에서의 불쾌한 경험을 근거로 언·수·외 중심의 이른바 '실용 교육'이 나라를 망칠 것이라고 성토했다. 그런데 한 친구가 초를 쳤다.

"야 인마, 솔직히 네가 기분이 나빴던 결정적인 이유는 그 젊은 여자들이 무례하게 방출하던 소음이 아니잖아."

"뭔 소리야, 그건 또?"

"과연 장동건이나 원빈이 엘리베이터에 함께 탔더라도 그 젊은 여자들이 그렇게 '싸가지'로 '재수 없게' 굴었을까? 당연히 아니겠지?"

"아마도."

"그러니까 너는 개들이 널 남자로 봐주지 않으니까 화가 난 거야. 대우받지 못하는 늙은 수컷의 비애를 느끼면서. 아니야?"

그럴 수도 있었다. 아니 어쩌면 그랬던 것 같다. "하지만 버림받은 수컷을 배려하는 것, 다시 말해서 사회적인 약자를 배려하는 마음과 행동이 예절이고 어짊이고 공정함 아니냐 이거야, 내 말은!"이라고 말하면서 이요산 씨는 등 따시고 배부른 것만 추구하는 사회는 이미 망조가 든 사회라고 열변을 토했다.

커피와 아이폰의 공통점

아프리카에서 생산되는 커피와 애플의 스마트폰인 아이폰의 공통점은 뭘까? 혼수용품도 아니고 첨단 상품도 아니고 액세서리 상품도 아니다. 정답은 '착하지 않은 상품'이다.

대만에 홍하이그룹이 있고, 이 그룹의 자회사인 팍스콘은 중국의 선전, 포산, 정저우 등에 공장을 거느리고 있는데, 여기에서 일을 하는 노동자는 자그마치 80만여 명이나 된다. 그런데, 애플의 아이폰과 아이패드 부품을 비롯해서 델의 컴퓨터와 노키아의 휴대전화 부품 등을 생산하고 있는 세계 최대 규모의 전자부품 업체인 팍스콘의 선전 공장에서 2010년 1월부터 8월까지 무려 14건의 투신자살 사건이 발생해서 12명이 숨졌다. 회사 측에서는 42만여 명의 종업원들이 일하고 있는 선전 공장을 중심으로 직원들의 투신자살 사건이 잇따르자 5월에 1억 8천억 위안(310억 원)을 들여 방호망을 설치하고, 또 6월에는 선전 공장 노동자의 기본급을 900위안에서 10월부터 2,000위안 수준으로 올리겠다고 발표했다. 하지만 8월 초에 장수성 쿤산에서 다시 또 스물두 살의 여성 노동자가 몸을 던져 자살했다. 중국 현지의 노동 문제 전문가들은 팍스콘 공장에서 잇따라 일어난 투신자살 사건의 주요 원인으로 열악한 근무 환경을 지적한다.

한편, 노동자의 자살 사태가 이어지던 2010년 5월에, 포브스 선정 500대 기업에 속하는 홍하이그룹의 회장이자 대만 최고 및 세계 136번째 갑부인 궈타이밍 회장(참고로 이건희 회장은 2010년 포브스 선정 세계 갑부 순위에 100위로 당당하게 이름을 올렸다)은 중화권 기자 200여 명과 함께 선전 공장을 방문해서 가진 기자회견에서 이렇게 말했다.

"45만 노동자 중 몇 명이 자살했지만, 중국 도시의 평균 자살률보다 낮다. (중국 평균 자살률은 10만 명당 14명이다.) (…) 사망 위로금이 지나치게 많아, 자살이 늘고 있다. 위로금을 줄이겠다."

- **시설**: 좋은 카페테리아와 병원 등 시설은 좋은 편.
- **근무 시간**: 2교대제로 하루 10시간의 단순노동.
- **임금**: 월 임금은 최저 수준인 900위안으로 맞춰져 있으며, 노동자가 실제로 받는 임금 중 절반이 연장 근무를 통해 벌어들인 수입임.
- **분위기**: 근무시간에는 동료와 말을 할 수 없고, 작업 부문이 다른 사람들끼리 한 숙소에 배정돼 있어 노동자들 사이의 마음 편한 교류가 불가능.
- **처우**: 식당까지의 왕복 이동시간이 20분인데 식사시간은 30분뿐. 욕설과 구타 등 비인간적인 처우가 만연. 직원수칙에는 해고에 해당하는 행위 규범이 85가지나 나열되어 있을 정도로 직원들에 대한 제약과 통제가 강함.

한편 중국 공장에서의 노동자 연쇄 자살사건과 관련해서 애플의 최고 경영자 스티브 잡스는 '팍스콘은 노동자를 착취하는 업체가 아니다'라고 말했다. 그리고 또 다른 한편, 전 세계의 소비자들은 (중국의 노동자가 죽어가거나 말거나 알지도 못하고, 또 알 필요도 없이) 중국에서 싼 임금으로 생산된 제품의 싼 가격에 만족한다.

이요산 씨도 정보통신 혁명의 대열에 참가하려고 아이폰을 구입했고 아이폰의 매끈한 질감에 매료되었다. '스마트'한 생활을 보장해주는 이 스마트폰의 세상에서 트위터를 하며 새로운 세상에 눈을 뜨게 해준 애플과 잡스에게 고마움을 느꼈다. 아울러 중국 노동자들을 고마운 존재라고 생각했다. 고마운 존재라고 생각한다는 것은, 자기가 만족하게 누리는 현재 소비 생활을 유지하기 위해서 스스로를 희생하는 중국 노동자들이 꼭 필요한 존재라고 생각한다는 뜻이며, 결국 중국 노동자들에 대한 비인간적인 착취가 필요하다고 인정한다는 뜻이다. 언·수·외 중심의 '실용 교육'이 나라를 망칠 것이라고 성토하던 이요산 씨는 결국 실용의 포로가 되어서 중국 노동자들에게 '재수 없는 싸가지'로 존재한다. 그리고 차이나프라이스를 기반으로 한 값싼 중국산 제품이 장차 부메랑이 되어 자기 목숨을 노리며 날아올 것임을 알지 못한다.

월드컵 공인구 '자블라니' 전 세계 수제 자블라니 축구공 70퍼센트가 파키스탄 펀자브 지방의 시알코트에서 생산되는데, 이 축구공 하나를 만들려면 오각형과 육각형의 가죽 32조각에 1,620회의 바느질을 해야 한다. 12세 미만의 파키스탄 어린이들이 좁고 더러운 공장에서 하루에 14시간씩 바느질을 하고 일당 2,000원을 받는다.

커피 에티오피아에는 1500만 명의 커피 노동자들이 있고, 이들 중 대부분이 하루 1달러 미만의 임금을 받는다. 커피콩 45킬로그램을 수확하고 커피 농가가 손에 쥐는 돈은 3달러가 안 된다. 네슬레가 원산지에서 1킬로그램에 14센트에 구입하는 커피의 시장 판매 가격은 평균 26달러이다.

콜탄 콩고에는 휴대전화 핵심 부품인 리튬 필터의 주원료인 콜탄이 대량으로 매장돼 있다. 콩고 군벌들은 이 광산을 다국적기업들에게 경쟁적으로 싼값에 팔아넘겼는데, 콩고 소년이 하루 종일 이 광산에서 일하고 버는 돈은 500원이다.

다이아몬드 짐바브웨, 앙골라, 콩고 등의 분쟁 지역에서는 반군 혹은 정부군이 무기 구입이나 개인적인 치부 목적으로 어린이를 포함한 사람들에게 강제노동을 시켜 다이아몬드를 생산해서 밀수출을 하고 있다. 하루 1달러 안팎의 임금으로 생산되는 이 다이아몬드를 '피 묻은 다이아몬드'라고 부른다.

그런데 애플—팍스콘—노동자의 관계는 중국에만 있는 게 아니다. 한국에도 얼마든지 존재한다. 스마폰 시장의 기선을 빼앗긴 삼성전자와 엘지전자가 선발 기업들을 따라잡으려면, 여태까지의 방식을 봐서는 하드웨어 부문이든 소프트웨어 부문이든 어떻게든 생산 비용을 낮춰 선발 기업들이 세워놓은 장벽을 뛰어넘어야 한다. 그러려면 우선 가장 손쉬운 방법이 하청업체를 압박하는 것이다. 대기업이 잘나갈수록 중소기업의 설 자리는 좁아지고 또한 그만큼 경쟁이 치열해지고, 여기에 따라서 노동자의 처지가 나빠진다는 사실은 앞에서도 확인했다.* 나쁜 상품의 생산에 동원되는 사람들은 중국과 베트남과 캄보디아와 케냐에만 있는 게 아니다.

• 13장의 본문 230~231쪽 및 〈도표 13-11〉과 〈도표 13-12〉 참조.

한국에서 일하는 외국인 노동자의 월 평균 임금은 2008년 114만 2천 원에서 2009년 120만 8천 원으로 조금 올랐다.* 한편, 또 4장과 12장에서 살펴보았듯이 비정규직 노동자와 청년층의 상황은 심각한 수준을 넘어서 절망으로 치닫고 있다.

바로 이런 지점에서, 저개발국가의 착취 노동을 전제로 하는 싼 가격의 제품 대신 공정한 임금을 지불함에 따라서 가격이 조금은 더 비쌀 수밖에 없는 제품을 구입함으로써 전 세계의 착취 노동을 줄여나가자는 운동이 비롯되었다. 일종의 불매운동이다.

공정무역과 착한 소비

노동자에게 공정한 임금을 지불해서 생산된 물품 혹은 자연친화적이거나 공익적인 물품을 구매하는 교역을 공정무역이라고 하고, 이런 상품을 사는 것을 '착한 소비'라고 한다. 공정무역을 하자는 것은 자선이나 원조를 하자는 게 아니라, 노동에 대한 대가를 정당하게 지불하자는 것이다. 공정무역은 특히 저개발국가의 생산자와 노동자에게 보다 좋은 무역 조건을 제공하고, 그들의 권리를 보장해 줌으로써 지속 가능한 발전을 할 수 있도록 기여한다.

한국에는 2002년에 '아름다운가게'가 최초로 공정무역을 도입했으며, 이곳의 매출은 최근 두세 배씩 늘어나고 있어, 2007년 3억 2천만 원이던 것이 2008년에는 8억 8천만 원으로 껑충 뛰었다. 〈도표 21-1〉은 국내 공정무역 매출액의 빠른 증가 추세를 볼 수 있다.

---

* 이규용, "최근 경기 침체와 저숙련 외국인 노동시장"(2010년 4월 2일)에서.

착한 소비에 대한 한국 소비자의 호응도 점차 커지고 있다. 2009년에 한겨레경제연구소가 아이쿱생활협동조합의 회원을 대상으로 설문조사를 했는데, 그 결과를 보면, 사회적 책임을 잘 이행하는 기업의 제품을 구매하겠다고 답변을 한 사람은 전체의 약 55퍼센트로 전년도에 비해 11퍼센트 늘어났으며, 사회적 책임을 이행하지 않는 기업의 제품을 구매하지 않겠다는 답변을 한 사람 역시 약 43퍼센트로 전년도에 비해 18퍼센트 늘어났다.

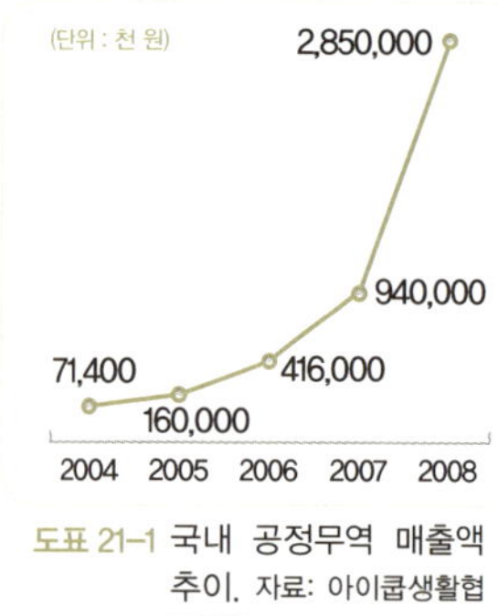

도표 21-1 국내 공정무역 매출액 추이. 자료: 아이쿱생활협동조합.

기업의 사회적 책임(corporate social responsibility·CSR)

CSR은 어떤 기업이든 그 기업이 속한 사회(좁게는 지역사회, 넓게는 국가 및 인류)에 책임을 다해야 한다는 뜻이다. 기업은 사회를 떠나서는 존재할 수 없기 때문이다. 기업에 속한 종업원 그리고 그 기업이 생산하는 제품을 구매하는 소비자뿐만 아니라, 그 기업과 직·간접적인 관계를 맺고 있는 사람들에게 그 기업은 어떤 식으로든 빛을 지며 도움을 받기 때문이다.

CSR 개념은 상당히 포괄적이다. (하기 싫지만 억지로 해야만 하는 이 책임에 대한 사회적 규범의 범위와 강도가 국가마다 그리고 기업마다 다르기 때문이다.) 예를 들어서 환경이나 기아 문제에 관해 막대한 규모의 투자를 해서 사업을 벌이는 것일 수도 있고, 비윤리적이고 불공정한 거래나 경영 방식을 혁신하는 것일 수도 있고, 제품의 결함을 인정하고 보상하는 것일 수도 있다.

CSR에 대한 논의는 처음 미국에서 비롯되었으나, 유럽을 중심으로 규범과 정책으로 발전했다. 미국에서는 가장 오래전부터 기업 윤리와 사회적 책임에 대한 논의가 일어났지만, 자유 시장 논리와 주주 중심의 자본주의 논리가 지배적이며 허약한 노동조합이라는 특유의 조건들 때문에 CSR이 제도나 규범으로 발전한 것은 미약하다. 빌 게이츠가 '창조적 자본주의'를 주창하며 워런 버핏 등과 함께 막대한 규모의 개인 재산을 기부해서 복지재단을 만들기는 했어도, 이것은 어디까지나 개인적인 차원의 활동이지 마이크로소프트라는 기업 차원의 활동은 아니다.

빌 게이츠의 '창조적 자본주의'

"……세상은 점점 더 좋아지고 있지만, 충분히 빠르게 좋아지지 않고, 또 모든 사람들에게 좋아지지는 않습니다. 대부분의 혜택은 개선이 필요 없는 사람들에게 돌아가며, 하루 1달러 미만으로 생계를 유지하는 대부분의 사람들에게는 혜택이 별로 돌아가지 않고 있습니다. (…) 우리는 더 부유한 사람에게 도움이 되는 자본주의가 더 가난한 사람에게도 도움이 되는 방안을 찾아야 합니다. (…) [창조적 자본주의라는] 이 시스템은 두 가지의 쌍둥이 과제를 수행하게 될 것입니다. 하나는 시장에서 수익을 올리는 것이고, 또 하나는 시장에서 충분한 혜택을 받지 못하는 사람들의 삶을 개선하는 것입니다."
–2008년 다포스포럼 연설 "21세기 자본주의의 새로운 접근"에서

이에 비해서 EU 및 유럽 각국에서는 정부나 노동조합, 시민단체의 적극적인 참여에 의해 CSR에 관한 제도와 규범이 빠르게 발전해 왔다. 예를

들어서 영국 정부는 다음과 같은 프로그램들을 마련했다.

- 2000년 연금정보공개법 제정을 통해 직장연기금 운영 시 금융활동에서 환경, 사회, 윤리적 요소를 반드시 고려하고 투자 의사결정 정책을 공중에게 공개할 것을 의무화함으로써 투자를 통해서도 사회적 책임을 지도록 했다.
- 지역개발금융기관들(CDFIs)에게 조세감면혜택을 줌으로써 지역의 중소기업, 사회적 기업, 지역공동체 프로젝트에 자금을 제공하는 제도인 지역사회투자조세감면 제도(CITR)를 마련했다.
- 기업으로부터 사업 목표, 전략, 목표 달성에 영향을 미칠 위험과 불확실성을 기술한 보고서를 제출하도록 의무화하는 한편, 내부 직원, 고객, 협력업체, 지역사회, 환경 문제 관련 이해관계자와의 관계에서 있어서 사회적, 환경적 측면에서의 위험과 불확실성에 대해서도 보고할 것을 요구함으로써 기업 지배 구조의 투명성을 제도적으로 보장했다.

CSR 마케팅

마케팅의 아버지로 일컬어지는 필립 코틀러는 저서 《필립 코틀러의 CSR 마케팅(Corporate Social Responsibility)》에서 '착한 기업만이 살아남는다'며 CSR 마케팅을 제시했다. 기업이 사회적 책임을 다하고 있다는 점을 부각해서 착한 얼굴을 보여야 살아남을 수 있다는 것이다.

다음 사례를 보자.

홈플러스, '착한 소비문화' 이끈다.

홈플러스는 자사 사회공헌재단인 '홈플러스 e파란재단'은 판매금액 일부를 e파란재단의 'e파란 착한 소비문화 기금'으로 적립해 사회공헌활동에 사용하는 착한 소비 캠페인을 펼친다고 [2010년 7월] 15일 밝혔다. 이번 캠페인은 대형마트―협력회사―고객이 모두 이웃사랑 실천에 동참하자는 취지에서 기획[되었다.] (…) 캠페인 첫 참여 기업인 한국존슨앤존슨은 지난 5월 한 달간 홈플러스에서 판매된 존슨즈베이비 4개 인기상품 매출액의 3%(1300만 원)를 15일 e파란재단에 전달했다. 존슨즈베이비는 유아 브랜드라는 점에서 한국존슨앤존슨―e파란재단 공동 명의로 전액 지역 아동들을 위해 사용할 계획이다. (…) [홈플러스 관계자는] '홈플러스가 지속적으로 진행해 온 풀뿌리 사회 공헌 활동에 협력회사와 고객도 함께 동참함으로써 착한 소비문화를 조성하고 소외 계층을 돕기 위해 이번 캠페인을 마련했다'며 '이를 계기로 최근의 경기 회복세가 여전히 어려움을 겪고 있는 이웃들에게까지 전달될 수 있기를 바란다'고 말했다.

훈훈한 소식이다. 그런데 이 기업의 '착한 얼굴'을 조금만 더 들여다보면 생각이 달라질 수도 있다.

삼성테스코가 운영하는 홈플러스는 기업형 슈퍼마켓인 이른바 슈퍼슈퍼마켓(SSM)이다. SSM이 주택가 골목과 재래시장 주변까지 파고들면서 전국에서 10만 개가 넘는 슈퍼마켓의 자영업자들이 비명을 지르고 있다. 2010년 8월 현재 전국에 영업 중인 SSM은 802개로 집계됐다. 2007년 353개에서 127퍼센트 증가한 수치이며, 롯데슈퍼가 237개, 홈플러스가 192개, GS슈퍼가 172개로 이들 3대 대기업이 전체 SSM 802개의 75퍼센트인 611개를 차지했으며, 특히 홈플러스는 2006년 32개였던 데 비하면 여섯 배나 늘어난 셈이다.

중소상인들이 SSM에 반발을 하고 나서면서 사업조정 신청이 줄을 잇자, 대기업은 가맹점이라는 형태로 개점하는 편법을 동원했다. 중소상인

• 《이투데이》, 2010년 7월 15일.

들은 아우성을 쳤고, 상인들의 시위가 잇따르고, 그러다가 마침 이명박 대통령이 대기업과 중소기업의 상생협력을 강조하는 발언을 하고, 결국 재래시장 경계에서 500미터 이내에는 SSM이 들어서지 못하게 하는 법안(일명 '유통법')과 가맹점도 사업조정 대상에 포함하는 내용이 담긴 법안(일명 '상생법') 두 개를 2010년 9월 국회에 상정하기로 여야가 합의를 했지만, 여당은 이 법안이 의결될 경우 이미 타결된 한·EU 자유무역협정에 위배되기 때문에 논의를 처음부터 다시 해야 한다며 의결을 차일피일 미루었다. 결국 10월 국회에서도 두 법안은 상정되지 못했고, 중소상인들은 영국 대사관 앞에서 시위를 벌이고, 의원들은 정부가 삼성테스코 및 영국 정부의 로비와 항의에 두 손 든 게 아니냐고 목소리를 높였다. SSM 그리고 그 뒤에 있는 한·EU 자유무역협정 그리고 다시 그 뒤에 있는 WTO가 중소상인들의 목줄을 잡고 흔드는 셈이다. 그러다가 우여곡절 끝에, 중소상인들의 피눈물을 쏟는 항의가 있은 뒤에, 가까스로 11월 10일과 25일에 각각 유통법과 상생법이 국회에서 의결되었다.

삼성테스코와 홈플러스

1997년 신세계가 삼성으로부터 분리 독립한 뒤 삼성은 새로이 유통사업 진출을 선언하면서 홈플러스를 만들었다. 1997년 문을 연 대구점과 1999년 문을 연 서부산점은 삼성물산이 100퍼센트 지분을 가지고 있었다. 하지만 IMF를 겪으면서 삼성은 홈플러스 지분 49퍼센트를 영국 최대의 유통회사인 테스코에 매각한다. 하지만 몇 개월 후 테스코가 지분 대부분을 사들여 테스코의 지분은 81퍼센트가 되고, 삼성은 점포를 개점할 때마다 4억 원을 받기로 했다. (홈플러스가 삼성이라는 이름을 사용하기로 한 계약은 2011년이면 끝이 난다.) 그리고 2010년 10월 현재 테스코의 지분은 94.56퍼센트이고 삼성의 지분은 5퍼센트밖에 되지 않는다. 테스코는 삼성이라는 이름을 내세워서 외국 유통사에 대한 소비자의 배타적인 정서를 피해가고, 삼성은 이른바 '매판기업'이 되어 외국 기업에 이름만 대주는 바지사장 노릇을 하며 쉽게 돈을 버니 이른바 윈-윈전략인 셈이다. 한편, 삼성물산 대표이사 출신인 삼성테스코의 대표이사는 영국의 해외 투자 가운데 가장 성공한 사례로 평가받는 삼성테스코를 이끈 공로로 영국 기사단의 멤버가 되었다.

언·수·외 중심의 '실용 교육'이 나라를 망칠 것이라고 성토하는 한편,

실용의 포로가 되어서 중국 노동자들에게 '재수 없는 싸가지'로 존재하는 이요산 씨는 중소자영업자가 아니고 주변의 친척이나 친지 가운데서도 특별히 그런 사람이 없는 관계로 SSM에 대해서 특별히 관심이 없다. 처음에 SSM이라는 말을 들었을 때, 기획 상품 소녀시대를 '출시'한 엔터테인먼트 기획사 SM의 자회사인 줄로만 알았다. 뻥이 아니라 진짜다. SSM에 대한 당신의 관심은 어느 정도인가?

다시 CSR 마케팅으로 돌아가서, 과연 'e파란 착한 소비문화 기금'은 착하다고 할 수 있을까? 기금 그 자체는 착하다. 대형마트―협력회사―소비자의 선의가 담겨 있기 때문이다. 하지만 이 행사를 주관하는 홈플러스의 의도는 과연 착한 것일까? 중소상인의 생활 터전을 자기 상권으로 흡수해서 벌어들인 돈으로 선행을 할 때, 사람들은 어떻게 생각할까?

① "나쁜 기업이었는데, 어느 날 갑자기 마음을 바꾸어 착한 기업으로 변했구나. 고맙군."

② "나쁜 기업인 줄 알았는데 알고 보니 착한 기업이군. 내가 오해했어."

③ "나쁜 기업인 줄 진작 알았지만, 그래도 그 정도로나마 노력을 하니 예쁘게 봐줘야지."

④ "나쁜 기업이 착한 척한다고 착한 기업이 되나? 더 나쁜 기업이 되지."

CSR은, 현지의 직원에게 일자리를 제공하면서 좋은 물건을 만들고 이것을 소비자에게 공급해서 이익을 창출하고 이 이익을 다시 재투자하는 과정이 기업의 주주는 물론이고 직원과 소비자와 사회에 모두 도움이 되도록 하자는 뜻이다. 이렇게만 하면 굳이 따로 과시용 선행 행사를 하지 않아도 된다. 기업 활동 자체가 선행이기 때문이다. 개같이 번 돈 가운데 일부를 떼어내서 선행을 한다면, 그건 선행이 아니라 개같이 돈을 번 행위를 숨기려는 또 다른 악행일 뿐이다.

"출자총액제한제도가 대폭 완화되어 유명무실화 된 시점인 2007년 4월부터 3년 동안 한국의 상위 15개 재벌의 출자액은 85퍼센트 증가하였고, 계열사 수 또한 472개에서 총 679개로 207개가 증가하여 2007년 대비 44퍼센트가 증가했다. 특히 신규 편입된 계열회사들(332개)을 세부업종별로 분류할 때 건설/부동산/임대업이 55개사(16.6퍼센트)로 가장 많이 편입되었음을 확인할 수 있다. 이는 15대 재벌들이 한국 경제에 책임의식을 갖고 장기적 안정성과 기초를 튼튼하게 할 수 있는 영역보다는 눈에 보이는 단순 돈벌이에 치우쳤음을 나타낸다고 할 수 있다. 이는 그간의 부동산 시장 폭등과 버블 조장에 재벌들도 책임이 있다는 뜻이다." – 경실련, "15대 재벌의 최근 3년간 출자 및 계열사 변동 분석결과 발표"(2010년 10월 20일)에서 발췌

 # 차이나프라이스와 차이나플레이션

값싼 중국산 소비재 덕분에 전 세계 사람들은 그동안 잘 살았다. 물론 문제가 없었던 건 아니다. 식품과 완구류 및 가구류에 포함된 중금속 때문에 기겁한 적도 여러 번이었다. 하지만 그래도 빠듯한 가계 수입에 값싼 중국산 제품이 없었더라면 어떻게 살았을지 모를 정도이다. 시장에 나가서 중국산 제품과 비중국산 제품의 가격을 비교해보면 정말 중국 노동자들에게 절이라도 하고 싶을 정도로 고마운 마음이 든다.

그런데 중국 노동자들은 세계의 소비자들로부터 감사 인사를 받고 싶은 마음이 없다. 자기 노동에 합당한 임금을 받고 싶고, 쾌적한 환경에서 건강을 해치지 않고 일을 하고 싶고, 인간다운 대우를 받고 싶을 뿐이다. 이런 바람이 이루어지지 않자, 그리고 조만간에 이루어질 것 같지 않자, 팍스콘 사례에서 보았듯이 투신으로 저항했던 것이다.

결국 팍스콘은 120퍼센트의 임금 인상을 약속할 수밖에 없었다. ('임금을 두 배 넘게 주고도 회사가 이익을 낸다면, 여태까지는 뭐였단 말인가?'라는 생각에 아마 노동자들은 허탈할 것이다.) 그리고 외국 투자기업들을 중심으로 중국 공장에서는 파업이 확산되었다. 도요타자동차의 텐진 부품 공장에서 파업이 일어났고, 도요타의 중국 내 최대 조립공장인 FAW에서도 파업으로 공장이 멈춰 섰다. 혼다자동차의 광둥성 소재 자회사에서 파업이 일어났다. 현대자동차의 현지 합작법인인 베이징(北京)현대에서도 협력업체인 성우하이텍 중국 법인에서 파업이 일어나는 바람에 생산이 중단되는 일이 일어났다.

그리고 드디어 올 게 왔구나, 하는 인식이 퍼지기 시작했다. 그것은 바로 중국발 인플레이션, 이른바 '차이나플레이션'이다.

중국 노동자의 인식이 변했고, 게다가 중국 정부가 1980년대 이후 시행한 '1가구 1자녀 정책'으로 30세 미만의 경제활동인구가 조만간 급격하게 줄어들어 인력난이 겹쳐지면 노동자의 임금 인상 요구는 더욱 거세질 수밖에 없다. 또한 중국은 글로벌 금융위기로 세계 시장이 둔화되자 경제성장의 동력을 내수에서 찾을 생각으로 정책적으로 최저임금을 인상하고 있다. (노동자의 주머니가 두둑해야, 그 돈으로 소비를 하고, 소비는 다시 공급을 부른다.) 중국의 최소 20개 성(省)에서 최저임금 인상률이 20퍼센트를 넘었고, 하이난에서는 무려 37퍼센트나 인상되었다. 이 임금 인상은 고스란히 제품 가격에 반영될 것이고, 자유무역의 매혹적인 마법이 영원할 것이라 믿으며 그동안 값싼 중국산 제품에 의존해 자국의 생산 기반이 초토화되어도 상관없다고 생각했던 세계 각국의 경제는 인플레이션 공포에 떨어야 한다. '세계의 공장' 중국이 제품 가격을 올리면 1970년대의 오일쇼크에 버금가는 충격이 일어날 수 있다. 본문 214쪽의 〈도표 12-8〉로 설명할 수 있는 비용견인 인플레이션이다. 무역의존도가 유난히 높은 한국으로서는 상상만 하더라도 공포 그 자체이다.

중국의 노동자가 계속 '고마운 존재'로 남아 있길 거부함에 따라서 세계의 자본은 '자본의 격렬한 구조조정 과정'인 공황을 피하려고 제2의 '세계의 공장'을 찾아 베트남이든 인도든 북한이든 기웃거리고 다닐 것이다.

그런데 사람들은 중국이 '세계의 공장'으로 기능하면서 중국 노동자뿐만 아니라 자국 소비재 생산 부문의 붕괴에 따른 해당 분야 종사자들이 희생되었다는 사실은 생각하지 않는다. 이런 희생을 강요하는 현대·세계판 '저곡가 정책'을 이용해서, 자유무역의 매혹적인 교조를 이용해서, 누가 얼마나 많은 돈을 공정하지 못한 방식으로 벌어들이고는 뒷설거지를 자기에게 떠넘기는지는 생각하지 않는다. 만일 차이나플레이션이 온다면,

사람들은 값싼 사탕발림에 혹해서 자기가 디디고 선 땅이 서서히 무서운 아가리를 벌리며 갈라지는지도 몰랐던 자기의 무지, 조삼모사에 속은 원숭이들의 무지를 탓해야 하지 않을까? 이런 후회가 너무 늦어버린 게 아니길 빌어야 한다.

22장 피라미드에서 네트워크로
—패러다임의 변화

그림을 그리려면 눈을 감고 노래를 불러야 한다.

—파블로 피카소

18세기, 세상은 빠르게 변하고 있었다.

서양에서는 18세기 중엽에 영국에서 산업혁명이 시작되어 유럽 전역으로 확산되었고, 1783년에는 미국 식민지가 독립전쟁을 승리로 이끌며 영국으로부터 독립했다. 그리고 1789년에는 프랑스혁명이 일어나 군주정치가 끝나고 신흥계급인 시민계급이 역사의 전면에 등장했다. 이로써 봉건주의는 무너지고 새로운 경제 체제인 자본주의 체제가 등장했다.

이런 변화는 조선에서도 일어났다. 조선의 정치적인 기본 이념이자 학문의 중심이었던 성리학은 자유롭고 실용적인 학문의 발달을 가로막았다. 왜란과 호란 이후 조선 사회가 현실적인 어려움에 직면했을 때 성리학은 실질적인 도움이 되지 못했다. 조선의 왕실과 지배층은 청나라가 오랑캐의 나라라고 경멸하면서도, 해마다 청나라 황제의 생일 등 중요한 날이면 축하 사절단을 보내는 모순적인 행동을 했다. 이에 지식인들은 17세기 중엽 이후부터 조선 사회의 정체성을 확립하려고 애를 썼고, 이런 노력의 결과로 실학이 등장했다. 생산력의 발달이 백성이 잘살 수 있는 길이라 믿고 토지제도를 개혁하자는 목소리가 나왔고, 상공업의 진흥과 기술의 혁신이 나라와 백성이 잘살 길이라며 청나라의 발달한 문물을 수용하자는 주장이 나왔다. 지리 연구 및 지도 제작에서도 행정적·군사적 목적에서 벗어나 경제적·문화적 목적이 앞섰다. 신분 제도를 타파해야 한다는 목소리가 나왔다. 실용적이고 실증적인 태도가 학문의 전 분야에서 확산되었다. 실학자들은 이처럼 사회의 모순을 개혁하고 산업을 발달시켜 새로운 사회로 나아가려고 했다.

이런 흐름 속에서 (훗날에야 드러나는 사실이지만) 중요한 위치를 차지했던 인물들 가운데 하나로 꼽히는 이덕무라는 사람이 있었다. 학문의 깊이는 깊었지만 서얼 출신이었던 터라 지배층으로부터 소외되었고, 그렇다고 해서 돈을 버는 재주도 없었던 터라 그는 오로지 책만 들여다보며 살았다. 풍열로 눈병에 걸렸어도 실눈을 뜨고 책을 읽었고, 추위로 동상에 걸려도 책을 빌려달라는 편지를 쓰던 사람이었다. 이렇게 책을 읽고 중요한 부분을 베낀 것만 해도 수백 권이었다고 한다. 스스로를 가리켜 '간서치(看書痴)' 즉 책만 보는 바보라고 했을 정도니 살림살이는 당연히 찢어지게 가난했다. 결국 그는 가난 때문에 책까지 팔아야 하는 지경에까지 이르렀다. 그리고 그 심정을 친구에게 이렇게 적었다.

"내 집에 좋은 물건이라곤 단지 〈맹자〉 일곱 편뿐인데, 오랜 굶주림을 견딜 길 없어 2백 전에 팔아 밥을 지어 배불리 먹었소. 희희낙락하며 영재 유득공에게 달려가 크게 뽐내었구려. 영재의 굶주림도 또한 하마 오래였던지라, 내 말을 듣더니 그 자리에서 〈좌씨전〉을 팔아서는 남은 돈으로 술을 받아 나를 마시게 하지 뭐요. 이 어찌 맹자가 몸소 밥을 지어 나를 먹여주고, 좌씨가 손수 술을 따라 내게 권하는 것과 무에 다르겠소. 이에 맹자와 좌씨를 한없이 칭송하였더라오. 그렇지만 우리들이 만약 해를 마치도록 이 두 책을 읽기만 했더라면 어찌 일찍이 조금의 굶주림인들 구할 수 있었겠소. 그래서 나는 겨우 알았소. 책 읽어 부귀를 구한다는 것은 모두 요행의 꾀일 뿐이니, 곧장 팔아치워 한 번 거나하게 취하고 배불리 먹기를 도모하는 것이 박실(樸實)함이 될 뿐 거짓 꾸미는 것이 아니라는 것을 말이오. 아아! 그대의 생각은 어떻소?"•

책을 그렇게 소중하게 여기던 사람이 책을 팔아 밥을 지어먹다니……실용의 극치다. 그리고 이 실용의 극치 속에는 실용으로 희생해야 할 소중한 것들에 대한 아픔 또한 반의적으로 고스란히 녹여냈기 때문에 실용에 대한 갈망은 더욱 절박하고 또 참신하다.

이런 실용정신이 18세기 이후 21세기의 지금까지 이어져 왔고, 다른 어떤 가치보다도 돈과 성장으로 표시되는 실용을 중요하게 여기는 철학을 평생을 통해 실천적이고 성공적으로 펼쳐온 건설회사 CEO 출신이 국민의 부름을 받고 대통령이 되었다. 그만큼 한국의 국민이, 소중하게 여기던 책을 팔아 밥을 지어먹던 간서치 이덕무가 그랬던 것처럼, 현실 혹은 가상의 굶주림을 견딜 수 없었다는 뜻이다.

또 하나의 예를 더 들어보자.

1860년대, 흥선대원군이 집권하고 제너럴셔먼호(號) 사건과 병인양요가 일어남으로써 조선이 한국사에서 근대(近代)로 분류되는 시기로 접어들던 바로 그 시기, 경제공황으로 모두가 가난하던 러시아의 뻬쩨부르그 빈민가. 이곳에 오 층짜리 집 지붕 아래 방에는 가정교사 자리를 잃고 돈

• 정민, 《미쳐야 미친다》에서.

이 없어 대학도 중도에 포기한 가난한 학생 라스꼴리니꼬프가 살고 있었다.

고향에서는 그의 노모가 죽은 남편이 남긴 보잘것없는 연금과 푼돈벌이로 입에 겨우 풀칠을 하고, 여동생은 가정교사로 있던 집에서 쫓겨났다. 라스꼴리니꼬프는 이 지겨운 가난에서 벗어나, 대학을 마치고 출세의 길을 가고 싶다. 그런데 문제는 돈이다. 그에게는 돈이 필요하다. 그런 그의 눈에, 돈을 가지고 있지 않아야 할 사람이 많은 돈을 가지고 있는 모습이 포착된다. 사회의 기생충과 같은 존재인 전당포 노파이다. 라스꼴리니꼬프는, 사회적으로 아무런 보탬이 되지 않는 전당포 노파를 살해해서 그 노파가 가진 재물로 사회적으로 유망한 자기와 같은 청년이 재능을 발휘하여 사회에 기여한다면, 이런 범죄 행위는 오히려 사회나 인류를 위하여 공헌하는 선행이 될 것이라고 생각한다. 말하자면, 사회에 존재하는 희소한 자원의 효율적인 분배를 전제로 하면 이 살인 행위는 결코 비난의 대상이 될 수 없다고 생각한 것이다.

이런 통찰 끝에 라스꼴리니꼬프는 노파를 죽인다. 그리고 이 과정에서 그는 계획에도 없던 다른 한 명, 살해되어야 할 아무런 이유도 없는 선한 사람까지 죽인다. 그리고 혐의를 추궁하는 판사에게 다음과 같은 말로 자기 주장을 펼친다.

"내 생각으로는 만약 케플러나 뉴턴의 발견이 어느 과정을 거치지 않고서는 도저히 그 발견을 이룩하지 못할 때, 이런 경우 뉴턴의 자기 발견을 인류에게 보급시키기 위해서 그 방해자들을 해치울 권리가 있다는 것입니다. 아니, 그렇게 해야만 할 의무를 걸머지고 있다고 봅니다. (…) 온 인류의 예를 들어 건설자나 입법자를 보더라도 태고 적부터 오늘날까지 리쿠르고스, 솔로몬, 모하메드, 나폴레옹 같은 사람들은 모두 하나같이 새 법률을 반포하고 그 법률에 의해 종래 사회가 신봉해오던 구법을 파괴한 그 하나만으로도 범죄자인 것입니다. 그들은 자기를 위해서 피를 흘리지 않으면 안 될 경우에 처하면 (무고한 피도 있고 옛 질서를 위해 흘린 비장한 피도 있지만) 조금도 주저하지 않고 피를 흘리게 했습니다."[•]

내 말이 절대적으로 맞기 때문에 내 주장에 방해가 되는 사람은 모두 없애버려도 아무런 죄가 되지 않는다는 논리를 펼치는 라스꼴리니꼬프의 영혼이 나중에 구원을 받든가 말든가는 중요하지 않다.

중요한 것은, 지금 이 순간에도 수많은 라스꼴리니꼬프가 '내가 경제적으로 인류의 행복에 공헌하기만 한다면, 빈대와 같은 노파를 죽이는 것쯤은 아무것도 아니다. 이 과정에서 억울하게 죽는 사람이 있어도 괜찮다. 나에게는 그러한 권리가 있다'고 생각한다는 사실이다. 그리고 이런 라스꼴리니꼬프들 때문에 사람들은 살인 행각에 도덕적으로 무감각해진다. 용산 뉴타운 개발 현장에서, 태안의 바다에서, 백혈병을 부르는 작업장에서, 교통사고 사망률 1위의 도로에서 그리고 중국 선전에 있는 팍스콘 공장에서 사람들이 죽어나가지만, 어쩔 수 없는 일이라며 누가 어떻게 죽든 또 얼마나 슬프게 혹은 참혹하게 죽든 상관하지 않는다. 적어도 나만 아니면 된다고 생각한다. OECD에서 자살률이 1위이든 혹은 노인 자살률이 압도적으로 1위이든 상관하지 않는다. 상관하지 않음으로써 방조한다. 1년에 한 번씩 처녀 한 명을 괴물에게 바치는 조건으로 마을 사람들이 괴물로부터 안전을 보장받는다는 괴기한 이야기가 떠오르지 않는가? 그리고 자릿세 및 보호비 명목으로 힘없는 노점상들에게 돈을 뜯는 비열한 조폭 이야기가 떠오르지 않는가?

이덕무 이후 200년도 훨씬 넘게 지난 지금의 세상 모습이다. 이런 세상에서 '실용'이 여전히 참신할 수 있을까?

* * *

21세기에 들어서 세상은 또다시 새로운 모습으로 빠르게 변하고 있다. 일찍이 없었던 전혀 다른 방식으로 '실용'이 사회의 유전자로 고정되고 있다.

다음 표는 세기가 막 바뀐 2000년에 건설업이 맞이한 위기와 여기에 대한 대응 방안을 다룬 한 연구논문에서 인용한 것이다.

가치 및 구조	과거	21세기
value	저부가가치·한탕주의	고부가가치·지속주의
system	노동집약·하드 위주	지식집약·소프트 위주
strategy	다각화	전문화
structure	수직적 계층	수평적 네트워크
skill	뱃심·체력	정보·금융
style	군대식 돌격대	조직적 오케스트라
knowledge	단순기술·통솔력	타 산업이해력·친화력
standard	한국식, 관행	글로벌 스탠더드
objective	양적 팽창	내실화

도표 22–1 패러다임의 변화. 출처: 박재룡 외(삼성경제연구소), "건설업의 위기와 긴급제언"(2000년 11월 18일) ※'objective' 및 'standard' 항목은 이 논문에는 없지만 따로 추가한 것이다.

건설업에 종사하는 내부자 특히 (가계가 아닌) 기업의 관점에서 바라본 내용이지만, 빠르게 진행되는 변화의 소용돌이에 휘말려 있는 우리가 깊이 새겨야 할 통찰을 담고 있다. (물론 이 통찰의 내용은, 가계와 기업 그리고 정부 각자의 처지에 따라서 다를 것이다. 그리고 이 차이 때문에 대립과 갈등이 일어날 수 있다. 그러나 정치인들의 역량에 따라서 이 차이는 지금보다 좁혀질 수도 있고 더 넓어질 수도 있다.)

위의 도표를 건설업이라는 범위를 넘어서 경제 일반으로 확대해서 해석한다면 다음과 같이 정리할 수 있다.

—세계는 지식 집약의 소프트웨어를 대표하는 정보와 금융을 핵심으로 하는 단일한 경제 구조로 재편이 되고 있으므로, 이런 흐름에서 도태되지 않으려면 이른바 '글로벌 스탠더드'에 발을 맞추어야 하며, 문어발식의 다각화 아니라 전문화로 나아가야 경쟁력을 확보할 수 있는데, 이 전문화는 고립적인 전문화가 아니라 다른 산업과 다른 부문과의 융합, 즉 수평적인 민주적 소통의 네트워크를 전제로 하며, 이럴 때에야 비로소 내실을 다져서 지속적으로 살아남을 수 있다.

핵심은 수직적 피라미드 구조에서 수평적 네트워크 구조로 바뀐다는 것이다. 기술의 발달로 생산과 소비 및 분배도 피라미드 구조가 아니라 네트워크 구조로 진행된다. 따라서 사람들 사이의 관계도 피라미드 구조가 아니라 네트워크 구조로 재편된다.

삶과 생산이 하나였던 '먼 옛날'의 공동체 붕괴 이후에 전혀 다른 차원의 새로운 공동체(블로그, 트위터, 페이스북 등)가 가능하게 되었다는 점에서, 이런 변화에 담긴 형식적 민주주의의 진보가 가지는 정치적인 의미는 적지 않을 것이다.

그러나 경향적인 법칙으로 작동하는 이윤율 저하에 저항하기 위해서 개별 기업은 정보와 금융을 독점(혹은 적어도 과점)함으로써 기존의 수직적 계층 구조를 수평적인 네트워크에 그대로 온존시키고자 한다. 이 수직적인 구조에서는 먹이사슬 피라미드의 아래쪽으로 내려갈수록 이윤 압박의 강도는 더욱 높아진다. 안방 시장에서 느긋하게 먹이사슬의 최상위 포식자로 군림하던 기업이 개방과 자유화의 물결 속에서 갑작스럽게 세계 시장에서 경쟁을 해야 하는, 까딱하다간 다른 포식자에게 잡아먹힐수도 있는 상황에서 경쟁력을 가지려면 (특별히 이윤율 상승의 비법을 가지고 있지 않는 한, 즉 독점적인 이윤을 누릴 어떤 특별한 기술력을 가지고 있지 않는 한) 하청업체를 압박할 수밖에 없고, 또 이 압박을 받는 하청업체는 그 아래 단계의 다른 하청업체를 압박해야 한다.

결국 수평적인 네트워크는 오히려 압박의 구조로 기능한다. 죽어도 같이 죽고 살아도 같이 산다는 구호는 낡은 사진첩 속의 빛바랜 추억이 되어버렸다. 하청을 주는 측에서는 이제 옛날처럼 함께 가야 할 식구로 하청업체를 바라보지 않는다. 가장 싼 값에 원하는 부품·반제품을 공급해줄 수많은 후보 업체들 가운데 하나, '원 오브 뎀(one of them)'일 뿐이다. 이들에게는 아무런 보호 장치도 없다. 경쟁에서 이겨 '갑'의 선택을 받지 못하면 죽을 수밖에 없다. 그러니 기를 쓰고 이기려고 한다. 그러나 신용창조가 아무리 많이 이루어진다고 해도 신용창조의 총량은 언제나 대출 원금과 동일하며, 따라서 이자로 지급되어야 할 돈은 언제나 부족할 수밖에 없는, 그러므로 다른 사람의 원본을 가져오지 못하는 사람은 부도를 내고 시장에서 쫓겨나야 하는 생존게임의 룰이 작동하는 현실˙에서는 어떤 업체든 일정 비율은 도태될 수밖에 없다. 만인에 대한 만인의 투쟁, 무한경쟁만 있을 뿐이다.

경제학이 추구하는 근본적인 목적이 '실용'에 바탕을 둔 효율성이 되어

• 14장의 본문 246쪽 참조.

서는 안 되는 이유도 바로 여기에 있다. 맹자가 위나라 혜왕에게 "왕이란 사람이 어째 이익이라는 말을 입에 올리십니까? 왕이라면 모름지기 어짊[仁]과 공정함[義]을 말씀하셔야지요"라고 했던 말이 오늘날에 새삼스럽게 의미가 있는 이유도 바로 여기에 있다.

경제학에서 어짊[仁]과 공정함[義]을 다루어야 하는 이유를 예를 들어서 설명하면 다음과 같다. 머지않아 닥칠 고령사회에서 실버산업, 그 중에서도 특히 보험 산업과 연계된 의료 부문이 유망하지만, 그럼에도 불구하고 이 사업은 현재의 의료보험 민영화를 전제하므로 그만큼 환자의 의료비 부담이 늘어나기 때문에 신중해야 한다. 또, 어떤 자치정부가 관내의 치안을 강화하기로 했을 때 CCTV를 설치하는 방안보다는 일자리를 창출하는 방범대를 조직하는 방안을 선택하는 게 옳지 않을까 고민해야 한다. 한편, 홍수와 흉작으로 식량 원조를 절대적으로 필요로 하는 북한에 재고쌀을 지원함으로써 정부는 농민의 부담을 덜어주고 재고 비용을 줄여야 하지만 정치적인 문제로 인해 쉽게 결정하지 못한다. 이런 힘들고 복잡하고 민감한 온갖 상황들 및 문제들이 우리 주변에서 일상적으로 전개되기 때문이다.

* * *

달리는 버스에 대용량 폭탄이 설치되어 있다. 버스의 속도가 조금이라도 줄어들면 폭발하도록 설정되어 있다. 그리고 이 버스에 우리가 타고 있다. 할리우드 영화 〈스피드〉의 이야기가 아니고 실제 상황이다. 이 폭탄을 제거하고 버스를 세우거나, 아니면 죽을지 살지는 운에 맡기고 달리는 버스에서 뛰어내려야 한다. 어느 것도 우리가 목숨을 구하게 될 것이라고 쉽게 장담할 수 없다. 하지만 우리 가운데 누군가 키아누 리브스와 산드라 블록과 같은 영웅이 있을 것이라고 믿자. 현명한 경제학적 판단을 믿자. 그리고 노래를 부르며 행운을 빌자.

한국은 정말 눈이 핑핑 돌 만큼 빠르게 돌아가는 사회임이 분명하다. 이 책을 쓰기 시작한 게 여름이었으니 그때 이후만 치더라도 정치·경제·사회·국방·노동 분야에 굵직한 사건들이 한 달이 멀다 하고 쉴 새 없이 터졌다. 민간인 사찰 및 청와대 대포폰 사용 문제가 그랬으며, 스폰서 검사 수사 결과로 인한 공분이 그랬고, 슈퍼슈퍼마켓(SSM) 법안 처리와 현대자동차 비정규직노동자 문제를 둘러싼 갈등이 그랬으며, 연평도 피폭 사건으로 인한 충격과 긴장이 그랬고, 한미 FTA 협상 결과에 대한 이견과 갈등이 그랬으며, 또 예산안 날치기 통과가 그랬다. 그러다 보니 어느새 겨울이 다가와 있다.

이 책을 쓰면서 나는 될 수 있으면 많은 이야기들을 담으려고 애를 썼다. 온갖 사람들이 살아가는 온갖 스토리들을 많이 담고 싶었다. (우리가 소중하게 여겨야 하고 또 누구에게 기억으로 남는 것은 기본적으로 사람이 아니겠는가!) 또 이 이야기를 통해서 내가 독자에게 전하고자 하는 메시지가 조리 있고 설득력이 있으면 좋겠다고 희망했다. 그리고 이런 이야기들이 우리 사회가 조금이라고 살기 좋은 사회로 발전하는 데 기여할 수 있는 담론이 되면 좋겠다고 기대를 한다.

이 책을 완성하는 데 직간접적으로 도움을 준 사람들에게 고마운 마음을 전한다.

우선 초고를 읽고 모니터링을 해준 사람들이 있다. 친구 이재익과 유강근은 자기 일만 해도 적잖이 바쁜 데도 불구하고 조잡한 수준의 초고를 꼼꼼하게 읽은 뒤에 전체적인 기조는 물론이고 꼼꼼한 부분까지 잘못되거나 허술한 부분을 지적해서, 이 책이 훨씬 더 나아지도록 도움을 줬다. 휴먼앤북스의 사장이자 친구인 하응백도 많은 지적을 해줬다. 대학생인 송기훈 씨도 아직 어린 나이가 무색할 정도로 예리한 통찰력으로 몇 가지 중요한 문제점을 발견해줬다. 고맙다. 선배인 이기원 형도 이 책을 구상할 때와 전체적인 구도를 잡는 데 도움을 줬다. 그리고 사촌동생인 이영화도 직장생활을 하느라 바쁜 와중이지만 초고를 읽고 근심 어린 도움말을 줬다. 이들뿐만 아니라 열 손가락으로 다 꼽을 수 없는 사람들이 원고 내용에 도움을 주려고 애를 썼고, 또 이들이 이 책을 조금이나마 더 낫게 만들었다.

그리고 특히 이 책에 등장하는 동네 친구 이요산 씨와 그의 가족들에게 감사한다. 이요산 씨에게서 들었던 여러 가지 에피소드들이 아니었다면, 이 책은 그나마 조금 있는 재미도 없을 테니 아무 맛도 나지 않는 맹탕이 되고 말았을 것이다. 이들 말고도 애정 어린 눈길로 나를 지켜보는 사람들이 많이 있음을 잘 안다. 그들의 시선은 언제나 나를 따라다니며

나를 지켜준다. 모두 고맙다.

그리고 복잡하고 많은 도표와 씨름을 하면서 볼품없는 원고를 잘 만져 번듯한 책으로 만들어준 휴먼앤북스의 구본근 편집장 및 편집부 직원들이 고생하셨고, 특히 디자이너인 이인숙 씨가 애를 많이 썼다.

그런데 내가 이 책을 쓸 수 있게 결정적으로 도움을 준 사람들이 있다. 누구보다도 고마운 사람들이다. 이 사람들에게서 받은 자극과 용기 덕분에, 경제학자가 아님에도 불구하고 나는 용감하게 (어쩌면 무모하게!) 대한민국 경제를 고발하겠다고 나설 수 있었다. 이 고마운 사람들을 올해 초 '아고라'라는 인터넷 서비스의 토론방에서 처음 만났다. 여기에서 나는 많은 사람들의 발언을 들었다. 그리고 이 사람들이 벌이는 토론을 지켜보면서 이 책을 쓸 수 있겠다고 생각했다. 아니, 꼭 써야겠다고 결심했다. 윤상원 님, 슬픈한국 님, 케네디언 님, 도봉박홍기 님, KIM 님, readme 님, 화가 님, 덮쳐보니효도르 님, 잭런던 님, 이-뻔한세상 님, 50대선인 님, 불광동휘발유 님, 도인효 님, 하이에나사냥꾼 님, 산타 님, 시베리안 씹스키 님, 페르시아왕관 님, 떡수궁돌담길 님, 짜리몽땅연필 님, 동대문항공잠바 님, 남녀의자격 님, 이쑤서장군 님, 불란다 님, 지리산누런똥개 님……. (무작위 날짜의 베스트 화면 및 명단 게시 화면을 띄워놓고 눈에 보이는 대로 이름을 적었으니, 혹시라도 자기 이름 빠졌다고 섭섭해 하는 분이 없기를 바란다.) 책으로 쳐도 족히 세 면은 들여야 이름을 다 적을 수 있는 아고라의 이 현자, 지자, 용자, 우자, 열자, 알자, 놀자, 팔자, 까자, 씹자, 찍자, 밀자, 뽑자, 갈자, 하자, 말자, 죽자, 살자, 기자, 뜨자, 숨자, 튀자 님들이 없었더라면, 그리고 이 분들이 펼치는 고고하거나 지저분하거나 침이 튀거나 쌍욕이 나오거나 핏대를 세우거나 눈물을 흘리거나 한, 그래서 언제나 생생하게 살아 있는 논쟁 혹은 이전투구가 없었다면, 절대로 이 책을 쓸 생각도 하지 않았을 것이고, 감히 또 이 책을 쓰겠다고 마음을 먹지도 못했을 것이다. 모두 고맙다. 이 분들에게서 받은 자극과 용기 그리고 통찰력이 진심으로 고맙다. 그분들을 이렇게 고마워하는 사람은 나뿐만 아닐 텐데, 이런 사실까지 그분들이 알아주면 좋겠다.

그리고 마지막으로, 언제나 가족의 힘이 집필의 동력이었기에 가족에게도 고맙다는 말을 꼭 하고 싶다. 고등학교를 졸업하는 주헌이에게는 이 책이 괜찮은 졸업선물이 되면 좋겠고, 병역 의무를 다하는 하늘이에게는 인내와 열정을 주는 선물이 되면 좋겠고, 또 사랑하는 아내에게는 화수분이 되면 좋겠다. 대구의 어머니와 동생들 그리고 서울의 또 다른 두 분 어버이와 형제들에게는 자랑거리가 되면 좋겠다. 독자에게는 이 모든 것이 다 되길 빈다. 진심으로.

2010년 12월

이경식

도표목록